Sönke Ahrens
Experiment und Exploration

Theorie Bilden

Band 22

Editorial

Die Universität ist traditionell der hervorragende Ort für Theoriebildung. Ohne diese können weder Forschung noch Lehre ihre Funktionen und die in sie gesetzten gesellschaftlichen Erwartungen erfüllen. Zwischen Theorie, wissenschaftlicher Forschung und universitärer Bildung besteht ein unlösbares Band.
Auf diesen Zusammenhang soll die Schriftenreihe **Theorie Bilden** wieder aufmerksam machen in einer Zeit, in der Effizienz- und Verwertungsimperative wissenschaftliche Bildung auf ein Bescheidwissen zu reduzieren drohen und in der theoretisch ausgerichtete Erkenntnis- und Forschungsinteressen durch praktische oder technische Nützlichkeitsforderungen zunehmend delegitimiert werden. Der Zusammenhang von Theorie und Bildung ist in besonderem Maße für die Erziehungswissenschaft von Bedeutung, da Bildung nicht nur einer ihrer zentralen theoretischen Gegenstände, sondern zugleich auch eine ihrer praktischen Aufgaben ist. In ihr verbindet sich daher die Bildung von Theorien mit der Aufgabe, die Studierenden zur Theoriebildung zu befähigen.
Die Reihe **Theorie Bilden** ist ein Forum für theoretisch ausgerichtete Ergebnisse aus Forschung und Lehre, die das Profil des Faches Erziehungswissenschaft, seine bildungstheoretische Besonderheit im Schnittfeld zu den Fachdidaktiken, aber auch transdisziplinäre Ansätze dokumentieren.

Sönke Ahrens (Dr. phil.) lehrt allgemeine Erziehungswissenschaften an der Universität Hamburg.

SÖNKE AHRENS

Experiment und Exploration

Bildung als experimentelle Form der Welterschließung

[transcript]

Bibliografische Information der Deutschen Nationalbibliothek
Die Deutsche Nationalbibliothek verzeichnet diese Publikation in der Deutschen Nationalbibliografie; detaillierte bibliografische Daten sind im Internet über http://dnb.d-nb.de abrufbar.

Umschlagkonzept: Kordula Röckenhaus, Bielefeld
Druck: Majuskel Medienproduktion GmbH, Wetzlar
ISBN 978-3-8376-1654-5

Gedruckt auf alterungsbeständigem Papier mit chlorfrei gebleichtem Zellstoff.

Besuchen Sie uns im Internet: *http://www.transcript-verlag.de*

Bitte fordern Sie unser Gesamtverzeichnis und andere Broschüren an unter: *info@transcript-verlag.de*

Inhalt

Vorwort | 7

Teil I: Die Subversion der Technik | 15

1. Das Scheitern als Voraussetzung | 17
2. Scheitern war gestern | 21
3. Der Einsatz von Technik | 23
4. Der Einsatz von viel Technik | 29
5. Zaudern als Reaktion | 32
6. Reaktion ohne Zaudern | 39
7. Die Voraussetzung des Scheiterns | 42

Teil II: Die Erschließung der Welt | 51

1. Die techné | 51
2. Der Begriff des Experiments | 56
3. Das Experiment in einer ungeteilten Welt | 66
4. Die Erfindung des Experiments | 71
5. Wie man mit der Pumpe philosophiert | 81
6. Die techné der Technik des Experiments | 88
7. Das Experiment in einer geteilten Welt | 92
8. Die Paradoxie der Welt | 96
9. Die Grenzen der Welt | 105
10. Die Arbeit an den Grenzen der Welt | 108
11. Die Suche nach weißen Flecken | 114

Teil III: Die Form des Experimentellen | 121

1. Offen und geschlossen | 121
2. Raum und Zeit | 126
3. Das Fremde und sein Fehlen | 136
4. Transparenz und Opazität | 144
5. Beobachtung und Bearbeitung | 154
6. Forschungsgegenstände und epistemische Dinge | 158
7. Kopieren und Modifizieren | 161
8. Repräsentation und Übersetzung | 171

9. Simulation und Virtualität | 187
10. Distanz und Nähe | 189
11. Ironie und Humor | 193
12. Genialität und Virtuosität | 197
13. Intention und Intuition | 204
14. Theorie und Praxis | 219
15. Funde und Erfindungen | 222
16. Zwischenglieder und Mittler | 224
17. Werkzeuge und Technik | 227
18. Ingenieure und Bricoleure | 230
19. Sammeln und Versammeln | 234
20. Isolation und Verbundsstruktur | 234
21. Transzendenz und Immanenz | 236
22. Das Experiment aus explorativer Sicht | 253
23. Das explorative und das experimentelle Denksystem | 255

Teil IV: Die Subversion der Bildung | 265

1. Bildung und Lernen | 266
2. Das Scheitern des Scheiterns | 275
3. Die technischen Randbedingungen | 277
4. Die Deutungen der Welt jenseits der Welt | 283
5. Die Persistenz des Explorativen | 287
6. Exploratoren und Experimentatoren | 288
7. Die Hinwendung zur Sprache als Abwendung | 292
8. Die Empirie einer experimentellen Bildungstheorie | 299

Literatur | 303

Vorwort

»Ich würde der Utopie die Erfahrung,
das Experiment entgegensetzen«
– MICHEL FOUCAULT 1987, S. 103

Ein Experiment zeichnet sich dadurch aus, dass das Ergebnis vom Experimentator nicht vorhergesehen werden kann. Das gilt auch für diese Arbeit. Geschrieben wurde sie mit genuin bildungstheoretischem Interesse und begann als Versuch, das Verhältnis von Bildung und Technik zu klären. Am Ende steht die Unterscheidung von zwei allgemeinen Formen der Welterschließung und die Hoffnung, dass diese Arbeit in ihrer abgeschlossenen Form nun für unterschiedliche – ausdrücklich auch nicht-bildungstheoretische – Anschlussüberlegungen offen ist.[1]

Liegt der Fokus auch auf konzeptionellen Fragen der Bildungstheorie, eingebettet in den disziplinären Kontext der Erziehungswissenschaften, treffen doch im Kern dieser Arbeit Fragen unterschiedlicher Disziplinen zusammen. Bereits die hinter allem liegende Frage: »Wie erschließen Menschen sich eine Welt« kann sowohl als erkenntnistheoretische als auch als wissenschafts- oder bildungstheoretische verstanden werden. Inwiefern die Antwort: »Entweder experimentell oder explorativ« mitsamt der hier entwickelten Begrifflichkeit und der Charakterisierung dieser beiden Welterschließungsformen jeweils als Ausgangspunkt weiterführender Überlegungen dienen oder bei der Ordnung bestehender Probleme helfen kann, kann jedoch nur im Fokus der jeweiligen disziplinären Interessen geklärt werden.

Unter erziehungswissenschaftlichem Fokus kann diese Arbeit als Bemühung verstanden werden, einem Mangel an innerdisziplinärer Bindung mit Theorieanstrengungen zu begegnen. Denn die Erziehungswissenschaft steckt in einer Theoriekrise. »Eine im ganzen recht erfolgreiche empirische Forschung hat unser Wissen vermehrt, hat aber nicht zu einer facheinheitlichen Theorie geführt.«

1 Zum Verhältnis von offen und geschlossen vgl. Abschnitt III/1.

(Luhmann 1987, S. 7f) Niklas Luhmann hat natürlich nicht über die Erziehungswissenschaft geschrieben, als er dieses schrieb, sondern über die Soziologie. Und dennoch erinnert diese inzwischen rund ein Vierteljahrhundert alte Diagnose mitsamt den von Luhmann angeführten Indizien an die Erziehungswissenschaft der Gegenwart: die Unfähigkeit der empirischen Forschung allein eine disziplinäre Einheit zu begründen; eine gewisse Resignation, was die theoretischen Bemühungen um ein gemeinsames disziplinäres Selbstverständnis angeht,[2] die Orientierung an großen Namen und an Klassikern, die sich selbstreferentiell dadurch legitimiert, dass es sich bei den Klassikern um Klassiker handelt.[3] All das ist auch in Bezug auf die Erziehungswissenschaft »nicht uninteressant und nicht unfruchtbar« (ebd., S. 8), aber auch nicht gerade befriedigend. Das fortdauernde Fehlen einer »facheinheitlichen Theorie« ist sowohl an den Schwierigkeiten der Abgrenzung erziehungswissenschaftlicher Fragen von nicht-erziehungswissenschaftlichen Fragen als auch an disziplininternen Verständigungsschwierigkeiten erkennbar. Weitgehend einig sei man sich in der erziehungswissenschaftlichen Diskussion jedoch, so schreibt Hans-Christoph Koller,

> »daß der Bildungsbegriff als zentrale Orientierungskategorie für die pädagogische Reflexion unverzichtbar ist. [...] In kategorialer Hinsicht [...] gilt der Bildungsbegriff weithin als unentbehrlich, sofern er (bzw. die Bildungstheorie als erziehungswissenschaftliche Teildisziplin) nicht nur in historischer, sondern auch in systematischer Hinsicht als der Ort ausgewiesen ist, an dem die Diskussion über Aufgaben, Ziele und Zwecke der pädagogischen Praxis bzw. über Begründung, Rechtfertigung und kritische Beurteilung pädagogischen Handelns geführt werden kann und soll.« (Koller 1999, S. 11f)[4]

Doch neben all diesen Anforderungen kommt ihm noch eine andere Aufgabe zu: »Bildung« ist auch der Begriff, mit dem empirisch nachvollziehbare Bildungsprozesse von Individuen gefasst werden sollen (vgl. dazu z.B. Koller 2009).

In dieser Arbeit wird von all diesen Ansprüchen an den Bildungsbegriff Abstand genommen, abgesehen von dem letzten. Dabei wird es allerdings nicht darum gehen, Bildungsprozesse theoretisch erschöpfend zu beschreiben, sondern darum, die *Unterscheidung* von Bildung und Lernen möglichst genau zu fassen;

---

2 Zu den Ausnahmen vgl. Friedrichs 2008, insb. die Einleitung.

3 Vgl. in Bezug auf die Bildungstheorie Tenorths pointierte Bemerkungen unter der Überschrift »Klassikerpflege und -exegese: die Suche nach dem wahren Begriff und die Vergeblichkeit der Exegese« in 1997, S. 976.

4 Vgl. dazu auch Ruhloff 1999, S. 177f.

und zwar auf eine Weise, bei der die Rolle der Technik in Bildungsprozessen explizit mitreflektiert werden kann. Dabei wird es zunächst darum gehen, den Begriff des Experiments gegen den Begriff der Exploration so genau abzugrenzen, dass anschließend Bildung entsprechend als experimentelle Form der Welterschließung und Lernen als explorative Form der Welterschließung in ihrer jeweils individuell zugewandten Form gegeneinander abgegrenzt werden können.

Als Ausgangspunkt – nicht als heuristischer Rahmen – der hier vorliegenden Arbeit dient eine Unterscheidung von Bildung und Lernen, die die gemeinsame Grundlage unterschiedlicher Vorschläge zu einer theoretischen Fassung eines »transformatorischen Bildungsbegriffs« bildet. Diese Vorschläge sind von der Idee geleitet, dass es Formen der Welterschließung gibt, die eine andere Qualität besitzen als das, was gemeinhin unter Lernen verstanden wird. Helmut Peukert hat diesen Unterschied so ausgedrückt:

»Wir haben uns angewöhnt, zwei Weisen des Lernens zu unterscheiden. Die eine Art ist ein eher additives Lernen, d.h. im Rahmen eines gegebenen Grundgerüsts von Orientierungen und Verhaltensweisen lernen wir immer mehr Einzelheiten, die aber diese Grundorientierungen und die Weisen unseres Verhaltens und unser Selbstverständnis nicht verändern, sondern eher bestätigen. Daneben gibt es aber auch Erfahrungen, die, wenn wir sie wirklich zulassen, unsere bisherigen Weisen des Umgangs mit der Wirklichkeit und unser Selbstverständnis sprengen, die unsere Verarbeitungskapazität überschreiten. Wollen wir solche Erfahrungen wirklich aufnehmen, so verlangt dies eine Transformation der grundlegenden Strukturen unseres Verhaltens und unseres Selbstverhältnisses« (Peukert 2003, S. 10).

Diese Transformation könne man als Bildungsprozess beschreiben. Man kann zu diesen Ansätzen eines »transformatorischen Bildungsbegriffes« auch Winfried Matotzkis Vorschlag zählen, Bildung mit Gregory Bateson als eine Art höherstufiges Lernen zu begreifen, bei dem nicht nur Wissen akkumuliert, sondern gemäß der Lernebenenunterscheidung Batesons die Grundlagen des Lernens selbst transformiert werden. Marotzki schreibt,

»daß Bildungsprozesse solche Lernprozesse genannt werden können, in denen es um die Veränderung der ›Interpunktionsprinzipien von Erfahrung‹ geht – wie Bateson es nennt –, in denen es m.a.W. um die Änderung des elementaren Selbst- und Weltverhältnisses geht. Man kann also mit Bateson Lernprozesse in solche unterscheiden, die auf der Basis fester Lernvoraussetzungen (Schemata, Rahmen, Muster) Wissen vermehren, und solchen Lernprozessen, die die zugrundeliegenden Lernvoraussetzungen (Schemata, Rahmen, Muster) transformieren. Die zuletzt genannten können als Bildungsprozesse angesprochen werden, und zwar deshalb, weil sich in ihnen ein neues Selbst- und Weltverhältnis ausbildet.« (Marotzki 1991, S. 123)

Anführen muss man auch Rainer Kokemohrs an unterschiedlichen Stellen ausgeführten Vorschlag, »Bildung [...] als Prozess der Be- oder Verarbeitung solcher Erfahrungen zu untersuchen, die der Subsumtion unter Figuren eines gegebenen Welt- und Selbstentwurfs widerstehen« (Kokemohr 2007, S. 21). In dieser Reihe steht auch Kollers empirisch gestützter Vorschlag, Bildung in kritisch-reflektierter Tradition Humboldts und mit Hilfe von Jean-François Lyotards Widerstreitkonzept als »innovativen Prozeß der Hervorbringung neuer sprachlicher Möglichkeiten« zu bezeichnen, »die den Widerstreit offenhalten, indem sie einem bislang unartikulierbaren ›Etwas‹ zum Ausdruck verhelfen« (Koller 1999, S. 150) – eine theoretische Ausarbeitung, die deutlich mache, dass es darauf ankomme, »den potentiell konflikthaften Charakter von Bildungsprozessen deutlicher in den Blick zu nehmen, um etwa zu begreifen, dass radikale Pluralität unter Umständen anstelle einer bloßen Erweiterung auch eine radikale Transformation des je eigenen Welt- und Selbstverhältnisses erforderlich machen kann« (Koller 2009, S. 44). Die dabei zugrundeliegende Unterscheidung von Bildung und Lernen fasst Koller in Bezug auf Kokemohr an anderer Stelle so zusammen:

»Bildungsprozesse unterscheiden sich diesem Verständnis zufolge von einfachen Lernprozessen dadurch, dass es darin nicht nur (wie bei Lernprozessen) um die Aneignung neuen Wissens oder neuer Informationen geht, sondern um eine grundlegende Veränderung der Art und Weise, wie solche Informationen bzw. solches Wissen verarbeitet werden. Bildungsprozesse im Sinne einer Transformation grundlegender Figuren des Welt- und Selbstverhältnisses stellen also eine Art höherstufiger Lernprozesse dar, bei denen auch der Umgang mit Wissen sich in grundlegender Weise ändert.« (Koller 2007, S. 50f)

Diese Grundstruktur eines »transformatorischen Bildungsbegriffs« ist auch bei Jenny Lüders deutlich erkennbar, wenn sie die den aktuellen bildungstheoretischen Ansätzen gemeinsamen »Dimensionen« des Bildungsbegriffs[5] herausarbeitet und im Hinblick auf die Möglichkeiten des Anders-Werdens vor dem Hintergrund der genealogischen Studien Michel Foucaults rekonstruiert, dem es

5 Das sind: die Konzentration auf das »Bildungssubjekt«, der gesellschaftstheoretische Bezug, die Notwendigkeit einer wie auch immer gefassten normativen Ausrichtung, die Prozessstruktur und der Anspruch auf empirische Anschlussfähigkeit (vgl. Lüders 2007, Kap. 1).

ebenfalls »um den Wandel, i.e. die Transformation des Verhältnisses zur Welt, zum anderen und zu uns selbst« gehe (Lüders 2007, S. 13).

Bereits an dieser unvollständigen Aufzählung wird deutlich, dass es sich nicht um einen einheitlichen und klar abgrenzbaren Theoriezusammenhang handelt, sondern eher um verschiedene Versuche der Neufassung des Bildungsbegriffs mit jeweils unterschiedlichen Bezugstheorien. Was sie aber alle verbindet, ist die Überzeugung, dass es sich bei »Bildung« einerseits um einen Begriff handelt, auf den nicht verzichtet werden sollte, andererseits aber auch um einen Begriff, der in einer Tradition steht, die angesichts unterschiedlicher theoretischer und gesellschaftlicher Herausforderungen nicht bruchlos fortgeführt werden könne.

In dieser Arbeit wird es nicht darum gehen, nach weiteren theoretischen Angeboten zu suchen, mit denen ein auf diese Weise skizzierter »transformatorischer Bildungsbegriff« genauer bestimmt werden könnte. Im Fokus der vorliegenden Arbeit steht vielmehr die diesen Ansätzen gemeinsame Unterscheidung von Bildung und Lernen selbst.

Das *erste Kapitel* der Arbeit dient dabei als Problemexposition und thematische Einführung. Im *Kapitel II* wird der Begriff des Experiments eingeführt und gegen herkömmliche und irreführende Verständnisweisen abgegrenzt. Das *Kapitel II* dient auch dazu, notwendige theoretische Grundsatzentscheidungen darzustellen. Dazu gehört die Zuspitzung der zentralen Begriffe Bildung, Lernen, Sinn und Welt auf jeweils formtheoretisch gefasste Paradoxien. Es wird zudem – ebenfalls im *Kapitel II* – die methodische Begründung für die Vorgehensweise gegeben. Im *Kapitel III* soll über eine Auseinandersetzung mit der experimentellen Praxis der Naturwissenschaften die Unterscheidung von Experiment und Exploration genauer gefasst werden, um diese dann in *Kapitel IV* mit der Unterscheidung von Bildung und Lernen engzuführen. Anders als zumeist üblich, steht die Frage nach dem Vorgehen also nicht am Anfang, sondern im Zentrum dieser Arbeit. Auf diese Weise soll die Form der Darstellung mit der Struktur der Argumentation möglichst kongruent gehalten werden.

Dass die Form dieser Arbeit nicht in Gänze dem traditionellen Aufbau entspricht, bei dem der Darstellung des bildungstheoretischen Forschungsstands eine Einführung in eine bislang wenig rezipierte Bezugstheorie folgt, mit deren Hilfe dann eine Kritik, Erweiterung oder Transformation des Bildungsbegriffes vorgenommen werden soll, hängt auch damit zusammen, dass die Wissenschafts- und Technikforschung, auf die hier ausführlich eingegangen wird, zwar viele neue und für diese Arbeit grundlegende Einsichten produziert hat, jedoch keine explizite Theorie des Experiments, auf die ohne weiteres hätte zurückgegriffen werden können. Von »einer differenzierten Philosophie des Experimentes, die den neuen Einsichten Rechnung trägt, sind wir noch weit entfernt«, konstatiert entsprechend der Wissenschaftsphilosoph Friedrich Steinle (Steinle 2000, S. 222). Nicht zuletzt auch aus diesem Grund wird der Klärung der Frage, wie man das Experiment theoretisch zu fassen bekommt, sehr viel Platz eingeräumt. Dass der Seite der Exploration umgekehrt entsprechend weniger Aufmerksamkeit geschenkt wird, legt die Frage nahe, ob sie damit nicht theoretisch weniger herausfordernd erscheint als sie tatsächlich ist. Diese Frage bleibt offen, denn einer befriedigenden Antwort müsste eine speziell aufs Explorative gerichtete Auseinandersetzung vorausgehen.

Bei der Klärung der Frage nach dem Begriff und dem Charakter des Experiments werden die in *Kapitel III* diskutierten Ergebnisse der neueren Wissenschafts- und Technikforschung gewissermaßen durch einen bildungstheoretischen Fokus aufbereitet. Damit wird die Übertragbarkeit der Ergebnisse vorbereitet. Wäre die Auseinandersetzung mit der neueren Wissenschafts- und Technikforschung nicht von vornherein bildungstheoretisch fokussiert gewesen, hätte sich weder die Unterscheidung von Experiment und Exploration aufgedrängt, noch hätte diese Unterscheidung die Form, die sie mit ihren zweimal einundzwanzig unterschiedlichen Charakteristika zu diesem Stand der Arbeit gewonnen hat. Aus diesem Grund kann man diese Arbeit nicht nur als Versuch verstehen, Erkenntnisse der neueren Wissenschafts- und Technikforschung in die Bildungstheorie zu überführen, sondern gleichzeitig auch als Angebot von Seiten der Bildungstheorie an die Wissenschaftsforschung, die mit der Unterscheidung von Bildung und Lernen korrespondierende Unterscheidung von Experiment und Exploration als Beitrag zu einer Theorie des Experiments zu verstehen.

Die Anschlussfähigkeit der in dieser hier vorliegenden Arbeit entwickelten Überlegungen für künftige theoretische Differenzierungen und unvorhersehbare Anschlüsse in der Erziehungswissenschaft soll dadurch gewährleistet werden, dass der Bildungsbegriff hier gerade nicht als Ort genutzt wird, um eine »Diskussion über Aufgaben, Ziele und Zwecke der pädagogischen Praxis bzw. über Begründung, Rechtfertigung und kritische Beurteilung pädagogischen Handelns« (Koller 1999, S. 11f) zu führen, sondern indem sich darauf beschränkt wird, empirisch nachvollziehbare Unterschiede zwischen Bildung und Lernen theoretisch herauszuarbeiten und der Unterscheidung selbst eine möglichst knappe und möglichst trennscharfe Form zu geben. Dahinter steht die Überzeugung, dass der Bildungsbegriff traditionell mit Aufgaben überfrachtet wurde, die eine Diskussion über notwendige begriffliche Grundsatzentscheidungen behindert haben oder bereits getroffene Grundsatzentscheidungen haben intransparent werden lassen. Vielleicht kann der Bildungsbegriff – und zwar gemeinsam mit dem Lernbegriff – gerade dann eine entscheidende Funktion innerhalb einer disziplininternen Reflexionsdiskussion einnehmen, wenn er sie nicht gleichzeitig umgreifen muss. Bildung und Lernen sind zentrale erziehungswissenschaftliche Begriffe und sie können, wenn sie hinreichend abstrakt und gleichzeitig hinreichend genau konturiert worden sind, als Kristallisationspunkte unterschiedlicher Fragestellungen und auch unterschiedlicher theoretischer Ausarbeitungen dienen – denn um Lernen und um Bildung geht es in der Erziehungswissenschaft letztlich immer. Angesichts des viel beklagten inflationären Umgangs mit dem Wort »Bildung« und seinen Komposita, nicht selten in einer den Anliegen der Bildungstheorie entgegengestellten Weise, kann man die Bemühung, zu einem konturscharfen Bildungsbegriff zu gelangen, durchaus auch disziplinstrategisch verstehen; nicht um in einer politischen Diskussion Wissenschaftlichkeit vor sich herzutragen, sondern um vernehmbarer werden zu lassen, was die Bildungstheorie – auch über die Grenzen der eigenen Disziplin hinaus – mitzuteilen hat.

Teil I: Die Subversion der Technik

Don't know what I want,
but I know how to get it.
– SEX PISTOLS, ANARCHY IN THE UK

Aus dem Bereich der Geistes- und Sozialwissenschaften sind in den letzten Jahren viele Abhandlungen über Technik erschienen, die mit der Feststellung beginnen, dass sich die Anzahl von technischen Dingen (dazu gehören auch technische Formen der auf Interaktion beruhenden Methoden wie Coaching, Testverfahren etc.) vergrößert habe und dieses ein bemerkenswertes Charakteristikum der Gegenwart sei.[1] Hermann Bausinger erinnert in diesem Zusammenhang daran, dass der größte Teil der Technik dabei noch nicht einmal ins Auge falle und in solchen Analysen zumeist nicht einmal berücksichtigt werde; er spricht von einer »unauffälligen Omnipräsenz des Technischen« (Bausinger 1981).

Wer würde dem widersprechen wollen? Wer von einer allgemeinen Zunahme an Technik spricht, braucht mit weniger Widerspruch rechnen, als jener, der von dem »Technisch-Werden der Welt« (Freyer 1960), ihrer »Technisierung« (z.B. Joerges 1988) oder der »Technisierung des Alltags« (Irrgang 2002) spricht oder als der, der die moderne Kultur gar als »technomorph« bezeichnet, in der »(beinahe) nichts [bleibe], das nicht technisch verfasst sei« (Böhme 2000, S. 164). Zumeist dient der Hinweis auf die große und sich vergrößernde Anzahl von Technik vorrangig dazu, die Bedeutung der eigenen, Technik als Thema be-

1 Es ist an dieser Stelle entscheidend, soziale und gegenständliche Techniken nicht getrennt voneinander zu diskutieren. Erstens überzeugt dieses wie im Folgenden gezeigt werden soll, aus analytischen Gründen nicht – die Materialisierung von sozialen Techniken ist nur ein und nicht unbedingt der entscheidende Schritt in einer Kette von Übersetzungsschritten (siehe unten Abschnitt III/8), zweitens entgingen einem sonst dadurch die politisch bedeutsamen Verschiebungen, die damit verbunden sind, wenn etwas in Form gegenständlicher Technik eine durchsetzungsfähigere Faktizität erlangt.

handelnden Arbeit herauszustellen, nach dem Motto: Es gibt immer mehr Technik, also werden auch Arbeiten über Technik immer wichtiger. Damit wird der Gegenstand des Interesses als besonders bedeutsam herausgestellt. Den Konsequenzen der Vermehrung technischer Dinge und Prozeduren wird dann im Folgenden oft aber kaum und zumeist auch nur in *gradueller* Hinsicht nachgegangen. Letzteres ist beispielsweise der Fall, wenn von einer »wachsenden Bedeutung« von Technik gesprochen wird und sich *daran* die theoretischen Überlegungen orientieren (z.B. Euler 1999, S. 9) oder wenn Technik pauschalisierend als vernachlässigter Aspekt unter dem allgemeineren Problem »gesellschaftlicher Transformationsprozesse« subsummiert wird (z.B. Ahrens 2005, 7).

Es besteht ein Unterschied zwischen der Frage, welche Bedeutung Technik für die Gesellschaft, den Einzelnen oder für Fragen der Bildung im Speziellen hat und der Frage, welche Bedeutung der Vermehrung technischer Dinge und Prozeduren *selbst*, also ihrer zunehmenden Quantität in qualitativer Hinsicht zukommt.[2] Es soll im Folgenden gezeigt werden, dass man sich der ersten Frage nicht angemessen widmen kann, wenn man sich der zweiten nicht gestellt hat. Die Einsicht in qualitative Konsequenzen der Technik-Zunahme führt dazu, die Frage nach der wachsenden Bedeutung von Technik grundlegend anders zu stellen. Dabei soll es im Folgenden zunächst nicht um die Frage gehen, inwiefern die mangelnde Einsicht in ihre Funktionsweise, das Vergessen ihrer anfänglichen Abstraktionsleistung und das Verfehlen des »nicht-technischen Wesens« der Technik die »ungezügelte« Vermehrung technischer Dinge begünstigte, die sowohl Edmund Husserls als auch Martin Heideggers Auseinandersetzung mit Technik begleitet hat und die in anderer Form auch heute z.B. bei Michel Serres und Bruno Latour zentral ist. Hier soll es zunächst um die Konsequenzen gehen,

2 Dass umgekehrt die qualitative Beschaffenheit der Technik quantitative Folgen hat, wäre hingegen eine Behauptung, die viel zu umfassend formuliert ist, als dass man ihr sinnvoll nachgehen könnte. Man müsste diese Behauptung zunächst hinreichend eingrenzen, z.B. auf Produktionstechniken auf der einen und Wirtschaftswachstum auf der anderen Seite, um zu sinnvollen Aussagen über quantitative Bedeutung qualitativer Veränderungen der Technik zu kommen. Hier wäre es z.B. die noch lange nicht in ihrer Bedeutung angemessen reflektierte These Solow's, dass kein anderer Faktor neben dem technischen Fortschritt langfristig einen erkennbaren positiven Einfluss auf das Wirtschaftswachstum ausübt. Erstmals hat dieses Solow 1956 in dem Aufsatz: *A Contribution to the Theory of Economic Growth* in dem *Quarterly Journal of Economics* dargelegt und ein Jahr später, 1957, empirisch nachgewiesen am Beispiel der U.S.A. in der ersten Hälfte des 20. Jahrhunderts in dem Aufsatz *Technical Change and the Aggregate Production Function* in der *Review of Economics and Statisics*. Zur Kritik Solows vgl. Mankiw/Romer/Weil 1992.

die eine Vermehrung technischer Optionen für bildungstheoretische Konzeptionen hat. Ausgangspunkt und beispielhafter Gegenstand der Auseinandersetzung ist dabei der im Vorwort angesprochene »transformatorische Bildungsbegriff«, dem in den letzten Jahren verstärkt in den Fokus der Aufmerksamkeit rückte und der zum Kristallisationspunkt unterschiedlicher theoretischer Bemühungen wurde, den Begriff der Bildung zu konkretisieren und über die Grenzen der bildungsphilosophischen Diskussion hinaus mit einer gewissen Verbindlichkeit auszustatten. So heterogen die theoretischen Ausarbeitungen dieses »transformatorischen Bildungsbegriffes« auch sein mögen – ein Element steht grundsätzlich an zentraler Stelle: Der Gedanke, dass ein Bildungsprozess durch eine Erfahrung des Scheiterns initiiert wird. Wenn in diesen Konzeptionen bildungsträchtige Situationen solche sind, in denen man mit Hilfe ehemals bewährter Figuren von Welt-Selbstverhältnissen nicht weiter kommt, sondern scheitert, dann werden solche Situationen als Problemsituationen gefasst, die sich durch den Mangel an adäquaten Lösungen auszeichnen.

1. Das Scheitern als Voraussetzung

»Ever tried, ever failed. No matter /
try again, fail again, / fail better«
– SAMUEL BECKETT, WORSTWARD HO

Ganz explizit stellt Marotzki in seiner Reformulierung des Bildungsbegriffes mit Bateson Bildung in den begrifflichen Kontext von Problem, Scheitern und Lösung: Bildungsprozesse kämen dann ins Spiel, wenn herkömmliche Problemlösungsversuche scheiterten:

»Bildungsprozesse stellen Lernprozesse auf höherstufigen Niveaus dar. Sie sind aufgrund der gegenwärtig erreichten gesellschaftlichen Komplexität immer stärker vonnöten. Ihre Forderung ergibt sich somit aus der geschichtlichen Situation. Umgekehrt argumentiert: Die bildungstheoretische Perspektive entfaltet somit eine Sichtweise auf gesellschaftliche Problembestände. Bildungsprozesse sind Prozesse der gesellschaftlichen Problemwahrnehmung und Problemlösungsversuche.« (Marotzki 1990, S. 52f.; vgl. auch fast gleichlautend Marotzki 1991, S. 123)

Noch deutlicher wird die Rolle des Scheiterns bei Marotzki, wenn man sich die Begründungen anschaut, die er anführt, um die Notwendigkeit von Bildung zu betonen. Diese beziehen sich allesamt auf das Scheitern dessen, was er unter Bezugnahme auf eine Formulierung des Club of Rome als »tradiertes Lernen« bezeichnet: Er sieht »derzeit« (1991) ein »rationalistisches Paradigma« dominieren, das sich an dem »mathematisch-logischen Ideal eines Informationsapparates« orientiere (ebd., S. 121f). Dieses sei nicht nur einfach eine zu enge oder schlicht falsche theoretische Sichtweise auf Lernen, sondern die Konjunktur dieser Sichtweise zeige vielmehr selbst symptomatisch auch die Lage des Lernens an. Dieses »tradierte Lernen«, das sich in den rationalistisch verkürzten Lernbegriffen spiegele, sei, so Marotzki, selbst in eine Krise geraten. Und zwar in eine Krise, die sich aus einer wachsenden Kluft zwischen einer zunehmenden Komplexität gegenwärtiger Gesellschaften und den Begrenzungen im Fassungsvermögen eben dieses Lernens auftue. Mit Bezug auf Bateson schreibt Marotzki: »Das grundlegende Problem entsteht für ihn nämlich dann, wenn gesellschaftlich komplexe Probleme mit einfachen, hinsichtlich der jeweiligen Lernvoraussetzungen unflexiblen Lernmodi bearbeitet werden« (ebd., S. 123f). Darüber hinaus, so vermutet Marotzki mit Peukert, resultieren viele der Probleme, deren Komplexität auf »herkömmliche« Weise nicht mehr erfasst werden kann, möglicherweise gerade aus dem Scheitern dieses »tradierten Lernens« angesichts neuartiger Problemlagen (ebd., S. 124).

Die besondere Bedeutung des Scheiterns für Bildungsprozesse wurde kürzlich noch einmal unter dem Aspekt der Fremdheitserfahrung betont. Die Herausgeber des Tagungsbandes Bildungsprozesse und Fremdheitserfahrung sehen neben den Bemühungen um empirische Anschlussfähigkeit der Konzeption von »Bildung als Transformation grundlegender Figuren des Welt- und Selbstbezugs« vor allem in der Betonung einer Krisenerfahrung als »Anlass« bzw. als »Herausforderung für Bildungsprozesse« (Koller/Marotzki/Sanders 2007, S. 7) einen Unterschied zu der bildungstheoretischen Tradition seit Humboldt, in der sie diese Konzeption gleichwohl verorten.[3] Lüders betont angesichts dieser grundlegenden Bedeutung des Scheiterns für Bildungsprozesse die Notwendigkeit, das Scheitern bei der theoretischen Konzeptualisierung von Bildung im weitesten Sinne, nämlich noch die theoretische Konzeptualisierung und empirische Versuche der Identifikation von Bildungsprozessen selbst betreffend, zu berücksichtigen. So schreibt sie, dass es Anliegen ihrer Arbeit sei, »das ›Scheitern‹ an einer Konzeptualisierung von ›Bildung‹ nicht auszuklammern, sondern es ein Stück weit vorzuführen.« Dabei würde deutlich werden, »dass jenes ›Scheitern‹ als systematisches – vielleicht sogar konstitutives Moment – des Bil-

3 Vgl. zur Verortung des transformatorischen Bildungsbegriffes in Humboldtscher Tradition die Auseinandersetzung mit Humboldts Sprachphilosophie von Koller in: ders. 1999, S. 51-94.

dungsgeschehens selbst betrachtet werden muss.« (Lüders 2007, S. 18) Ähnlich argumentiert Schäfer, der, ausgehend von der Begegnung mit dem Fremden, die Unmöglichkeit betont, »das Fremde vollständig in der kategorialen Aneignung aufgehen zu lassen« (Schäfer 2009, S. 188). Er verortet das bildende Moment in der Begegnung mit dem Fremden gerade in der »Notwendigkeit des Scheiterns der eigenen Selbst- und Fremdwahrnehmungsgewohnheiten« (ebd.), einem Scheitern, das eben auch die Konzeptualisierung von Bildung selbst betrifft (ebd, S. 199). Bei Koller zieht sich das Scheitern als »Anlass oder Motiv für die Suche nach Neuem« (Koller 2007, S. 56) durch die Diskussion verschiedener (Wissenschafts-)Theoretiker, die er auf ihre bildungstheoretische Anschlussfähigkeit hin untersucht. So hält Koller gerade das Scheitern sowohl bei Poppers als auch bei Peirce's wissenschaftstheoretischen Konzepten für eine bildungstheoretisch relevante, weil übertragbare Einsicht. Um eine Übertragung handelt es sich insofern, als wissenschaftliche Erkenntnisprozesse und Bildungsprozesse nicht deckungsgleich sind.[4] Das bringt Koller zum Ausdruck, indem er in Bezug auf die Wissenschaftstheorie vom »Scheitern einer bisher als gültig unterstellten Regel« spricht. Gleichzeitig bevorzugt er in Bezug auf Bildung die offenere, weniger formalistische und die Erfahrung betonende, aber nicht weniger aufs Scheitern zielende Wendung, von der »Krise, in die ein Mensch gerät, wenn er Erfahrungen macht, für deren Bewältigung seine bisherigen Orientierungen nicht ausreichen« (ebd., S. 56). Die Gemeinsamkeit, durch die eine Übertragung legitimiert wird, liegt auch hier im Scheitern – auf der einen Seite in dem Scheitern »einer bisher als gültig unterstellten Regel«, auf der anderen Seite in dem Scheitern der »bisherigen Orientierungen« oder »bisheriger Mittel und Möglichkeiten« (ebd., S. 50). Folge man Derrida in seiner Kritik herkömmlicher Vorstellungen von Kommunikation als Mittel zur Sinnübertragung, der Kritik an der hermeneutischen Orientierung am Sinnaufschluss und seiner radikalen Fassung des Schriftbegriffes, so Koller weiter, müsse das Scheitern als Bedingung des Neuen grund-

4 Auch hier wird davon ausgegangen, dass sie nicht deckungsgleich sind; was aber weder heißen soll, dass wissenschaftliche Erkenntnisprozesse nicht auch mit Bildungsprozessen zusammenfallen können, zueinander in einem Bedingungs- oder sonstigen Verhältnis stehen können oder generell über Strukturanalogien verfügen, die eine Auseinandersetzung mit wissenschaftlichen Prozessen bildungstheoretisch interessant erscheinen lassen. Es ist vielmehr der Hinweis darauf, dass der Darstellung dieser Prozesse jeweils unterschiedlichen Ansprüchen zu genügen haben und notwendiger Weise unterschiedliche Aspekte betont werden – ohne dass diese unterschiedlichen Schwerpunktsetzungen unbedingt gleichbedeutend sind mit definitorischen Unterschieden. Vgl. dazu ausführlicher auch Abschnitt II/1 sowie Abschnitt IV/1.

sätzlicher gefasst werden: »Aus dieser Perspektive betrachtet nähme die Entstehung neuer Figuren des Welt- und Selbstverhältnisses ihren Ausgang im Scheitern des Versuchs vereinheitlichender Welt- und Selbstdeutungen und bestünde darin, vielfältige differierende, einander ergänzende oder widersprechende Deutungen hervorzubringen« (ebd., S. 65). Die zentrale Bedeutung des Scheiterns für aktuelle Konzeptionen eines transformatorischen Bildungsbegriffes dürfte deutlich geworden sein.

Wenn bildungsträchtige Situationen solche sind, in denen man mit Hilfe ehemals bewährter Figuren von Welt-Selbstverhältnissen nicht weiter kommt, sondern scheitert, dann werden – wie bereits erwähnt – solche Situationen als Problemsituationen gefasst, die sich durch den Mangel an adäquaten Lösungen auszeichnen. Es geht hier um eine Situationsbeschreibung, bei der die Gegenwart (die bildungsträchtige Situation) unter dem Fokus der Vergangenheit (dem Scheitern bestehender Welt- und Selbstverhältnisse) gefasst wird, während die Zukunft als unbestimmt bestimmt wird (sie bleibt nicht nur unbestimmt, sondern wird als unbestimmte bestimmt). Es geht gewissermaßen um eine vergangenheitsgesättigte Gegenwart ohne fassbare Zukunft. Das muss auch so sein, denn wäre die Zukunft nicht unbestimmt, wäre das radikal Neue, welches erfolgreiche Bildungsprozesse auszeichnet, auch nicht neu und folglich hätte man es gar nicht mit Bildung zu tun. Wenn das auch nicht falsch ist, so ist diese Fassung in dieser Formulierung angesichts der Zunahme von Technik aber doch unzulänglich, möglicherweise schlicht nicht auf der Höhe der Zeit (s.u.). Das Problem, um das es im Folgenden geht, besteht nicht in der Frage, wie die »Entstehung des Neuen in Bildungsprozessen genauer beschrieben und erklärt werden kann« (Koller 2007, S. 50), also nicht in der theoretischen Herausforderung angesichts dieser notwendigen Unbestimmtheit. Es besteht vielmehr – als gleichermaßen theoretisches wie auch bildungspraktisches Problem – in einem gewissermaßen überbestimmten Zukunftsbezug.[5] Was aber ist das Problem mit den Zeitverhältnissen in der Bestimmung von Bildung als Transformation grundlegender Figuren des Welt- und Selbstverhältnisses infolge einer Erfahrung des Scheiterns vor dem Hintergrund einer quantitativen Vermehrung technischer Dinge und Prozeduren? Das Problem ist, dass unsere gegenwärtige Gegenwart – im Unterschied zu ver-

5 Vgl. analog dazu aus anthropologischer Sicht Meyer-Drawes Verschiebung der Gehlenschen Bestimmung des Menschen als Mängelwesen: »Genauer betrachtet ist der Mensch nicht unbestimmt, sondern vielfach bestimmt. Er ist in diesem Sinne kein Mängelwesen, das sein Instinktdefizit ausgleichen muß, sondern ein Wesen des Überschusses, weil er von seinen Bestimmungen abweichen kann.« (Meyer-Drawe 1995, S. 369)

gangenen Gegenwarten – viel weniger vergangenheits- als vielmehr zukunftsgesättigt ist; sie ist gewissermaßen von technikförmigen Zukunftssplittern durchsetzt, die der Gegenwart optionale Schneisen in die Unbestimmtheit schlagen, womit die Zukunft – wie problemdurchsetzt die Gegenwart auch immer erscheinen mag – nicht mehr einfach als unbestimmt bestimmt werden kann.[6]

2. SCHEITERN WAR GESTERN

Die Geschichte der Zukunft lehrt: Es ist – und hier kann man sich auf gegenwärtig als gesichert geltendes Wissen beziehen – zunächst einmal die Zukunft selbst, die zunehmend von Technik durchsetzt wurde.[7] Seit es Zukunft überhaupt gibt (diese wurde, folgt man dem Zukunftshistoriker Hölscher, in der uns heute geläufigen Form als offener Horizont irgendwann im Laufe des 17. oder 18. Jahrhunderts erfunden), war kaum jemals eine Zukunft so sehr von Technik durchsetzt wie die seit Anfang des 19. Jahrhunderts (ebd.). Hölscher ist in diesem Fall präzise: Um 1890 habe ein massiver Technisierungsprozess der Zukunft eingesetzt, deutlich erkennbar am Aufkommen des Science-Fiction-Romans. Dieser Technisierungsprozess habe dann seinen letzten Höhepunkt in den 60er Jahren des 20. Jahrhunderts erreicht und sei seitdem etwas abgeebbt. Dörpinghaus, der in einem kurzen Aufsatz über das Verhältnis von Bildung und Zeit darüber nachdenkt, welche Konsequenzen die Veränderung der Zukunft für die Idee der Bildung hat, sieht – ganz ähnlich[8] – den entscheidenden Schritt in der Geschichte der Zukunft in der Ablösung des an der Natur orientierten Zeitverlaufes durch einen durch Technik geprägten, sinnbildhaft illustriert an den zutiefst irritierten Zeitempfindungen der ersten Eisenbahnreisenden (Dörpinghaus 2007, insb. S. 40). Diese Umstellung im Orientierungsrahmen habe dann zu dem beigetragen, was heute unter dem Schlagwort der »Beschleunigung« verhandelt wird (vgl. Rosa 2008). Zukunft sei nun nichts mehr, was auf einen zukomme und das man erwarten könne wie die *Zu*-Kunft Christi am Jüngsten Tag, sondern würde zunehmend als ein gestaltbarer Zeitraum aufgefasst im Horizont einer immer knapper erscheinenden Lebenszeit. Dörpinghaus weist hier auf eine sehr grund-

6 Das ist im Großen und Ganzen auch die Einschätzung von Luhmann in dem Aufsatz von *The Future Cannot Begin: Temporal Structures in Modern Society* von 1976.

7 Vgl. dazu Hölscher 1999 oder auch Berghoff 2000.

8 Ebenfalls, wenngleich mit deutlich anderer Akzentsetzung, mit Bezug auf Hölscher. Den Hinweis auf diesen Aufsatz von Dörpinghaus verdanke ich den Teilnehmern des Forums Bildungsphilosophie.

legende, von der Technik angestoßene Veränderung in den Zeitstrukturen hin, bei der Technik als Taktgeber fungiert und die zweifellos für die Konzeption von Bildung bedeutsam ist. Da Dörpinghaus sich im Folgenden aber nur noch auf die Zeitstruktur selbst bezieht ohne weiter von Technik zu sprechen (es ist, als hätte die Technik eine Veränderung bewirkt, die im Folgenden unabhängig von ihr existiert, als müssten nicht auch Zeitstrukturen immer wieder aufs Neue wiederholt und bestätigt werden oder als würden diese Wiederholungen und Bestätigungen nur noch in einem von Technik unabhängigen sozialen Raum stattfinden), soll im Folgenden unabhängig von seinen Ausführungen eine genauere Vorstellung von der alltäglichen Bedeutung von Technik für Zeit-, sowie für Problem-Lösungsverhältnisse gewonnen werden. Dörpinghaus' bildungstheoretische Anschlussüberlegungen werden erst einmal zurückgestellt. Sie sollen später noch einmal aufgenommen werden.

Hölscher geht davon aus, dass sich die Bedeutung der Technik für die Zukunft heute (nach den 60er Jahren des 20. Jahrhunderts) abgeschwächt habe, was man an dem Rückgang an technikerfüllten Zukunftsutopien sehen könne. Im Gegensatz dazu werde ich im Folgenden davon ausgehen, dass es unwahrscheinlich ist, dass die Technik an Bedeutung für die Zukunft (und die Gegenwart) verloren hat, sondern dass der Eindruck einer abgeschwächten Bedeutung vielmehr selbst als Ergebnis des Prozesses der Technisierung der Zukunft betrachtet werden kann: Utopische Techniken haben sich immer mehr der Gegenwart angenähert, bis wir heute in der Gegenwart immer schon mit einem Bein in einer technisch überformten Zukunft stehen (was die Utopien weniger utopisch, aber nicht weniger technikgesättigt aussehen lässt): Wir gehen gegenwärtig mit Zukunftstechniken um (sie werden im IT-Bereich Beta-Versionen, in anderen Bereichen unausgereift genannt). Wir benutzen zunehmend Techniken, die einerseits noch im Werden sind und über die wir andererseits – während wir sie schon benutzen – nachdenken. Wir überlegen wie sie wohl unsere Zukunft, die immer schon angefangen hat, formen werden, während sie bereits unsere Gegenwart formen und die Bedingungen setzen, unter denen wir über unsere Gegenwart und Zukunft nachdenken.[9] Kaum jemand ist heute noch so naiv zu glauben, dass *erst nach*gedacht wird, Probleme analysiert, Folgen abgeschätzt und diskutiert werden, bevor eine Technik zum Einsatz kommt. Technische Lösungen werden zwar immer wieder mit Rationalität und Pragmatik assoziiert, aber bei jeder näheren Betrach-

9 Keine Firma hat dieses Prinzip des permanenten Imperfekts so sehr als Geschäftsmodell perfektioniert wie Google und kaum ein Geschäftsmodell wird gegenwärtig so leidenschaftlich als wegweisend gepriesen (z.B. von Jeff Jarvis 1999) wie früher Toyotas *monozukuri* (vgl. dazu Liker 2003).

tung verweist die Art, wie Technik in die Welt kommt, auf ein zutiefst anarchisches Prinzip. Das ist keine neue Erkenntnis und wurde z.B. bereits 1932 von Brecht erfasst. Anarchisch sei diese Ordnung Brecht zufolge (eine Ordnung, die er freilich mit dem Kapitalismus identifiziert) nämlich insofern, als lauter Erfindungen auf den Markt gebracht werden, die nicht bestellt sind, »die sich ihren Markt erst erobern, ihre Daseinsberechtigung erst beweisen müssen« (Brecht 1976 [1932], S. 127). Dieses ist lediglich ein erster Hinweis auf das Problem der qualitativen Veränderungen infolge einer quantitativen Vermehrung technischer Dinge und Prozeduren. Es ist aber weder das ganze Bild noch der entscheidende Punkt. Der entscheidende Punkt ist vielmehr ein anderer: Die Vermehrung technischer Dinge und Prozeduren stellt nämlich eine Optionsvermehrung dar – und zwar eine Vermehrung bevorzugt in Anspruch genommener Lösungsoptionen. Das macht das anarchische Prinzip überhaupt erst zum Problem, da dieses durch den Eindruck der Wahlmöglichkeit rationalistisch verhüllt wird; technische Lösungen zeichnet ihre stärkere Durchsetzungskraft und Attraktivität gegenüber anderen Lösungsformen aus.

3. DER EINSATZ VON TECHNIK

Technische Lösungen werden deshalb häufig bevorzugt, weil sie sich allgemein in gesellschaftlichen Zusammenhängen und speziell in Organisationen am besten durchsetzen können. In Bezug auf Organisationen, schreibt Luhmann in diesem Sinne, seien normalerweise immer diejenigen Personen oder Gesichtspunkte von Vorteil, »die ihre Ziele am wirksamsten operationalisieren können« und das heißt: in technisierter Form vorlegen (Luhmann/Schorr 1988, S. 42). Warum, so könnte man fragen, setzen sich nicht einfach die besten oder überzeugendsten Lösungen durch? Luhmanns Antwort: Technische Lösungen setzen sich vor allem deshalb durch, weil sie Konsens ersparen.[10] Sie stellen ihn also nicht etwa her (wie es *ex post* manchmal scheint, wenn sich die technikinduzierten Probleme in den Vordergrund geschoben haben) und Technik löst in der Regel auch keine Konflikte (wie es *ex post* manchmal scheint, wenn die Stimmen des Pro-

10 Andererseits kann Technik und die Technisierung sozialer Zusammenhänge Konsensbedarf und Konflikte überhaupt erst kommunikabel machen – man denke nur an die politische Bedeutung von Statistiken und Datenerhhebungstechniken. Keineswegs spart Technik also – absolut gesehen – unbedingt Konsens ein. Das geht bei Luhmann genauso unter wie in Habermas Gegenüberstellung von zweckrationalem Handeln und Interaktion (vgl. Habermas 1969, S. 84).

testes verklungen sind), sondern unterläuft vielmehr Konsens und Problemstellung.[11] Das ist nicht prinzipiell zu verurteilen (ganz im Gegenteil, wie noch zu zeigen ist), nicht einmal aus Sicht der Theorie kommunikativen Handelns, denn manche Probleme erledigen sich mit technischer Hilfe auf einfache und effektive Weise und der befriedende Effekt kann Ressourcen zur Klärung wichtigerer Probleme schaffen.[12] Ein alltagsnahes Beispiel mag das demonstrieren: Ein Paar, das sich täglich um den Abwasch streitet, hat anlässlich immer wieder eintrocknender Essensreste miteinander ein Problem. Wollten sie versuchen, dem Problem durch eine möglichst gründliche Analyse der Situation mit anschließender Abwägung aller Faktoren beizukommen, würden sie möglicherweise schnell von Geschlechterdebatten über die jeweiligen biographischen Hintergründe schließlich auf dem Sofa ihres Therapeuten landen; die Komplexität sozialer Situationen ist prinzipiell unbegrenzt und kann sowohl in Hinblick auf die Einigung über das eigentliche Problem als auch in Hinblick auf mögliche Lösungen prinzipiell unendlich ausgeführt werden.[13] Mit dem Kauf einer Geschirrspülmaschine *ersparen* sie es sich, in all diesen Fragen zu einem Konsens zu kommen. Die Maschine löst weder den Geschlechterkonflikt, noch klärt sie die Probleme mit den Schwiegereltern, aber sie löst das Problem des Abwaschs. Bereits in diesem harmlosen Beispiel wird deutlich, dass mit dem Auftritt der Spülmaschine das Ausgangsproblem (der faule Partner) rekursiv lösungskompatibel umgeschrieben wird (dreckiges, herumstehendes Geschirr). Der trostspendende Effekt des Futur II ist hierbei nicht zu unterschätzen: Mit dem Kauf der Spülmaschine werden wir ein Problem mit dem Abwasch gehabt haben. Keinesfalls jedoch lässt sich der Einsatz von Technik als Lösung im Sinne eines wohldefinierten Problems darstellen – ihr Einsatz geht immer mit einer Redefinition des Problems einher – es sei denn das Problem selbst ist bereits so weit technisiert, dass der Übersetzungsschritt zum Einsatz der Technik[14] selbst keinen erkennbaren Unterschied mehr macht.[15] Das Beispiel ist harmlos. Weniger harmlos wird es, wenn man sich anschaut, dass selbst dann technische Lösungen bevorzugt werden, wenn die rekur-

---

11 Vgl. den Abschnitt II/6 zur *techné* und vor allem die Hinweise zum Begriff der *techné* in Fußnote 46 auf Seite 47.

12 In diesem Sinne beschreibt Ortega y Gasset in seinen *Betrachtungen über die Technik* Technik auch als »Anstrengung um Anstrengungen zu ersparen« (Gasset 1978, S. 24).

13 Vgl. als empirischen Nachweis dazu Kaufmann 2005. Zur Verselbstständigung von Konflikten vgl. Luhmann 1984, Kap. 9 und Luhmann 1997a, S. 466f.

14 Zum Begriff der Übersetzung in Bezug auf Technik siehe unten S. 230.

15 Dieses wird von Latour am Beispiel eines automatischen Türöffners ausgeführt in: Latour 1995, S. 62-84.

sive Einsetzung einer zur Lösung passenden Problemstellung nicht zur interessenausgleichenden Umschreibung, sondern zu einer bloßen Suspendierung des Ausgangsproblems führt. Ein Beispiel wäre die Substitution des Problems »schlechte Lehre« mit dem Problem »zu wenig Methodenvielfalt« oder allgemeiner: »Wie mache ich meinen Unterricht evaluationskompatibel« durch den Einsatz entsprechender Evaluationstechniken. Die gesamte Universitätsreform ist ein gutes Beispiel für dieses Problem; man denke nur an die undurchdachte Einführung von Studienorganisationssoftware. Lässt man naheliegende Überlegungen zum gezielten, interessegeleiteten Einsatz problemredefinierender Techniken einen Moment beiseite,[16] um Raum für die hier im Zentrum des Interesses stehende Analyse nicht-intentionaler Effekte zu lassen, wird die Wirkung einer Alltagsheuristik deutlich, die zu einer unangemessenen Bevorzugung technischer Lösungen führt, indem sie noch die eigenen Intentionen zu unterlaufen vermag. Diese unberücksichtigt zu lassen, wäre folgenreich für das Verständnis des Intentionen unterlaufenden Einsatzes von Technik im Alltag. Aufschlussreiche Hinweise liefert hier die experimentelle Psychologie.

So mag die Bevorzugung technischer Lösungen mit dem von Tversky und Kahneman beschriebenen Hang zum Konkreten zu tun haben.[17] Dieser führt, wie in vielen klassischen Studien der experimentellen Psychologie betont wird, dazu, dass man die Wahrscheinlichkeit des Eintreffens eines Ereignisses umso größer einschätzt, je konkreter man es sich vorstellen kann. Und dies führt auch dazu, dass man konkret Vorstellbares bevorzugt und dazu, dass Abstraktes regelmäßig durch etwas Konkretes ersetzt wird (man spricht über Zeit als Raum und statt über Lehre über Methoden).[18] Das gilt besonders für abstrakte Ziele in der Zukunft: Auch sie antizipiert man, indem man sich etwas Konkretes vorstellt, das dem Abstrakten gleichen könnte und spricht dann anstelle des Abstrakten über dieses Konkrete. Technische Lösungen bringen im Gegensatz zu den meisten anderen Lösungen diese Eigenschaft des Konkreten mit sich. Dass dem so ist, erkennt man bereits an der massenmedialen Form von Zukunftsphantasien, der

---

16 Die Neigung zur Ausblendung der technikbedingten Verschiebungen in Problem/Lösungsverhältnissen führt fast zwangsläufig dazu, diese kontingenzbedingten Lücken durch Motive aufzufüllen. Man unterstellt dem Einsatz von Technik Planung oder glaubt anhand der Wirkung der Technik gar die wahren, unkommunizierten Motive erkennen zu können.

17 Vgl. dazu vor allem den Aufsatz: *A Heuristic for Judgement Frequency and Probability* von 1973. Nicht zu verwechseln ist das – trotz aller Verwandtschaft – mit dem Konzept der »Misplaced Concreteness« von Whitehead.

18 Das beschreibt anschaulich Mary Hegarty in: *Mechanical Reasoning by Mental Simulation* von 2004.

Science-Fiction. Gesellschaftliche Utopien werden in der Regel über konkrete technische Vorstellungen vermittelt, wobei die Phantasie in Bezug auf die Technik in der Regel um einiges kühner anmutet als in Bezug auf mögliche Gesellschaftsordnungen – wie man im Rückblick auf ältere Science-Fiction-Werke und mit etwas wachem Blick auch in aktuellen Filmen und Büchern erkennen kann. Politische Entscheidungsprozesse werden durch diese Orientierung am Konkreten ungemein beschleunigt. So wird das abstrakte Ziel, die Universitäten internationaler zu gestalten, ersetzt durch das konkretere aber immer noch recht abstrakte Ziel, die Leistungen der Studenten vergleichbarer zu machen. Dieses Ziel wiederum wird durch das ganz konkrete Ziel ersetzt, nicht Leistungen, sondern Punktezahlen zu vergleichen. Auf dieser Ebene hat man dann auch die Anschlussfragen, die die Umsetzung betreffen, soweit technisiert, dass man nur noch über die damit verbundenen technischen Umsetzungsschwierigkeiten zu diskutieren hat. Die Aufgabe der Universitäten besteht nun darin, von diesem doppelt ersetzten Ziel ausgehend, Programme zu entwickeln, diese Punktezahlen mit Leistungen in Zusammenhang zu bringen und zu überlegen, wie man mit dem Problem umgeht, dass Studenten – zur Überraschung des Einen oder Anderen – anstatt so zu tun, als hätte es diese doppelte Ersetzung nie gegeben, sich primär auf die primären Ziele konzentrieren, nämlich auf die Organisation der Punkte – und das Interesse, ins Ausland zu fahren, nur noch als Surplus behandeln. Wenn man die mit der Technik verbundene List, in ihrer Art ein Problem rekursiv zu ersetzen, vergisst und die Technik zum Ausgangspunkt der Reflexion macht, erscheint sie nur noch als Machtinstrument oder als ein Medium, das, wie Gamm schreibt, »normiert und normalisiert, es ist eine Vorschrift, ein Zwang, die Dinge so herzurichten, daß sie in ihm transportiert werden können, aber so, daß der Anteil, den das Medium daran hat, unsichtbar wird. Das Medium will nicht als Medium erkannt sein, es ist ›message‹, es macht sich verschwinden.« (Gamm 2000, S. 286)[19]

---

19 Gamms Vorschlag, Technik in diesem Sinne als Medium zu definieren, kann aus diesem Grund nicht angenommen werden, geht es doch hier darum – das kann man schon vorgreifend andeuten – die der Technik eigene *techné* zu denken – und zwar auch im Umgang mit Technik selbst. Ansonsten bliebe nur die Dialektik zwischen einer Technik, die als Medium gedacht wird, »weil sich in ihr der gesellschaftlich-geschichtliche Handlungszusammenhang verkörpert und verfestigt hat« (Gamm 2000, S. 286), also Medium ist »aufgrund der Gesellschaftlichkeit der Technik und der Technisierung der Gesellschaft« (ebd., Herv. i. Orig.) auf der einen und ihrer Unbestimmtheit, sei es ihre »immanente« oder ihre »transzendente« (ebd., S. 280) auf der anderen Seite. Das einzige, was damit Gamms Fassung von Technik als Medium von den »Technisierungsängsten« eines Ernst Jüngers oder Martin Heideggers

Häufiger führt die Neigung zur Bevorzugung technischer Lösungen allerdings nicht zu einer Suspendierung, sondern einfach nur zu einer Vernachlässigung technisch nicht lösbarer (oder technisch noch nicht lösbarer oder noch nicht hinreichend technisierter) Probleme. Das ist tückischer, weil diese Vernachlässigung in ihrem subtilen Wirken kaum bemerkt wird und die Folgen der Vernachlässigung unter der Geschäftigkeit der Zuwendung zu den konkret lösbaren Problemen untergehen. Sehr früh hat man dieses Phänomen deshalb in Bezug auf Entscheidungen in lebensgefährlichen Stresssituationen als Problem erkannt. In einem älteren Handbuch des indischen Verteidigungsministeriums für angehende Führungskräfte heißt es beispielsweise:

»An important principle of Organisation design that relates to managerial decision making is Gresham's Law of Planning.[20] This law states that there is a general tendency for programmed activities to overshadow non-programmed activities. Hence, if a series of decisions are to be made, those that are more routine and repetitive will tend to be made before the ones that are unique and require considerable thought«.[21]

---

unterscheidet, ist die ihr analytisch abstrakt hinzugefügte Unbestimmtheit, nicht das Denken ihrer selbst als List. Gerade diese Unbestimmtheit ist es, die Gamms Versuch, Technik kritisch zu denken, als etwas, das »normiert«, gleichzeitig unterminiert, begründet er seine Entscheidung Technik als Medium zu denken doch gerade damit, dass sie »ihrer Unbestimmtheit wegen, zum universalen Medium des Austauschs geworden ist.« (Ebd., S. 283) Und weiter: »Technik ist Medium geworden, das heißt, sie hat sich in ein Etwas verwandelt, in das sich (nahezu) alles übersetzen läßt oder in dem anderes zirkulieren kann.« (Ebd., Herv. SöA) Das ist in der hier verfolgten Lesart nichts anderes als das, was hier als qualitative (psychologische) Folge einer quantitativen Vermehrung technischer Dinge beschrieben wird: auf theoretisches Niveau erhoben und *in nuce*.

20 Um genau zu sein: So überzeugend die Darstellung sachlich auch sein mag, mit Gresham's *Law of Planning* hat das nicht zu tun. Sir Thomas Gresham, derselbe den Thomas Hobbes meint, wenn er verächtlich von »Those Fellows of Gresham« spricht (vgl. S. 78), wies darauf hin, dass von zwei Währungen, die gleichzeitig im Umlauf sind, sich immer die schlechtere durchsetzen wird, weil die bessere (das heißt stärkere) gehortet wird und damit an Liquidität einbüsst. Die ausgesprochen freie Übertragung auf Entscheidungsprozesse scheint sich inzwischen aber so etabliert zu haben, dass Gresham's Law of Planning regelmäßig mit eben diesem Phänomen identifiziert zu werden scheint.

21 Das Handbuch mit dem Titel: *Effective Decision Making* wird von dem College of Defense Management in Secunderabad herausgegeben und trägt keine Jahrcsangabe.

In einem freien Spiel der Kräfte setzen sich eben nicht unbedingt die besten Ideen durch, sondern bevorzugt das, was ohne Ideen auskommt.[22] (Die entscheidende Frage lautet jetzt: Wie bringt man die deutsche Universitätsverwaltung dazu, indische Militärhandbücher zu lesen?) Es ist bemerkenswert, dass ausgerechnet das Militär frühzeitig die Notwendigkeit erkannt hat, mit organisatorischen und erzieherischen Maßnahmen gegen die Neigung zu quasi automatisierten Routinen und Handlungsausführungen, sowie dem vorschnellen Einsatz vorhandener Technik anzugehen. Folgt man dem israelischen Militärhistoriker Martin van Creveld, der im Auftrag der U.S.A. eine Vergleichsstudie zwischen der deutschen Wehrmacht und der U.S. Army im 2. Weltkrieg erstellt hat,[23] dann war es die deutsche Wehrmacht, die gemeinhin mit dem Bild der gut geölten Befehlsmaschine in preußischer Tradition verbunden wird, bei der die Befehlsketten wie Zahnräder ineinander gegriffen und sich Disziplin mit überlegener Technik gepaart hätten, die es organisatorisch verstand, der Neigung zum automatisierten Handeln und dem ebenso automatisierten Griff zur Technik entgegenzusteuern und Raum für selbstständige Entscheidungen zu schaffen: durch eine auf eigenständige Entscheidungen fokussierte Ausbildung selbst niedrigerer Dienstgrade, durch die gezielte Unterbrechung der Befehlskette im Kampf sowie die teilweise wenig verlässliche Nachschubversorgung mit Personal und Technik. So sei es umgekehrt die Überlegenheit in materieller Technik gewesen, die den amerikanischen Generalsstab zu dem Glauben verführt habe, der konkreten technischen Überlegenheit in Waffen und Logistik würde automatisch auch militärische Überlegenheit folgen. Gemessen an den im Kampf erlittenen menschlichen Verlusten, die nach Creveld auf der Seite der Amerikaner durchgehend und um strategische Unterschiede bereinigt um rund die Hälfte höher lagen als auf deutscher Seite, hat die Wehrmacht mit ihren organisatorischen und pädagogischen Maßnahmen die technische Unterlegenheit mehr als ausgleichen können.[24] In Crevelds Diktion heißt das, dass die Kampfkraft einer Armee entschieden davon abhängt, wie sehr sie in der Lage ist, der Neigung zur Bevorzugung technischer und technikförmiger Lösungen auf allen Ebenen entgegenzuarbeiten.

---

22 Vgl. die Fallstudie von Herbert A. Simon: *Birth of an Organisation: The Economic Cooperation Administration* von 1953.

23 Die Studie *Kampfkraft. Militärische Organisation und Leistung 1939-1945* von Martin van Creveld (1981) gehört nicht nur zu den Klassikern der Militärgeschichte, sondern ist auch frühes Beispiel einer Soziologie dezentraler Organisationsstrukturen, die heute wohl unter dem Titel »Gouvernementalität« abgehandelt würde.

24 Crevelds Versuch, diesen Wert um Faktoren wie den des Terrains oder der Informationsungleichgewichte zu bereinigen, zielt auf die Isolierung dieser soziologisch interessanten Faktoren, die er insgesamt als »Kampfkraft« einer Armee bezeichnet .

Eine erste qualitativ bedeutsame Folge der Vermehrung technischer Dinge könnte also darin bestehen – ich paraphrasiere –, dass es immer mehr Bereiche gibt, in denen die erste Frage in Bezug auf ein Problem nicht mehr lautet: *wie* können wir es lösen, sondern: *womit* können wir es lösen. Dies ist die erste Verzerrung. Die zweite besteht in der Optionsvervielfältigung selbst.

4. DER EINSATZ VON VIEL TECHNIK

Der Hang, die vorhandene Auswahl bestehender technischer Lösungen zum Ausgangs- (und meist auch schon Endpunkt) eines Problemlösungsprozesses zu machen, ist nur eine Sonderform eines allgemeineren Hanges zur unangemessenen Überbewertung des Anwesenden gegenüber dem Abwesenden, ein Phänomen das als »Feature-Positive Effect« bekannt und 1969 das erste Mal von R.S. Sainsbury und H.M. Jenkins bei Tauben beobachtet und beschrieben wurde (Jenkins/Sainsbury 1969 und vor allem 1970) und seitdem die Aufmerksamkeit experimenteller Psychologen auf unterschiedlichsten Gebieten, von der Lernpsychologie bis hin zur Behavioral Finance, auf sich zieht: Es besteht ein kaum zu überschätzendes Ungleichgewicht in der Bewertung von Anwesendem gegenüber Abwesendem. Entscheidungen beruhen demnach maßgeblich auf der Auswahl von dem, was vorliegt, selbst wenn die Menge der absoluten Möglichkeiten begrenzt und bekannt ist. (Das ist völlig unabhängig davon, ob es sich um eine echte Auswahl oder um eine Pseudoauswahl handelt: vgl. Shah/Wolford 2007.) Ist die Menge der Möglichkeiten unbegrenzt, unbekannt oder beides, wird die Bedeutung des Anwesenden sogar noch bedeutender eingeschätzt.[25] Dieses Phänomen tritt überhaupt erst in dem Moment auf, in dem Auswahl möglich ist; nur Überfluss macht dieses möglich, unter Bedingungen des Mangels tritt es nicht auf. Verstärkt wird das Problematische an diesem Defekt durch die Neigung, sich einer Sache umso gewisser zu sein, je mehr Informationen zur Verfügung stehen.[26] Und noch einmal verstärkt wird dieses Phänomen aufgrund der Unfä-

25 Das fällt alles unter das Problem rationalen Entscheidens unter Bedingungen von Unsicherheit. Den besten Überblick bietet immer noch der von Kahneman, Slovic und Tversky herausgegebene Sammelband: *Judgment Under Uncertainty: Heuristics and Biases* von 1982. Einen aktualisierten und popularisierten Überblick bietet Taleb 2007.

26 Vgl. dazu Goldberg 1968 und das Experiment von Griffin und Tversky, das sie in *The Weighing of Evidence an the Determinants of Confidence* von 1992 beschieben haben.

higkeit das eigene Unwissen auch nur annähernd richtig einzuschätzen (es wird grundsätzlich massiv unterschätzt: vgl. Lichtenstein/Fischhoff 1977). Nicht anders verhält es sich bei der Entscheidung zwischen technischen Optionen: Je größer die Auswahl an technischen »Lösungen« ist, desto größer ist auch die Gewissheit, dass die Entscheidung für eine bestimmte Technik auf abwägendem Räsonnieren beruht.[27]

Die zweite qualitativ bedeutsame Folge der Vermehrung technischer Dinge könnte also darin bestehen – ich paraphrasiere wieder –, dass es immer mehr Bereiche gibt, in denen die erste Frage in Bezug auf ein Problem nicht mehr lautet: *wie* können wir es lösen und auch nicht: *womit* können wir es lösen, sondern: *mit was von dem, was uns hier zur Auswahl steht*, können wir es lösen?

Brechts Diktum, dass die Einführung von Techniken anarchisch sei, wäre nicht das Problem, das es ist, wenn sie denn tatsächlich in Folge ihrer unbestellten Einführung »ihre Daseinsberechtigung [...] beweisen« (s.o.) müssten und nicht durch ihr bloßes Vorhandensein bereits die ganze Ordnung von Problemen und Lösungen durcheinander bringen würden. Damit kann auch bereits die dritte qualitativ bedeutsame Folge der Vermehrung technischer Dinge – wieder paraphrasierend – festgehalten werden, die hier implizit immer mitangesprochen wurde: Sie besteht darin, dass es immer mehr Bereiche gibt, in denen die erste Frage in Bezug auf ein Problem weder lautet: *wie* können wir es lösen noch: *womit* können wir es lösen und auch nicht: *mit was von dem, was uns hier zur Auswahl steht*, können wir es lösen? Sondern: *Und was für Probleme können wir mit dem, was uns hier zur Auswahl steht, lösen*?

So einfältig es auch erscheint, die Aufmerksamkeit für Probleme von bestehenden Lösungen abhängig zu machen, dieses Phänomen ist nicht nur weit verbreitet,[28] es betrifft auch, vielleicht sogar besonders das Feld der Wissenschaft und das Feld der Intellektuellen (Bourdieu 1988 und 2002). Wenn die Fähigkeit, ein komplexes intellektuelles Instrumentarium zu beherrschen, zum Wettbewerbsvorteil des *homo academicus* auf seinem Feld wird und die Präsentation

27 Wer zudem eine Entscheidung trifft, indem er aktiv etwas tut, zeigt infolge dessen ausgeprägtere Formen des Engagements, diese Entscheidung auch zu verfolgen als solche, die eine Entscheidung aufgrund des Unterlassens einer Handlung getroffen haben: Vgl. dazu Cioffi/Garner 1998 und Allison/Messick 1988.

28 Sobald eine Entscheidung gefallen ist, fügen sich ihr die Motive aufs Selbstverständlichste hinzu – das gilt im begrenzten Maße selbst dann, wenn es sich um eine Entscheidung handelt, von der man irrtümlicher Weise glaubt, sie getroffen zu haben: Wie Entscheidungen damit gewissermaßen nachträglich motiviert werden, zeigten Johansson/Hall/Sikström/Olsson (2005) auf geschickte Weise, indem sie Probanden Entscheidungen, die diese nicht getroffen hatten, als ihre eigenen verkauften.

einer Lösung zur Bedingung seines Erfolges, kann sich die Orientierung an Lösungen und zur Lösung führenden Techniken leicht zum kollektiven Problemverlust ausweiten. Das schließt auch solche Theorien und Begriffe ein, die als Mittel zur Problemlösung oder als Instrumente der Beobachtung eingesetzt werden. Der Problemverlust muss dabei nicht einmal bemerkt werden. Er ist zudem vor Kritik geschützt durch die naive Inanspruchnahme einer akademischen Freiheit, bei der von der Ökonomie der Wissenschaften abgesehen wird. Eines der eindrucksvollsten Beispiele der jüngsten Zeit für diese Art der Verkehrung von Problem und Lösung ist die Wirtschaftswissenschaft der letzten 30 Jahre. Getrieben von mathematischen Berechnungsverfahren zur Erfassung ökonomischer Zusammenhänge schuf sie sich selbst den Gegenstand, den zu erforschen mit eben diesen Berechnungsverfahren möglich war: Eine Ökonomie, die die Summe des Handelns von Menschen ist, die nicht nur rational zu ihrem eigenen Vorteil handeln, sondern auch noch alle Informationen zur Verfügung haben. Diese falsche Radikalisierung eines korrekten Gedankens Keynes[29] zum Modell des homo oeconomicus war nicht nur der Grund für die Verleihung mehrerer Nobelpreise[30] und die Basis eleganter Theorien, deren einziges Problem darin bestand, dass sie sich auf eine fiktive Welt bezogen (vgl. pointiert Munger 2003), sondern auch Grundlage all der »strukturierten Finanzprodukte«, die zu der letzten großen Weltwirtschaftskrise geführt haben.[31] Aber selbst in den scheinbar am wenigsten technischen Fächern wirkt eine Ökonomie der Lösungen dem

29 Keynes Gedanke bezog sich auf die einstmals populäre These, dass eine mäßige Inflation zu einem Rückgang von Arbeitslosigkeit führe (eine These, die in Deutschland vor allem durch Helmut Schmidt populär wurde). Das aber sei Unsinn, so Keynes, setze das doch voraus, dass die Leute zu dumm wären, um zukünftige Preissteigerungen in ihren Gehaltsverhandlungen zu berücksichtigen; Inflation könne damit höchstens kurzfristig einen Effekt auf den Arbeitsmarkt haben.

30 Von denen der für Robert C. Merton, den er zusammen mit Myron Scholes für die Entwicklung des Black-Scholes-Modell zur Optionsscheinberechnung verliehen bekam, es insofern verdient besonders hervorgehoben zu werden, weil Merton (und in geringerem Umfange auch Scholes) mit Hilfe des Hedge Fonds *Long-Term Capital Managment* demonstrierten, was passiert, wenn man auch noch glaubt, was man mit Hilfe fiktiver Annahmen behauptet: nämlich eine (Beinahe-)Katastrophe. Vgl. dazu ausführlich Lowenstein 2001.

31 Die Ansicht, dass sie sich dabei am naturwissenschaftlichen Ideal orientiert haben, dürfte eine einseitige Einschätzung darstellen: »Wenn ich nur das Wort schon höre: strukturierte Wertpapiere. Also, als Naturwissenschaftler verstehe ich unter strukturiert wirklich etwas anderes.« (Jürgen Hambrecht in einem Interview mit der Wirtschaftswoche vom 22.8.09)

Auffinden und Bearbeiten von Problemen entgegen und begünstigt damit eine Form der Forschung, die ich im nächsten Kapitel in Abgrenzung zur experimentellen die explorative Forschung nennen werde.

5. ZAUDERN ALS REAKTION

Wenn man von Lösungen umstellt ist, schreibt Vogl (2007, S. 209), aber die dazugehörigen Probleme nicht unbedingt findet, dann finde man im Zaudern eine angemessene Haltung; das gelte vor allem dann, wenn das Nicht-In-Anspruch-Nehmen von existierenden Lösungen unter Rechtfertigungszwang gerät.[32] Mit Hilfe von Vogls Begriff des Zauderns als Unterbrechung der »gefugten Zeit« lässt sich vorläufig eine angemessene Reaktion auf diese Verkehrung der Abfolge von Problem und Lösungen bezeichnen; eine Verkehrung, die infolge der rekursiven Identifikation mit dem zu einer vorhandenen Lösung passenden Problem über den Eindruck einer linearen Zeit unsichtbar wird und hinter der die Umschrift der gegenwärtigen Vergangenheit unter dem Eindruck einer ausgesprochen gegenwärtigen Zukunft aus dem Blick gerät. Die inzwischen verbreitete Einsicht, dass sich gegenwärtige Vergangenheiten grundsätzlich von vergangenen Gegenwarten unterscheiden, gehört dabei möglicherweise zu der Art von Einsichten, die ihre Popularität der attraktiven Kombination aus kritischem Gestus und Folgenlosigkeit verdanken. Kritisch ist der Gestus dieser Einsicht in der zur »puren Schlauheit erniedrigt[en]« Art des Halbgebildeten, der »sich nichts vormachen läßt« (Adorno 1972, S. 115). Und folgenlos ist dieser Gestus, solange der Wirkung der Alltagsheuristik (die sich gerade durch das Unterlaufen dessen auszeichnet, was man in Form von Wissen zu beherrschen glaubt) nicht ein praktischer Widerstand entgegensetzt wird, der mit Vogl als Zaudern bezeichnet werden kann, sich aber nicht in ihm erschöpft. Dieses wird Thema des nächsten Kapitels sein. In dieser generalisierten Form mehr eine Gefahr als eine Hilfe, suggeriert die Einsicht, dass sich gegenwärtige Vergangenheiten grundsätzlich von vergangenen Gegenwarten unterscheiden, eine fortgesetzte Souveränität qua »Kritik« und verführt damit dazu, die Lösung zum Problem der Verwirrung von

32 Die Ideen zur Verbindung des Zauderns mit den Herausforderungen der Technik entstammen einer Zusammenarbeit mit Anne Brüninghaus und wurden erstmals gemeinsam in einem Vortrag mit dem Titel *Technisch bedingte Entscheidungsprozesse aus bildungstheoretischer Sicht am Beispiel Gendiagnostik* am Forschungsschwerpunkt *Technologiefolgenabschätzung der modernen Biotechnologie in Medizin und Neurowissenschaften* der Universität Hamburg (2009) skizziert.

Problem-Lösungs-Verhältnissen in der ironischen Distanz zu suchen (siehe Abschnitt III/11), anstatt es über das Aufsuchen dessen anzugehen, was dabei aus dem Blick zu geraten droht. Anders gesagt: Der rekursive Ersatz eines Problems alleine ist noch kein Grund zu Zaudern, es bedarf eines Anlasses (siehe Abschnitt III/3).

Dass das Nicht-In-Anspruch-Nehmen von existierenden Lösungen unter Rechtfertigungszwang steht, ist, anders als Vogl nahelegt, sicherlich nicht nur ein Zeitphänomen. Zauderer, Zweifler und Unentschlossene hatten noch nie einen besonders guten Ruf. So heißt es beispielsweise bei Sophokles: »Der Himmel hilft niemals solchen, die nicht handeln wollen«. Und bei Goethe kann man lesen: »Es ist nichts erbärmlicher in der Welt als ein unentschlossener Mensch«.[33] Gottverlassen und erbärmlich sind also die, die sich vor lauter Zaudern nicht entscheiden können. Und nicht selten deckt sich diese Einschätzung auch mit der eigenen Empfindung. Nun soll es nicht darum gehen, Entschlussunfähigkeit per se zu verteidigen oder umgekehrt sich an den Beschimpfungen der Bartlebys unserer Zeit zu beteiligen, sondern darum, mit Vogl davon auszugehen, dass manches von dem, was auf Außenstehende als bloß passive Unentschlossenheit und Handlungsunlust wirkt, tatsächlich eine aktive, genauer eine aktiv-passive und durchaus angemessene Reaktion sowohl auf bestimmte Situationen als auch – allgemeiner gefasst – gegen einen möglicherweise zeitspezifischen Imperativ des Handelns darstellt. Diese aktive Passivität, die eine gefugte Zeit unterbricht und einen Bruch mit einer Ökonomie des Abschließens, des lösungsorientierten zum Abschluß-Bringens darstellt, nennt Vogl Zaudern. Das Zaudern kann als Hinweis auf etwas verstanden werden, das in der Linearität der Abfolge von Problem und Lösung nicht aufgeht. Da es keinen klar fassbaren Anlass zum Zaudern gibt – man weiß nicht genau, was fehlt – und auf diese Weise der Wille des Subjekts zur intentional angestrebten Lösung zumindest ansatzweise unterlaufen wird, kann das Zaudern als eine kleine Form des Widerstandes im Sinne eines Ersatzes für das »durch Multioptionalität« zum Scheitern gebrachte Scheitern verstanden werden.

Vogls Ausgangsbeispiel ist nicht die Technik und die mit ihrer Vermehrung verbundene Vermehrung von Optionen, sondern die Politik, die sich seiner Meinung nach gegenwärtig durch eine Hegemonie der Opportunität auszeichnet. Diese von Vogl beschriebene Hegemonie der Opportunität lässt sich strukturell bruchlos in die vorhergehende Diagnose der Optionsvermehrung einfügen. Es

33 Und zwar in Clavigo, 1948 [1774], S. 293.

habe sich, so Vogl, eine neue Politik der »Gelegenheitsziele« (targets of opportunity) installiert,

»die sich eben die Gelegenheit zum Akt, zum Erst-, Zweit- oder Präventivschlag nicht entgehen lassen mag. Was Macht heißt, beweist sich darin, dass man bei aller Unübersichtlichkeit mobilisieren, aufmarschieren und jederzeit zuschlagen kann. ›Op-portun‹ ist ein Tor oder Portal, das sich gerade geöffnet hat; und wie immer das Ende oder der Zweck (telos) eines angestoßenen Verlaufs aussehen mag, richtet sich der entscheidende Stoß auf das gerade, in der Öffnung, gesichtete Ziel (skopos)« (Vogl 2007, S. 110).

Vogl nimmt hier auf Samuel Weber Bezug, der ebenfalls die Politik, genauer: sogar dieselbe Politik als Beispiel herangezogen hat, um der Vermutung nachzugehen, dass sich die Gegenwart durch eine Neigung zur Ergreifung von Gelegenheitszielen auszeichne. Er illustriert seine These und setzt an mit einem Zitat aus der New York Times vom 22. März 2004: »Weniger als einen Tag nach den Anschlägen [des 11. September 2001] sagte Verteidigungsminister Donald H. Rumsfeld bei einem Treffen auf Kabinettsebene, daß ›es in Afghanistan keine anständigen Ziele zur Bombardierung gebe und daß wir erwägen sollten‹, stattdessen ›den Irak zu bombardieren‹, weil er ›bessere Ziele‹ habe.« Auch Weber sieht diese Politik der Gelegenheitsziele nicht als zeitlich begrenztes Zwischenspiel einer einzelnen Regierung eines einzelnen Staates an, sondern als Symptom einer spezifischen und verbreiteten Haltung der Opportunität, die die Gegenwart charakterisiere. Entsprechend glaubt er eine Konjunktur und Bedeutungsverschiebung des Wortes »target« auszumachen und sieht diese Konjunktur selbst als Symptom an (vgl. Weber 2006, S. 7-11). Die Rede von Gelegenheitszielen habe zwar vor allem eine militärische Geschichte – Weber verweist hier auf die Anweisung an amerikanische Luftwaffenpiloten im 2. Weltkrieg nach Gelegenheitszielen jenseits des Einsatzplans Ausschau zu halten als eines der frühesten Beispiele dieser Wendung –, habe sich inzwischen aber längst auf andere Gebiete verbreitet; üblich geworden ist diese beispielsweise bei Berufungsverfahren an amerikanischen Universitäten (ebd., S. 17). Das Wort »Gelegenheitsziel« sei dabei nur ein Beispiel aus einem größeren semantischen Feld der Opportunität, dessen Konjunktur Weber als Symptom dieser Neigung zum Erstschlag anführt. Ein anderes, ebenfalls aus dem Militär in andere Bereiche, besonders in die (ohnehin militäraffine) Managementliteratur hineingesickertes Wort sei beispielsweise das des »proaktiven« Handelns.

Vogl und Weber sprechen von der Opportunität als wäre es eine vor allem kulturelle Eigenart der Gegenwart. Nach Vogl habe das Zaudern »seinen schattenhaften historischen Ort zunächst überall dort gefunden, wo sich eine Hegemonie von Konsequenzsucht, eine Finalität von Handlungsketten und eine Unausweichlichkeit im Ablauf von Taten und Begebenheiten manifestieren« (ebd., S. 109). Und bei Weber steht das Thema der Opportunität unter dem Blickwinkel einer zunehmenden Militarisierung des *Denkens*, einer zunehmenden *Orientierung an* Gelegenheitszielen. Dass es wahrscheinlich die Gelegenheitsziele selbst sind, die sich vermehrt haben, davon ist bei Weber nur implizit die Rede. Mehr noch: Obwohl er fast kein Beispiel anführt, bei dem es nicht technische Veränderungen sind, die im Zentrum der von ihm beschriebenen Transformationen stehen und die neuen Ordnungen, die er beschreibt, kaum etwas so sehr auszeichnet wie die Verwobenheit von technischen, organisatorischen und kulturellen Elementen, sind es doch am Ende lediglich die »Narrationen«, auf die er seine Argumentation ausrichtet. Dass gerade die Gegenwart es sei, die sich durch eine »Hegemonie der Konsequenzsucht, eine Finalität von Handlungsketten und eine Unausweichlichkeit im Ablauf von Taten und Begebenheiten« auszeichnet, bewegt auch Vogl nicht dazu, explizit nach dem Beitrag der Technik zu fragen. Würde er ihre Rolle in dieser Hinsicht genauer befragen, käme er möglicherweise ohne die Konstrukion einer Haltung mit hegemonialen Status aus. Man findet die Technik bei beiden Autoren eher als kaum explizierten, aber ständig mitlaufenden Hintergrund; so wenn Vogl das Verhältnis des Einzelnen zur funktional differenzierten Gesellschaft mit ihrem Fehlen jeglicher Steuerungsinstanz mit dem Verhältnis des Menschen in der Antike zu den Göttern vergleicht:[34] Während das Zaudern der antiken Helden »die Drift oder Abdrift« markiere, »mit der man das Handeln den entschlussfreudigen Göttern, der Heftigkeit ihrer Interventionen und dem waltenden Geschick überhaupt entwand und irdischen Kompetenzbereichen überstellte« (ebd.), sind es bei beiden doch vor allem technische

34 Die einzige mir bekannte und angemessen komplexe Darstellung der Gegenwart als einer, die sich durch das Fehlen zentraler Steuerinstanzen auszeichnet – von Luhmann einmal abgesehen –, kann man sich übrigens als DVD kaufen; gemeint ist die Serie *The Wire*. David Simon, der diese Serie entwickelt hat, gibt explit an, sich beim Schreiben des Drehbuches an Sophokles und nicht, wie es bislang in seinem Haussender HBO üblich war, an Shakespeare orientiert zu haben – ähnle die Situation des Menschen in der Gegenwart doch eher dem Willen unberechenbar launiger Götter unterworfenen Menschen in der Antike (Simon 2006 und 2007). Auch die Reflexion der Gegenwart im Film ist hier offensichtlich an den Stand der Technik gebunden. Denn die Darstellung einer überbordenden Komplexität, in der die Bedeutung einzelner handelnder Personen entgegen aller Sehgewohnheiten auf ein solches Minimum reduziert wird, dass sie als verzichtbar *vorgeführt* werden kann, erfordert erstens Zeit, wie sie im Kino nicht zur Verfügung steht und eine Dichte, wie sie mit einer wöchentlich ausgestrahlten Fernsehserie nicht zu erreichen ist.

Veränderungen, die diese »Konsequenzsucht« ermöglichen und Gelegenheitsziele vermehren. Illustrieren lässt sich dieses bereits an dem Beispiel, mit dem Weber ansetzt: Der Bombardierung des Hauses, in dem Saddam Hussein vermutet wurde und die den Auftakt des zweiten Irak-Krieges bildete: Es ist schlicht problemverkürzend, hier die technischen Möglichkeiten der satellitengesteuerten Zielerfassung und kameragelenkten unbemannten Drohnen beiseite zu lassen und lediglich von einer Mentalität der Opportunität zu sprechen. Es ist analytisch entscheidend darauf hinzuweisen, dass es sich bei diesen technischen Optionen um lauter Op-Portale handelt, die mentalitätsunabhängig offen stehen. Da es aufgrund ihrer materiellen Exteriorität (vgl. Stiegler 1998, S. 141; Stiegler 2009a, S. 127ff) keiner besonderen Anstrengung bedarf, sie geöffnet zu halten, lassen sie sich aus demselben Grund auch noch akkumulieren und stehen damit wechselnden politischen »Mentalitäten« zur Verfügung. So gerät das Nicht-In-Anspruch-Nehmen offen wahrnehmbarer Optionen unausweichlich unter Rechtfertigungszwang. Anders als historisch-kontingente Gelegenheiten in Zeit und Raum lassen sich technisch bedingte Op-portunitäten tatsächlich vermehren – und das hat Konsequenzen. Diesen Konsequenzen kann man nachgehen ohne von einer »technisierten« Gesellschaft auf der einen oder der Möglichkeit eines vollständig bewußt-rationalen Gebrauchs von Technik als Werkzeug auf der anderen Seite auszugehen.

Vogl und Weber weisen damit auf einen wichtigen Aspekt hin, der in der Frage nach der qualitativen Veränderung der quantitativen Vermehrung technischer Dinge bislang noch unberücksichtigt blieb: Technik stellt nicht nur jeweils selbst eine weitere Option dar, die man ergreifen könnte, so dass die Zunahme an Technik Möglichkeiten oder »Gelegenheitsziele« vermehrt, sie wirkt auch vermittelnd optionsvermehrend. Das Flugzeug hat den Möglichkeiten von A nach B zu kommen nicht nur eine weitere Möglichkeit hinzugefügt, sondern auch die Orte vermehrt, an denen man tatsächlich Urlaub machen kann. Und, um in Webers Beispielkreis zu bleiben, hat es natürlich auch die Gelegenheitsziele im militärischen Sinne vermehrt; sei es als Mittel, mehr und andere Ziele zu erreichen, sei es in Form eines Angriffsziels selbst. Dass der klassische Frontkrieg keine strategisch relevante Rolle mehr spielt und durch das ersetzt worden ist, was Weber unter Bezug auf Arquilla und Ronfeldt (2001) »Netzkrieg« nennt, provoziert nicht, wie Weber meint, die Frage, was diese Netze zusammenhält und legt auch nicht Webers Antwort nahe: nämlich Narrationen. Umgekehrt wäre es allerdings auch falsch zu behaupten, dass es alleine die Technik ist, die diese Netze zusammenhält.[35] Es zeigt lediglich überdeutlich, dass sich nach dem Auftreten neuer Technologien die Bedingungen von Kriegen so grundlegend verändert haben, dass selbst die einfachsten militärischen Fragen in grundlegender Weise problematisch geworden sind, Fragen wie die nach dem Feind, den Allianzen, den überlegenen Strategien bis hin zu Fragen nach dem Krieg selbst, wie z.B. die, woran man überhaupt erkennen kann, dass man sich in einem befindet, wann er angefangen und wann und ob er geendet hat und ob man gewonnen oder verloren hat.

Dass der Überschuss an technischen Möglichkeiten selbst ein Problem darstellt, das den Umgang mit Technik grundlegend verändert, ist eine Einsicht, die auch den Auftakt des zweiten Bandes von Günther Anders' Schrift »Die Antiquiertheit des Menschen« darstellt. In §3 radikalisiert Anders unter der Überschrift »Die Varianten des ›prometheischen Gefälles‹« die Beobachtung, die den Auftakt des rund fünfundzwanzig Jahre früher erschienenen ersten Bandes bildete. Damals meinte er ein erhebliches Gefälle ausmachen zu können, »zwischen dem Maximum dessen, was wir herstellen können und dem (beschämend geringen) Maximum dessen, was wir vorstellen können«. Das ist es, was er als »prometheisches Gefälle« bezeichnet. Was sich in dem Vierteljahrhundert zwischen den Veröffentlichungen nun geändert habe, sei das Gefälle selbst: Aus diesem sei »nun sogar [...] ein *Gefälle* geworden *zwischen dem, was wir herstellen, und dem, was wir verwenden können.* [V]erzweifelt jagen wir nach Fragen, die den Antworten, die wir bereits haben, nachträgliche Legitimierung verschaffen könnten; und unermüdlich produzieren wir, um diese neue Aufgabe (nämlich die, neue Aufgaben zu finden) zu erfüllen, neue Produkte.« (Herv. i. Orig., Anders 1980, S. 18) Anders bleibt allerdings auf der Ebene des Phänomens der Vermehrung und des Überschusses stehen, während er das Problem der rekursiven Identifikation mit den zur Lösung passenden Problemen als Prinzip der technischen Übersetzung (wie im Beispiel der Spülmaschine) unberücksichtigt lässt, so dass sich das Problem, um das es Anders geht, auf eines der *Quantität* beschränkt. Das zeigt sich bei ihm vor allem in einem ins Indifferente abstrahierten Begriff von Bedürfnis. Er schreibt:

---

35 Ein Überblick über die Veränderungen der Kriege unter besonderer, aber nicht ausschließlicher Berücksichtigung der technischen sowie infrastrukturellen Seite des Militärs findet sich aktuell bei Creveld 2009. Es fällt dabei auf, dass Creveld in dieser jüngeren Veröffentlichung über die Geschichte des Krieges der Technik eine herausragende Rolle für die Veränderung der Kriegsführung zuweist, während in der nur auf den Zeitraum des 2. Weltkrieges bezogenen vergleichenden Studie *Kampfkraft* von 1981 alles auf organisatorische Faktoren hinausläuft.

»In der Tat können wir unserem ›prometheischen Gefälle‹ nun eine [weitere] Version geben. Denn dieses besteht nun zwischen dem Maximum dessen, was wir herstellen können, und dem (beschämend geringen) Maximum dessen, was wir bedürfen können. Jawohl, wie widersprüchlich das auch klingen mag: ›bedürfen können‹. [...] Unsere heutige Endlichkeit besteht nicht mehr in der Tatsache, daß wir animalia indigentia, bedürftige Lebewesen, sind; sondern umgekehrt darin, daß wir (zum Bedauern der untröstlichen Industrie) viel zu wenig bedürfen können – kurz: in unserem Mangel an Mangel.« (Ebd., S. 19, Herv. i. Orig.)

Anders' Beobachtung des sich zur Kluft ausgeweiteten promethischen Gefälles zwischen »*dem Maximum dessen, was wir herstellen können, und dem* (beschämend geringen) *Maximum dessen, was wir bedürfen können*« wirkt aus heutiger Perspektive (weitere 25 Jahre später) naiv. Eine Situation, die in dieser Weise korrekt beschrieben wäre, würde lediglich Zurückhaltung, aber nicht unbedingt Zaudern erfordern. Anders geht offensichtlich von so etwas wie einer anthropologisch konstanten Bedürfnisgrenze aus – als hätte es nicht beeindruckende Fortschritte auf dem Gebiet der, wenn man es so bezeichnen darf, Bedürfnisschaffungstechnologie gegeben. Man darf, folgt man Bernard Stiegler, und er hat gute Gründe dafür.[36] Auch Stiegler geht von einer Begrenzung aus, nur dass es sich nicht um die Begrenztheit der Bedürfnisfähigkeit handelt,[37] sondern schlichter um die Begrenztheit der Zeit, die ein Individuum etwas Bestimmtem Aufmerk-

36 Ob der Begriff der Technik gerechtfertigt ist, daran sei noch einmal erinnert, wird hier nicht von der Beschaffenheit dessen abhängig gemacht, um das es geht, sondern von der Art und Weise, wie es eingesetzt wird. Entscheidend ist in diesem Fall also nicht die Reklame unter ästhetischen, dramaturgischen oder schlichter: kommunikativen Gesichtspunkten, sondern nur unter dem tatsächlich technischen Aspekt; das heißt, inwiefern sie ein funktionierendes Mittel darstellt, um Aufmerksamkeit an sich zu binden oder zumindest zu erregen. Unter diesem Gesichtspunkt ist sie eher mit der blinkenden und piepsenden Öl-Warnanzeige in einem Auto oder einer Sirene zu vergleichen als mit einem Film oder einem Hörspiel. Das Wort »Werbung« ist hingegen ein Euphemismus, mit dem die Reklame für sich selbst Werbung macht; es ist eine Bezeichnung, die Interaktion behauptet, wo keine stattfindet und Raffiniertheit suggeriert, wo keine ist, indem sie sich der Semantik der Galanterie bedient.

37 Implizit scheint Stiegler sich an der Lacanschen Unterscheidung von Begehren und Genießen zu orientieren. Sofern das Bedürfnis eher dem Begehren entspräche, wäre dieses ohnehin prinzipiell nicht erschöpf- oder befriedigbar. Die Werbeversprechen, so wie Stiegler sie beschreibt, zielen hingegen eher auf Genuss als auf Begehren (Stiegler 2008, S. 22ff, Lacan 1991).

samkeit schenken kann – und damit haben wir tatsächlich ein Problem.[38] Es ist die Betrachtung der Wirkungsweise der Werbung, die ihn dazu bringt, sie als eine Technik der Aufmerksamkeitssteuerung zu verstehen. Anders deshalb mangelnde Prognosefähigkeit vorzuwerfen, wäre jedoch ungerecht. Welche technikbezogene Zukunftsversion hat es schon gegeben, die nicht einfach von gegenwärtigen Bedürfnissen ausgehend Fortschritte in die Zukunft projiziert, sondern auch Veränderungen in der Bedürfnisstruktur selbst enthält?[39]

Auch Peter Gross kann man keine mangelnde Prognosefähigkeit vorwerfen, der die Beobachtung eines Überschusses an Möglichkeiten auf die werbewirksame Formel der »Multioptionsgesellschaft« (Gross 1994) gebracht und dem Problem eine ganze Monographie gewidmet hat. Gross ist nämlich Zeitgenosse und hat daher ein anderes Problem als das mangelnder Prognosefähigkeit. Gross hier mit anzuführen, rechtfertigt sich darüber, dass man an seiner Beschreibung der Optionsvermehrung in harmonischer Eintracht von Form und Inhalt beobachten kann, was passiert, wenn man zwar das Problem zu beschreiben in der Lage ist, gleichzeitig aber dem Zaudern keinen Platz einräumt.

6. REAKTION OHNE ZAUDERN

Auch Gross sieht die Gegenwart sowohl durch eine Vermehrung von Optionen charakterisiert als auch durch einen gleichzeitig bestehenden subtilen Druck, sich darbietende Optionen auch wahrzunehmen. Homo-Ehe, neue Reproduktionstechnologien, transnationale Identitäten und allem voran, als Teil, Auslöser und Katalysator: neue technische Möglichkeiten sind seine Beispiele für Opti-

38 Vgl. zu diesem Ansatz auch Georg Franck: *Mentaler Kapitalismus. Eine politische Ökonomie des Geistes* von 2005 sowie seine Vorarbeit zu diesem Buch, die 1998 unter dem Titel *Ökonomie der Aufmerksamkeit. Ein Entwurf* erschien. Eine allgemeinere Verbindung von Bedürfnisentwicklung und Technik findet sich bei Gamm, der die Technikentwicklung selbst als Gegenstand des Wünschens ansieht: »Die Technik hat sich in unsere Triebstruktur ebenso eingeschaltet wie die Ordnung der Sprache in unsere Selbst- und Weltwahrnehmung. Nirgends ist das so deutlich zu erkennen wie an den Wünschen, die den Endlichkeits- und Sterblichkeitsschranken aufhebenden Technologien, der Reproduktionsmedizin und der künstlichen Intelligenz z.B., immanent sind, Wünsche, die die Technologieentwicklung ebenso vorantreiben wie sie selbst durch den Fortschritt der Technik bedingt sind, der sie ebenso nachhaltig umgestaltet wie neu erschafft.« (Gamm 2000, S. 299)

39 In gewisser Weise könnte man hier die Romane von Philip K. Dick und Stanislaw Lem als Ausnahmen nennen.

onsvermehrungen – und all das habe seinen Anteil an der Verkomplizierung des Lebens. Die Optionsvermehrung stellt für Gross an sich ein Problem dar und wird wie bei Anders ausschließlich unter dem quantitativen Aspekt betrachtet und isoliert. Durch diese Vereinfachung einer ohnehin schon einfachen Idee beschränkt er das Problem der Vermehrung technischer Dinge und Folgen gesellschaftlicher Pluralisierung auf die »Vermehrung von Optionen« und entsprechend beschränkt er die Lösung auf die Zurückhaltung gegenüber der Inanspruchnahme von Optionen. Die einzig denkbare Position in dieser Problemfassung ist damit notwendiger Weise eine konservative, wenn nicht sogar eine reaktionäre – hält man sich an die engere Bedeutung dieser Begriffe. So braucht Gross zu einzelnen Aspekten nicht Stellung zu beziehen, es reicht völlig, dass er eine »kritische Position« zu der von ihm so bezeichneten »Multioptionsgesellschaft«[40] bezieht, womit er sich gegen die Vermehrung von Optionen stellt und dieser das »Ruhen«, »Stehenbleiben« und »Pausieren« entgegensetzt. Der Leser, dessen Komplizenschaft er sich aufs immer Neue mit alltagsnahen Beispielen sichert, hat so keine Probleme, zwischen gefährlichen neuen Optionen und dem zu unterscheiden, was nicht als bloße Option erkennbar werden darf. Und die Reaktionen – keineswegs nur aus den Feuilletons – zeigen, dass das verstanden wird. So liest Manfred Prisching Gross denn auch so:

> »Die objektive Pluralisierung von Lebensformen wird ergänzt durch den Eindruck einer noch größeren Pluralisierung, weil die massenmediale Darstellung relativ seltener Lebensformen nach den Spielregeln der Aufmerksamkeitsökonomie deren Allgegenwart suggeriert – etwa von Wohngemeinschaften, getrennt Zusammenlebenden und gleichgeschlechtlichen Partnerschaften. Das Periphere, Seltene und Abnormale wird zum Alltäglichen stilisiert, und jeder, der sich darob verwundert zeigt, zum gestrigen und unzeitgemäßen Zeitgenossen.« (Prisching 2006, S. 66)

Wie schnell dieser Konservatismus in simple Religiosität umschlägt, demonstriert schließlich Peter L. Berger, der die Vervielfältigung von Optionen nur noch als Relativismus zu begreifen vermag und Halt im Transzendenten zu finden versucht (vgl. Berger 1999, insb. S. 75). Dass der Auftritt einer Alternative auch das Bestehende zu einer Option werden lässt und aus dem Dunkel des Selbstverständlichen in das Licht des bloß Möglichen zerrt, dass man dieses vor allem

40 Die »Multioptionsgesellschaft«, gegen die Gross eine kritische Haltung einnimmt, ist freilich seine eigene Konstruktion.

nicht rückgängig machen kann, das alles *darf* nicht zur Sprache kommen.[41] Dass der Auftritt neuer Optionen die Welt qualitativ und nicht nur quantitativ verändert, ob man sie nun ergreift oder nicht, kommt Gross nicht mal in den Sinn. Das ist kein Zufall, würde doch dies auch den Standpunkt, von dem aus Gross spricht und die »Multioptionsgesellschaft« zu kritisieren vermag, vollständig unterminieren. Sofort wäre kein Ort und keine Dauer in der Zeit mehr möglich, in der man sich der »Optionalisierung« verweigern und »Ruhen«, »Stehenbleiben« oder »Pausieren« könnte. Gross müsste beim Schreiben zaudern, um das zu merken. Das Zaudern würde ihm ermöglichen, aus der Linearität seines Schreibens auszubrechen und die notwendige rekursive Veränderung der Vergangenheit durch den Auftritt von Optionen in der Gegenwart zu erkennen – etwas das entschiedene Rückbezüge voraussetzt. Doch das Zaudern hat bei ihm keinen Ort, weder in Bezug auf das Geschriebene, noch in Bezug auf das Schreiben. Deckungsgleich in Form und Inhalt eilt Gross von einem sich anbietenden Beispiel zum nächsten, sieht er doch nur die Möglichkeiten »Stehenbleiben« oder »Optionen realisieren«. Und die Alternative zum Aufschreiben jedes sich darbietenden Beispieles hieße in Gross' gelebter Logik ja Nicht-Schreiben (und man hätte zu begründen, »warum man nichts tut«). Ihm scheint nicht aufzufallen, wie sehr er selbst das beste Beispiel seiner Diagnose darstellt, wenn er schreibt – und er schreibt hier über sein Schreiben: »Die Steigerung der Handlungsmöglichkeiten ist so präsent und evident, daß es schwerfällt, für diesen Vorgang den tausend Beispielen die passenden zu entnehmen. [...] Die Zahl der valablen Möglichkeiten ist weitaus größer, als je in einem noch so dicken Buch unterzubringen ist. Die Geschichte selber erscheint als eine exponentiell wachsende Bibliothek von Büchern mit Möglichkeiten.« (Ebd., S. 15) Das Ergebnis: eine 400 Seiten lange Aneinanderreihung von Beispielen ohne ein einziges erkennbares Zaudern. Das ist analytisch insofern interessant, als Gross hier die Notwendigkeit demonstriert, den Umgang mit der (technikinduzierten) Optionsvermehrung als einen Bruch mit der Linearität der Zeit zu denken und nicht einfach nur als Reaktion auf eine Optionsvermehrung selbst.

Auf den ersten Blick reiht sich der Begriff des Zauderns, den Vogl als Reaktion auf eine »Haltung der Opportunität« einführt, in die Gross'schen Begriffe des »Ruhens«, »Stehenbleibens« oder »Pausierens« ein. Auf den zweiten Blick zeigt sich, dass zwischen Gross' Anti-Opportunitäts-Begriffen und Vogls Begriff des Zauderns ein entscheidender Unterschied im Verhältnis zum selben Problem besteht und dass dieser Unterschied es dem Begriff des Zauderns ermöglicht,

41 Man kennt diese halbierte Zeitdiagnose in der vulgären Lesart des »Postmodernismus«, die Postmodernismus mit Relativismus gleichsetzt.

seine strategische Stellung in der Vorbereitung einer Theorie technisch aufgeklärter Bildung einzunehmen, ohne dass er dafür besonders elaboriert zu sein braucht. Das Zaudern, so Vogl, unterbreche die gefugte Zeit »der Begebenheiten und Handlungsketten« (Vogl 2007, S. 48), der verstreichenden, chronologischen Zeit. Man könnte es einfacher und genauer so ausdrücken: Was das Zaudern im Gegensatz zum »Pausieren« usw. auszeichnet, ist sein paradoxes Verhältnis zur Zeit (ebd., S. 49). Es hat seinen strategischen Platz zwischen gegenwärtiger Zukunft und zukünftiger Gegenwart. Es ist eine aktive Passivität mit dem Ziel, sich in einem Überangebot von Möglichkeiten ein Möglichkeitsdenken zu bewahren. Vogl spricht von einer Zauderfunktion: »Im Zaudern verdichtet sich ein kritisches, krisenhaftes Verhältnis von Tat und Hemmung, Handeln und Grund, Gesetz und Vollzug; und dabei wird zwangsläufig der Boden aufgewühlt, auf dem sich eine Welt, ein Weltverhältnis konstituiert.« (Ebd., S. 25). Anderes gesagt: Einfach ist es, sich unter Bedingungen des Mangels an Möglichkeiten zu orientieren. Einfach ist es auch, sich in einem Überangebot von Möglichkeiten, den Mangel zurückzuwünschen. Schwierig ist es jedoch, sich in einem Meer von Möglichkeiten Möglichkeiten aufzuschließen und offen zu halten. Dieses wird jedoch in den Formulierungen des Bildungsbegriffes, die die qualitative Bedeutung der quantitativen Vermehrung von Technik nicht angemessen berücksichtigen, nicht als Problem erkennbar und macht eine technisch aufgeklärte Reformulierung des Bildungsbegriffes notwendig: *Wenn es an Mangel mangelt, ist das Scheitern nichts, auf das man sich verlassen könnte.*[42]

7. Die Voraussetzung des Scheiterns

Ohne die Begriffe des Zauderns oder der Opportunität zu verwenden und ohne Bezug auf die Frage der Technik, aber mit einem entschiedenen Fokus auf die zeitlich-strukturalen Voraussetzungen von Bildung, setzt Andreas Dörpinghaus

42 »Der ganze traditionelle Instrumentalismus, dessen beschränkte Sichtweise die Technik mal als Verlängerung, mal als Ersatz, mal als bloße Projektion des Menschen begreift, ist destilliert aus einem Bild des Denkens, in dem der Weltbezug der Existenz und der Existierenden untereinander unter dem Gesetz des Mangels steht. Das dogmatische Bild der Technik, das selbst noch in den längst zu Technowissenschaften gewordenen Wissenschaften kursiert, ist nichts als die Verdichtung der Mangelontologie. Diese aber verdeckt das eigentliche Problem von Technik, Technizität und Maschine: dass wir eben ohne Unterlass, und *ohne dass es uns an etwas mangelt*, Anordnungen mit technischen Objekten, Tieren und anderen Menschen bilden.« (Hörl in Stiegler 2009a, S. 19f)

Bildung in einen Bezug zur Verzögerung, die wie das Zaudern verstanden wird als Ermöglichung eines für Bildung unerlässlichen Spiel- bzw. Gestaltungsraumes in der Zeit. Er stellt sich damit in eine auf Schopenhauer und Nietzsche zurückgehende Tradition, Bildung in Bezug auf eine nicht-durchökonomisierte Zeit zu denken und wie Adorno und Horkheimer Bildung in ihrem Aspekt als Reaktion auf einen durchrationalisierten Umgang mit Zeit darzustellen (vgl. vor allem Adorno 1972 und Horkheimer 1985 [1952]).

Bildung, so Dörpinghaus, sei überhaupt nur vor dem Hintergrund eines Gestaltungsraumes in der Zeit denkbar, eines Gestaltungsraumes, der sich in Form einer Reaktion eröffnet, »einer Nach-Denklichkeit, die etwas öffnet und offen hält, was ohne sie abgeschlossen wäre, und die eine selbstverständliche Ordnung durchdringt« (Dörpinghaus 2005, S. 566). Und das heißt genau genommen nicht nur einer Verzögerung, wie Dörpinghaus es nennt, sondern ein Bruch mit der Linearität der Zeit: »Nur in der *nicht*-linearen Verwobenheit der Zeiten sind Erfahrungen und ein Zur-Welt-Sein beschreibbar«, so präzisiert Dörpinghaus unter Hinweis auf Husserl und Merleau-Ponty (2005, S. 567). Wenngleich auch Bildung natürlich nicht mit Verzögerungen an sich deckungsgleich sei (2003, S. 24), so sei die Verzögerung doch notwendig als Bildungsbedingung zu verstehen. Wie Vogl das Zaudern fasst auch Dörpinghaus die Verzögerung als Unterbrechung:

> »In der Verzögerung, so eine erste Überlegung, wird eine unmittelbare Reaktion, eine unmittelbare Wirkung rückgewendet und gehemmt, so dass im Übergang vom bloß Pragmatischen zum Reflexiven ein Spielraum entsteht [...] Anders formuliert: In der Verzögerung wird etwas, das möglicherweise auf den Fortgang drängt und den Abschluss sucht, verzögert, so dass eine andere, reflexive Ebene in den zeitlichen Vollzug gebracht wird. In ihr kann dann etwas sichtbar werden oder sich zeigen, was ohne sie verborgen bliebe. Das, was als vielleicht bereits abgeschlossen gilt, wird in seiner Offenheit bewahrt« (Dörpinghaus 2003, S. 24f) und in fast gleichlautender Formulierung in Dörpinghaus 2005, S. 566).

Analog zu der hier – aufgrund ihrer Nähe zum semantischen Feld der Technik – gewählten Unterscheidung von Problem und Lösung, setzt er mit der Unterscheidung von Frage und Antwort an und differenziert mit Hilfe von Waldenfels zwischen unterschiedlichen Frage/Antwort-Verhältnissen: solchen, die in sich eine abgeschlossene Struktur bilden und solchen, in denen sich eine Lücke auftut oder durch Verzögerung eröffnen lässt. Waldenfels zählt zu ersteren im Rahmen einer abgeschlossenen Struktur »gefragte Fragen« und »fragende Fragen«. Gefragte Fragen und fragende Fragen *bedürfen* keiner Verzögerung, die Antworten können natürlich verzögert erfolgen, aber in diesem Falle geht es nur darum, die richtige Antwort zu *finden*. Gefragte Fragen fragen nach etwas, das bereits irgendwo vorliegt: Wer hat Amerika entdeckt? Wer das Penicillin? Bei fragenden Fragen bezieht sich das Befragte auf die Frage selbst: Es handelt sich insofern um offene Fragen, als es sich um ein Fragen handelt, bei dem sich die Frage »selbst als Frage in Frage hält« (Dörpinghaus 2003, S. 27). Dörpinghaus interessiert jedoch aus bildungstheoretischer Sicht das Fragen, bei dem die Frage-Antwort-Ordnung selbst in Konfrontation mit einem anderen (das bei der Selbstbezüglichkeit der fragenden Frage fehlt) in Frage steht. Denn nur diese würden zu »Verzögerungen tendier[en], die einen Spielraum für Bildung ermöglichen« (ebd.). Ein solches Fragen könne aber nur vom Fremden[43] ausgehen, es sei – weiterhin mit Waldenfels – »ein Antworten auf den Anspruch, der *in die Frage* stellt« (ebd., S. 28).

> »Stellt man die Entfaltung von Bildungsprozessen in einen Bezug auf sich (ethos), auf die anderen (pathos) und auf eine Sache (logos), so ist die Gleichzeitigkeit solcher Bildungsverhältnisse nur zu denken, wenn Bildung immer auch, und zwar nicht nebensächlich, ihre Kehrseite als Entzug denkt. Der Entzug seiner selbst, der anderen und der Entzug der Bestimmtheit des Gegenstandes.« (Ebd.)

Dörpinghaus unternimmt keinen ausgreifenderen Versuch, die zeitliche Struktur der Verzögerung genauer zu bestimmen. Aber es wird bereits in diesen drei kürzeren Texten zur (bildungsbezogenen) Notwendigkeit der Verzögerung deutlich, wie sehr die Metapher des »Gestaltungsraumes« beim Versuch, einen Bruch in der Linearität der Zeit zu denken, an ihre Grenzen stößt und nach einer entschieden zeitlich gefassten Struktur drängt, einer Struktur, die im nächsten Kapitel theoretisch als Teil des Experimentellen genauer bestimmt werden soll. Und warum, so sei auch hier noch einmal gefragt, geht es bei Dörpinghaus nie um Technik, wenn doch die Vorstellung einer beschleunigten Zeit, wie er schreibt, »*ausschließlich* an der technischen Fort-Bewegung« haftete, sinnbildhaft an der Eisenbahn (2007, S. 40, Herv. SöA)? War denn die Eisenbahn nicht mehr als ein Symbol, das nachträglich auf eine sich unabhängig von der Technik entwickelte Beschleunigungstendenz in Folge einer Linearisierung passte? Er schreibt – und diesmal stammt die Hervorhebung von ihm selbst: »Diese *Vorstellung* einer Linearität der Zeit findet in den Gleisen der Eisenbahn ihre lebensweltliche Plausibilität und Stichhaltigkeit« (ebd., S. 40). Andererseits: »Nicht etwa, dass Schnel-

43 Natürlich geht es auch hier nicht um einen personalen Anderen: »dieses andere kann ein anderer sein, eine Sache, der verstehend zu antworten ist, ja, man selbst ist sich aufgrund der leiblich-sprachlichen Existenz ein anderer.« (Dörpinghaus 2003, S. 28)

ligkeit im Leben der Menschen nicht schon vordem eine Rolle spielte. Die Erweiterung der Uhrenmechanik um Minutenzeiger im 16. und um Sekundenzeiger im 17. Jahrhundert mögen dies verdeutlichen. Auch die Geschwindigkeit der Kutschen verdoppelte sich in der ersten Hälfte des 19. Jahrhunderts. Gleiches gilt für die Schifffahrt.« (Ebd.) Vielleicht ist das eine Frage, die nicht einfach mit dem Hinweis, dass Technik ihn nicht so sehr interessiere, abgetan werden kann; möglicherweise – es gründlich zu prüfen erforderte eine umfangreichere Textbasis – hat es damit zu tun, was am Anfang dieses Kapitels angesprochen wurde: Dörpinghaus sieht die Technik als Auslöser, vielleicht auch als Taktgeber und Katalysator einer grundlegenden Veränderung in den Zeitstrukturen und eines anschließenden Beschleunigungsprozesses. Darüber hinaus beachtet er die Technik nicht. Aber auch Beschleunigungsprozesse und Zeitstrukturen sind keine isolierten sozialen Tatsachen, die an sich und unabhängig von Technik existieren können. Sie müssen im täglichen Umgang mit Technik (den Dörpinghaus ja selbst als entscheidend markiert hat) immer wieder aufs Neue wiederholt und bestätigt werden – wenn es in dieser Wiederholung nicht zu Verschiebungen kommt.

Mit dem Vergessen der Technik als unhintergehbarem »Medium der Selbst- und Welterschließung« (Gamm 2000, S. 285) im Alltag korrespondiert das Vergessen der welterschließenden Funktion des Experiments in den Naturwissenschaften insofern, als in beiden Fällen die Iterabilität der Technik fälschlicherweise in der Idealität ihrer Wiederholbarkeit eingehegt wird. Dass Veränderungen ihr Potential in jeder Wiederholung erneuern, darauf verweist auch Dörpinghaus, der aber nur von den Bezügen des Subjekts zu sich selbst in der Sprache spricht, nie von den Bezügen des Subjekts zu sich selbst im Umgang mit Technik: »Die Verzögerung kann in diesem Sinne als anaphorisch beschrieben werden; sie rückt in der zurückweisenden Bewegung einer Wiederholung das Wiederholte in ein anderes Licht. Die Verzögerung der Zeit schafft in der Anapher und Wiederholung also eine *Differenz*, die für Bildungs- und Lernprozesse kennzeichnend ist. Diese Differenz ist keine zwischen gänzlich Unterschiedenem, sonst wäre sie keine Wiederholung, sie ist aber auch keine zwischen Identischem, andernfalls wäre sie keine Differenz.« (Dörpinghaus 2005, S. 569) Vermutlich ist es kein Zufall, dass Dörpinghaus zur Illustration seiner Ideen zur Bildung als Verzögerung ausgerechnet das Beispiel des Physikers Heisenberg heranzieht, dem sein Rigorosumsprüfer Wilhelm Wien »bodenlose Ignoranz« der Experimentalphysik bescheinigte und der, »wenngleich stilisiert, den Ausgangspunkt der Entwicklung seiner Theorien« in der Lektüre von Platons Timaios sieht.[44] »Die Lektüre Platons, eigentlich nur zur Auffrischung des Griechischen gedacht, schafft bei Heisenberg Un-Ruhe und in gewisser Hinsicht Bewegung, indem sie eine vorgefasste Ordnung in Frage stellt.[...] [S]ein Leben lang begleitete ihn dieses Erlebnis« (Dörpinghaus 2005, S. 571).[45] Vermutlich ist es auch kein Zufall, dass ihm kein einziges Beispiel aus dem naturwissenschaftlich-technischen Bereich einfällt, wenn er nach Möglichkeiten für Verzögerungsanlässe in der Didaktik sucht: »So dürften z.B. verzögerte Lese- und Schreibprozesse als Formen der Sprachverzögerung sinnvoll sein, genauso wie Verzögerungen von Wahrnehmungen von Kunstbildern und Vorstellungsbildern, der Widerstreit um strittige Deutungen und Perspektiven oder auch das (richtig verstandene verzögernde) szenische Spiel, das Handlungen verzögernd gestaltet.« (Dörpinghaus 2003, S. 31) In einer seltsamen Umkehr der technikaffinen Alltagsheuristik scheint die Bildungstheorie zum Ersatz des Konkreten durch das Abstrakte und der Technik durch das Nicht-Technische zu neigen.

Dörpinghaus schreibt, dass Bildung überhaupt nur vor dem Hintergrund eines Gestaltungsraumes in der Zeit denkbar sei, der sich in Form einer Reaktion eröffnet, »einer Nach-Denklichkeit, die etwas öffnet und offen hält, was ohne sie abgeschlossen wäre, und die [über einen Bruch mit der Linearität der Zeit] eine selbstverständliche Ordnung durchdringt« (Dörpinghaus 2005, S. 566), mit dem Ziel, dass in ihr »dann etwas sichtbar werden oder sich zeigen [kann], was ohne sie verborgen bliebe« (ebd.). Damit umreißt er in groben Zügen genau das, was

---

44 Zu Heisenbergs Werdegang vgl. Lindley 2008.

45 Würde man nicht auf das hören, was Heisenberg feierabends über seine Arbeit erzählt hat, sondern sich anschauen *wie* er gearbeitet hat, würde man sehen, dass es gerade nicht die »bodenlose Ignoranz« der Experimentalphysik ist, die ihm zum Durchbruch in der Quantenphysik geführt hat, sondern die entschiedene Konzentration auf das, was *sich* im Experiment zeigte. Dass Heisenberg das Verhältnis von Experimentalphysik und theoretischer Physik durchaus zu seinem Problem machte, zeigt sich schon in den ersten Sätzen des Aufsatzes über die *Quantentheoretische Umdeutung kinematischer und mechanischer Beziehungen*, der den Beginn der Quantenphysik markiert: »Bekanntlich läßt sich gegen die formalen Regeln, die allgemein in der Quantentheorie zur Berechnung beobachtbarer Größen (z.B. der Energie im Wasserstoffatom) benutzt werden, der schwerwiegende Einwand erheben, daß jene Rechenregeln als wesentlichen Bestandteil Beziehungen enthalten zwischen Größen, die scheinbar prinzipiell nicht beobachtet werden können (wie z.B. Ort, Umlaufzeit des Elektrons), daß also jenen Regeln offenbar jedes anschauliche physikalische Fundament mangelt, wenn man nicht immer noch an der Hoffnung festhalten will, daß jene bis jetzt unbeobachtbaren Größen später vielleicht experimentell zugänglich gemacht werden könnten.« (Heisenberg 1925, S. 59)

im Folgenden mit Hilfe des Begriffs des Experiments theoretisch genauer gefasst werden soll. Denn wenn es an Mangel mangelt und das Scheitern nichts mehr ist, auf das man sich verlassen kann, dann ist das Experiment die einzige Form, in der es möglich wird, sich und »etwas«, »was ohne [diese Nachdenklichkeit] verborgen bliebe«, in einem Überfluss an Möglichkeiten, Möglichkeiten offen zu halten und zu eröffnen. Dafür ist es nötig, zunächst den Begriff des Experiments genauer zu bestimmen und zu zeigen, dass es sich *nicht* um eine Metapher handelt, die den Naturwissenschaften entlehnt ist. Darum wird es im nächsten Kapitel (II) gehen. In diesem sollen dann auch die Begriffe Bildung und Welt soweit spezifiziert werden, dass Bildung als experimentelle Form der Welterschließung in ihrer individuell zugewandten Seite bestimmt werden kann. Plausibilisiert wird diese Bestimmung dann im Folgenden durch die Darstellung der Charakteristika experimenteller Welterschließungsformen am Beispiel der Naturwissenschaften in Kapitel III. Wer sich experimentell eine Welt erschließt, imitiert nicht die Naturwissenschaften. Es sind die Naturwissenschaften, die diese allgemeine Form der Welterschließung aufgegriffen haben und sie mit Hilfe einer List (*techné*)[46] neuerfunden haben. Eine weitere Aufgabe des nächsten Kapitels

46 Die Bedeutung von *techné* (τέχνη) als List findet sich z.B. bei Homer: So ist es Hephaistos, der Schmied, der mit *techné* seine Frau Aphrodite und Ares des Ehebruchs überführt, trotz Gehbehinderung auf seiner und berühmter Schnelligkeit auf Ares' Seite. In der Ilias findet sich zwar noch nicht die Bedeutungsschattierung des Listigen – tatsächlich findet sich das Wort τέχνη dort nur ein einziges Mal –, wird dort aber bereits im Zusammenhang mit der Fähigkeit verwendet, überlegene Gegner zu besiegen – so spricht Antilochos vor einem Wagenrennen zu seinen Pferden, dass sie es mit τεχνήσομαι anstellen müssten – so schwach sie im Vergleich mit den anderen sind. In der Odyssee fällt nicht nur sehr viel häufiger das Wort τέχνη, es wird auch verstärkt in der Bedeutung von List verwendet. »Odysseus, der listenreiche« wie es in der Übersetzung von Voss heißt, versteht es in verschiedenen Situationen *eigentlich* überlegene Gegner mit *techné* zu besiegen. Aber auch bei Hesiod, in der Theogonie heißt es, dass es neben der Gewalt Zeus' seine technai ist, die ihn Kronos besiegen ließ und überhaupt erst an die Macht brachte (Vs. 496); wobei *techné* häufig als Geschenk der Götter an diejenigen dargestellt wird, die sie besonders lieben. Vgl. zum Überblick auch Haase 2007. Während die *techné* eine promethische Gabe darstellt, ist die *metis* gewissermaßen der dem Menschen zukommende Erfindungsreichtum (nach Athenes wandlungsfähiger Mutter). Odysseus ist in diesem Sinne unendlich erfindungsreich (polymetis). Wollte man sich genauer an die Griechen halten, müsste man *episteme*, *techné*, *phronesis* und *metis* unterscheiden (eine Differenzierung, die der hier angestrebten Abstraktion entgegenliefe und daher unterbleibt). Hier die Bedeutung des Wortes *techné* als List hervorzuheben ist damit eine Entscheidung und keineswegs eine begriffsgeschichtliche Notwendigkeit. Zu den

(II) besteht daher darin, diese List nachzuvollziehen, die noch heute den Eindruck erweckt, das Experiment sei eine Erfindung der Naturwissenschaften, die diesen exklusiv zur Verfügung steht. Dass damit eine Teilung der Welt verdeckt wird, die durch das Experiment in die Welt eingeführt wurde, soll dadurch plausibilisiert werden, dass der Bedeutung der *techné*[47] für das Verständnis eines jeden Experiments nachgegangen wird und mit den Teilungen[48] in Beziehung gesetzt wird, auf die Experimente gleichzeitig eine Antwort darstellen. Damit wird auch das in Abschnitt III/11 und Kapitel IV ausgeführte Argument vorbereitet, dass die Verdeckung der Teilung, die durch ein Experiment in die Welt eingeführt wird, aufrechterhalten wird, indem – gewissermaßen – das Lachen unterdrückt wird, das das Gewitzte an der List des Experimentatoren anzeigt. Das Lachen wird unterdrückt, indem man die Technik zum bloßen Werkzeug degradiert – denn das Werkzeug ist die Form der Technik, die ohne die Gewitztheit der *techné* angewendet werden kann. Der entscheidende Schritt, mit dem der listige Charakter der Technik verdeckt wurde, bestand darin, das Experiment selbst noch als Werkzeug zu fassen. Über den Umweg der Befreiung des Experiments aus dem, was im Folgenden das explorative Denksystem genannt werden soll,[49] – einem Denksystem, in dem Technik ausschließlich als Werkzeug gedacht wer-

---

vielfältigen Bedeutungen und der Wandlung von »*techné*« vgl. Rudolf Löbls bemerkenswert genaue und umfangreiche Studie »TEXNH – TECHNE«. Alleine in den von ihm untersuchten Schriften im Zeitraum von Homer bis zu den Sophisten macht Löbl rund fünfundzwanzig verschiedene Bedeutungensvarianten aus – die Ableitungen des Wortes noch nicht mitgerechnet. Die erste deutliche Verwendung von τέχνη im Sinne einer List fand Löbl in Versen des Hesidot, wo Prometheus mit dem Begriff der τέχνη als derjenige charakterisiert wird, der die Fähigkeit besitzt Zeus zu überlisten (vgl. Löbl 1997, S. 54). Ein entscheidendes Ergebnis von Löbls Studien, auf die ich mich hier beziehe, ist, dass das Verständnis der τέχνη als Fähigkeit sich gegen eine fremde und eigentlich überlegene (insb. Göttliche oder naturbezogene) Macht durchzusetzen, keineswegs erst eine Erfindung der Sophisten ist, sondern bereits früher in diesem Sinne verwendet wurde (vgl. ebd., S. 102).

47 Das Wort *techné* dient im Folgenden immer als Signal für das Listige beim Einsatz oder Umgang mit Technik. Dabei hängt die List an der Technik – nicht am Subjekt. Denn da das Subjekt nicht wie ein Ingenieur eine List zu konstruieren vermag, sondern immer nur das Potential einer Situation ausnutzen kann (im Sinne einer Orientierung an der Wirksamkeit, wie sie Jullien 1999 beschrieben hat), begibt es sich selbst in den Wirkungsbereich der List, die es nicht souverän beherrschen kann.

48 Zu den Begriffen Teilung und Mit-Teilung siehe S. 108 und S. 137.

49 Zum Begriff des Denksystems siehe Abschnitt III/23.

den kann – soll versucht werden, auch das Verständnis von Bildung gegenüber der *techné* zu öffnen. Man kann das entsprechend als Plädoyer dafür verstehen, in der Auseinandersetzung mit Bildungsprozessen nicht das Lachen zu unterdrücken, das das kritische Moment der Bildung von seinem Hang zum Konservatismus zu befreien vermag.

Teil II: Die Erschließung der Welt

»Alles Experimentieren ist technisch verfasst«
– HANS JÖRG RHEINBERGER 2001, S. 153

1. DIE TECHNÉ

Wovon man nicht sprechen kann, darüber muss man schweigen und statt dessen über etwas anderes sprechen. Worüber gesprochen wird, wenn über Bildung gesprochen wird, herrscht Uneinigkeit. Darüber, dass Bildungsprozesse nicht so einfach zu beobachten sind, dürfe jedoch trotz »der Vielzahl unterschiedlicher Bildungsbegriffe [...] in der bildungstheoretischen Debatte weithin Einigkeit« herrschen, so Koller (1999, S. 161). Wenn der Gegenstand, um den es geht, nicht als beobachtbarer vorliegt, wird die Frage nach der Strategie, mit deren Hilfe man ihn sich dennoch erschließt, zur alles entscheidenden. Eine in der quantitativen Forschung übliche Strategie besteht darin, statt über Bildung über Ausbildung zu sprechen. Eine in der qualitativen Forschung übliche Strategie besteht darin, statt über Bildungsprozesse über Erzählungen von Bildungsprozessen zu sprechen. Und eine in der Bildungstheorie übliche Strategie besteht darin, statt über Bildung über Texte über Bildung zu sprechen. Die hier verfolgte Strategie besteht darin, statt über Bildung über die Geschichte der Proteinsynthese im Reagenzglas zu sprechen. Etwas weniger pointiert gesagt: anhand bereits gut erforschter arbeitsteilig organisierter Welterschließungsprozesse, vor allem in den Naturwissenschaften und mit besonderer Aufmerksamkeit gegenüber den Arbeiten Rheinbergers, soll versucht werden, allgemeine Charakteristika von Welterschließungsprozessen zusammenzutragen und in Bezug auf individuelle Welterschließungsprozesse zu respezifizieren oder zumindest ihre Respezifizierbarkeit deutlich zu machen. Die hier gewählte Strategie im Umgang mit der Unmöglichkeit, Bildungsprozesse direkt zu beobachten, besteht also nicht darin, es dennoch auf dem direkten Wege zu versuchen und auch nicht darin, sie anhand ihrer Spuren in Erzählungen zu rekonstruieren, sondern den Umweg über die Abstraktion und die Respezifikation zu gehen. Dabei werden zwei Formen von Welterschließungsprozessen unterschieden: die explorative, die in ihrer individuell zugewandten Form als Lernen bezeichnet werden soll und die experimentelle, die in ihrer individuell zugewandten Form als Bildung bezeichnet werden soll. Dass dieses gerechtfertigt ist, wird zu zeigen sein. Wenn im Folgenden nicht durchgehend von Bildung die Rede ist, dann nicht deshalb, weil es um etwas anderes geht, sondern weil mit dem Umweg die Hoffnung verbunden ist, am Ende zu Recht sagen zu können, dass die ganze Zeit auch von Bildung die Rede gewesen ist – nicht weil experimentelle Wissenschaft und Bildung das selbe wären (was nicht der Fall ist), sondern weil es sich in beiden Fällen um experimentelle Formen der Welterschließung handelt. Diese Strategie ist von der Vermutung geleitet, dass man Bildung auf diese Weise weniger verfehlt, als wenn man das Thema scheinbar direkt angeht. Dass die abstrahierende Betrachtung der Charakteristika experimenteller Forschung von vornherein unter dem bildungstheoretischen Fokus der Respezifizierbarkeit zu ihrer individuellen Seite hin steht, wird nicht jeweils noch mitgenannt, dürfte aber erkennbar sein. Eine alternative Strategie dieser Art kann sich einzig und allein von ihrem Ergebnis her rechtfertigen; und auch im Ergebnis nicht darüber, dass eine Korrespondenz zwischen Theorie und Gegenstand sichtbar wird, sondern nur darüber, dass mit ihr etwas erkennbar wird, mit dem man zukünftig etwas anfangen kann. Ein Entweder-Oder in der Wahl des empirischen Zuganges ist angesichts des Fehlens eines Vergleichsfundaments ohnehin abwegig. Gegen die Strategie des Umwegs über die Abstraktion und Respezifikation spricht allerdings nur dann nichts, wenn man akzeptiert, dass man das Ergebnis einer Arbeit (hier: Bildung und wissenschaftliches Experiment können als unterschiedliche Formen von Prozessen experimenteller Welterschließung verstanden werden) zu ihrer eigenen Legitimation heranziehen kann (Bildung und wissenschaftliches Experiment sind einfach nur unterschiedliche Formen von Prozessen experimenteller Welterschließung). In der klassischen Logik ist das verboten. Opportunistisch (im Sinne einer optionsgeleiteten Orientierung) ist diese Strategie ohnehin, stellte sich das Ausgangsproblem dieser Arbeit doch an ihrem Anfang noch ganz anders dar. Es lautete ursprünglich nämlich nicht: Welches sind die Charakteristika experimenteller Welterschließung?, sondern: Wie steht es um das Verhältnis von Bildung und Technik? Es handelt sich bei dieser Argumentation also nicht einmal um die gezielte Bearbeitung eines Ausgangsproblems auf eine Lösung hin, sondern eher um die Ergreifung einer sich darbietenden Gelegenheit, bei der ein unlösbar erscheinendes Problem (Wie ist das Verhältnis von Bildung und Technik?) durch ein bearbeitbares Problem (Welche Formen der Welterschließung gibt es und wie sind sie charakterisiert?) nach der Entdeckung seiner Lösung (Experiment und Exploration) *ex post* ersetzt wurde. Und dennoch besteht ein Zusammenhang zwischen dem Ursprungsproblem und der nicht angestrebten Lösung; denn das Verhältnis von Bildung und Technik kann nun im Zusammenhang mit der Unterscheidung von Experiment und Exploration neu gefasst werden. Dass dieses Verhältnis dabei allerdings keinen besonders prominenten Ort mehr einnimmt, ändert nichts daran, dass auf Technik im Sinne einer List, einer *techné* in der Auseinandersetzung mit Bildung nun nicht mehr verzichtet werden kann. Bereits die Antwort auf die Frage, ob das hier skizzierte Vorgehen überhaupt als eine legitime Form der Erkenntnis (oder auch als etwas der Bildung des Autors Zuträgliches) angesehen werden kann, hängt davon ab, ob man der *techné* einen Platz in der Wissenschaft (und der Bildung) einräumt. Die Argumentation dieser Arbeit zielt darauf, dass man das sollte. Es ist gut möglich, dass dem Bildungsbegriff damit gerade die Dignität verloren geht, die für viele seine Attraktivität und Sonderstellung gegenüber dem »bloß akkumulativen Lernen« ausmacht. Nicht nur weil das Lernen im Folgenden eine Aufwertung gegenüber der Bildung erfährt, sondern vor allem auch deshalb, weil die *techné* in ihrem pragmatisch-ausweichenden Charakter zutiefst profan, ja geradezu unheroisch ist. »Möge ich nie einen solchen Charakter haben, sondern stets den geraden Weg beschreiten«, schrieb entsprechend Pindar mit Blick auf Odysseus' Listen (zit. nach Neiman 2009, S. 849).

Ich beginne noch einmal[1] im Labor. So wie Latour die Ergebnisse der neueren Wissenschafts- und Technikforschung[2] für den archimedischen Punkt hält, an dem es möglich wird oder – wenn man optimistischer ist – an dem es möglich geworden ist, die Soziologie aus ihrer Dingvergessenheit herauszuhebeln,[3] gehe auch ich davon aus, dass die Ergebnisse der neueren Wissenschafts- und Tech-

1 In Ahrens 2005 habe ich kursorisch die Bedeutung der neueren Wissenschafts- und Technikforschung für eine bildungstheoretische Auseinandersetzung mit Naturwissenschaft und Technik dargestellt. Ich knüpfe an diese Arbeit an. Dabei lässt es sich nicht vermeiden, Aspekte zu wiederholen, wenn sie für die folgende Argumentation entscheidend sind. Dass ein solcher Neuansatz auch eine methodisch-strategische Bedeutung haben kann, sollte im Folgenden erkennbar werden. Aus formalen Gründen sei an dieser Stelle nur angemerkt, dass es sich nicht, auch nicht stellenweise, um einfache Wiederholungen handelt – insofern nämlich, als diese Aspekte, nun rekontextualisiert, entscheidende Aspekte der damaligen Argumentation revidieren.

2 Vgl. zum Überblick Biagioli 1999.

3 Vgl. insbesondere dazu Latour 2005, S. 98, wo er unter der treffenden Überschrift *The fortunate wreck of sociology of science* darüber hinaus betont, dass die Laborstudien mehr sind als bloß ein Anstoß, nämlich ein dauerhaft lohnendes Feld soziologischer Forschung. Vgl. auch ebd., S. 119.

nikforschung in diesem Sinne für die Bildungstheorie als archimedischer Punkt genutzt werden können. Im Labor ist die Bedeutung von Technik für »grundlegende Veränderungen von Figuren des Selbst- Weltverhältnisses« (unbestritten ist dieses zumindest in Bezug auf Weltverhältnisse) so augenfällig und zudem empirisch so gut erforscht – und dank der guten Dokumentation der Laborwissenschaftler selber auch gut erforschbar, dass es sich anbietet, Theorien auf ihre Fähigkeit hin zu prüfen, Welterschließungsprozesse auf eine grundlegende Weise mit Technik zusammenzudenken. Damit kann das Labor gewissermaßen als Labor für die Bildungsforschung dienen. Denn was sich im Labor bewährt, müsste auch auf solche Orte übertragbar sein, an denen die Relevanz von Technik für grundlegende Veränderungen im Selbst- und Weltverhältnis nicht ganz so augenfällig und damit theoretisch leichter *umgehbar* ist. Vergegenwärtigt man sich, dass Technik in der Regel darauf hin entwickelt wird, als Mittel einem bestimmten Zweck dienen zu können, ohne dabei als Technik allzu sehr in den Vordergrund zu treten, also darauf hin entwickelt wird, vergessen werden zu können, heißt das: so gut wie überall sonst. In Latours Worten:

»Scientific practice is the drosophila of social theory since it offers an exaggerated and scaled up version of what can later be studied in much more inaccessible domains. [...] Compared to other domains, science is easier because the debates about the detours of objectivity are much more traceable.« (Latour 2005, S. 119)

Dass es der soziologischen Wissenschaftsforschung nicht gelungen ist, die Mitwirkung der technischen und epistemischen Dinge (zu diesen Begriffen siehe Abschnitt III/6) am Erkenntnisprozess bei ihrer Arbeit im Labor gedanklich zu umgehen, sei Latour zufolge den Naturwissenschaftlern selber zu verdanken, die heftig gegen die klassische soziologische Art, auf die sie beschrieben wurden, Einspruch erhoben und damit den Soziologen vorführten, wo sie unbemerkt (oder explizit – auch das hat es tatsächlich gegeben) das Explanandum »sozial« zum Explanans erklärten.[4]

Das Experiment dieser Arbeit, das damit ansetzt, nochmal im Labor zu beginnen, ist mit der Gefahr der Wiederholung verbunden. Die Gefahr der bloßen

4 »Chemist, rocket scientist, and physicists are used to seeing their laboratories explode, but it had been quite a while before the sociologist's office could run an experiment risky enough even to have a chance to fail! And, this time, it did explode.« (Latour 2005, S. 99) Was Latour so treffend beschreibt, ist in der wissenschaftlichen Öffentlichkeit vor allem über die Debatte um die »soziale Konstruktion« bekannt geworden (vgl. dazu zusammenfassend Hacking 1998).

Wiederholung ist die Gefahr, die man nie ausschließen kann, wenn es um Experimente geht, weil man nichts anderes kann, als zu wiederholen, wenn man experimentiert. Das Ziel besteht allerdings darin, *einfache* Wiederholungen zu vermeiden und durch Abweichungen von der Idealität der einfachen Wiederholung Neuem die Möglichkeit zu geben, einen Unterschied zu machen. Dies ist der Versuch der strategischen Nutzung der Iterabilität, ein Vorgehen, das weiter unten als wichtiges Charakteristikum des Experimentellen angeführt werden wird (siehe Abschnitt III/2). Doch damit ist noch nichts gewonnen, außer dem Wissen, dass es eine Lücke gibt zwischen Wiederholung und Wiederholtem, zwischen Intention und intendierter Handlung[5] – selbst dann, wenn Intention nichts anderes meint als das an einer Handlung, was eine Handlung von bloßem Verhalten unterscheidet.[6] Es ist mit der Umbenennung von Wiederholung in Iteration deshalb nichts gewonnen oder besser: es ist dabei solange nichts gewonnen, wie man nicht gleichzeitig auf dem Unterschied beharrt zwischen differenzermöglichenden Wiederholungen und differenzverdeckenden Wiederholungen und

5 Die wohl konsequenteste Fassung von Intention findet man bei Husserl. Ginge man nach Husserl, ließe sich das Anstreben von etwas Nicht-Intendiertem gar nicht anders als paradox beschreiben. Insofern als das Bewusstsein bei Husserl immer auf etwas gerichtet ist – genau das besagt Intentionalität –, also Bewusstsein immer Bewusstsein von etwas ist, bzw. Akte immer von etwas handeln, umfasst Intentionalität in diesem strengen Sinne auch das Nicht-Intentionale: es gleicht »einem universellen Medium [...], das schließlich alle Erlebnisse, auch die selbst nicht als intentionale charakterisiert sind, in sich trägt« (Husserl 1950 [1913], S. 171). Intentionalität hat bei Husserl einen transzendentalen Status der Allumfassendheit: »Der Problemtitel, der die ganze Phänomenologie umspannt, heißt Intentionalität. Er drückt eben die Grundeigenschaft des Bewußtseins aus, alle phänomenologischen Probleme, selbst die hyletischen ordnen sich ihm ein. Somit beginnt die Phänomenologie mit Problemen der Intentionalität.« (Husserl 1950 [1913], S. 303) Andererseits verweist beispielsweise Adorno auf den inkonsequenten Gebrauch des Begriffes der Intentionalität bei Husserl, die zwar einerseits »allen cogitationes zukommen sollte«, sich andererseits aber wiederum von solchen »sensuellen« Erlebnissen oder Empfindungsinhalten unterscheidet, die er »primäre Inhalte« nennt (Adorno 1973, S. 68). Zu den theoretischen Konsequenzen eines solchen allumfassenden Begriffs am Beispiel von »Welt« vgl. Abschnitt 8 und 9 in diesem Teil.

6 Das entspräche Luhmanns Begriff der Absicht. Anders als bei Husserls transzendentaler Lösung für die Intentionalität, verlegt Luhmann die Absicht in die Immanenz des Sozialen und ersetzt die letzte Zurechnungsebene durch den immer nur vorletzten Beobachter. Absichten fasst Luhmann als verkehrsnotwendige Fiktionen, mit denen man Handlungen Personen zurechnen kann. Nichtbeabsichtigtes Handeln gibt es demnach nicht, das wäre Verhalten (Luhmann 1992c).

danach fragt, *was* diesen Unterschied machen könnte. Die Schwierigkeit besteht darin, dass die Differenzen, um die es geht, sich nicht intentional herstellen lassen, denn interessant am Experiment ist das, was *sich* zeigt und nicht das, was *man* zeigt und schon gar nicht das, *auf* das man zeigt. Im Folgenden soll aber deutlich werden, dass das nicht heißt, nichts tun zu können.

2. DER BEGRIFF DES EXPERIMENTS

»Der Experimentator wird vom Ergebnis
seiner Arbeit nicht überrascht«
– GUNHILD BERG[7]

Der Begriff des Experiments habe Konjunktur, heißt es. Und diese Konjunktur beschränke sich keineswegs nur auf eine bestimmte Wissenschaftscommunity. In einem erst kürzlich erschienenen Band zur Wissenschaftsgeschichte als Begriffsgeschichte spricht Gunhild Berg von einer gleichzeitigen »Konjunktur des Begriffs ›Experiment‹ in den Natur-, Sozial- und Geisteswissenschaften« (Berg 2009). Diese sei so ausgeprägt, dass »allein der Begriff des ›Wissens‹, einschließlich seiner Komposita und Derivate« (ebd., S. 51) noch in der Lage wäre, dem Begriff des Experiments als Modeerscheinung Konkurrenz zu machen. Diese Einschätzung teile ich zumindest soweit, dass auch ich davon ausgehe, dass der Begriff des Experiments in auffälliger Weise an Beachtung gewonnen hat und eine gewisse Attraktivität auf unterschiedliche Autoren auszuüben scheint.[8]

7 Dieses Zitat ist einer Vorabversion des 2009 erschienenen Aufsatzes entnommen, der im Folgenden anhand der endgültigen Version disktutiert wird. In dieser ist die Formulierung leicht entschärft worden zu: »Der Experimentator wird vom Ergebnis seiner Arbeit *selten* überrscht.« (Berg 2009, S. 57, Herv. SöA). An Bergs Argument, dass der Experimentator Überraschungen zu vermeiden sucht, weil dies für ihn »schlicht das Scheitern des Versuchs« bedeute (ebd.), ändert das aber nichts. Die Vorabversion ist zu finden unter: http://www.zfl.gwz-berlin.de/fileadmin/bilder/Projekte/Begriffsgeschichte/Berg_Konjunktur_Experimentbegriff.pdf.

8 In Ermangelung verlässlicher Erhebungen über die Begriffsverwendung kann dieser Eindruck nicht mehr als ein Indiz sein, weshalb sich die folgende Argumentation auch nicht auf diese Beobachtung stützt, sondern umgekehrt darauf zielt, die Attraktivität des Experimentbegriffs aus der Sache heraus zu begründen und damit seine (möglicherweise) vermehrte Verwendung plausibel erscheinen zu lassen. Berg selbst verweist auf eine quantitative Studie über die Begriffsverwendung von 1965 von Jörg Armin Kranzhoff.

Im Gegensatz zu Berg gehe ich jedoch davon aus, dass es dafür gute Gründe gibt. Es bedarf keiner begriffsgeschichtlichen Analyse, um einen ersten Eindruck davon zu bekommen, worin seine Funktion – zumindest in bildungstheoretischer Hinsicht – bestehen könnte. Ein kurzer Blick in einige Veröffentlichungen aus dem Bereich der Bildungstheorie der jüngsten Zeit, in denen der Experiment-Begriff Verwendung findet, reicht dafür aus, denn bereits an diesen wenigen Beispielen wird deutlich, dass der Experiment-Begriff, manchmal ohne Anführungszeichen und manchmal mit, jeweils ohne selbst besonders ausgeführt zu werden, in Bezug auf unterschiedliche Autoren und in jeweils unterschiedlichen theoretischen Zusammenhängen, fast immer in Bezug auf ein strukturell vergleichbares Problem Anwendung findet – zumeist allerdings eher als Markierung des Problems denn als seine Lösung. So dient der Begriff des Experiments oft als eine Art Grenzbegriff, der an den Rändern des Möglichen angesiedelt ist und er findet sich häufig genau dort, wo Paradoxien praktische Bedeutung erlangen und als ebenso praktische Herausforderung angenommen werden.

So kommt in Jenny Lüders' bildungstheoretischer Foucault-Lektüre der Begriff des Experiments genau dort ins Spiel, wo es um die Erfahrung der eigenen Grenzen an den Grenzen der eigenen Erfahrungsmöglichkeiten geht und um die praktische Unmöglichkeit, die Möglichkeiten seiner Selbst von einem Außerhalb der eigenen Möglichkeiten aus zu erweitern (Lüders 2007).[9] Ausgehend von der Frage, wie Kritik im Foucault'schen Sinne praktisch gedacht werden kann, führt Lüders den Begriff der Kritik bei Foucault so konsequent aus, dass sein paradoxer Charakter erkennbar wird. Anders als es teilweise in der Foucault-Rezeption immer noch üblich ist, entschärft sie also nicht die Herausforderung des Foucault'schen Denkens, indem sie den Begriff der Kritik zu einem Besser-Bescheid-Wissen über die Machverhältnisse der Gegenwart verharmlost, so dass man sich als »Aufgeklärter« zu ihnen in einem kontrollierbaren Abstand wähnen kann, sondern betont die Unfähigkeit, aus den subjektkonstituierenden Machtverhältnissen heraustreten und von außen als eine Art Supersubjekt souverän noch sich selbst verändern zu können. Wenn ein fester Standpunkt fehlt und die Bedingungen zur Veränderung der subjektkonstituierenden Machtverhältnisse nur in diesen selbst verortet werden können, dann, so Lüders mit Foucault, kann man gar nicht anders, als die Grenzen des Möglichen *experimentell*, versuchsweise zu verändern (vgl. Lüders 2007, S. 118). Dabei gelingt es ihr, die Doppel-

9 Es soll hier nicht um eine Diskussion des »Experiment-Begriffs« der jeweiligen Bezugsautoren gehen, sondern lediglich darum, Hinweise auf seine virulente Funktion in der Bildungstheorie zu sammeln.

bedeutung des französischen *expérience* als Experiment und Erfahrung[10] ins Deutsche hinüberzuretten: »Es handelt sich um die Annäherung an das eigene Sein in seiner ganzen Bedingtheit. Da ich diese Bedingungen aber in ihrer Totalität nicht erfassen kann, muss ich sie experimentell austesten, mich ihnen strategisch nähern, sie probehalber anders denken, um sie in diesem ›Anders-Denken‹ als kontingent erfahrbar zu machen. Und genau in diesem Versuch einer ›kritischen‹ Erfassung der Grenzen und Bedingungen des eigenen Seins werden diese möglicherweise verschoben.« (Ebd.) Das Experimentelle ist so, wie es hier als Charakteristikum einer praktisch gewordenen Kritik aufgefasst wird, kein Begriff, dem in Lüders' Argumentation größere Aufmerksamkeit zukommt und der bei ihr, wie auch bei Foucault selbst, auch keine nähere Bestimmung erfährt. Man kann aber festhalten, dass Bildung, so wie sie von Lüders bestimmt wird, auf das Experimentieren angewiesen ist. Ein weiteres Beispiel für den Einsatz des Experiment-Begriffes in jüngeren bildungstheoretischen Veröffentlichungen findet sich in gleich zwei Aufsätzen des kürzlich erschienen Sammelbandes »Bildende Widerstände – widerständige Bildung« (Thompson/Weiss 2008). Roswitha Lehmann-Rommel, die ebenfalls auf die Verbindung von Erfahrung und Experiment hinweist, sieht im »experimentellen Denken« von Kant und Dewey, das sie von einem »technischen Verständnis von ›Experiment‹« (Lehmann-Rommel 2008, S. 121) unterscheidet, eine Alternative zum epistemologischen Repräsentationsmodell. Auch bei ihr dient der Experiment-Begriff als eine Art Grenzbegriff. Ausgehend von Kants in seiner Pädagogik-Vorlesung geäußerten Forderung erst »Experimentalschulen« und dann »Normalschulen« zu errichten, rekonstruiert sie das experimentelle Moment bei Kant als die Schnittstelle zwischen Vernunft und Handlungswissen; das Experimentieren markiere bei ihm »den Berührungspunkt zwischen Bedingtheit des Menschen als sinnlichem Erfahrungswesen und vernunftgemäßer Gestaltungsfreiheit in der jeweils vorfindlichen Welt« (ebd., S. 125). Da die Vernunft nicht aus sich selbst heraus in der Lage sei, die Beschränkungen des Erziehers in seiner eigenen Erzogenheit zu überwinden, weshalb Erziehung von ihm auch als generationenübergreifendes Projekt der Aufklärung in der Zeit gefasst wird, und die Vernunft auch nicht aus sich selbst heraus in der Lage sei, zu »urteilen, wie Realität prinzipiengeleitet gestaltet werden kann« (ebd., S. 124), bedürfe es des Experimentierens als einem »empirische[n], zukunftsoffene[n] Geschäft«, das selbst »weder durch Akkumulation von Handlungswissen noch durch theoretisches Räsonnieren und Planen einzuholen« sei (ebd.). Nicht weniger auf die Praxis des Handelns bezogen und nicht weniger auf ein Überschreiten der Beschränkungen des eigenen Weltzu-

10 Vgl. auch Stengers 2008, S. 116;4.

ganges abzielend bei gleichzeitiger Unmöglichkeit einer Außensteuerung sei Deweys »Logic of Inquiry« zu verstehen. Bei ihm ziele das Experimentieren darauf, »Emanzipation gegenüber der Herrschaft habitueller Abläufe« (ebd., S. 135, Herv. i. Orig.) zu gewinnen. Interessanter Weise wird das Experiment hier nicht mit den Wissenschaften selbst assoziiert, sondern, ganz im Gegenteil, als philosophische Praxis verstanden, die die Kritik an der Tendenz der Natur- und Sozialwissenschaften, in ihren ausgetretenen Bahnen zu verharren, zum Gegenstand habe: Das entscheidende Charakteristikum experimentellen Denkens sieht Lehmann-Rommel bei Dewey entsprechend darin,

> »dass in einer experimentellen Operation nichts fixiert wird – weder die leitenden Ideen, Schlussfolgerungen und Urteile noch das Beobachtete bzw. die angenommene Natur der Objekte. Ideen kontrollieren immer nur versuchsweise; ihre Akzeptanz hängt strikt von den Konsequenzen der experimentellen Operation ab. Es ist immer situationsspezifisch und kann auf keine Autorität aus vergangenen Erkenntnissen ungeprüft zurückgreifen.« (Ebd., S. 130)

Auch bei Gabriele Weiss im selben Band geht es um die Arbeit an den Grenzen der eigenen Möglichkeiten: Während sie in Bezug auf die paradox zugespitzte Frage »Wie anders sehen als man sieht?« explizit auf die Beschreibung des naturwissenschaftlichen Experiments bei Ludwik Fleck und seine Darstellung der Entstehung des Neuen eingeht, liest sie Humboldt, ohne den Begriff des Experiments selbst zu erwähnen, als einen Theoretiker, der eine Antwort auf die ebenfalls paradox zugespitzte Frage zu geben versucht: »Wie anders sprechen als man spricht?« (Weiss 2008) Zwar ist es hier nicht der Begriff des Experiments, den sie benutzt, aber es ist ein strukturell vergleichbares Ausgangsproblem, das sie bei Humboldt bearbeitet sieht und das ihr die Möglichkeit gibt, ihn mit Fleck in einen Zusammenhang zu bringen: Die Veränderung, um die es geht, kann auch bei Humboldt nicht von einem Außen (der Sprache) erfolgen, statt dessen geht es vielmehr um ein Verwandeln und Umgestalten (der Sprache). So unterschiedlich die Bezüge im Einzelnen auch sind und so aussichtslos demnach auch das Unterfangen wäre, von ihnen aus zu einer Bestimmung des Experiment-Begriffes zu kommen, so deutlich ist es doch, dass dem Experiment-Begriff jeweils eine nichtbeliebige Funktion zukommt: Als Bezeichnung eines Handelns am Rand der eigenen Möglichkeiten, dort, wo Paradoxien praktisch werden.

Die Vermutung, dass der Experiment-Begriff eine nichtbeliebige Funktion an den Grenzen des Möglichen einnehmen könnte, soll genügen, um von der Einschätzung Bergs Abstand zu nehmen, dass die »Konjunktur des Experiment-Begriffs« auf den Gebrauch unlauterer Mittel in einem Kampf um Anerkennung zurückzuführen sei, den sie mit Bourdieu'schem Vokabular als symbolischen Kampf auf dem sozialen Feld der Wissenschaften beschreibt.[11] Als einen Kampf nämlich, in dem Geisteswissenschaftler durch »die häufige Verwendung eines semantisch diffusen Experiment-Begriffs« (Berg 2009, S. 69f) Punkte zu machen versuchten, also gewissermaßen parasitär von seiner naturwissenschaftlichen Dignität zu profitieren hofften. Sie schreibt: »Es hat den Anschein, als ob die Geisteswissenschaften über die Teilhabe am Begriff (gleichgültig, ob via Definition, Verwendung, Methodik o.a.) für ihren Anspruch kämpfen, am gesellschaftlich respektierten und prämierten (Natur-)Wissenschaftsdiskurs teilzuhaben« (ebd., S. 70). Semantisch diffus sei der in den Geistes- und Sozialwissenschaften verwendete Experiment-Begriff, insofern es sich bei ihm um eine unangemessene und im Grunde bloß metaphorische Übertragung eines spezifisch naturwissenschaftlichen Begriffes handle. Der Verdacht, dass Sozial- und Geisteswissenschaftler mit einem den Naturwissenschaften entwendeten Vokabular versuchen würden, ihre als defizitär empfundene Wissenschaftlichkeit symbolisch aufzuwerten, ist in seiner allgemein kulturalisierten Form nicht neu; man kennt ihn in verschiedenen Disziplinen (und in unterschiedlicher Form) vor allem unter dem Schlagwort »physics envy«. So schrieb Giddens beispielsweise bereits in den 70er Jahren,

> »a sort of yearning for the arrival of a social scientific Newton remains common enough, even if today there are perhaps many more who are sceptical of such a possibility than those who still cherish the hope. But those who still wait for a Newton are not only waiting for a train that will not arrive, they are in the wrong station altogether« (Giddens 1976, S. 13; vgl. z.B. aber auch Munger 1995).

Das Problem speziell mit dem Experiment-Begriff besteht nach Berg in seiner Metaphorizität und seiner Herkunft aus den Naturwissenschaften, von denen aus der Begriff nicht einfach auf weniger exakte Wissenschaften übertragen werden könne. Eine Vielfalt von Verwendungsweisen untergrabe zusätzlich seinen Nutzen. Insgesamt gewinne der Begriff seine Attraktivität also weniger aus seiner Nützlichkeit als vielmehr aus dem Schein der Wissenschaftlichkeit, die bei seinem Import aus den Naturwissenschaften noch hinübergerettet werden könne und gewissermaßen als semantische Korona seine eigentliche Inhaltsleere umspiele. Und dieser Motivverdacht kommt nicht von ungefähr: Berg trägt verschiedene Beispiele eines höchst unangemessenen Umgangs mit dem Experiment-Begriff zusammen, eines Umgangs, der tatsächlich auf einer unangemes-

11 Vgl. dazu vor allem Bourdieu 1988.

senen Übertragung eines auf die Naturwissenschaften bezogenen Experiment-Begriffs beruht, so dass diese Beispiele den Eindruck vermitteln, dass der Experiment-Begriff, so wie er eingesetzt wird, beinahe vollständig in seiner strategischen Bedeutung aufgeht. Dieser Motivverdacht verstellt jedoch die interessantere und wichtigere Frage, ob es nicht auch andere, sachliche Gründe für die zunehmende Attraktivität des Experiment-Begriffes geben könnte. Die Vermutung,[12] dass dem so ist, leitet diese Arbeit. Die Einschätzung, dass es sich dabei um gute Gründe handelt, ist Anlass genug, nicht nur den Experiment-Begriff recht häufig zu verwenden (und damit den Verdacht auf unlautere Motive zu erregen), sondern sich dabei auch noch aus einem rein geisteswissenschaftlichen Interesse ganz an den Experimenten der Naturwissenschaftler zu orientieren. Allerdings: an den Experimenten, nicht an den »naturwissenschaftlichen Bestimmungen des Experiments«, bzw. dem »Experiment-Begriff« der Naturwissenschaftler, auf den Berg sich konzentriert und den sie mit der Praxis des Experiments gleichzusetzen scheint: dieser umgreife »seit der Frühen Neuzeit neben seiner explorativen wenigstens auch seine Verifikations, Beweis- und Demonstrationsfunktion« (Berg 2009, S. 52).

Einen ersten sachlichen Hinweis darauf, warum die geistes- und sozialwissenschaftlichen Bezüge auf den Experiment-Begriff fast durchgehend unangemessen sind, liefert Berg dabei also selbst: Sie bezieht sich nämlich, wie auch die von ihr kritisierten Autoren, auf eine ebenso gängige wie unangemessene »naturwissenschaftliche Bestimmung des Experiments«, das tatsächlich aber (und dieses ist im Folgenden zu zeigen) weder explorativ verstanden werden kann, noch durch die Funktion der Verifikation, des Beweises oder der Demonstration und nicht einmal durch die Funktion der Falsifikation zutreffend charakterisiert wird. Dass viele Experimentatoren selbst an diese Bestimmung zu glauben scheinen, macht sie nicht zutreffender. Es gehört zu den frühen Erkenntnissen der Wissenschaftsforschung, dass ein Unterschied besteht zwischen dem, was Experimentatoren tun und dem, was sie zu tun glauben, wenn sie auf ihre Arbeit reflektieren (ein großes Problem der Propädeutik, soweit sie sich nämlich ebenfalls an einem theoretisch plausiblen, aber unzutreffenden Bild von Wissenschaft orientiert). Entsprechend bestand das Problem der Wissenschaftsforschung seit jeher darin, dass es niemanden gab, den man einfach, gewissermaßen im Sinne eines Experteninterviews, fragen konnte. Gaston Bachelard brachte dies auf den Punkt als er sich an die naturwissenschaftlichen Experimentatoren wandte und sie aufforderte:

12 Man könnte unter Bezug auf Abschnitt III/13 auch von Intuition sprechen.

»Sagen Sie uns, was Sie denken, und zwar nicht in dem Augenblick, in dem Sie das Labor verlassen, sondern in den Stunden, in denen Sie das Alltagsleben verlassen, um in das wissenschaftliche Leben *einzutreten.* Geben Sie uns nicht ihren abendlichen Empirismus, sondern Ihren morgendlichen, kraftvollen Rationalismus, das *a priori* Ihrer mathematischen Träumerei, den Impetus Ihrer Projekte, Ihre uneingestandenen Intuitionen.« (Bachelard 1980 [1940], S. 27)

Um die Unangemessenheit des geisteswissenschaftlichen Umgangs mit dem Experiment-Begriff zu demonstrieren, zeichnet Berg also ein Bild des naturwissenschaftlichen Experiments, dem in der Tat von geisteswissenschaftlicher Seite aus nicht entsprochen wird und auch nicht entsprochen werden kann, dem aber dennoch immer wieder zu entsprechen versucht wird. Allerdings *kann* diesem Bild von keiner Seite aus entsprochen werden – weder von geisteswissenschaftlicher noch von naturwissenschaftlicher Seite aus, weshalb das Problem mit der vermehrten Verwendung des Experiment-Begriffes nicht in seiner fehlerhaften Übertragung aus den Naturwissenschaften besteht, sondern viel grundlegender in *einem anhaltenden Unverständnis des Experiments selbst.* Das von Berg gezeichnete Bild des Experiments ist ebenso weit verbreitet wie unzutreffend; es ist aber nicht einfach nur unzutreffend: vielmehr würde jedes einzelne von ihr ins Feld geführte Charakteristikum des von ihr nicht weiter problematisierten Experiment-Begriffs der Naturwissenschaften, wenn ihm denn empirisch zu entsprechen versucht würde, jede (auch) naturwissenschaftliche experimentelle Forschung unmöglich machen (soweit es sich um Forschung im strengeren Sinne, nämlich neue Erkenntnisse generierende, handelt). Sie schreibt: Soweit die »modernen Sozialwissenschaften« das »›Experiment‹ unter expliziten Verweisen auf die Naturwissenschaften als Instrument der Überprüfung vorgängiger Theoriebildung und als Instrument der Erkenntnisvermehrung entlang prototheoretischer Erfahrungen« definieren, orientierten sie sich »am paradigmatischen Begriffsverständnis der modernen Naturwissenschaften« (Berg 2009, S. 53). Das sei der Begriff des naturwissenschaftlichen Experiments, der »seit der Frühen Neuzeit neben seiner explorativen wenigstens auch seine Verifikations- Beweis- und Demonstrationsfunktion« umgreife. Die Literatur- und Kulturwissenschaften, vermutet Berg, verwechselten nun den kreativen Aspekt der Kunstproduktion mit dem Aspekt des »Explorativen am [naturwissenschaftlichen] Experiment«, dessen »Segmentieren und Isolieren eines Wirklichkeitsausschnitts« im Gegensatz zur »freien Gestaltung« stünde (ebd., S. 54f). Die Mode, das Essay als Experiment des Schreibens zu verstehen[13] suggeriere »eine[] beiden Formen ge-

13 Eine Mode übrigens, mit der ich mitgehe: vgl. auch unten S. 301.

meinsame Tendenz zur Ergebnisoffenheit«, was aber angesichts eines notwendigen Treffens von »Annahmen über den Experimentierverlauf und -ausgang« die Vorstellung eines offenen Ausganges in den Naturwissenschaften durchkreuze und »allenfalls Ungewißheit über den Ausgang des Experiments« zulasse, Annahmen denen die Naturwissenschaftler »mit Experimentalplanung und –anordnung Ausdruck« geben würden. Folgerichtig wäre ein »unerwarteter Ausgang [...] für den Naturwissenschaftler schlicht das Scheitern des Versuchs, nämlich die Enttäuschung seiner Erwartung« (ebd.S, 56).

Würde der Experimentator vom Ergebnis seiner Arbeit in diesem Sinne tatsächlich nicht oder nur selten (nämlich in den Fällen, die »schlicht das Scheitern des Versuchs« darstellen) überrascht werden, könnte das Experiment in seiner »strengen«, naturwissenschaftlichen Form keine Strategie der Erkenntnisgewinnung darstellen, höchstens ein Mittel zur Überprüfung von bereits erzielten Erkenntnissen auf ihren Realitätsgehalt. Und genau als ein solches Mittel zum Zwecke der Falsifikation wird das naturwissenschaftliche Experiment noch immer verstanden, weshalb es auch bislang in seiner unverstandenen Form nicht oder nur »metaphorisch« die Diskussion über Erkenntnis und Bildung zu befruchten vermochte und schon gar nicht in seiner Attraktivität als besonders gut analysierbare Ausprägung einer *allgemeinen* Erkenntnisform verstanden werden kann, die hier die experimentelle genannt werden soll. Die experimentelle Art des Erkenntnisgewinns ist zwar nicht »die einzige Weise, wie wir lernen«, wie Lehmann-Rommel in ihrer Auseinandersetzung mit Dewey schreibt (2008, S. 129). Aber sie ist auch nicht einfach nur eine naturwissenschaftliche Methode für die es keine Entsprechung außerhalb des eng umgrenzten Gebietes der »experimentellen Naturwissenschaften« gäbe. Dass das Experiment überhaupt gar keine Methode (und schon gar kein Werkzeug: vgl. Abschnitt III/17) ist[14] und sein kann, ermöglicht dem Begriff des Experiments überhaupt erst seine Verbindung zur Bildungstheorie. Dass das Experiment keine Methode ist, gilt aber auch für das naturwissenschaftliche Experiment selbst, und es ist schon gar nicht eine »exakte« oder eine vollständig einer wie auch immer gearteten Rationalität unterworfene Methode, wie es beispielsweise Max Weber vor Augen zu haben scheint, wenn er von dem »große[n] Werkzeug wissenschaftlicher Arbeit« spricht, das »das rationale Experiment, als Mittel zuverlässiger kontrollierter Erfahrung« (Weber 1985 [1922], S. 596) darstelle. Das Experiment ist aber umgekehrt auch keine freie, spielerische Veranstaltung. Es wäre gründlich mißverstanden, verstünde man es so, wie man es gelegentlich als Verlegenheitsbeg-

14 Das Fehlen eines spezifischen methodischen Vorgehens in den Laboren wird nachgewiesen von Latour/Woolgar 1986[1979], Knorr-Cetina 1981 und Lynch 1985.

riff aus Rezensionen schlechter oder unverstandener Kunst kennt, wo der Ausdruck »experimentelle Arbeit« eine höfliche Konzentration auf den ausprobierenden Charakter des Entstehungsprozesses ist, nur um nicht sagen zu müssen: *Das* Ergebnis kann so nicht gewollt sein.

Wenn das Experimentieren weder eine Methode noch eine freie, spielerische Angelegenheit ist, so ist es doch eine Art Erkenntnisstrategie, genauer: eine voraussetzungsvolle und zielgerichtete Form der Welterschließung, die sich durch die Abwesenheit eines intentional anstrebbaren Zieles auszeichnet.[15] Und zwar eine, die in der Exploration ihre komplementäre Form der Welterschließung findet.[16] Der Begriff der Exploration wird selten in strenger Weise als Antonym zum Experiment gedacht; in der Regel findet man das Experiment als Hyponym, also als Unterbegriff zur Exploration stehend.[17] In diesem Sinne steht »Exploration« als allgemeiner Begriff für das Forschen und das Experiment wird als eine spezifische Methode der wissenschaftlichen Exploration gefasst.[18] Wenn Bil-

---

15 Zu den Begriffen der Erkenntnis, der Welterschließung und des Wissens siehe die ausführliche Fußnote 51 auf S. 92.

16 Eine damit vergleichbare Vorstellung findet sich auch bei Deleuze/Guattari, die zwei Arten der wissenschaftlichen Arbeit in einer Unterscheidung gegeneinanderstellen, die auf den ersten Blick der hier folgenden Unterscheidung von Experiment und Exploration entspricht, auf den zweiten Blick mit dieser allerdings unvereinbar ist und sogar quer zu dieser liegt. Sie schreiben in Tausend Plateaus: »Man muß zwei Typen von Wissenschaft oder von wissenschaftlichen Verfahren voneinander unterscheiden: das eine besteht darin, etwas zu ›reproduzieren‹, das andere besteht darin, zu ›folgen‹. Das eine ist ein Verfahren der Reproduktion, der Iteration, der mehrfachen Wiederholung; das andere, ein Verfahren der Itineration, des Umherziehens, ist die Gesamtheit der umherziehenden, ambulanten Wissenschaften. Das Umherziehen wird allzuleicht auf eine Modalität der Technik oder der Anwendung und Verifizierung der Wissenschaft reduziert. Aber das ist nicht der Fall: Folgen ist etwas ganz anderes als reproduzieren, und man folgt nie, um zu reproduzieren.« (Deleuze/Guattari 1992, S. 511). An den Begriffen der Iteration, der Reproduktion und der Wiederholung wird deutlich werden, inwiefern diese Unterscheidung dennoch mit der in dieser Arbeit gewählten unvereinbar ist (vgl. Abschnitt III/2).

17 So z.B. wiederholt noch auf der Tagung »Der Mensch im Experiment, 1850-1980« vom 22.05.2008-24.05.2008 in Berlin. Vgl. den Beitrag Volker Hess' im Tagungsbericht: H-Soz-u-Kult, 02.08.2008, <http://hsozkult.geschichte.hu-berlin.de/tagungsberichte/id=2209> (Stand 22.3.10).

18 Das gilt selbst dort, wo das Experiment nicht mehr als Werkzeug der Exploration mißverstanden, sondern in seiner Eigenständigkeit anerkannt und nicht-reduktionistisch verstanden wird. So z.B. bei Friedrich Steinle, der vom explorierenden Expe-

dung, gemäß der These dieser Arbeit, nichts anderes ist als die experimentelle Form der Welterschließung in ihrer individuell zugewandten Form, dann ist das Lernen, als explorative Form der Welterschließung in ihrer individuell zugewandten Form, in ebenso strenger Weise ihr komplementärer Gegenbegriff.

Wenn also im Folgenden vom Experiment die Rede ist, dann nicht, indem Distanz zu seiner »strengen«, naturwissenschaftlichen Form eingenommen und bloß metaphorisch auf es Bezug genommen wird oder indem behauptet wird, dass es dem »freien«, »spielerischen« und »kreativen« Vorgehen »experimenteller« Künstler gleiche, sondern indem versucht wird, es gerade in seiner strengst möglichen Form zu denken, gewissermaßen geschärft an den »harten« Naturwissenschaften.[19] Ich sehe keine andere Möglichkeit zu einem brauchbaren, nicht bloß abgeleiteten Begriff des Experiments zu kommen, der sich nicht auf die Naturwissenschaften beschränkt, als durch ein möglichst genaues Verständnis des naturwissenschaftlichen Experiments selbst. Die nach wie vor unvermeidliche Unterscheidung zwischen Natur- und Geisteswissenschaften wird dadurch nicht aufgehoben, aber entschieden rekonfiguriert. Der Frage, wie man Natur- von Geisteswissenschaften unterscheiden könnte, soll hier nicht nachgegangen werden; sie ist auch nicht mehr besonders interessant, wenn man nicht von einem kategorialen Unterschied ausgeht. Es genügt an dieser Stelle festzuhalten, dass der Unterschied zwischen dem Experimentellen in den Naturwissenschaften und dem Experimentellen jenseits der Naturwissenschaften jedenfalls nicht darin besteht, dass in dem einen Fall Technik involviert ist und in dem anderen nicht. »*Alles* Experimentieren ist technisch verfasst«, schreibt Rheinberger in aller gebotenen Deutlichkeit (2001, S. 153, Herv. SöA). Ebenso besteht der Unterschied auch nicht darin, dass es in dem einen Fall um Bildung geht und in dem anderen nicht. Hier genügt es – der Argumentation vorgreifend – davon auszugehen, dass es Bildungsprozesse gibt und diese nicht anders als experimentell beschrieben werden können (in beiden möglichen Lesarten dieses Satzes: vgl. dazu Abschnitt IV/8). Will man nun der Bedeutung der Technik in experimentellen Prozessen der Welterschließung nachgehen, so scheint es selbstverständlich, dass man in den Naturwissenschaften fündig werden müsste, so offensichtlich scheint ihre Verwobenheit mit der Technik. Das ist es aber nicht. Fast der gesamten Wissen-

---

rimentieren spricht, wenn er die »Vielfalt experimenteller Erfahrung« darstellt (2000).

19 Womit umgekehrt deutlich gemacht werden kann, dass solche Kunst, die gemeinhin als »experimentell« bezeichnet wird, selten tatsächlich experimentell ist, während solche, die tatsächlich experimentell ist, alles andere als frei, spielerisch und »kreativ« ist. Vgl. ansatzweise am Beispiel des Kinos: Ahrens 2009.

schaftstheorie in der Tradition des Wiener Kreises[20] ist es gelungen, nicht nur dem Experiment *prozessualen* Erkenntniswert abzusprechen, sondern auch die involvierte Technik weitgehend (nämlich einschließlich ihres medialen Charakters für Erkenntnisse) zu ignorieren. Das zu schaffen, ist keine Form der Unterlassung, sondern erfordert einen erheblichen theoretischen Aufwand. Erklären lässt sich der Wille zu diesem Versuch rückblickend nur durch die Vorherrschaft eines Denksystems (siehe Abschnitt III/23), das mit ungeteiltem Geltungsanspruch auftritt und so sehr vom Explorativen geprägt ist, – einer Form der Welterschließung, bei der die Technik tatsächlich weitgehend ignoriert werden kann –, dass in diesem ihr komplementäres Gegenstück, das Experimentelle, gar nicht als eigenständige Form der Welterschließung erkennbar werden konnte, weshalb es auch das »explorative Denksystem« genannt werden soll. Wenn es schon in den Naturwissenschaften lange nicht möglich war, den Anteil der Technik in experimentellen Prozessen trotz der für jeden offensichtlichen Unverzichtbarkeit zu denken, gilt das in Bezug auf das Experimentelle jenseits der Naturwissenschaften umso mehr.

3. DAS EXPERIMENT IN EINER UNGETEILTEN WELT

Zu den erstaunlichsten Phänomenen, die das Experiment betreffen, gehört die Selbstverständlichkeit, mit der es als legitime und vertrauenswürdige Quelle von Wahrheiten anerkannt wird, während es gleichzeitig entschieden unverstanden bleibt – vor allem in Hinblick auf die erkenntnisbedingende Rolle der involvierten Technik und seiner weit über die Naturwissenschaften hinausreichenden Bedeutung. Dieses Phänomen rückt allerdings nur dann in den Blick, wenn man das *Experimentelle* nicht nur als theoretisches Modell und die Unterscheidung von Exploration und Experiment nicht nur als rein analytische betrachtet, sondern tatsächlich als empirische Gegebenheit ernst nimmt. Als Maßstab für das dem Experiment entgegengebrachte Vertrauen soll dementsprechend hier die Bereitschaft gelten, experimentell gewonnene Erkenntnisse zur Grundlage konsequenzträchtiger Entscheidungen zu machen und nicht irgendwelche von außen herangetragenen erkenntnistheoretischen Zweifel. Insofern der Alltag mit technischen Dingen angefüllt ist, deren Existenz auf experimentell gewonnene Erkenntnisse zurückgeführt werden kann, ist dieses Vertrauen selbst auch nichts

20 Zu der Unterscheidung zwischen der wissenschaftstheoretischen »Tradition des Wiener Kreises« und der »Lwów'scher Tradition« vgl. Ahrens 2005 insb. Kapitel 3 und unten die kursorischen Hinweise auf S. 293.

durch Reflexion Hinzugefügtes, sondern die reflexiv niemals vollständig einholbare Voraussetzung zur Teilhabe am gegenwärtigen Alltag. Diese Gleichzeitigkeit von Unverständnis und Selbstverständlichkeit ist in der Sache selbst begründet und betrifft auf der einen Seite noch die Funktion des Experiments selbst und reicht in seiner Bedeutung auf der anderen Seite soweit, dass es noch das Verhältnis von Bildung und Technik konfiguriert und es ermöglicht, an *theoretisch entscheidenden Stellen* vom Experiment und von der Notwendigkeit des Experimentellen zu sprechen, ohne dass sich dabei in irgendeiner Weise die Notwendigkeit aufdrängt, auszuführen, was darunter überhaupt zu verstehen ist und wie man sich das vorzustellen hat.

Dass man experimentieren *kann* und dass experimentiert *wird* scheint den Gebrauch des Experiment-Begriffes in ähnlicher Weise zu legitimieren wie das Vertrauen in experimentell gewonnene Ergebnisse. Das Nichtverstehen des Experiments geht so weit, dass sich um es herum eine ganze Forschungsrichtung mit dem Ziel es zu verstehen gebildet hat. Und es ist so eng mit ihm verbunden, dass sich die neuere Wissenschafts- und Technikforschung die Entdeckung des Experiments als generatives Zentrum der Erkenntnisproduktion Jahrhunderte nach seiner Erfindung als echte Erkenntnis auf die Fahnen schreiben kann. Dieses Nichtverstehen nun einem bloßen Desinteresse oder gar der Dummheit der Leute zuzurechnen,[21] würde selbst auf einem entschiedenen Nicht-Verstehen der Funktionsweise des Experiments beruhen. Die Möglichkeit, die Funktionsweise des Experiments vergessen zu können und mit ihr die Tatsache, dass der involvierten Technik eine grundlegende und nicht nur nachgeordnete Rolle zukommt, ist sowohl das Ziel eines wissenschaftlichen Experiments als auch Zeichen seines Gelingens, so dass die Gleichzeitigkeit seines Nicht-Verstanden-Werdens und des weitverbreiteten Vertrauens auf sein Funktionieren bestes Zeichen und bester Beweis seines umfassenden Erfolges ist.[22] Ihre Dynamik gewinnt die experimentelle Wissenschaft überhaupt erst aus der systematischen Einbeziehung Unverstandenem. Dieser Erfolg ist weder selbstverständlich noch voraussetzungslos, er musste vielmehr erst mühsam errungen werden.

---

21 Dummheit im Sinne eines Mangels an Urteilskraft, wie sie Kant in der Kritik der reinen Vernunft definiert hat (A 135/B 174). Um einen Mangel an Urteilskraft geht es eindeutig nicht. Vgl. dazu auch Geisenhanslücke 2009.

22 Dieses wird weiter unten ausgeführt. An dieser Stelle sei nur darauf hingewiesen, dass es sich hierbei nicht um eine rhetorisch zugespitzte Darstellung um der Pointe willen handelt, sondern um eine um Korrektheit bemühte Darstellung der Funktionsweise des Experiments mit umfassendem Geltungsanspruch.

Dass man aus heutiger Sicht auf das Experiment als legitime Form der Wissens- und Erkenntnisgewinnung vertraut, ohne es zu verstehen (was sogar die Experimentatoren selbst einschließt), ist der Grund, warum uns heute nicht diejenigen als dumm erscheinen, die prinzipiell auf das Funktionieren der experimentellen Methode vertrauen (was, wie gesagt, gleichbedeutend damit ist, am gegenwärtigen Alltag teilzunehmen), sondern diejenigen, die den Ergebnissen von Experimenten *indifferent* gegenüberstehen. Dumm erscheint uns heute beispielsweise die britische Marine des 18. Jahrhunderts, die ganze achtundvierzig Jahre lang eine experimentelle Studie über die Verhinderung von Skorbut durch den Verzehr von Zitrusfrüchten ignorierte;[23] eine Ignoranz, die weit mehr ist als eine Fußnote in der Geschichte des Experiments, kostete sie doch mehr Seeleute das Leben als alle Kriegshandlungen dieser an Kriegshandlungen nicht armen Zeit zusammengenommen.[24] Skorbut ist gewissermaßen der tödliche Schatten der klassischen Exploration, der sie seit Beginn ihrer Hochphase, angefangen mit den Reisen Kolumbus' begleitete und erst mit der Akzeptanz des Experiments als legitime Erkenntnisweise abgeschüttelt werden konnte. Es ist heute schwer nachzuvollziehen, wie man eine Studie ignorieren kann, in der in klaren Worten nachvollziehbar und glaubwürdig dargestellt wird,[25] wie man ein drängendes Problem lösen kann, ein Problem, bei dem es nicht nur um Leben und Tod geht, sondern, wie man im Rückblick erkennen kann, um die gesamte nationalstaatliche Ordnung Europas; eine Studie, in der schrittweise dargestellt wird, wie Skorbutkranke systematisch mit unterschiedlichen Mitteln behandelt wurden und gezeigt wurde, dass diejenigen und nur diejenigen, die Zitrusfruchtsäfte zu trinken bekamen, nach kurzer Zeit fast vollständig gesundeten, während den anderen weiter das Fleisch von den porösen Knochen wegfaulte und in der Punkt für Punkt gezeigt wurde, dass die Schiffsbesatzungen, die mit Zitronensaft versorgt wurden, gänzlich beschwerdefrei blieben, während überall sonst weiterhin ein Mann nach dem anderen über Bord ging. Es war nicht so, dass die Studie unbekannt war und einfach übersehen wurde – sie war veröffentlicht, erschien in hoher Auflage und wurde offenbar auch diskutiert (vgl. Carpenter 1987, S. 51ff),

---

23 Gemeint ist die Studie von James Lind: *The Health of Seamen* (Lind 1965).

24 Im Jahresregister 1763 verzeichnete die britische Marine für den siebenjährigen Krieg mit Frankreich 184.899 Todesfälle auf See, von denen lediglich 1.512 auf Kampfhandlungen zurückzuführen waren. Die anderen 183.387 Seeleute gingen an Krankheiten zugrunde, vornehmlich Skorbut (vgl. Bown 2004, S. 36).

25 Nicht nur aus heutiger Sicht: sie blieb auch damals weder unverstanden, noch wurde dem Verfasser Täuschungsabsicht unterstellt. Vgl. zur Rezeption Linds im Zusammenhang mit der Geschichte des Skorbuts und der Entdeckung des Vitamin C Carpenter 1986.

wenngleich sie erst nach dem Tod ihres Verfassers, James Lind, zu *der* Studie über Skorbut und Lind selbst zum vorbildhaften Methodiker der medizinisch-experimentellen Forschung erklärt wurde. Der Grund für die Ignoranz bestand vielmehr in der unzureichenden Exklusivität einer Forschungsgemeinschaft, die das Experiment auch in sozialer Hinsicht hätte gelingen lassen können (es soll noch gezeigt werden, dass ein Experiment nur dann erfolgreich ist, wenn es sowohl in technischer als auch sozialer Hinsicht gelingt) und dem, was man die Persistenz des explorativen Denkens (vgl. Abschnitt IV/5) nennen könnte. Die britische Marine befand sich gewissermaßen noch in den vorexperimentellen Zeiten als die Exploration das ganze Feld der Rationalität beherrschte und die Welt der Wissenschaften noch nicht durch das Experiment von der Welt in der Welt geteilt wurde.[26] Solange die »Welt der Wissenschaften« aber selbst nicht geteilt war und die Exploration das gesamte Feld der Rationalität beherrschte, fehlte auch die Ab-Teilung der wissenschaftlichen Welt, die experimentell gewonnene Erkenntnisse überhaupt erst als Erkenntnisse erkennbar werden ließ. So kam jede Erkenntnis als explorativ verstandene gleichermaßen mit dem Anspruch daher, eine Erkenntnis für eine ungeteilte Welt zu sein. Es gab zu Linds Zeiten noch viele andere Skorbutstudien, in denen die heilende Wirkung von allen möglichen Dingen dargestellt wurde – und zwar von teilweise entschieden höherrangigen (das hieß: vertrauenswürdigeren) Militärs, denen in ihrem gesamten Kompetenzbereich, der damals eben auch das Wohlergehen ihrer Matrosen einschloss, weit mehr Aufmerksamkeit geschenkt wurde.[27] Analog dazu fehlte in den meisten Studien die Ab-Teilung der Welt des Skorbuts vom Rest der kranken Welt, so dass das Vitamin C in seinem Fehlen vor lauter Symptomen von Fehlernährung, Überarbeitung, Infektionen, Seuchen und mangelnder Hygiene keine Chance hatte, sich bemerkbar zu machen. Die Situation der experimentel-

26 Zu den Teilungen der Welt siehe Abschnitt 7 in diesem Teil.

27 »Dozens of tracts were written on scurvy, claiming such varied causes for the distemper as foul vapours, dampness and cold, an excess of black bile, laziness, copper poisoning, the Dutch method of refining salt, inherited predisposition, blocked perspiration, and divine disfavour. […] Typical cures included purging with salt water, bleeding, eating sulphuric acid or vinegar, smearing mercury paste onto open sores, or increasing sailors' workload in the belief that the disease was caused by indolence and sloth.« (Bown 2004, S. 10f) Selbst Zitrusfrüchte standen unter Verdacht, Symptome der Krankheit auszulösen; 1712 vermutete ein John White, »that fresh fruit was a direct cause of enteritis, inflammation of the small intestine, and that one must, when ships reach countries abounding in oranges, lemons, pineapples etc., ensure that the crew eat very little of them since they are the commonest cause of fevers and obstruction of the vital organs« (ebd., S. 50).

len Medizin glich damit noch in weiten Teilen der der gesamten Wissenschaft vor ihrer auf Autonomie gerichteten Konstitution durch Gemeinschaften wie die British Royal Society: Die Gemeinschaft der Wissenschaftler war gegenüber der Welt noch nicht abgeschlossen, noch nicht exklusiv genug, so dass es für die Welt wenig Grund gab, sich ihr zu öffnen. Das ist das Prinzip des Expertentums aus der Sicht des Experten: Man muss die anderen erst davon überzeugen, zu einer Sache nichts beitragen zu können, außen zu stehen, bevor es sich zu ihnen zu sprechen lohnt; denn solange die ganze Welt glaubt mitreden zu können, hört sie einfach nicht zu. Diese doppelbödige Selbstverständlichkeit wird übrigens regelmäßig vergessen, wenn heute naturwissenschaftliche Bildung mit der »kritischen« Anerkennung wissenschaftlicher Fakten gleichgesetzt wird.[28]

Wie wenig etabliert das Vertrauen in Experimente und ihre Ergebnisse war und vor allem, wie wenig etabliert ein Forschungszusammenhang war, in dem Ergebnisse als Wissen fixiert und zum Ausgangspunkt und Maßstab künftiger Forschungen werden konnten, erkennt man am besten daran, dass Lind selbst, trotz dieser vorbildhaften materialreichen Studie mit ihren eindeutigen Ergebnissen, trotz all der von ihm dargelegten methodischen Argumente, die das, was ursprünglich nur ein Fachartikel werden sollte, auf ein 400-Seiten Buch ausgedehnt haben, irgendwann selbst, ganz ohne Not, die Idee mit den Zitrusfrüchten wieder fallengelassen hat und sich anderen Ideen zur Skorbutverhinderung zugewendet hat. Das ging so weit, dass er in der dritten Ausgabe eben dieser Studie – völlig ohne experimentelle Überprüfung und aus heutiger Sicht recht überraschend – zu dem Ergebnis kam, Skorbut könne verhindert werden, indem man nur regelmäßig genug Bier trinke. Zitronensaft wurde erst ein Jahr nach Linds Tod Teil der Standardausrüstung der britischen Marine und verschaffte den Briten auf einen Schlag einen entscheidenden und angesichts der maßgeblich durch Skorbut bedingten Todesrate auch leicht nachvollziehbaren strategischen Vorteil; damit begründete die Zitrone, dieser selten angemessen gewürdigte Akteur der Geschichte die anschließende Vorherrschaft der Briten auf See für Jahrzehnte und bereitete mit dem durch ihre Hilfe errungenen Sieg in der Schlacht von Travalgar die Niederlage Napoleons vor (vgl. Bown 2004).

28 Vgl. dazu auch Abschnitt IV/6.

4. DIE ERFINDUNG DES EXPERIMENTS

»[Der Theoretiker] ist es, der dem Experimentator den Weg weist. Und auch dessen Arbeit sind nicht so sehr die ›exakten Beobachtungen‹, sondern wieder theoretische Überlegungen: Diese beherrschen die experimentelle Arbeit von der Planung des Versuchs bis zu den letzten Handgriffen«
– KARL R. POPPER 1934, S. 72

Um die Eigenheiten des Experiments nachvollziehen zu können, die Gründe seines Vergessens als generatives Zentrum der Erkenntnisproduktion und damit auch die Gründe für das Vergessen der Technik als unhintergehbares Medium der Erkenntnis – alles Gründe, die letztlich auch die Technikvergessenheit der Bildungstheorie erhellen sollen –, ist es unumgänglich ganz von vorne, nämlich mit der Erfindung des Experiments zu beginnen und von dort aus auf seine kontingenten Möglichkeitsbedingungen zu reflektieren. Folgt man der Geschichte der Wissenschaftshistoriker Shapin und Schaffer beginnt diese mit Robert Boyle und zur Frühzeit der British Royal Society. Vergegenwärtigt man sich dann den Zeitpunkt von Linds Scheitern, nämlich viele Jahre nach Boyle, und die Tatsache, dass Lind nur ein Beispiel von unzähligen anderen ebenso erfolgreichen wie gescheiterten Experimentatoren darstellt, wird die Langwierigkeit des Ausdifferenzierungs- und Etablierungsprozesses dieser Form der Erkenntnisgewinnung deutlich und damit wird vielleicht auch die anhaltende Verzögerung erklärlich, mit der ihre Bedeutung im wissenschafts- und erkenntnistheoretischen Diskurs angemessen reflektiert und in der Bildungstheorie gerade erst als entscheidend entdeckt wird.

Sich die Anfänge der experimentellen Wissenschaft anzuschauen, heißt auch, sich die Weichenstellungen anzuschauen, die die Richtung vorgegeben haben, aus der heute Wissenschaftsgeschichte betrieben werden kann. In der naiven, auf diese Weichenstellungen nicht reflektierenden Wissenschaftsgeschichtsschreibung ist Boyle derjenige, der, neben anderen wichtigen Dingen, die Existenz des Luftdrucks bewiesen hat. Naiv ist diese Wissenschaftsgeschichtsschreibung, weil sie *ex post* Boyle unter den Bedingungen arbeiten sieht, die sich erst nach ihm und mit Hilfe seiner Luftpumpe konstituiert und stabilisiert haben. Boyle selbst musste erst dafür sorgen, dass die Ergebnisse seines Experiments in Form von Wahrheit allgemeingültigen Status erlangen konnten, eine Aufgabe, die heute als Teilung einer immer schon geteilten Welt verstanden werden kann, einer Teilung nämlich, die es Menschen ermöglicht, mit Fakten eine Welt zu teilen, die ihrem Wissen und ihrer Erfahrung widersprechen. So ist es z.B. nicht so ohne weiteres zu akzeptieren, dass es möglich ist, ein Vakuum, einen Raum zu erschaffen, in dem nichts ist; jedenfalls so lange nicht, wie die Wahrheit noch am Verstehen hängt. Schließlich, so die Argumentation dieser Zeit, muss da doch irgendetwas sein, weil doch offensichtlich zumindest Licht hindurch geleitet wird und es ja wohl schon rein logisch keinen Sinn ergibt, davon zu sprechen, *dass nichts leitet.*[29] Um das zu ermöglichen, musste Boyle dafür sorgen, dass einige ausgewählte, dem Experiment als Zeugen beiwohnende Gentlemen Aussagen treffen konnten, die schwerer wogen als das Wort eines einzelnen, sogar des Souveräns und des ganzen, mit gesundem Menschenverstand gesegneten Volkes; und er musste dafür sorgen, dass diese Ergebnisse darüber hinaus nicht nur den Raum innerhalb der Glasglocke betrafen, sondern für die ganze Welt und alle Zeiten Gültigkeit hatten. Und so etwas macht man nicht mal eben so: »the experimental production of matters of fact involved an immense amount of labour, that it rested upon the acceptance or rejection of certain social and discursive conventions, and that it depended upon the production and protection of a special form of social organisation« (Shapin/Schaffer 1985, 22). Boyle konnte seinen Ergebnisse weder im herrschenden epistemologischen Diskurs Wahrheitsgeltung verschaffen, noch konnte er einfach neue Kriterien für Wahrheit aufstellen. Seine Kunst, die nichts anders ist als eine experimentelle (ein Experiment vor dem Experiment),[30] bestand darin, anerkannte und bewährte Techniken in einer neuen Weise zu versammeln und in dieser Re-Kombination von Altem Neues zu erschaffen: Es sind im Wesentlichen drei Techniken, die Boyle bemüht, um seine Experimente von den Hinterzimmerexperimenten der zeitgenössischen Alchimisten abzugrenzen, die auch alle immer irgendwas am Beweisen waren und für

29 Es gehört zu der Ironie der Wissenschaftsgeschichte, dass die Akzeptanz von Boyles Wahrheit, dass man ein Vakuum schaffen könne, eine Tradition etabliert hat, die es heute ermöglicht zu sagen: »Wir wissen, daß das unmöglich ist. Absolut leeren Raum gibt es nicht« (Genz 1994, S. 256). Es sei vielmehr »[a]lles voll Gewimmels« (ebd., S. 224). Vgl. Genz 1994 auch zum Überblick über die Geschichte des Vakuums und die Möglichkeiten und Unmöglichkeiten es zu denken. Umgekehrt habe Carl Friedrich von Weizsäcker in einem Gespräch umgekehrt gesagt: »Das Vakuum ist das Ganze« (zit. nach Görnitz 2010). Es ist als wäre das Universum selbst das Ergebnis eines Re-Entry und bestünde damit lediglich die Temporalisierte Form des Paradox, aus Materie und keiner Materie zu bestehen.

30 Es wird zu zeigen sein, dass dieses keine logische Verwirrung ist, sondern die Übersetzung eines allgemeinen experimentellen Prinzips in den Diskurs der Wissenschaft.

ihre Fakten Geltungsansprüche anmeldeten, nämlich: Erstens eine zwar schwierig, aber irgendwie doch reproduzierbare materiale Technik, mit der die Bedingungen geschaffen werden konnten, unter denen sich überhaupt erst zeigen konnte, was sich sonst nicht zeigen konnte: die von Robert Hooke verbesserte Luftpumpe nach dem Vorbild Guerickes, mit der er seine Versuche unternehmen konnte. Shapin und Schaffer zeigen in einem ausführlichen Kapitel, wie die in diesem Experiment gewonnenen Fakten im Europa des 17. Jhd. immer nur dort existieren konnten, wo eine Luftpumpe erfolgreich nachgebaut worden war. Zweitens eine soziale Technik, die er aus der Praxis der Rechtsprechung übernommen hatte: Er nutzte Zeugen als hinreichend verlässliche Garanten von Wahrheit. Die Zeugen mussten vertrauenswürdig (reliable) und ihr Zeugnis glaubwürdig (creditable) sein (Shapin/Schaffer 1985, 336). Und drittens eine Technik des Schreibens: Es musste die Beschreibung des Experiments schriftlich so dargestellt werden, dass die »Bescheidenheit« (modesty) des Experimentators und der Zeugen deutlich wurde, so dass die Ereignisse als unabhängig von der Arbeit, die dabei *notwendiger* Weise aufgewendet werden musste, als gültig angesehen werden und Ortsunabhängigkeit erlangen konnten. Der Experimentator, obwohl er Autor des wissenschaftlichen Textes ist und sogar seinen Namen darüber schreibt, muss als solcher zurücktreten. Isabelle Stengers schreibt:

> »Wichtig ist, daß seine Kollegen gezwungen werden, anzuerkennen, daß sie aus dieser Eigenschaft als Autor kein Argument gegen ihn machen können und den Riß nicht lokalisieren können, der ihnen die Behauptung gestatten würde, daß derjenige, der vorgibt, ›die Natur zum Sprechen gebracht zu haben‹, in Wirklichkeit an ihrer Stelle gesprochen hat. Der Sinn des Ereignisses selbst ist es, der von der experimentellen Erfindung konstituiert wird: *Die Erfindung des Vermögens, den Dingen das Vermögen zu verleihen, dem Experimentator das Vermögen zu verleihen, in ihrem Namen zu sprechen*« (Stengers 1997, S. 135).

Man könnte noch die Selbsttechniken hinzufügen, die für die Beteiligten, den Experimentator und die Zeugen nötig waren, um trotz ihrer körperlichen Anwesenheit ihren Körper und mit ihm die irrenden Leidenschaften und täuschenden Bedürfnisse in innerer Distanz außen vor zu lassen. Boyle, oder besser gesagt: Boyle und seine Luftpumpe haben aber mit diesem Arrangement nicht nur die Existenz des Luftdrucks bewiesen, sie haben im Zuge dessen auch das Verhältnis des Menschen zu Gott, zur Politik und zur Natur neu geordnet, Vögel erstickt und die zeitgenössische Vorstellung von Männlichkeit auf den Kopf gestellt – alles Dinge, die untrennbar miteinander verbunden sind und nachhaltig nicht nur das Verhältnis des Menschen zur Welt und zu sich selbst beeinflusst haben, sondern auch die Bedingungen der Möglichkeit der grundlegenden Veränderung dieser Welt- und Selbstverhältnisse. Davon wird in Kapitel III die Rede sein. Vor allem aber hat Boyle das Soziale und das Technische enger zusammengebracht als es je vorher der Fall war. Die Luftpumpe Boyles zu verstehen, ist auch ein Weg, die Rolle des Konstruktivismus im 20. Jahrhundert zu verstehen. Den Konstruktivismus – und mit ihm das Widererstarken des Positivismus sowie der modischen Indifferenz gegenüber erkenntnistheoretischen Fragen –, kann man als das Ergebnis einer Anstrengung verstehen, die Konstruktionsvorgänge im Labor zu verstehen ohne die Konstruiertheit des Labors selbst zu berücksichtigen; in dieser Hinsicht ist auch der radikale Konstruktivismus nicht radikal genug (siehe dazu auch in Bezug auf die Bildungstheorie Abschnitt IV/4).

Wenn man nach dem Ende der großen Erzählungen (Lyotard 1986) eine so große Erzählung wie die der Erfindung der experimentellen Wissenschaften nacherzählt, so ist es sicherlich ratsam, darauf hinzuweisen, dass Boyle hier eher als Protagonist einer mehrmals gut erzählten Wissenschaftsgeschichte vorgestellt wird, denn als genuiner Begründer einer neuen Zeitrechnung. Gut ist die Geschichte auch nicht so sehr, weil sie faktenreich und methodisch einwandfrei erzählt ist, sondern eher deshalb, weil sie eine verworrene und in ihrer Gesamtheit hier überhaupt nicht darstellbare Geschichte von Details plausibel abstrahierend und angemessen auf den Streit von nur zwei Protagonisten reduziert, nämlich den zwischen Robert Boyle auf der einen und Thomas Hobbes auf der anderen Seite.[31] Die entscheidenden Momente, nämlich die immer wieder erneuerte Teilung der Welt durch das Experiment und die Teilung einer einstmals als ungeteilt gedachten Rationalität der Exploration durch die Erfindung des Experiments (einer Teilung der »Welt der Wissenschaft«, bzw. der Erkenntnis selbst), bleiben dabei erhalten und werden gleichzeitig darstellbar – und darauf kommt es hier an. In der Darstellung der Geschichte Boyles halte ich mich (vorzugsweise, aber nicht ausschließlich) an die inzwischen zum Klassiker avancierte Studie von

31 Ich sehe diese Strategie durch die Begründung legitimiert, die Jürgen Osterhammel seiner Geschichte des 18. Jahrhunderts voranstellt. Er legitimiert den von ihm als experimentell bezeichneten Umgang mit dem von Lyotard deklarierten Ende der großen Erzählungen, folgendermaßen: »›Meistererzählungen‹ sind legitim. Die postmoderne Kritik an ihnen hat sie nicht obsolet, sondern bewusster erzählbar gemacht. Man kann solche *grand narratives* freilich auf unterschiedlichen Ebenen ansiedeln.« (Osterhammel 2009, S. 19) In diesem Sinne könnte man die Geschichte der Technikvergessenheit auch beim Streit mit den Sophisten beginnen, oder, wie es üblich geworden ist, bei C.P. Snow und die Geschichte des Experiments bei Galilei.

Shapin und Schaffer *Leviathan and the Air-Pump*[32] über eine erkenntnistheoretische Debatte um die Legitimität der experimentellen Forschung zwischen Thomas Hobbes und Robert Boyle von 1985. Außerdem beziehe ich mich auf Shapins spätere und allgemeinere Darstellung in *The Scientific Revolution* von 1996 – das Buch über das Nicht-Stattgefunden-Haben der wissenschaftlichen Revolution, auf Isabelle Stengers eher politisch motivierte Darstellung, insbesondere in *Die Erfindung der modernen Wissenschaften* von 1993 (dt. 1997), sowie auf den an Shapin und Shaffers Studie orientierten Essay Latours *Wir sind nie modern gewesen* von 1991 (dt. 1998) und zwar unter Berücksichtigung der darauf bezogenen Einwände, auf die er vor allem in *Reassembling the Social* von 2005 eingegangen ist. An Kritik an der Darstellung der Anfänge der experimentellen Wissenschaften durch Shapin und Schaffer mangelt es nicht: Sie hielten nicht durch, was sie programmatisch versprechen (nämlich offen an die von ihnen gestellten Fragen nach dem Experiment heranzugehen:

»How is an experimental matter of fact actually produced? What are the practical criteria for judging experimental success or failure? How, and to what extent, are experiments actually replicated, and what is it that enables replication to take place? How is the experimental boundary between fact and theory actually managed? Are there crucial experiments and, if so, on what grounds are they accounted crucial?« Shapin/Schaffer 1985, S. 14).

Latour verwies auf ihre argumentative Inkonsequenz (1998, S. 39), andere verwiesen auf ihren impliziten Positivismus und die Nicht-Berücksichtigung grundsätzlicher Regeln der Historik (vgl. für einen Überblick Zittel 2002), wieder andere auf falsche Lesarten ihres Buches (so Bloor über die Lesart Latours in ders. 1999). Und in der Tat: Ginge es um eine historisch erschöpfende Geschichte des Experiments, müsste man an dieser Stelle nicht nur Boyle und seine Widersacher in Bezug auf den außerordentlich heterogenen Hintergrund damaliger Wissenskulturen betrachten, man müsste vor allem auch Boyles Vorläufer betrachten und die verwickelte und alles andere als gradlinig verlaufende Geschichte betrachten, in der sich das Experiment als legitime Form der Erkenntnisgewinnung langsam und mit wiederholten Rückschlägen etablierte. In einer solchen Geschichte, die

32 Zum Klassiker ist sie trotz gewisser Rezeptionsverzögerungen avanciert: Übersetzt lag sie erst mit einiger Verspätung auf Französisch und auf Spanisch vor, die Rezeption im deutschsprachigen Raum nahm, wohl auch in Ermangelung einer deutschen Übersetzung, ihren Umweg über die soziologische Wissenschaftsforschung und fand vor allem über Latours kursorische Bezugnahmen breitere Beachtung.

weder mit Boyle noch mit Galilei begönne, in der Bacon genauso wie Gilbert und wahrscheinlich sogar Paracelsus berücksichtigt werden müssten, in der die British Royal Society weniger als einheitliche Vertretungsinstanz der Methode Boyles auftreten würde, sondern eher als der zerstrittene Club unterschiedlichst interessierter Adliger, der er offensichtlich war (vgl. Purver/Bowen 1960), würde Boyle kaum als *der* Begründer der neuzeitlichen Wissenschaft erscheinen und auch Hobbes, sein naturphilosophischer Gegenspieler, würde keineswegs so gut in die Rolle des federführenden Kämpfers gegen die Experimentaleinrichtungen passen, als der er bei Shapin und Schaffer und ganz besonders in späteren Texten, die sich auf diese Studie beziehen (wie diesem hier), erscheint. Darüber hinaus würde das Experiment nicht als die einmal erfundene und seitdem konstant gehaltene Einrichtung erscheinen, als die es im Folgenden (in der hoffentlich genügend abstrakt gehaltenen Form) erscheinen mag.[33] Doch um eine historisch erschöpfende Geschichte des Experiments geht es nicht. Boyle eignet sich vor allem aus pragmatischen Gründen als Protagonist einer Geschichte des Experiments: Erstens ist die Geschichte bereits oft und gut mit ihm in der Hauptrolle erzählt worden, zweitens hat er selbst seine Experimente gut dokumentiert und auch die damit einhergehenden Anstrengungen, das Experiment als legitime Form der Erkenntnisgewinnung zu etablieren, einschließlich der von ihm dabei verfolgten Strategien und drittens ist es Boyle gelungen, seine Luftpumpenexperimente zum heuristischen Vorbild moderner Wissenschaften zu machen – sie stehen am Anfang der berühmten *Harvard Case Histories in Experimental Science*[34] und gehören noch heute zum Standardrepertoire der naturwissenschaftlichen Propädeutik in Schulen und Universitäten (vgl. Dunker/Scheffel 2007).

Es geht also weniger um eine historische Abhandlung der Geschichte des Experiments als vielmehr darum, die Rekonfigurationen in den Blick zu bekommen, die mit der Etablierung des Experiments als legitimer Form der Erkenntnisgewinnung einhergehen und mit deren Folgen wir heute sehr real zu tun haben, wenn wir es mit Technik, technisch vermittelter Erkenntnis und technisch bedingten Transformationen von Welt- und Selbstverhältnissen zu tun haben: Die Rekonfigurationen des Verhältnisses von Transzendenz und Immanenz, von Mensch und Technik, von Raum und Zeit und anderer Verhältnisse, die relevant sind, um die veränderte Rolle der Technik sowohl für wissenschaftsförmige und wissenschaftsbezogene als auch für allgemeiner gefasste grundlegende Verände-

---

33 Dass dem nicht so ist, merkt Berg (2008) unter Verweis auf Lorraine Daston an.

34 Das ist der Aufsatz *Robert Boyle's Experiments in Pneumatics* von James Bryant Conant (1948).

rungen von Welt- und Selbstverhältnissen verstehen zu können und in Folge dessen auch die Probleme bei der Berücksichtigung von Technik für grundlegende Veränderungen von Welt- und Selbstverhältnissen insgesamt. Diese langwierigen Rekonfigurationen am Beispiel eines experimentellen Settings darzustellen, heißt nicht, zu behaupten, dass sich mit Boyle und seiner Luftpumpe ein für alle Mal alles entschieden hätte (den Beweis, dass dem nicht so ist, hat die britische Marine mit ihrer Haltung gegenüber Zitronen bereits in mehr als wünschenswerter Deutlichkeit erbracht). Es heißt ebenfalls nicht zu behaupten, dass Boyles Luftpumpe kausale Ursache all dieser Veränderungen ist. Möglicherweise handelt es sich um solche Veränderungen, die völlig heterogene Wissensbereiche betreffen und zwischen denen kausale Beziehungen konstruieren zu wollen – wie bei allen gleichzeitig auftretenden Phänomenen – vergeblich wäre und von denen das Auftreten des Experiments nur ein, für die übergeordnete Fragestellung dieser Arbeit allerdings entscheidendes Beispiel darstellt. Möglicherweise handelt es sich also um eine solche Veränderung, die man mit den Veränderungen in Beziehung setzen könnte, die Foucault in »Die Ordnung der Dinge« (1974) analysiert hat (das zu entscheiden soll hier weder Ziel sein, noch liegt das im Rahmen der Möglichkeiten dieser Arbeit). Ganz sicher handelt es sich aber um Veränderungen, die eher mit Hilfe einer im Foucault'schen Sinne archäologischen als einer klassisch historischen Methode analysiert werden können. Aus diesem Grund verfehlt auch eine Kritik, wie sie beispielsweise Zittel (2002) an Shapin und Schaffer geäußert hat, dass sie nämlich Boyle nicht entschieden genug vor dem Hintergrund seiner Zeit verstanden hätten, das Wesentliche. Denn das Interessante an Shapin und Schaffers Geschichte besteht nicht darin, Boyle als historischen Akteur vor dem Hintergrund seiner Zeit zu verstehen, sondern die Umwälzungen zu dieser Zeit *selbst*, am Beispiel Boyles zu verstehen. Und, wenn ich sie richtig lese, ist das auch ihr Interesse; selbst wenn sie Boyle kaum ins Verhältnis zu anderen Experimentatoren setzen, so setzen sie sich doch entschieden von der Selbstverständlichkeit ab, mit der das Experiment von vielen Geschichtsschreibern der Wissenschaft als historische Notwendigkeit angesehen wird und nehmen es statt dessen als kontingente Errungenschaft in den Blick, dessen Durchsetzung erhebliche Anstrengungen erforderte. Und zumindest in einer sich daraus ergebenden Hinsicht sind Shapin und Schaffer historisch sensibler als andere Historiker, die sich mit Hobbes oder Boyle beschäftigen: Sie lesen Hobbes nämlich nicht ausschließlich als den Staatstheoretiker, als der er uns heute erscheint, sondern sie betrachten genauso seine heute kaum, damals aber sehr wohl beachteten Schriften zur Wissenschaft. Umgekehrt sind es bei Boyle dessen heute kaum, damals aber sehr wohl beachteten Schriften zur politischen Philosophie, die sie Augenschein nehmen. Hobbes als Naturwissenschaftler und Naturphilosophen zu lesen ist weniger originell, als man auf den ersten Blick (der möglicherweise auf seine Vorschläge zur Quadratur des Kreises fällt[35]) meinen könnte.[36] Tatsächlich ist er in dieser Funktion erst zum Ende des 18. Jahrhunderts aus den Curricula schottischer Universitäten verschwunden, während seine Überlegungen zur Mechanik zu seiner Zeit mit denen Descartes und Gassends verglichen wurden (Shapin/Schaffer 1985, S. 8).

Was an der britischen Marine des 18. Jahrhunderts aus heutiger Sicht als dumm erscheint und sich für sie selbst als verheerend erwiesen hat, nämlich auf experimentell produzierte Fakten nichts zu geben, erklärte Hobbes im Streit mit Boyle vehement als die einzig vernünftige Haltung zu einer solchen, in seinen Augen methodisch zweifelhaften Veranstaltung. Eindeutig positioniert er sich gegen die »Experimentalisten«:

»Those Fellows of Gresham who are most believed, and are as masters of the rest, dispute with me about physics. They display new machines, to show their vacuum and trifling wonders, in the way that they behave who deal in exotic animals which are not to be seen without payment. All of them are my enemies« (zitiert nach Shapin/Schaffer 1985, S. 112).[37]

Dass das Experiment gar zur führenden Methode werden könnte, war ihm ein Horror: »If the sciences were said to be experiments of natural things, then the best of all physicists are quacks«.[38]

Hobbes stand mit dieser Meinung keineswegs allein da. Vielmehr war es Boyle, der um die Anerkennung seiner experimentell geschaffenen Fakten und um das Experiment als legitime Methode kämpfen musste. Doch »kämpfen« ist eigentlich nicht das richtige Wort. Die Art wie Boyle vorging, liest sich nämlich

35 Nämlich in *De Corpore* (Hobbes 2009 [1665]).

36 Das betrifft, so muss man einschränkend erwähnen, den Mainstream. Seit den 30er Jahren des 20. Jahrhunderts sind unregelmäßig und ohne erkennbaren Zusammenhang Abhandlungen über Hobbes als Naturphilosophen erschienen.

37 Sir Thomas Gresham ist Vorsteher und Namensgeber einer Vorgängergesellschaft der Royal Society gewesen und der Stifter und Gründer des nach ihm benannten College, in dem auch die Royal Society gegründet wurde und steht wie Boyle für die Forschung am Experiment.

38 Hobbes zitiert nach Shapin/Schaffer 1985, S. 128. Im Original *Mathematicae hodiernae* heißt es *pharmacopoei*, was auch ganz einfach Apotheker heißen könnte. Shapin/Schaffer sehen es allerdings aus dem Kontext der Streitschrift heraus, in der es nicht um Apotheker geht, *pharmacopoei* mit *quacks*, Quacksalber, treffender übersetzt.

wie ein Lehrstück der Kriegslist, bei der der Sieg ganz ohne Kampf errungen wird. Er vermeidet den Kampf, indem er die Bedingungen des Kampfes, die sein Gegner Hobbes als selbstverständlich gegeben voraussetzt, so sehr verändert, dass dieser sich gewissermaßen von allen seinen Truppen verlassen auf einsamem Terrain wiederfindet. Was Hobbes vor allem vorauszusetzen scheint, ist die Gewissheit, dass »Meinung« und »Wissen« zwei völlig verschiedene und unvereinbare Dinge sind, weshalb ihm Boyles Bemühungen, durch Aggregation von an sich unzureichenden Indizien (Aussagen ausgewählter Personen, von selbstgebastelten Maschinen erzeugte Phänomene, die in der freien Natur überhaupt nicht zu beobachten sind, schlecht formulierte, ja sogar widersprüchliche Argumente etc.) zu einem funktionalen Wissensäquivalent zu kommen, die Sache des Wissens und der Wahrheit zu korrumpieren scheinen. Shapin und Schaffer verweisen hier vor allem auf Ian Hackings einflussreiche Studie *The Emergence of Probability* (1975), in der dieser von einem sehr deutlichen epistemischen Bruch Mitte des siebzehnten Jahrhunderts ausgeht, zwischen der Zeit der radikalen Trennung von Meinung und Wissen und dem Auftauchen und Erstarken des Wahrscheinlichkeitsdenkens. Sie sehen Boyle als entscheidenden Akteur dieses Wandels:

> »To identify the role of human agency in the making of an item of knowledge is to identify the possibility of its being otherwise. To shift the agency onto natural reality is to stipulate the grounds for universal and irrevocable assent. Robert Boyle sought to secure assent by way of the experimentally generated matter of fact. Facts were certain; other items of knowledge much less so. Boyle was therefore one of the most important actors in the twenteenth century English movement towards a probabilistic and fallibilistic conception of man's natural knowledge.« (Shapin/Schaffer 1985, S. 23)

Die Radikalität mit der Hacking in der von ihnen zitierten Studie von einem Bruch in der Geschichte spricht ist zwar später (nach dem Erscheinen von *Leviathan and the Air-Pump*) in einer sich daran anschließenden Debatte deutlich zurückgenommen worden und auch von Hacking selbst ist dieser Bruch 1990 in dem Buch *The Taming of Chance* weniger radikal dargestellt worden.[39] Dies ändert aber nichts an der grundsätzlichen, wenn auch zögerlichen Verabschiedung einer radikalen Trennung von Wissen und Meinung und der zunehmenden Akzeptanz von Wahrscheinlichkeiten in Diskursen der Wahrheit. Boyle hingegen

39 Vgl. zur Einführung auch: Hacking 2001. Zur Kritik Hackings vgl. Garber/Zabel 1979. Einen Überblick über die Wirkungsgeschichte liefert Daston 2007, über die Literatur Franklin 2001. Und zum Vergleich vgl. Schneider 1988 und Hald 1990.

setzt sich von vornherein über diese Unterscheidung hinweg und führt entschlossen die Wahrscheinlichkeit ins Herz der experimentellen Methode und damit in den Wahrheitsdiskurs ein. Die Wahrscheinlichkeit kommt für Boyle vor allem bei der Zeugenschaft ins Spiel. Für ihn ist der Akt der Bezeugung wissenschaftlicher Tatsachen, genauso wie in einem juristischen Verfahren, eine Sache vieler:

»For though the testimony of a single witness shall not suffice to prove the accused party guilty of murder; yet the testimony of two witnesses, though but of equal credit ... shall ordinarily suffice to prove a man guilty: because it is thought reasonable to suppose, that, though each testimony single but *probable*, yet a concurrence of such probabilities, (which ought in reason to be attributed to the truth of what they jointly tend to prove) may well *amount* to a moral *certainty*, i.e., such a certainty, as may warrant the judge to proceed to the sentence of death against the indicted party.« (Boyle zit. nach Schapin/Schaffer 1985, S. 56, Herv. SöA)

Shapin und Schaffer verweisen darauf, dass dieses Arrangement der Zeugenschaft weniger darauf zielt, gemeinsam zu einer korrekten Beschreibung der Natur zu kommen, also die Zeugen zu Ko-Autoren zu machen, als vielmehr dem Experimentator die Legitimation seiner Handlungen zu sichern – so wie in einem Gerichtsverfahren ja auch die Zeugen nicht am Fällen des Urteils beteiligt sind:

»The thrust of the legal analogy should not be missed. It was not merely that one was multiplying witnesses [...]; it was that *right action* could be taken, and seen to be taken, on the basis of these collective testimonies. The action concerned the voluntary giving of assent to matters of fact. The multiplication of witness was an indication that testimony referred to a true state of affairs in nature. Multiple witnessing as accounted an active licence rather than just a descriptive licence. Did it not force the conclusion that such and such an action was done (a specific trial), and that subsequent action (offering assent) was warranted?« (Shapin/Schaffer 1985, S. 57).

Und genau wie im juristischen Verfahren kann die Zeugenschaft, so sehr sie sich auch auf die Technik beziehen mag und in der Art ihres Einsatzes einen technischen, listigen Charakter im Sinne einer *techné* hat, nicht an die Technik delegiert werden.[40] Sie kann allerdings invisibilisiert und in ihrer Invisibilisierung

40 Darauf weist auch Derrida in einem Gespräch mit Stiegler hin (Derrida/Stiegler 2006, S. 108f) Sein Beispiel ist der Fall Rodney King, der aufgrund eines eindeutigen Videos (weiße Polizisten verprügeln am Boden liegenden Schwarzen) Berühmt-

perfektioniert werden, bis sie soweit mit dem Schauen der Wahrheit übereinstimmt, dass nicht einmal mehr das Fällen eines Urteils nötig ist. So zeigen Daston und Galison, dass mit dem Aufkommen des Objektivitätsideals im 19. Jahrhundert – eines Aufkommens, das man als weitere Stufe in der langwierigen Etablierung des Experiments als Erkenntnisform begreifen kann – der Begriff des »Urteils« seine Bedeutung als Akt pragmatischer Vernunft verlor und als Eingriff einer Subjektivität abgelehnt wurde, bis er nur noch die Konstatierung dessen bedeutete, was ohnehin vorliegt (Daston/Galison 2007, S. 19).

5. WIE MAN MIT DER PUMPE PHILOSOPHIERT

Hobbes macht die Trennung von Wissen und Meinung zur Voraussetzung seiner Kritik, wenn er beispielsweise die Notwendigkeit der Wiederholung von Experimenten als Beweis ihrer grundlegenden Fehlbarkeit ansieht (Shapin/Schaffer 1985, S. 111). Boyle versucht nun nicht Hobbes zu beweisen, dass auch Wahrscheinliches wahr sein kann oder – wie man das heute wahrscheinlich reflexartig tun würde – ihn davon zu überzeugen, dass Wissen überhaupt nicht radikal von Meinung getrennt werden kann und gar nichts übrig bliebe, wenn man auf einem derart strikten Wahrheitsverständnis beharrte;[41] sondern er gestaltet statt dessen mit Hilfe seiner Luftpumpe und seiner sozialen Kontakte das Setting so, dass genügend glaubwürdige Männer aufrichtig bezeugen können, dass sie die Demonstration des Gezeigten zu einer solch hinreichend überzeugenden Gewissheit geführt hat, dass sie die Ergebnisse – was auch immer sie im Einzelnen mit ihnen anfangen mögen – zur Grundlage weiteren Handelns und Denkens machen würden. Insofern es sich bei den Zeugen zunehmend selbst um Wissenschaftler handelte, hieß das, dass sie die Ergebnisse zur Grundlage weiteren erkenntnisbezogenen Handelns machten, womit die Dynamik entstand, die heute von der Systemtheorie rückblickend als Autonomisierung des Wissenschaftssystems beschrieben werden kann und ihre Beschreibung als autopoietisches Wissenschaftssystem ermöglichte, in dem die Anschlussfähigkeit selbst zum Wahrheitskriterium avancierte (vgl. Luhmann 1992b).

Damit hat Boyle Hobbes und die ihm in dieser Sache folgenden Philosophen weder mit ihren Mitteln noch mit anderen Mitteln geschlagen. Er hat sie viel-

heit erlangte. Das Video vermag kein Zeugnis abzulegen – es ist einzig der Kameramann, der bezeugen kann, was er (durch das Okular der Kamera) gesehen hat.

41 Dass z.B. die übliche Definition von Wissen als »gerechtfertigte, wahre Meinung« falsch ist, zeigt Gettier 1994 [1963].

mehr entmachtet und an die Seitenlinie des Geschehens verwiesen, wo noch heute viele von ihnen stehen und sich darüber wundern, dass »Philosophieren« zum Synomym für folgenloses Räsonnieren verkommen ist. War der Philosoph eben noch die zentrale Figur im Wahrheitsdiskurs, derjenige, der zwischen Wahrheit und bloßer Meinung unterschieden hat, so ist er jetzt bloß noch derjenige, der dafür zuständig ist, die für alle anderen völlig irrelevante Unterscheidung zu treffen zwischen einem so hinreichend gewissen Wissen, dass es jedem Vernünftigen als Grundlage zukünftiger Entscheidungen genügt und *wirklich* wahrem Wissen (d.h. zu dieser Zeit vor allem: auf Logik und Geometrie zurückführbares Wissen). Richard Rortys Forderung, die Philosophen sollten endlich damit aufhören, Erkenntnistheorie zu betreiben, also Kriterien für »echtes Wissen« aufzustellen, und statt dessen anfangen, sich zu bilden, d.h. beim Denken ohne eine solche Grundlage auszukommen, kann man als späte Kapitulation der Philosophie in dieser Auseinandersetzung verstehen (vgl. Rorty 1981, insb. Kap. 8).

Was Boyle in Hobbes Augen zu einem Quacksalber macht, ist, dass er sich nicht einmal mehr darum bemühe, seine Erkenntnisse auf eine sichere Grundlage zurückzuführen. Er kümmere sich nicht einmal ernsthaft um Begründungen: »Thus, in the first of the *New Experiments*, Boyle claimed that his ›business [was] not [...] to assign the adequate cause of the spring of the air, but only to manifest, that the air hath a spring, and to relate some of its effects.« (Shapin/Schaffer 1985, 51) Was ihn nun zu einem *gefährlichen* Quacksalber mache, ist der Geltungsanspruch, den er mit diesen unfundierten Behauptungen beansprucht: Denn nicht weniger als die Natur selbst soll es sein, die er mit seinen Gentleman-Kollegen zu repräsentieren beansprucht – mögen alle anderen seine Ergebnisse auch für absurd halten, sie sollen es akzeptieren und schweigen: ein Vakuum, also *nichts* leitet das Licht. Punkt. Ohne Hobbes an dieser Stelle explizit zu erwähnen, trifft Rorty mit einer bekannten Wendung des *politischen* Philosophen Hobbes dessen offensichtlich *natur*philosophische Ängste: »Wer behauptet, es gebe keine solche gemeinsame Grundlage, scheint die Vernunft selbst aufs Spiel zu setzen. Das Infragestellen der Unabdingbarkeit der Kommensuration erscheint als der erste Schritt zur Rückkehr in den Zustand des Krieges aller gegen alle« (Rorty 1981, S. 345). Und in der Tat: Hobbes naturphilosophische Bedenken sind offensichtlich von den gleichen Erfahrungen motiviert wie seine politische Philosophie: Von den Schrecken des Dreißigjährigen Krieges, in dem der Krieg den Krieg nährte und dem Englischen Bürgerkrieg, in dem das Leben eines Menschen nicht mehr als »solitary, poor, nasty, brutish, and short« war

(Hobbes 1909, S. 99; vgl. auch Latour 1998, S. 29ff).[42] Rortys umfangreiche Bemühungen zu beweisen, dass es eine allen Erkenntnissen gemeinsame Grundlage nicht geben kann, dass Erkenntnisse nicht auf einen sicheren Grund zurückgeführt werden können, erscheint im Vergleich mit Boyles Taktik jedoch als geradezu ungeschickt. Denn Rorty nimmt den Kampf mit den Erkenntnistheoretikern auf ihrem eigenen Feld auf und versucht mit Mitteln der Philosophie zu beweisen, dass es eine gemeinsame Grundlage nicht geben kann. Boyle hingegen schafft mit Hilfe seiner Luftpumpe Tatsachen, die die Bemühungen des »Erkenntnistheoretikers« Hobbes ganz einfach ins Leere laufen lassen. Je weiter sich die experimentelle Methode etabliert und Fakten schafft, die zur Grundlage des Handelns, Entscheidens und Denkens von immer mehr Menschen werden, bis wir heute keinen einzigen Schritt, keinen einzigen Handgriff mehr tun können, ohne damit zugleich auch die Legitimation der experimentellen Methode und unser grundsätzliches Vertrauen in sie zu bestätigen, desto weniger beachtenswert erscheint eine Instanz, die diesen Fakten nachträglich den Stempel der philosophischen Prüfung aufdrückt oder verweigert. Geradezu verzweifelt wirkt angesichts dessen der Versuch, der eigenen Bedeutungslosigkeit dadurch entgegenzuwirken, dass man sich kurzerhand für all das zuständig erklärt, was die experimentellen Wissenschaften sich noch nicht als Erkenntnisgegenstand einverleibt haben, um es im Folgenden in einem auf Dauer gestellten Rückzugsgefecht zu verteidigen zu versuchen. Stengers sieht den entscheidenden Durchbruch in diesem öffentlich ausgetragenen Streit um die Anerkennung experimentell erzeugter Fakten mit Galilei entschieden:

> »Wenn Galilei schreibt, dass ein Mann gegen Tausend Redner, was immer auch deren Gabe zur Überredung oder die Autorität ihrer Referenzen sei, gewinnen wird, sobald dieser eine Mann die Fakten auf seiner Seite hat, erkennen wir darin üblicherweise eine positivistische Feststellung. Tatsächlich war Galilei dabei, die erste öffentliche Repräsentation der experimentellen Wissenschaft aufzubauen, eine Sachlage hervorzubringen, in welcher experimentelle Fakten die Macht beanspruchen, sowohl Philosophen wie auch Theologen zum Schweigen zu bringen.« (Stengers 2008, S. 51)

Dass auch Galilei dies nicht selbst, aus sich heraus, sondern nur mit Hilfe eben dieses, erst zur Anerkennung zu bringenden technisch-experimentellen Arrangements vermochte und damit genauso wenig wie Boyle als Schöpfer des Experimentellen gelten kann, ergänzt auch Stengers: »Doch sollten wir nicht verges-

42 Hobbes Staatsphilosophie birgt in dieser Hinsicht eine gewisse Ironie, ist doch der Leviathan selbst nach dem Bild einer Maschine gebaut (vgl. Callon/Latour 1981).

sen, dass der schreibende Galilei selbst das Produkt der ersten experimentellen Errungenschaft war, des ersten experimentellen Knotens.« (Ebd.) Inwiefern Galilei erst dabei war, »die erste öffentliche Repräsentation der experimentellen Wissenschaft aufzubauen«, ohne einfach auf eine solche zurückgreifen zu können, erkennt man beispielhaft an seinen Schwierigkeiten, Zeitgenossen von der Existenz der Jupitermonde zu überzeugen, Zeitgenossen, die noch nicht hinreichend mit der eingesetzten Technik vertraut waren, um sie als Technik vergessen zu können: Sie schauten in Galileis Fernrohr hinein und zuckten mit den Schultern. Einer schrieb: Galileo »has archieved nothing, for more than twenty learned men were present; yet nobody has seen the new [moons] distinctly. [...] Only some with sharp vision were convinced to some extent.« (Zit. nach Shapin 1996, 73) Und selbst denen, die da mit ihren scharfen Augen etwas auszumachen glaubten, könne man nicht unbedingt glauben, schließlich seien die Sinne, so die Ansicht vieler Theologen zu Zeiten Galileis, nach dem Sündenfall generell zu unscharf geworden, als dass sie irgendetwas verlässlich bezeugen könnten (ebd.). Das war nicht einfach Kurzsichtigkeit und auch nicht einfach fehlendes Geschick, die Fehler, die das Fernrohr produzierte, zu ignorieren und von den echten Bildern, die es darstellte, zu unterscheiden. Denn da jede Vergleichsmöglichkeit des technisch produzierten Bildes im Fernrohr mit einem nicht-technisch produzierten Bild jenseits des Fernrohrs unmöglich war – man konnte schließlich nicht einfach näher an den Jupiter herangehen, um sich die Monde mit eigenen Augen anzuschauen – führte der einzige Weg zur wahren Anschauung der Jupitermonde (würde denn jemand behaupten, es gäbe sie nicht?) über die Akzeptanz des Fernrohrs als eine Technik, die in ihrer Artifizialität vergessen werden kann; sie war noch nicht vollständig »Zwischenglied« (siehe Abschnitt III/16) geworden. Seit das Technische am Fernrohr vergessen werden kann (und nur noch »analytisch« wieder hinzugefügt wird), hat es die Welt um erhebliche unerschlossene Gebiete erweitert, die im Folgenden exploriert werden können. Da Galileo allerdings nicht über die sozialen Arrangements des Labors Boyles' verfügte, reichte es nicht aus, nur einige ausgewählte Gentlemen, die womöglich schon über ein viel größeres Repertoire an Techniken verfügten, die in ihrer Artifizialität vergessen werden konnten, das Fernrohr benutzen zu lassen. Um es als allgemein verlässliches Mittel zu etablieren, musste er Bürger überzeugen, die nicht die Wissenschaftsgemeinde als fähig und vertrauenswürdig einstufte, sondern das Volk selbst – eine ungleich schwierigere Aufgabe als nur ein paar bereits vorgeschulte Kollegen von einer Neuerung überzeugen zu müssen, waren doch darunter auch solche unbelehrbaren Skeptiker wie Cesare Cremonini, der Professor für Naturphilosophie aus Padua, über den – und es gibt kaum etwas Aufschlussreicheres – wir heute lachen. Dieser Professor aus Padua wollte nicht einmal durch das Fernrohr hindurchschauen, um sich, wie es heute heißt, mit eigenen Augen von der Existenz der Monde zu überzeugen, denn er hielt sich lieber an die alten Schriften.[43] Er ist eine der Lieblingsgestalten der heroischen Wissenschaftsgeschichtsschreibung, in der sich die Zeitgenossen Galileis so schwer tun, seine doch so offen daliegenden Wahrheiten zu akzeptieren, weil ihr Blick von Vorurteilen und religiösen Dogmen getrübt seien (vgl. Lange 1974 [1866], S. 461f). Dabei ist es das Fernrohr, das in seiner Opazität noch nicht zum reinen Medium geworden werden ist (vgl. Abschnitt III/4), das den Blick ganz unmetaphorisch getrübt hat. In Wahrheit war Galileis Fernrohr nämlich tatsächlich mangelhaft und produzierte lauter Fehler. Warum sollte also der Blick in ein solches Rohr einen von der Existenz der Jupitermonde überzeugen? Woher soll man überhaupt wissen, dass das Fernrohr irgendetwas beweist – und nicht einfach nur irgendetwas zeigt? Gar nicht, folgert Feyerabend (1976, S. 145), Galilei habe schlicht an das Fernrohr geglaubt,[44] theoretische Gründe oder gar Beweise hätte er keine vorzuweisen gehabt. Damit war es sein Glück und das der Wissenschaft, dass er nicht in die theoretische Debatte um die Zuverlässigkeit dieser Technik involviert gewesen ist (vgl. auch Heidelberger 1981, S. 130f), sondern sie einfach angewandt hatte. Solange das Fernrohr noch nicht so weit technisiert war, dass es als neutrales Medium vergessen werden konnte, bohrte es als Stachel im Fleisch der Philosophen, die sich wie Hobbes der reinen, von Technik unverschmutzten Wahrheit verpflichtet sahen. Wenn es doch wenigstens als

43 Die Vorstellung, die alten Schriften seien der Wahrheit näher, ist eine zu Galileis Zeiten weit verbreitete, die von der Vorstellung einer allmählichen Korruption des Wissens in Verlauf der Geschichte ausging; eine Vorstellung, von der auch Galileo nicht frei war: »Galileo maintained that Salomon and Moses ›knew the constitution of the universe perfectly‹, and later Boyle and Newton reckoned that there might be a chain of specially endowed individuals through wohm the pure and powerful ancient wisdom had been handed down intact, both intimating that they themselves might be present-day members of this lineage.« (Shapin 1996, S. 74) Zweifellos ist auch die Gegenwart nicht frei von einer solchen Korruptionsidee, vor allem nicht in den Geisteswissenschaften, in denen noch regelmäßig Wettstreite darüber ausgetragen werden, wer einen Gedanken auf einen noch älteren Autoren zurückzuführen vermag.

44 Galilei selber schreibt: »Vor ungefähr zehn Monaten kam mir ein Gerücht zu Ohren, von einem gewissen Belgier sei ein Augenglas entwickelt worden, durch dessen Hilfe man sichtbare Gegenstände, mochten sie auch weit vom Auge des Betrachters entfernt sein, so deutlich wahrnähme, als sähe man sie aus der Nähe. Von dieser wahrhaft erstaunlichen Wirkung kursierten etliche Erfahrungsberichte, denen einige Glauben schenkten, andere nicht.« (Galilei 1980 [1610], S 84)

Produkt der Wissenschaften angesehen werden konnte! Aber dem war nicht so. Dieses beklagte Descartes 1637, als er schrieb, dass das Fernrohr nicht systematisch und durch die Wissenschaften erfunden worden war, sondern bloß »durch Erfahrung und glücklichen Umstand« in der Praxis.[45]

1611 hatte Galilei eine Idee: Er lud Roms Philosophen auf einen Hügel, um mit ihnen gemeinsam durch das Fernrohr in die Fenster eines Adligen zu schauen und die Namen an den Wänden einer Galerie zu entziffern. Denn das, was dort zu sehen war, ließ sich unschwer mit einer Ortsbegehung überprüfen, womit die Funktion des Fernrohres bewiesen wäre. Eine geniale Idee. Und die Anwesenden? Sie reagierten wieder mit Schulterzucken: »Many of these witnesses allowed that though the telescope worked ›wonderfully‹ for terrestrial vision, it failed or ›deceived‹ in the celestrial realm.« (Shapin 1996, S. 73)

Jeder Atemzug beweist uns heute aufs Neue die Existenz des Luftdrucks und jeder gezielte Blick durch ein Fernrohr die Existenz der Jupitermonde; es wäre also falsch verstanden, würde man sagen, dass es im Experiment nur darauf ankäme, etwas die Möglichkeit zu geben, sich bemerkbar zu machen. Es muss sich den Zeugen bemerkbar machen. Und was die Zeugen als etwas und nicht als etwas anderes bemerken, hängt nicht nur davon ab, ob sie aufgeschlossen sind oder wie der Professor aus Padua gar nicht erst schauen wollen, sondern auch von dem jeweilig vorherrschenden Weltbild und der damit verbundenen Erwartungshaltung, eines *im Umgang mit der jeweiligen Technik geschulten Blicks* (und nicht nur des Blicks), von dem Daston und Galison u.a. anhand der Schulungsfunktion von Atlanten und botanischen Präparaten zeigten, wie spezifisch er an eine bestimmte Community und an bestimmte Apparate angepasst und wie aufwändig er in sich immer weiter spezialisierenden Wissenschaften trainiert werden muss (Daston/Galison 2007), damit man in die Lage versetzt wird, das Untypische vom Typischen und das Eigentliche vom Verfälschten zu unterscheiden.

Es wäre eine folgenreiche Fehleinschätzung zu glauben, dieser öffentlich ausgetragene Streit zwischen den Befürwortern und den Gegnern des Experiments, mit Boyle und Hobbes als den prominentesten Vertretern, wäre ein Streit, der allein auf dem Papier und in der Rede geführt und entschieden worden wäre. Glaubte man das, würde man auf der Reflexionsebene auf dieselbe Weise die Technik aus der Debatte heraushalten, wie es Hobbes die ganze Zeit versuchte – selbst wenn man Boyle als Sieger dieser Debatte darstellt. Für Hobbes verstand

45 Im Original heißt es: »[...] à la honte de nos sciences, cette invention, si utile et si admirable, n'a premièrement été trouvée que par l' expérience et la fortune« (Descartes 1953 [1638], S. 180).

es sich von selbst, dass die Luftpumpe keine Philosophie betreiben konnte, auch keine Naturphilosophie und auch sonst ungeeignet war, einen irgendwie einer Wahrheit über die Natur näher zu bringen. Boyle hingegen gelang es, die Luftpumpe dazu zu bringen, nicht nur Fakten über die Natur zu schaffen, sondern darüber hinaus auch noch die naturphilosophische Debatte über die Legitimität des Experiments selbst zu entscheiden. Während also Hobbes glaubte, mit Boyle eine Debatte auszufechten, in der es darum geht, ob man mit Technik Erkenntnisse über die Natur gewinnen kann – eine Debatte, die Hobbes zufolge natürlich *vor* ihrem Einsatz entschieden werden musste –, mobilisierte Boyle die Luftpumpe nicht nur um Erkenntnisse über die Natur zu gewinnen, sondern darüber hinaus auch noch, um die philosophische Debatte mit Hobbes selbst zu seinen, der Luftpumpe und des Luftdrucks Gunsten zu entscheiden. Das Arrangement mit Luftpumpe, Zeugen und Dokumentation hatte genau das Ziel, Fakten zu schaffen und damit alle Zweifler in die Position zu bringen, sich gegen bezeugte Fakten stellen zu müssen. Boyle hat nicht den neutralen Vorschlag zur Abstimmung gestellt, ob man nicht mit Hilfe dieser Apparatur etwas über die Elastizität der Luft in Erfahrung bringen könnte, damit darüber diskutiert werden kann. Er hat vielmehr mit Hilfe der sozialen, der mechanischen und der textuellen Technik das Arrangement der experimentellen Demonstration genau auf eine solche Situation des Zweifels hin konstruiert, nicht mit dem Willen zur Diskussion, sondern mit dem Willen, die Debatte für sich zu entscheiden, indem er sie zum Nebenschauplatz degradiert. Hobbes sieht nicht, dass der Diskurs der Wahrheit selbst in dieses Konglomerat von Techniken hineingerissen worden ist. Und zwar nicht nur, indem jetzt plötzlich ein technisches Gerät wie die Vakuumpumpe eine Stimme im Diskurs der Wahrheit erhält, sondern indem der ganze Diskurs der Wahrheit selbst, durch die listige Umgestaltung eines technisch versierten Helden,[46] der die direkte Auseinandersetzung mit einem »eigentlich« überlegenen Gegner vermieden hat, so verändert worden ist, dass der Techniker auf ihn Einfluss zu nehmen vermag.

46 Der in klassischer Perspektive allerdings als Anti-Held erscheint oder, wie man mit Neiman (2009) sagen könnte, den Übergang zum Postheroismus markiert.

6. DIE TECHNÉ DER TECHNIK DES EXPERIMENTS

»Maschinen überraschen mich immer wieder«
– ALAN M. TURING 1967, S. 126

Man findet diese Figur bei vielen klassischen Autoren über Kriegslisten wieder.[47] Die List ist offensichtlich nicht nur etymologisch, bzw. nicht ohne Grund etymologisch mit der Technik verbunden.[48] Der listige Charakter der *techné* steht auch nicht einfach für die Überlegenheit des Intellekts gegenüber der körperlichen Kraft, wie man gewöhnlich annimmt und wie es z.B. bei Johannes Bilstein (2001, S. 280) heißt, womit die List als Mittel des Intellekts verstanden werden könnte, sondern sie muss tatsächlich als Charakteristikum der Technik selbst verstanden werden: denn dass Boyle seinen Intellekt gegen einen intellektuell unterlegenen Hobbes ausgespielt hätte, wäre wohl kaum eine besonders überzeugende Art diese Geschichte zu erzählen.[49] Boyle ähnelt in seinem listigen Vorgehen also vielen technisch versierten Helden der Geschichte: Er bezwingt einen scheinbar überlegenen Gegner in einer Weise, die dieser überhaupt nicht vorgesehen hat, mit dem Unterschied allerdings, dass er es nicht wie Hephaistos mit einem kraftstrotzenden, aber etwas blöden Gegner wie Ares, einem »Hartholzkopf, ein[em] Schlagetot« (Köhlmeier) zu tun hat oder wie Zeus mit einem Titanen wie Kronos oder Odysseus mit einfältigen Kreaturen wie dem Zyklopen, sondern mit einem intellektuellen Oxford-Gelehrten, der bereits mit vier Jahren als geistreiches Wunderkind galt. Die gesamte Geschichte der Wissenschaftstheorie, in der das Experiment und die in dieses involvierte Technik als der Theorie immer bloß nachgeordnet und als Instrument in den Händen des Theoretikers behauptet wurde (»[Der Theoretiker] ist es, der dem Experimentator den Weg weist. Und auch dessen Arbeit sind nicht so sehr die ›exakten Beobachtungen‹, sondern wieder theoretische Überlegungen: Diese beherrschen die experimentelle Arbeit von der Planung des Versuchs bis zu den letzten Handgrif-

47 So bei Sun Bin in *The Art of Warfare* in Kapitel 8: *Terrain as Treasure*, wo er über den Vorteil schreibt, das Terrain bestimmen zu können (2003). Oder bei Sun Tsu und dessen berühmtem Diktum über die Krönung der Kriegskunst: »Und wer die Kunst des Krieges versteht, besiegt den Gegner ohne Kampf« (2005). Vgl. dazu auch Jullien 1999.

48 Siehe dazu die Fußnote 47 auf Seite 48.

49 Inwiefern das Listige an der Technik mehr ist als nur eine Eigenschaft, die ihr zukommt oder auch nicht, wurde im vorherigen Kapitel bereits am Verhältnis eines Problems zu der ihm zugeordneten technischen Lösung dargestellt.

fen«: Popper 1971 [1934], S. 72), lässt sich so als imaginäre Wiederaneignung der Macht über die Wahrheit durch die Intellektuellen oder zumindest den Intellekt lesen; lange Zeit nachdem sie schon längst mit den Technikern geteilt werden musste.

Hobbes, ganz der Philosoph, sieht alle Probleme in der zerstrittenen Debatte um das Vakuum in einem ungenauen Sprechen begründet, in begrifflichen Inkohärenzen. Für ihn ist es

»[an] *absurd* metaphysical language as a principal source of these difficulties in natural philosophy. He pointed out the dangerous consequences of incoherent speech about empty space, and analyzed the linguistic differences between rival natural philosophical schemes developed in the 1640s, notably of Descartes« (Shapin/Schaffer 1984, S. 84, Hervorhebung im Original).

Und schaut man sich die begrifflichen Inkohärenzen an, die sich durch Boyles Schriften ziehen, kann man sich in der Tat mit Hobbes und seinen Erben noch heute darüber wundern, dass überhaupt etwas Sinnvolles bei seiner Arbeit herausgekommen ist (und dieses Wundern, dieses ebenso unvermeidliche wie herablassende Amüsement über Boyles ungeschickten Umgang mit der Sprache ist genauso aufschlussreich wie das Lachen über den Professor aus Padua und die ignorante britische Marine). Shapin und Schaffer zählen einige dieser Inkonsistenzen in Bezug auf das auf, was Boyle *irgendwie* unter »pressure of the air« fasst:

»He referred to the ›pressing or sustaining force of the air‹, or to the ›sustaining power of the air‹. In *New Experiments* he discussed the apparent heaviness of the cover of the receiver when evacuated, using the terms ›spring of the external air‹, ›force of the internal expanded air and that of the atmosphere‹, and ›pressure‹ interchangeably. In early experiments in the text the term ›protrusion‹ is used alongside that of ›pressure‹. These usages were no more consistent in subsequent essays on pneumatics and the air-pump trials. In the *Continuation of New Experiments* of 1669 and in later texts written against Hobbes, ›pressure‹ referred to both weight and spring. And in the central void-in-the-void experiment 17 of *New Experiments*[50] Boyle reported that the insertion of the Torricellian appa-

50 Das »Leere-in-der-Leere-Experiment« geht auf Versuche von Evangelista Torricelli zurück, eine mit Quecksilber gefüllte Röhre mit der Öffnung nach unten in ein anderes quecksilbergefülltes Behältnis zu stülpen – so dass sich oben ein sichtbarer Leerraum bildete. Bekannt wurde das Experiment dann 1647 in den Variationen Blaire Pascals unter dem französischen Namen *vide dans le vide*. Hier setzte Pascal ein Ba-

ratus in the sealed receiver did not produce a fall in the height of the mercury in the barometer. He attributed this to the ›spring‹ of the air inside the still-unevacuated receiver, which was not affected by its removal from the ›weight‹ of the atmosphere. Thus trials that computed the relation between the air's pressure and its ›density‹. ›Pressure‹ thus embraced spring and weight.« (Shapin/Schaffer 1985, S. 53)

Noch heute findet man Versuche Hobbes'scher Erben, sich durch die Besinnung auf die Sprache von den Verunreinigungen der Wahrheit durch die Listen der Technik zu befreien, nur um festzustellen, dass diese Verunreinigungen wie der Igel in der Fabel immer schon da gewesen sind – egal zu welcher Seite der Hobbes'sche Hase rennt. So wie das Boylesche Luftpumpenexperiment eine von Wahrscheinlichkeiten und technischen Konstruktionen korrumpierte Wahrheit an die Stelle des wahren Wissens setzt, so gesellt sich – und das ist das Thema Derridas – unumgänglich das Supplement der Schrift der Sprache in einer Weise hinzu, dass man sich diese als immer schon supplementiert vorstellen muss; eine Sprache, auf deren Wahrheitsfähigkeit Hobbes seine ganze Hoffnung setzt. Und wie drückt Derrida das aus, was sich als Schrift der Sprache gesellt, ihr addiert wird? Das, »was addiert wird, ist eine Technik, eine Art künstlicher und undurchschaubarer List, die die Anwesenheit der Rede bewerkstelligen soll, während sie in Wahrheit abwesend ist.« (Derrida 1983, S. 249) Bernard Stiegler schreibt gerade an einer vierbändigen Studie, in der er nachzuweisen versucht, dass in diesem Sinne die Technik schon immer ihren Anteil an der Wahrheit hatte und die Geschichte der Philosophie als Geschichte der Verdrängung der »Frage der Technik« gelesen werden kann, als eine Geschichte der Trennung von dem, was bei Homer noch als List gewürdigt wurde: »At the beginning of its history philosophy seperates *tekhnē from ēpistēmē,* a distinction that had not yet been made in Homeric times.« (Stiegler 1998, S. 1) Stiegler stößt auf die Technik, während er den Bedingungen der Möglichkeit von Erfahrung nachgeht, dem Problem des Gedächtnisses, sowie der Wiedererinnerung als Möglichkeit von Wissen und setzt die Technik mit Derridas Begriff der Schrift in Verbindung. Er schreibt an anderer Stelle, auf die Genese seiner Fragestellung reflektierend:

»Ich habe später verstanden, dass die Technik das Zentrum der Gedächtnisfrage bildet. Mit anderen Worten, ich halte mich nicht für einen ›Technikphilosophen‹, sondern eher für einen Philosophen, der zusammen mit einigen anderen aufzuweisen versucht, dass die

---

rometer in ein anderes Barometer ein, über das er den Umgebungsluftdruck des inneren Barometers variieren und so zeigen konnte, dass die Höhe des Quecksilberspiegels von eben diesem Umgebungsluftdruck abhängt. Vgl. dazu Genz 1994, S. 18ff.

philosophische Frage als solche nichts anderes als das Andauern einer Bedingung, die die ich die techno-logische Bedingung nenne, *ist*, es *durch* und *durch* ist und das *seit dem Ursprung* der Philosophie. Die zugleich technische und logische Bedingung ist von Anfang an dem Gefüge eingeschrieben, das Sprache und Werkzeug zusammen bilden und das dem Menschen seine *Exteriorisierung* ermöglicht.« (2009, S. 27)

Dieses Problem sei also nicht erst mit der neuzeitlichen Wissenschaft aufgetreten, allerdings habe es sich aber im Zuge der Ausdifferenzierung und ihrer zunehmenden, über die Verbreitung technischer Dinge vermittelten Bedeutung zu einem nicht mehr ignorierbaren Problem ausgewachsen:

»Wenn sich das Verhältnis des Philosophen zur Technik essentiell, ursprünglich und dauerhaft als ein *Konflikt* darstellt – so ist es seit Platon –, so kompliziert sich die Situation seit dem 19. Jahrhundert. Während sich die Technik via Industrie der Wissenschaft annähert (es handelt sich um das Aufkommen von Technologie im eigentlichen Sinne), schneidet die Welt der ›Intellektuellen‹, wie man sie jetzt nennen wird, von der zur Technologie gewordenen Technik im gleichen Zuge ab wie von der Wissenschaft, von der Ökonomie und letztlich auch von der politischen Ökonomie« (ebd., S. 28).

Anders gesagt: Wenn Technik weiterhin nur als ein Thema unter anderen verhandelt wird, als wäre sie ein der Philosophie und der Bildung äußerlicher Gegenstand, statt sie als Herausforderung des Denkens selbst anzunehmen, bleibt der Platz, von dem aus sie verhandelt wird, die Seitenlinie eines Spiels, das von anderen gespielt wird.

Das Hauptaugenmerk Shapins und Schaffers liegt auf der Art und Weise wie es Boyle gelingt, seine Gegner und die Öffentlichkeit von der Reliabilität seiner Experimente zu überzeugen. Damit ist der Streit zwischen Hobbes und Boyle ein Streit um die Legitimität der experimentell gewonnenen *Ergebnisse*. Über den *Prozess* des Experimentellen und den Prozess der Erkenntnisgewinnung selbst ist damit noch nicht viel gesagt und es ist auch noch nicht hinreichend deutlich geworden, inwiefern es die *techné* selbst ist, die am Erkenntnisprozess beteiligt ist. Es wird sich zeigen, dass selbst Boyle sich in seiner Abgrenzung zu Hobbes und in seinem Denken des Experiments noch innerhalb eines vor-experimentellen Denkens bewegt, eines Denkens, in dem unterschiedlichste Voraussetzungen sich zu dem fügen, was als exploratives Denksystem bezeichnet werden soll. Doch nur wenn sich die Reflexion auf das Experiment selbst auf der Höhe des Experimentellen befindet, kann das Experiment angemessen gedacht werden; es geht dabei um Erkenntnisgewinn. Erkenntnisgewinnung ist aber nichts anderes als die wissensmäßige Erschließung einer geteilten Welt und damit selbst entweder explorativ oder experimentell gewonnen.

7. DAS EXPERIMENT IN EINER GETEILTEN WELT

Es ist üblich geworden, die prinzipielle Unabschließbarkeit des Wissens zum Ausgangspunkt des Nachdenkens über Wissenschaft zu machen.[51] Prinzipell unabschließbar ist das Wissen insofern, als unmöglich alles Nicht-Wissen in Wissen umgewandelt kann, weil Wissen selbst Nicht-Wissen generiert und auch das Wissen niemals mit Sicherheit vor seiner eigenen Revision geschützt werden kann.[52] In verschiedenen Variationen der Metapher des sich unweigerlich und unendlich verschiebenden Horizonts findet die Idee ihren Ausdruck, dass hinter jedem neu erworbenen Wissen neues Unwissen erkennbar wird und so die Unabschließbarkeit des Wissenserwerbes erneuert wird.[53] In dieser Form wird diese

51 An dieser Stelle ist eine begriffliche Klärung angebracht: Wissen und Unwissen stellen hier spezifische Formen der Erschlossenheit, bzw. Unerschlossenheit dar. Als Erkenntnis soll dabei der Moment bezeichnet werden, in dem Unwissen in Wissen und Wissen in Unwissen umgewandelt wird. Dabei stellt die wissensmäßige Form der Welterschließung aber nur eine mögliche Form der Welterschließung neben anderen dar. Man kann über eine Landschaft sehr viel wissen, aber damit hat man sich nicht die Landschaft selbst, nur das Wissen über diese Landschaft erschlossen. Solange sie z.B. nicht auch verkehrsmäßig erschlossen ist, kann man sich auch nicht in ihr bewegen. Grundlegend ist hier die absichtlich so tief wie möglich gelegte Unterscheidung von erschlossen und unerschlossen. Der Vorteil, von der Arbeit an der Unterscheidung von erschlossen und unerschlossen zu sprechen, und nicht von der Arbeit an der Unterscheidung von Wissen und Unwissen, besteht u.a. darin, die Verwobenheit unterschiedlicher Welterschließungsformen in Erkenntnisprozessen berücksichtigen zu können. Wenn in diesem Abschnitt zunächst dennoch von wissensmäßiger Erschließung die Rede ist, dann aus Rücksicht auf die Tradition und weil der Fokus auf den Wissenschaften liegt, die die Fokussierung aufs Wissen bereits im Namen tragen. Wann immer es im Folgenden möglich ist, soll aber allgemeiner von der Arbeit an der Unterscheidung von erschlossen und unerschlossen die Rede sein und von Erkenntnis nur dann, wenn Bezüge (seien es Kontinuitäten oder Brüche) zur Tradition deutlich gemacht werden sollen; in diesen Fällen liefe der Wechsel in der Terminologie Gefahr, diese Bezüge zu invisibilisieren.

52 Vgl. zum Überblick: Gamm 1994, S. 100-211.

53 Das gilt ebenfalls für die Technikentwicklung, gewissermaßen im Schatten der Wissenschaft. In einem überraschend explizit Technik berücksichtigenden Abschnitt schreibt Husserl: »Aber mit der Menschheit schreitet die Technik fort, wie auch das

Einsicht z.B. gegen eine teleologische Vorstellung von Wissenschaft ins Feld geführt, die auf eine vollständig verstandene Welt hinausläuft oder allgemeiner gegen die Vorstellung eines wissenschaftlichen »Fortschritts«.[54]

Wie bei den meisten Ideen, denen man in ihrer Erstarrung das reflexhafte Gerichtetsein gegen einen offenbar nicht tot genug zu bekommenden Positivismus ansieht, verallgemeinert auch diese Idee eine kaum noch Widerspruch erregene Erkenntnis in einer solchen Weise, dass sie jegliche analytische Kraft verliert und überdies dem Nachdenken über das Verhältnis von Wissen und Unwissen kaum noch Raum lässt. Das Nachdenken über Erkenntnisprozesse beginnt jedoch erst da, wo man der Einsicht in die prinzipielle Unabschließbarkeit des Wissens die Einsichten beiseite stellt, dass die prinzipelle Unabschließbarkeit des Wissens nicht den Ausgangspunkt für die *Prozesse* der Erkenntnis selbst darstellt (nicht einmal für solche Erkenntnisprozesse, die auf Erkenntnisprozesse bezogen sind), zweitens keinen Hinweis auf Strategien oder Prozessstrukturen der Erkenntnisgewinnung liefert und drittens die Umwandlung von Unwissen in Wissen (und umgekehrt) Arbeit bedeutet.[55] So beruht der Erfolg der modernen Wissenschaften nicht auf ihrem Umgang mit dem Nicht-Wissen, sondern auf der Fähigkeit, einmal erworbenes Wissen *als gewusstes Wissen* in und zusammen

Interesse für das technisch Feinere; uns so schiebt sich das Ideal der Vollkommenheit immer weiter hinaus. Von daher haben wir auch immer schon einen offenen Horizont *erdenklicher*, immer weiter zu treibender Verbesserung« (Husserl 1954 [1936], S. 225).

54 Zu der ungewissen Zukunft der Idee des Fortschritts vgl. Salvadori 2008.

55 Für die »Erkenntnis« des Wissens vom Nicht-Wissen gilt das nicht: Das Versprechen, sich die ohne Arbeit auskommende Einsicht in die Unabschließbarkeit des Wissens als Orden an die Jacke heften zu können, ist auch nicht gerade neu. Montaigne erzählt: »Da Sokrates die Nachricht erhielt, daß ihm der Gott der Weisheit den Namen eines Weisen beygeleget hätte, erstaunte er darüber. Er durchsuchte und prüfte sich aufs beste, ohne einigen Grund von diesem göttlichen Ausspruche zu finden. Er kannte Leute, die eben so gerecht, eben so mäßig, eben so beherzt, und eben so gelehrt waren, als er: und andere, die beredter, schöner, und ihrem Lande nützlicher waren. Endlich schloß er, daß er in nichts von andern Leuten unterschieden, und nur deswegen weise wäre, weil er sich nicht dafür hielte: sein Gott müßte die Einbildung der Menschen, daß sie gelehrt und weise sind, für eine besondere Dummheit achten; seine beste Wissenschaft wäre die Erkenntniß seiner Unwissenheit, und die Einfalt seine größte Weisheit.« (Montaigne 1992[1580], S. 137f). Und es ist auch keine spezifisch europäische Einsicht. Im Lun Yü steht, wie sich Konfuzius an seinen Schüler Chung Yu mit den Worten wendet: »Yu, ich werde dich lehren, was Wissen bedeutet. Als bekannt anzuerkennen, was man weiß und als nicht bekannt, was man nicht weiß, bedeutet Wissen« (Kap. 2, Vers 17).

mit[56] unterschiedlichsten Formen der Erschlossenheit (z.B. Daten, Texten, Technik oder Handlungsroutinen) anderen wissenschaftlichen Arbeiten zur Verfügung zu stellen, einschließlich solcher, die an der Revision bestehender Wissensbestände arbeiten. Das gilt auch für Bildungsprozesse, die sich natürlich auch nicht darin erschöpfen, einmal einzusehen, dass das Wissen nicht abschließbar ist und alles Wissen prinzipiell einer Revision unterliegen könnte, sondern genauso wie Wissenschaft auf Wissen angewiesen sind, auf das *als gewusstes Wissen* in und zusammen mit unterschiedlichen Formen der Erschlossenheit Bezug genommen werden kann. Da es sich um Wissen handelt (und nicht um Phantasien oder bloße Behauptungen, obwohl es sich jederzeit als solche herausstellen kann), handelt es sich immer um Wissen von der Welt.[57] Die Menge an Wissen, die der Wissenschaft auf diese Weise zur Verfügung steht, ist beträchtlich und dass es beträchtlich ist, hat, wie im Folgenden noch deutlich zu machen ist, epistemologische Konsequenzen. Sie bildet den wissensmäßig (im Folgenden genauer: wissenschaftlich wissensmäßig) erschlossenen Bereich der Welt, also den Teil der Welt, der für jede weitere Forschung als *erschlossen* vorausgesetzt werden kann. Die Arbeit der Wissenschaft bewegt sich damit auf der Grenze zwischen dem erschlossenen und dem unerschlossenen Teil der Welt. Obwohl diesen Überlegungen die Überzeugung zugrunde liegt, dass die Arbeit der Wissenschaft selbst insgesamt treffender als Welterschließungsbewegung, also eine Arbeit an der Unterscheidung von erschlossen und unerschlossen beschrieben werden kann, denn als eine Arbeit an der Unterscheidung von wahr und falsch, wie es beispielsweise Luhmann vorschlägt,[58] wird die Wahl der Un-

---

56 Die Wendung »in und zusammen mit« soll auf die analytisch nicht vollständig rekonstruierbaren Transformationsprozesse hindeuten, denen Wissen und andere Formen der Erschlossenheit unterworfen sind. Naiv wäre es zu glauben, alles, was in der Wissenschaft benutzt und mobilisiert wird, wäre irgendwann bereits einmal verstanden worden: Unwissenheit ist etwas anderes als Anwendbarkeit. Trotzdem hätte man natürlich nicht die Techniken entwickeln können, die entwickelt worden sind, wenn nicht so viel Wissen zur Verfügung gestanden hätte. Anders gesagt und nur auf das Verhältnis von Technik und Wissen bezogen: Weder ist die Technikgeschichte aus der Wissenschaftsgeschichte ableitbar, noch ist die Wissenschaftsgeschichte aus der Technikgeschichte ableitbar. Nachzuvollziehen, was woraus entstanden ist, ist Aufgabe der Wissenschafts- und Technikgeschichte und diese Aufgabe ist analytisch nicht im Handstreich kassierbar.

57 Wobei natürlich auch die Wissenschaft selbst mit ihren z.T. esoterischen Begrifflichkeiten Teil der Welt ist, zum Begriff der Welt siehe Abschnitt II/8.

58 Möglichkerweise wird am Ende deutlich geworden sein, dass dieses mit der (in Bezug auf diesen Aspekt) allzu großen Nähe Luhmanns zu Popper zu tun hat. Wechsel-

terscheidung von erschlossen und unerschlossen als Leitunterscheidung des Folgenden schlichter, nämlich pragmatisch begründet: Das Interesse an der Arbeit der Wissenschaft rechtfertigt sich hier durch die theoretisch und empirisch bequeme Zugänglichkeit des grundlegendsten Moments der Welterschließung, das sie mit der Bildung teilt, dort, in seiner individuell zugewandten Form, empirisch jedoch nur schwierig nachzuvollziehen ist. Damit wird hier gleichzeitig versucht, das Moment der Welterschließung für die Bildungstheorie zu rehabilitieren, welches noch bei Humboldt eine zentrale Stellung inne hatte, in jüngeren Fassungen eines transformatorischen Bildungsbegriffes jedoch aus dem Blick zu geraten droht. Humboldt spricht von Bildung als Welterschließung insofern, als es, wie er es in einer klassischen Formulierung ausdrückt, darum gehe, »soviel Welt, als möglich zu ergreifen, und so eng, als er [der Mensch] nur kann, mit sich zu verbinden« mit dem Ziel der »Verknüpfung unsres Ichs mit der Welt zu der allgemeinsten, regesten und freiesten Wechselwirkung« (Humboldt 1969, S. 235). Die Verbindung zwischen Erkenntnisprozessen in der Wissenschaft und Bildungsprozessen besteht hier also darin, dass es sich in beiden Fällen um Welterschließungsprozesse handelt, bzw., im Falle ihrer wissensmäßigen Erschließung, um Erkenntnisprozesse. Insofern geht es hier nur um solche Prozesse der Wissenschaft, bei denen es um die Arbeit an der Unterscheidung von erschlossen und unerschlossen geht und um alles andere, was noch unter der Bezeichnung Wissenschaft läuft, geht es nicht. Solchen wissenschaftlichen Welterschließungsprozessen stehen individuelle Welterschließungsprozesse entgegen, die auch hier primär unter dem Aspekt der wissensmäßigen Welterschließung betrachtet werden, es geht also um solche Bildungsprozesse, die gleichzeitig als Erkenntnisprozesse betrachtet werden können. Zweifellos gibt es auch andere Formen der individuellen Welterschließung: So erschließt man sich durch das Einüben von Höflichkeitsgesten (und nicht über das Wissen um sie) Bereiche der Welt, die einem sonst verschlossen blieben (was selbstverständlich auch Erkenntnisprozesse nach sich ziehen kann). Weitere Beispiele wären körperliches Training oder die Akkumulation von Kapitel, die einem Bereiche der Welt erschließen, die einem sonst verschlossen blieben – und nicht vom Wissen um die

te man allerdings von der Unterscheidung wahr/falsch zu erschlossen/unerschlossen, steht auch der Weltbegriff auf dem Spiel und mit ihm der Sinnbegriff der Systemtheorie (vgl. S. 105ff), womit die theoretischen Folgen für die Systemtheorie unabsehbar würden.

Bedeutung von Kapital bzw. von dem Wissen um die Bedeutung körperlichen Trainings ersetzt werden können.[59]

8. Die Paradoxie der Welt

»Definition: Distinction is perfect continence«
– GEORGE SPENCER-BROWN 1969, S. 1

Als erschlossen gilt also alles das, was – in welcher Form auch immer: als Fakt, Werkzeug, Maschine o.a. – für weitere Arbeiten an der Unterscheidung von erschlossen und unerschlossen als bekannt vorausgesetzt und mobilisiert werden kann. Umgekehrt gilt damit alles das als unerschlossen, was nicht als bekannt vorausgesetzt oder mobilisiert werden kann. Die Erkenntnistheorie hat sich sehr von der Tatsache faszinieren lassen, dass kein Wissen jemals als abgeschlossen gelten kann, dass es also nichts gibt, was nicht auch einer möglichen Revision unterliegt. Über diese Faszination der Unabschließbarkeit wurde die praktische Bedeutung dessen vergessen, was gerade als abgeschlossen behandelt werden muss. Diese praktische Bedeutung erkennt man leicht, wenn man sich die Menge an Wissen vergegenwärtigt, das als gewusstes Wissen *gleichzeitig vorausgesetzt und vergessen* werden können muss, um zu neuen Erkenntnissen zu kommen. Würde man versuchen in einem Labor – und sei es noch so einfach aufgebaut – alles an Wissen zusammenzutragen, was als bekanntes Wissen vorausgesetzt werden muss, um auch nur ein einziges Experiment vorzubereiten und versuchen, dessen jeweilige Unabgeschlossenheit zu reflektieren, anstatt es einfach als abgeschlossen und damit als gewußtes Wissen vorauszusetzen, man würde sich bereits beim Einschalten des Lichts in eine nicht einholbare Komplexität von

59 Dieses dennoch zu ermöglichen, ist die Funktion von Ratgeberliteratur: Sie erlaubt es dem Leser, sich über wissensförmige Ausführungen einen ihm verschlossenen Bereiche der Welt zu erschließen, zwar nur imaginär (man kann sich schon reich fühlen, ohne dann auch wirklich zu Geld kommen zu müssen oder sich fit fühlen, ohne seinen Trainingsplan dann auch wirklich ausführen zu müssen), aber mit deutlichem Unterschied zur offenen Fiktion der Romane. Seit Napoleon Hills (1938) geschicktem Schachzug, dem Leser die Legitimation zur Imagination gleich mitzuliefern, indem er die Realität der Imagination *nachordnete* und in ein Bedingungsverhältnis brachte (man muss sich ausmalen, was man will, um es real werden zu lassen), braucht sich die Ratgeberliteratur nicht mehr an den Grenzen der Realität, sondern nur noch an denen der Imaginationskraft zu orientieren – Grenzen, die sie ähnlich auszudehnen vermag wie der Roman.

Physik, Chemie, Elektrotechnik etc. verstricken.[60] Die prinzipielle Unabschließbarkeit des Wissens zum Ausgangspunkt des Nachdenkens *über die* Wissenschaft zu machen, kann also nichts anderes bedeuten als den Blick ausschließlich auf die Seite der Unerschlossenheit zu richten und damit alles das zu vergessen, was Ausgangspunkt des Nachdenkens *in der* Wissenschaft ist: all das Wissen, das in seiner Erschlossenheit *praktisch* als abgeschlossen vorausgesetzt werden muss. Wenn man die Erkenntnisprozesse in der Wissenschaft nachvollziehen will, ist das Wissen vom Nicht-Wissen alleine damit ein schlechter Ausgangspunkt. Das gilt aber nicht nur für die sich aufgrund ihrer sichtbaren Entfaltung und umfassenden Dokumentation besonders gut zur Illustration von Erkenntnisprozessen eignenden Naturwissenschaften, sondern für jede Form der Welterschließung im Allgemeinen und damit auch für Bildungsprozesse.[61]

Aber auch wenn die prinzipielle Unabschließbarkeit des Wissens ein schlechter Ausgangspunkt ist, so ist er doch nicht falsch; weder kann irgendetwas als abgeschlossen bewiesen, also dauerhaft als Erschlossenes vor Revisionen geschützt werden, noch ist die Welt in ihrer Gesamtheit erschlossen, was schon deshalb unmöglich ist, weil sie geteilt wird (siehe Abschnitt II/10). Aber insofern die Wissenschaft selbst dort, wo sie nicht auf wissenschaftliches Wissen zurückgreifen kann, auf nicht-wissenschaftliches Wissen zurückgreifen kann (und das auch beständig tun muss), ist die Welt, in der die Wissenschaft arbeitet, auch nicht unerschlossen und jungfräulich.[62] »Die Vorstellung, bei Null zu beginnen und sein Vermögen zu gründen und zu mehren«, schreibt Bachelard, »kann nur in Kulturen einfacher Nebeneinanderordnung aufkommen, in denen eine erkannte Tatsache unmittelbar Reichtum bedeutet« (1978, S. 46f) und ergänzt: »Aber vor dem Geheimnis des Wirklichen kann sich die Seele nicht per Dekret in den Zustand der Unschuld versetzen. Es ist also unmöglich, mit einem Schlage reinen Tisch mit dem überkommenen Wissen zu machen. [...] Wenn der

60 Vgl. die Dokumentation durchaus überraschender Komplexitätsgrenzen, auf die der Künstler Thomas Thwaites beim Versuch stieß, voraussetzungslos einen Toaster zu bauen: http://www.thetoasterproject.org.

61 Tatsächlich geht es um Erkenntnisprozesse, nicht um die Ökonomie der Wissenschaft oder ihren Code, wasdie erkenntnisfreien Prozesse ausschließt, bei denen längst Bekanntes lediglich in eine wissenschaftlich anschlussfähige (im Sinne von zitierfähige) Fachpublikation gebracht wird. Man liegt trotz fehlender empirischer Datenlage wohl nicht falsch mit der Annahme, dass damit der Großteil des Wissenschaftsbetriebs hier unberücksichtigt bleibt.

62 Zum Zusammenhang der explorativen Strategien des Sehens und der Beschreibung (vgl. Abschnitt III/5 und weiter unten S. 290f) mit dem Bild der Jungfräulichkeit vgl. Haraway 1988 und Haraway 1997, S. 173-212.

Geist sich der wissenschaftlichen Bildung stellt, ist er niemals jung.« (Ebd., S. 47) Die Welt ist also auch nicht unerschlossen. Im Gegenteil: Unterscheidet man das Unwissen, von dem man weiß, von dem Unwissen, von dem man nicht weiß, ist das Unwissen, von dem man weiß, selbst noch Wissen[63] und das Unwissen, von dem man nicht weiß, nicht von dieser Welt, insofern es nicht immanent, in dieser Welt vom Wissen unterschieden werden kann (vgl. Abschnitt II/9).

Insofern »Welt« der umfassende Begriff für alles sinnhaft Zugängliche ist[64] und *gleichzeitig* der Gegenstand von Erkenntnisbemühungen, muss er eine doppelt paradoxe Form annehmen:[65] Die Welt ist die Einheit der in der Welt getroffenen Unterscheidung von Erschlossenem und Unerschlossenem, motiviert durch ihre Erschließung.[66] Dabei ist aber die Unterscheidung zwischen erschlossen und unerschlossen selbst schon paradox: denn alles was sinnhaft zugänglich ist, ist auch erschlossen und sei es in der Form des Wissens über seine Unerschlossenheit (die Welt als Einheit der Unterscheidung ist also vollständig erschlossen). Gleichzeitig gibt es nichts, was sich nicht in der Zukunft als rückblickend unerschlossen herausstellen könnte und damit in der Gegenwart als abschließend erschlossen gelten kann: Eben hat man noch das Phlogiston aus der Kerze entweichen sehen und im nächsten Moment hat es das nicht nur nie gegeben, man sieht auch, dass man von dem Oxidationsprozess nicht einmal etwas in Form von Nicht-Wissen gewusst hat. Der Oxidationsprozess war vor seiner Entdeckung durch Lavoisier tatsächlich nicht sinnhaft (d.h. nicht einmal mehr in der Form des Unsinns) zugänglich – diesem Prinzip haben wir die Einsicht zu verdanken, dass die Welt »als solche« nicht zugänglich ist (die Welt als Einheit der Unterscheidung ist damit vollständig unerschlossen). Die Welt ist also beides gleichzeitig: erschlossen und unerschlossen. Und alle Probleme resultieren dar-

63 Vgl. dazu Wimmer 1996b.

64 »Sehr formal kann Sinn mithin dadurch charakterisiert werden, daß nur eines ausgeschlossen ist: daß etwas ausgeschlossen werden kann.« (Luhmann 2002b, S. 18).

65 Einfach paradox ist der Begriff der Welt immer – als Einheit der Unterscheidung von Transzendenz und Immanenz im Immanenten (vgl. Fuchs 2004, S. 13 und ders. 2000, S. 40). In Luhmanns Verständnis ist »Welt« nicht interessant, da man sie nicht sinnvoll gegen etwas anderes abgrenzen kann. Hier wird Welt hingegen als besonders interessant angesehen, insofern nämlich, als sie sowohl als Gegenstand als auch als Bedingung von Welterschließungsprozessen angesehen wird, womit das Denken von Welterschließungsprozessen auch bestimmte repräsentationalen Reste der Systemtheorie (vgl. Friedrichs 2008, S. 197ff) überschreitet.

66 Das Treffen einer Unterscheidung wird notwendig von einem Motiv begleitet: »There can be no distinction without motive and there can be no motive unless contents are seen to differ in value.« (Spencer-Brown 1969, S. 1)

aus, dass man die Unterscheidung darüber, was nun erschlossen ist und was unerschlossen ist, nur in eben genau dieser Welt treffen kann. Und diese Welt ist eine geteilte (zu den Konsequenzen für den Begriff der Welt und des Sinns siehe auch Abschnitt II/9) – man hat sie, um im Beispiel zu bleiben, immer schon mit dem Sauerstoff geteilt und zwar nicht in der Art des Nebeneinanders, sondern in der Art des Miteinanders. Würde man die Welt nur einfach paradox verstehen, nämlich als Einheit der Unterscheidung von (ganz) erschlossen und (ganz) unerschlossen, wäre man gezwungen, noch die Unterscheidung von Immanenz und Transzendenz selbst zu übergreifen – nämlich auf eine Weise, als könne man eine Aussage über die Welt, und sei sie so abstrakt wie hier, von einem Ort jenseits der Welt treffen; das aber ist seit jeher, wenn man denn diesen Ort adressieren will, Gott vorbehalten. Wenn man den Transzendentalismus vermeiden will, der mit einer fundierenden Festlegung der Unterscheidung verbunden wäre (oder mit einer transzendentalen Hilfskonstruktion wie der Lebenswelt bei Husserl) und man sich der Frage der Erschlossenheit und Unerschlossenheit (also der Frage inwiefern die Welt erschlossen ist) auf *immanente* Weise stellt, so wie sie sich auch für die Wissenschaft (und den Einzelnem in seinen Bildungsbemühungen) stellt, und damit auch für die Wissenschaft, die sich der Erschließung solcher Erschließungsformen widmet (und dem einzelnen, der sich um Erkenntnisse über Bildungsprozesse bemüht), bleibt einem also – ich wiederhole mich – nichts anderes übrig, als erstens beides gleichzeitig anzuerkennen (die Welt ist immer vollständig erschlossen und die Welt ist immer vollständig unerschlossen), zweitens anzuerkennen, dass mit der analytischen Aussage, dass die Welt prinzipiell nie vollständig erschlossen werden kann, noch keine Aussage über die sich historisch beständig verschiebende Unterscheidung von erschlossen und unerschlossen selbst getroffen wird und drittens – aber das ist schon beinahe banal –, dass jeder Bezug auf die Welt in der Welt erfolgt.[67] Ein und dasselbe gleichzeitig gleichzeitig und ungleichzeitig zu denken[68] (in anderen Worten: »die Welt ist prinzipiell unerschließbar« gleichzeitig mit »im Prinzip ist die Welt erschlossen« und »morgen sieht die Welt ganz anders aus«, sprich: was heute noch als

67 Hier die Unterscheidung von erschlossen und unerschlossen zu wählen hat noch einen strategischen Vorteil: Manche (nicht alle) Erkenntnisprozesse der Wissenschaft können auch als Erkenntnisprozesse einzelner Wissenschaftler beschrieben werden, die damit mit Bildungsprozessen deckungsgleich wären. Die Unterscheidung Erschlossen/Unerschlossen durch die Unterscheidung von Bekannt/Unbekannt oder Erkannt/Unerkannt zu ersetzen, hat sich genauso wenig bewährt wie die von Luhmann als Code der Wissenschaft angesehene von wahr/unwahr.

68 Vgl. Luhmann 1992b, S. 81.

erschlossen gilt kann morgen schon als etwas gelten, was unerschlossen gewesen ist, bzw. umgekehrt: was heute noch als unerschlossen gilt, kann morgen schon als erschossen gelten), ist eine klassische Unlogik und drängt danach semantisch aufgelöst zu werden (z.B. indem man darauf hinweist, dass »prinzipiell« etwas ganz anderes bedeutet als »im Prinzip«). Gemeint ist aber tatsächlich beides: Die Welt (als geteilte) ist im strengsten Sinne des Wortes weder erschlossen noch unerschlossen, sondern sowohl erschlossen (wir können die Grenzen der Welt nicht von einem Jenseits der Grenzen unserer Welt aus ziehen) als auch unerschlossen (es lohnt sich Wissenschaft zu betreiben, es lohnt sich, sich zu bilden; es gibt nichts, was nicht potentiell revidierbar wäre).

Wenn man sich mit der klassischen Logik derart verstrickt, muss man zu einer nicht-klassischen wechseln. Die Logik, die hier gewählt wird und mit der man sich in die Lage versetzt, Erschlossenheit und Unerschlossenheit gleichzeitig gleichzeitig und ungleichzeitig zu denken, ist die des Formkalküls von Spencer-Brown.[69] Spencer-Browns Anspruch besteht genau genommen allerdings nicht darin, eine Alternative zur klassischen Logik anzubieten, sondern ein mathematisches Kalkül anzubieten, mit dessen Hilfe die Logik (und die boolsche Algebra) selbst noch als von diesem ableitbar erkennbar werden. Der Formkalkül wird daher auch als Protologik (Varga von Kibéd/Mathka 1993, S. 58; Schiltz 2007, S. 11, Clam 2004, S. 252) oder als Protomathematik (Schützeichel 2003, S. 28; vgl. auch Schiltz 2003) bezeichnet, »während das Formkalkül für Spencer-Brown das notwendige Ergebnis einer konsequenten Mathematik darstellt, dessen Ziel darin besteht: »immer weniger über immer mehr zu sagen. Ein mathematischer Text ist somit nicht Selbstzweck, sondern ein Schlüssel zu einer Welt jenseits des Umfangs gewöhnlicher Beschreibung« (Spencer-Brown 1997, S. xxxv). So weist Lau darauf hin, dass sich mit dem Formkalkül zeigen lasse, »dass Logik aus der Mathematik ableitbar ist, wenn man mit Mathematik ursprünglich beginnt, das heißt, wenn man das Einfachste formalisiert« (Lau 2005, S. 119).[70] Das Einfachste ist hier die Form der (gleichursprünglichen[71]) Unter-

69 Spencer-Brown 1997. Eine verständliche Einführung findet sich bei Lau 2005. Eine gute Übersicht über die systemtheoretische Rezeption des Formkalküls findet sich bei Urban 2009.

70 Spencer-Brown sieht seine Arbeit entsprechend als Antwort auf das in der »Grundlagenkrise der Mathematik« als ungelöst angesehene Problem des Verhältnisses von Logik und Mathematik: »Ein grundsätzliches Anliegen dieser Abhandlung ist es, das, was als Algebren der Logik bekannt ist, vom Gegenstand der Logik zu trennen, und sie wieder mit der Mathematik zu verbinden.« (Spencer-Brown 1997, S. xxxvi)

71 Die Nähe des Formkalküls zur Phänomenologie ist unübersehbar, wenn man es in allgemeinere Worte fasst. So wenn Peter Fuchs ausführt: »Was sich nicht unter-

scheidung von Unterscheidung und Bezeichnung, der Spencer-Brown das Symbol ┐ gibt. Die theoriepraktische Attraktivität des Formkalküls besteht dabei darin, dass es »anweisend (praktisch) statt annehmend (ontologisch) ist« (Lau 2005, S. 17, vgl. auch ders. S. 23ff): Etwas wird als etwas bezeichnet, indem es von dem, was nicht bezeichnet wird, unterschieden wird. Das ist tatsächlich einfach, denn im Prinzip ist damit bereits alles gesagt und so führt Spencer-Brown in den Laws of Form genau genommen nur noch aus, was damit verbunden ist. Das ist vor allen Dingen: Zeit. Denn indem etwas als etwas bezeichnet wird und dabei gleichzeitig von dem, was nicht bezeichnet wird, unterschieden wird, stellt der »Wechsel auf die andere Seite«, bzw. genauer: das Treffen einer Unterscheidung, indem die andere Seite bezeichnet wird, genauso eine neue Operation dar, wie auch die Wiederholung des Treffens der selben Unterscheidung eine neue Operation darstellt. Daher können Varga von Kibéd und Matzke Spencer-Browns Projekt auch zurecht als Versuch beschreiben, »ein System *iterierbarer* Unterscheidungen und Bezugnahmen zu entwickeln, das der Formbildung jedes beliebigen formalen Systems zugrunde liegt (Varga von Kibéd/Matzke 1993, S. 58, Herv. SöA), auch wenn der über die Mathematik und Logik hinausweisende Nutzen dieses iterativen Moments bei Spencer-Brown, der innerhalb seiner Formtheorie von der perfekten Wiederholbarkeit ausgeht (»to recall is not to call« und »to recross is not to cross«: Spencer-Brown 1969, S. 1f), selbst nicht unbedingt erkennbar ist (dazu mehr unten). Offen erkennbar ist hingegen der praktische Nutzen seiner selbstbezüglichen Struktur und der Fähigkeit des Kalküls, Umgangsweisen mit Paradoxien vorzuführen, seit Luhmann die Figur des Re-Entrys in die Systemtheorie überführt und dort an unterschiedlichen Beispielen durchgespielt hat,[72] was es bedeutet, wenn Unterscheidungen im Sozialen auf eine der beiden Seiten der selben Unterscheidung wiedereingeführt werden (das ist die Figur des Re-Entry), um dort bearbeitet werden zu können.[73] Und als

---

scheiden läßt, kann nicht beobachtet werden. Beobachtung unterscheidet (to distinct), muß aber, um einen Unterschied zu machen, zugleich fixieren (markieren, to indicate), *was* sie unterscheidet. *Dies* ist nur *Dies* durch *Das*, wovon es unterschieden wird, aber *Das* wäre ohne die Markierung (indication) des *Dies*: nichts.« (Fuchs 2003, S. 76)

72 Bereits auf der formtheoretischen Ebene selbst konnte Spencer-Brown die Figuren des Re-Entry nicht logisch ableiten, sondern musste sie, wie er selbst schreibt, experimentell durchspielen (Spencer-Brown 1997, Kap. 12; vgl. auch Lau 2005, S. 92ff).

73 Als einfaches Beispiel kann man die von Kant aufgewiesene Paradoxie der Erziehung – wie erziehe ich zur Freiheit bei dem Zwange – in Form der Schule als Re-Entry auf der Seite des Zwanges verstehen: Man kann keinen Schüler dazu zwingen freiwillig andere ausreden zu lassen. Aber man kann Schüler dazu zwingen, in die

anschlussfähig an das hier verfolgte Problem der Welterschließung im Sinne einer Arbeit an den Grenzen der Welt wird die Figur des Re-Entry erkennbar, wenn man – diesen sozialwissenschaftlichen Nutzen vor Augen – die Interpretation des Formkalküls als Beobachtungstheorie durch Luhmann gleich wieder streicht.[74] Das erfolgt hier bereits dadurch, dass »Welt« gleichzeitig als Einheit des sinnhaft Zugänglichen, als Einheit der Unterscheidung von erschlossen und unerschlossen, und als Gegenstand von Welterschließungsbemühungen gefasst wird, womit Welt nicht wie bei Luhmann als unthematisierbarer Grenzbegriff fungiert, sondern schlicht als etwas behandelt wird, das wie anderes auch nur in Form seines eigenen Re-Entrys zugänglich ist.

Mit Hilfe des Formkalküls kann man hier die »in der Welt« getroffene Unterscheidung von erschlossen und unerschlossen, genauer: die Unterscheidung die die (hier: »wissenschaftliche«) Welt konstituiert und die Ausgangspunkt weiterer Erkenntnisse ist, als Re-Entry dieser Unterscheidung auf eine der beiden Seiten derselben Unterscheidung verstehen. Das Paradox, dass die Welt immer beides zugleich ist: vollständig erschlossen und vollständig unerschlossen, wird damit als Paradox erkennbar, das entsteht, wenn man von der Zeit abstrahiert und stillstellt, was nicht stillzustellen ist. Praktisch ist die Welt immer nur über ein bereits erfolgtes Re-Entry ihrer konstituierenden Unterscheidung zugänglich – und gerade dadurch wird die Abstraktion von Zeit als theoretische Notwendigkeit erkennbar. Damit ist es nicht länger nötig, die Erschließung des Unerschlossenen im Namen der Unabschließbarkeit der Welt zu diskreditieren und es wird möglich, die Arbeit der Wissenschaft als Arbeit an den Grenzen der Welt, die nicht zwischen innen und außen, sondern *innen* zwischen innen und außen verlaufen, zu verstehen. Damit kommt ihr auch analytisch das Gewicht zu, das sie praktisch besitzt – denn es handelt sich um die Grenzen einer *geteilten* Welt. Die Entscheidung, was als erschlossen und was als unerschlossen gilt, kann damit sinnvoll nur in der Welt getroffen werden – und hier muss sie getroffen werden. Zwar ist es immer möglich, jedes Wissen mit dem Sigel der bloß vorläufigen

---

Schule zu gehen, wo dann die Lehrer jeden Tag aufs Neue die Möglichkeiten ausloten müssen, Schüler zwanglos andere ausreden zu lassen.

74 Problematisiert wurde die Interpretation des Formkalküls als Beobachtungstheorie durch Luhmann von Werner Friedrichs (2008). In seiner Relektüre der luhmannschen Interpretation des Formkalküls mit Hilfe von Deleuze entfaltet Friedrichs eine Interpretation der Form als Differenz, bei der »die von Spencer-Brown benannte *distinction* in der Mitte der Form keine fixierte Grenze [wäre], sondern einer [sic] Differenz, die stetig von neuem wiederholt werden müsste« (ebd., S.. 231) – eine Interpretation, die hier nicht noch einmal begründet werden soll, sondern als zutreffend vorausgesetzt wird.

Erschlossenheit zu versehen oder umgekehrt mit dem Sigel der endgültigen Erschlossenheit – aber keines von beiden *ergibt* Sinn und ist damit weder erkenntnisleitend noch selbst eine Erkenntnis. Eine Unterscheidung zwischen erschlossen und unerschlossen muss als getroffen vorausgesetzt werden, wenngleich sie auch nicht unbedingt expliziert worden sein muss. Als erschlossen soll also nicht die Gesamtheit dessen gelten, was als bekannt behauptet wird, sondern was als bekannt vorausgesetzt wird, einschließlich dessen, was gerade aufgrund seiner Bekanntheit vergessen worden ist oder vergessen werden kann. Ein wesentlicher Teil dessen, was in seiner Erschlossenheit mobilisiert werden kann, ohne deshalb unbedingt verstanden sein zu müssen, tritt in Form von Technik auf.

Das Formkalkül versetzt einen zudem in die Lage, an dieser Stelle eine analytisch trennscharfe Unterscheidung von zwei möglichen, und zwar genau zwei möglichen, Welterschließungsweisen zu formulieren: Die Arbeit an der Unterscheidung von erschlossen und unerschlossen, die als in sich selbst hineinkopierte Unterscheidung auf die Seite der Unerschlossenheit gerichtet ist und die Arbeit an der Unterscheidung von erschlossen und unerschlossen, die auf die Seite der Erschlossenheit gerichtet ist. Erstere, die Arbeit an der Unterscheidung, die auf die Seite der Unerschlossenheit gerichtet ist, soll im Folgenden *Explorieren,* letztere, die Arbeit an der Unterscheidung, die auf die Seite der Erschlossenheit gerichtet ist, soll im Folgenden *Experimentieren* genannt werden.[75]

So wie die Forschungsreise paradigmatisch[76] für die Exploration steht, steht die Laborarbeit paradigmatisch für das Experiment. Erstere richtet sich auf unerschlossene, letztere auf erschlossene Gebiete. Scott und Amundsen wussten als Exploratoren, dass der Südpol unbetretenes Gebiet war und Cristóbal Colóns Tollkühnheit bestand darin, Hinterindien über einen bislang unbekannten Weg

75 Ein häufiges Mißverständnis der Logik des Formkalküls beruht darauf, nicht entschieden genug darauf zu achten, dass es sich bei der Figur des Re-Entrys um das Hineinkopieren einer Unterscheidung auf eine der beiden Seiten *derselben* Unterscheidung handelt. Der Kalkül ist also selbst paradox formuliert und fasst somit logisch ein Problem (die Paradoxalität) formelhaft zusammen, auf das im Sozialen eine Lösung gefunden werden *muss*: z.B. durch die Auflösung der Paradoxie in der Zeit. Es gibt im Sozialen keine nicht-gelösten Probleme der Paradoxalität. Aber es gibt gute und schlechte Lösungen und die verbreiteteste schlechte Lösung besteht eben darin zu oszillieren. Zur zentralen Bedeutung der Paradoxalität in der Pädagogik vgl. Wimmer 2006.

76 Im alltagssprachlichen Sinne wie »prototypisch« oder »gleich einem Symbol«, nicht im Kuhn'schen.

anzufahren,[77] während Galilei als früher Experimentator erst einmal nichts weiter vorzuweisen hatte, als die hinlänglich bekannte und entsprechend wenig spektakuläre Tatsache, dass Gegenstände herunterfallen. Erstere machten sich an die Arbeit, unerschlossene Gebiete zu erschließen, letzterer daran, im Erschlossenen Unerschlossenes aufzuschließen. Das ganze Gebiet, in dem sich Galileis Forschung abspielte, dürfte jedem Zeitgenossen hinlänglich aus dem Alltag bekannt gewesen sein: Äpfel und Kugeln, schiefe Ebenen, Dinge, die herunterfallen oder auf Brettern herunter rollen. Nichts davon würde man damals für einen Aufbruch in unerschlossenes Gebiet gehalten haben. Dass mit dieser Demonstration etwas Neues gezeigt werden kann, setzt die gezielte Produktion einer Differenz *im* Erschlossenen voraus. Differenzen zu produzieren, wo niemand welche vermutet, statt Unbekanntes dort zu entdecken, wo jeder es vermutet, ist das Ziel von Experimenten im Unterschied zur Exploration. Dieses bedarf nicht nur vollkommen anderer Strategien; es zu verstehen, bedarf auch eines ganz anderen Denkens. Denn da der Versuch der Erschließung von Erkenntnisprozessen selbst auf Erkenntnis zielt, muss auch dieser Versuch entweder eine explorative oder eine experimentelle Form annehmen – und macht es einmal mehr unumgänglich, mit einer paradoxiefähigen Logik zu arbeiten. Der Wechselwirkung zwischen Erkenntnisprozessen und ihrer Reflexion soll später mit dem Begriff des Denksystems weiter nachgegangen werden (siehe dazu Abschnitt III/23). Der erste festzuhaltende Unterschied zwischen Exploration und Experiment besteht also darin, dass Explorationen sich auf unerschlossene Gebiete beziehen und Experimente auf erschlossene.

Die Arbeit an der Unterscheidung ist entschieden zeitlich zu verstehen. Es handelt sich nicht um ein räumlich an der Mengenlehre orientiertes Nullsummenspiel, bei dem ein Element aus der Menge der Erschlossenheit in die Menge der Unerschlossenheit verschoben wird und umgekehrt: In beiden Fällen erneuert (im radikalen Sinne des Neuen) sich die Unterscheidung im Zuge der Arbeit an der Unterscheidung in jeweils umgekehrter Richtung. Man findet auf dem Westweg nach Indien Land (mehr Erschlossenheit), stellt aber fest, dass man das noch gar nicht kennt (mehr Unerschlossenheit). Man entdeckt, dass durch einen

77 Seine Tollkühnheit bestand nicht darin, wie manche glauben, die zeitgenössische Vorstellung einer flachen Erde zu ignorieren und in Kauf zu nehmen, über ihren Rand zu fahren. Der Glaube an die Flachheit der Erde ist, wie Jeffrey Burton Russell gezeigt hat, eine Erfindung des 19. Jahrhunderts und eine rekursive Mystifikation von Kolumbus; tatsächlich sei seit dem 3. Jahrhundert vor Christi eine solche Meinung niemals ernsthaft verbreitet gewesen (Russell 1997). Zur Geschichte des Mythos des Glaubens an eine flache Erde siehe auch ausführlich Garwood 2007.

engen Spalt fallendes Licht sich nicht so verhält, wie man glaubte (mehr Unerschlossenheit), weiß jetzt aber, dass dem so ist und dass man das im Folgenden berücksichtigen muss (mehr Erschlossenheit). Bereits damit wird verständlich, warum das Treffen der Unterscheidung auf der Seite der Erschlossenheit oder Unerschlossenheit *Arbeit* erfordert, während das Treffen der Unterscheidung selbst (sei es die Aussage, dass es in der Welt letztlich nur Unerschlossenes gibt, sei es die Aussage, dass es in der Welt letztlich nur Erschlossens gibt) ohne Arbeit auskommt, da mit ihm lediglich die Unterscheidung – zwischen den beiden Möglichkeiten oszillierend – wiederholt wird. Das ist es, was man am Anfang von Texten *über* die Wissenschaft findet, die sich nicht von der Faszination lösen können, dass es nichts gibt, was als endgültig erschlossen behauptet werden kann: »The value of a call made again is the value of the call.« (Spencer- Brown 1969, S. 1)

9. DIE GRENZEN DER WELT

Das alles klingt nach einem systemtheoretischen Auftakt und ist es doch gerade nicht. Tatsächlich beginnt hier keine systemtheoretische Reformulierung von wissenschaftlicher Arbeit mit dem Ziel, den von Luhmann als bloße Kontingenzformel abgetanen Bildungsbegriff doch noch in die Systemtheorie zu integrieren oder wie bei Lenzen (1997) soweit in systemtheoretisches Vokabular umzuarbeiten, bis nichts mehr von ihm übrig ist. Die Frage, inwieweit sich diese und die folgenden Überlegungen mit der Systemtheorie verbinden lassen, muss an dieser Stelle offen bleiben – denn einer befriedigenden Antwort müsste der ernsthafte Versuch einer Verbindung vorausgehen, und das erforderte ein eigenes Projekt. Ob die hier verfolgten Gedanken sich in die Systemtheorie, so wie sie von Luhmann hinterlassen wurde, *integrieren* lassen, ist hingegen eine Frage, die sich eindeutig beantworten lässt, nämlich mit: Nein.[78] Insofern das, worum es geht – Welterschließungsprozesse als gemeinsames Moment von wissenschaftlicher Forschung und Bildung –, als Arbeit an den Grenzen der Welt gefasst wird, wird bereits der Rahmen dessen verlassen (ohne aus ihm heraus- und in etwas anderes

78 In der zu einem späten Zeitpunkt der Theorieentwicklung gehaltenen Vorlesung zur »Einführung in die Systemtheorie«, in der Luhmann sich besonders um die Darstellung der Architektur der Systemtheorie bemüht, äußert er die Vermutung, dass ein entschiedenerer Ausgang vom Formkalkül eine Theorieentwicklung ermöglichen würde, die in ihrer Allgemeinheit »auch über die Systemtheorie noch einmal hinausgeht« (Luhmann 2002a, S. 76).

hineintreten zu können), was Luhmann, im Anschluss an Husserl[79] und unter Absehung von dessen transzendentaler Auflösung, bzw. Verankerung im Transzendentalen, durchgehend voraussetzt: Die Fassung von Sinn als grundlegendstem Medium, als Einheit der Unterscheidung von Aktualität und Potentialität und als differenzlosen Begriff, der sich noch selbst mitmeint, sowie die Fassung von Welt als Gesamtheit aller sinnhaften Verweise. Luhmann schreibt:

»Kein sinnkonstituierendes System kann also der Sinnhaftigkeit aller eigenen Prozesse entfliehen. Sinn aber verweist auf weiteren Sinn. Die zirkuläre Geschlossenheit dieser Verweisungen erscheint in ihrer Einheit als Letzthorizont allen Sinnes: als *Welt.* Die Welt hat infolgedessen die gleiche Unausweichlichkeit und Unnegierbarkeit wie Sinn. Jeder Versuch, sie gedanklich zu überschreiten, weitet sie nur aus; er muß Sinn und Welt in Anspruch nehmen und somit das sein, was nicht zu sein er sich bemüht.« (Luhmann 1987, S. 105).

Sinn ist in diesem Sinne unnegierbar, denn »eine Negation wäre eine Bezeichnung, die ihrerseits wiederum ein Medium, also als allgemeinstes Medium Sinn voraussetzen würde« (Luhmann 2002b, S. 22) Gleichzeitig fasst Luhmann die Welt aber keineswegs als bloß analytische Kategorie, sondern sieht sie wie auch das Beobachten als durchaus empirische Gegebenheit. So schreibt er in der *Wissenschaft der Gesellschaft*:

»Trotz des Abstraktionsgrades des Begriffs ›Beobachten‹ ist das, was er bezeichnet, als eine empirische, also als eine ihrerseits beobachtbare Operation gemeint. Das hat die wichtige Konsequenz, die quer steht zu wichtigen Annahmen der Tradition: daß das Beobachten die Welt, in der beobachtet wird, verändert. Es gibt, anders gesagt, keine zwar beobachtbare, aber beobachtungsinvariante Welt. Oder mit einer nochmals anderen Formulierung: die Welt kann nicht von außen beobachtet werden, sondern nur in ihr selbst, das heißt: nur nach Maßgabe von (zum Beispiel physischen, organischen, psychischen, sozialen) Bedingungen, die sie selbst bereitstellt« (Luhmann 1992b, S. 75).

Urs Stäheli hat darauf hingewiesen, dass der Begriff des Sinns und der Welt (neben denen der Zeit, der Unterscheidung und des unmarked state) die differenzlosen »Letztbegriffe« der Systemtheorie sind, mit denen Luhmann theoriestrategisch die Systemtheorie *abzuschließen versucht*, »die sie [die Systemtheorie, SöA] vor einer Selbstdekonstruktion bewahren sollen« (Stäheli 2000, S. 22). Stäheli kann zeigen, dass Luhmann versucht, den sinnkonstituierenden Nicht-

79 Vgl. Husserl 1950 [1913], S. 303f.

Sinn aus der Systemtheorie auszuschließen – ohne dass ihm das allerdings vollständig gelingt und zwar im Unterschied zu Derrida, der mit dem »Begriff« der *différance* demonstriert, inwiefern die Möglichkeit des Sinns von seinem Scheitern abhängt. Auszuschließen versucht Luhmann den Nicht-Sinn durch die Totalität der Figur der Nicht-Negierbarkeit des Sinns und der Vollständigkeit der Bestimmung von Welt als Letzthorizont des Sinns: Indem Luhmann Sinn im Anschluss an Husserl als Unterscheidung von Aktualität und Potentialität fasst, gilt alles, was nicht realisiert wird, in der Form der Potentialität immer noch als Sinn[80] – aber, und das ist entscheidend, als eben *potentiell* aktualisierbar. Stäheli schreibt: »Für die Systemtheorie handelt es sich um überschüssige Möglichkeiten, die nicht aktualisiert worden sind, aber im Grunde aktualisierbar wären. Sinn wird so keineswegs überschritten, vielmehr garantiert die Potentialität«, und hier zitiert Stäheli Luhmann, »immer auch die Aktualität der Welt in der Form der *Zugänglichkeit*« (Stäheli 2000, S. 73 unter Bezug auf Luhmann 1987, S. 93, Herv. Stäheli). Damit exiliere Luhmann den Nicht-Sinn »in einen transzendentalen Raum und verwirft ihn so auch gleich als soziologisches Problem« (ebd., S. 75), also nicht nur aus der Welt, sondern auch aus dem Denken, womit er jede Vorstellung einer Arbeit an den Grenzen der Welt verwirft, bzw. durch Begriffe wie »Irritation« so diffus werden lässt, dass die Vorstellung einer auf die Grenzen der Welt gerichteten Erkenntnis*strategie*, sei es in Form der Exploration, sei es in Form des Experiments, undenkbar wird (zum Begriff der Irritation siehe auch hier S. 112). In dieser durch Luhmann potentialisierten Form bleibt damit »der Nicht-Sinn als Ausgeschlossenes oder Negiertes […] immer *zugänglich* und stets verfügbar für künftige Einsätze und läßt so die Logik der Universalität des Sinns unberührt« (ebd., S. 76).[81] Erkenntnisprozesse als Welterschließungsprozesse zu fassen, wäre in diesem Sinne sinnlos, denn wenn die Welt per definitionem *zugänglich* ist, gibt es auch nichts mehr zu erschließen,

---

80 Vgl. ausführlich auch Schützeichel 2003.

81 Es muss allerdings darauf hingewiesen werden, dass Luhmann die Konsequenzen einer weitergehenden Umstellung der Systemtheorie auf Differenz – gerade auch in Hinblick auf den Begriff der Welt – nicht mehr hat ausführen können. Allerdings hat der Formkalkül Spencer-Browns im Spätwerk zunehmend an Bedeutung gewonnen, während gleichzeitig Begriffe wie der der Autopoiese an Bedeutung verloren haben (vgl. zur zunehmenden Bedeutung des Formkalküls Urban 2009, Kap. 2). So schrieb Luhmann in der *Kunst der Gesellschaft*: »Die Konsequenzen einer Umstellung auf differenztheoretische Analysen zeichnen sich gegenwärtig erst in groben Umrissen ab, aber man kann vermuten, daß sie den Begriff der Welt betreffen und ihn radikal verändern« (1997b, S. 48). Im selben Text stellt Luhmann die Systemtheorie überdies explizit unter einen »Dekonstruktionsvorbehalt« (ebd., S. 161).

höchstens gemäß der Unterscheidung von wahr/falsch durchzuspielen. Und genau so versteht Luhmann auch die Aufgabe der Wissenschaft (vgl. Luhmann 1992b). Im Gegensatz dazu soll Welterschließung hier im starken Sinne als eine Arbeit an den Grenzen der Welt verstanden werden. Und im starken Begriff der Welt soll die Einsicht festgehalten werden, dass man aus ihr nicht heraus- und in eine andere hineintreten kann.[82]

10. Die Arbeit an den Grenzen der Welt

Öffnet man den Begriff der Welt in der von Stäheli systematisch durchgespielten Weise für die Dekonstruktion, wird es möglich, die Arbeit an der Unterscheidung von erschlossen und unerschlossen als empirische Arbeit an den Grenzen der Welt als immer schon *geteilter* zu verstehen und damit Exploration und Experiment tatsächlich als zwei *Erkenntnis*weisen zu unterscheiden. Die Welt ist (und hier bediene ich mich begrifflich bei Jean-Luc Nancy ohne ihm weiter auf Heideggers Spuren zu folgen[83]) in doppelter Hinsicht immer schon geteilt: Zum einen, insofern sie nie als ungeteilte Einheit wahrnehmbar ist, sondern in jeder sinnhaften Aktualisierung eine Phase durch einen zwischen Sinn und Nicht-Sinn aufgespannten imaginären Raum durchläuft und damit geteilt oder gespalten wird. Im differenziellen Gefüge jedes sinnkonstituierenden Systems ist es die

82 Wimmer spricht in seiner Auseinandersetzung mit den unterschiedlichen Umgangsweisen mit Paradoxien in der Systemtheorie und der Dekonstruktion entsprechend davon, dass es bei der Dekonstruktion weder um eine Überschreitung noch um eine Aufhebung, sondern um eine »Verwindung« der Grenze ginge, um ein Öffnung nach innen, »d.h. das durch die Unterscheidung Unterschiedene als in sich different konstituiert darlegt, als ein Außen im Innen, wovon als auch die Systemgrenze oder die System-Umwelt-Differenz selbst betroffen wäre.« (Wimmer 2006, S. 354f)

83 Die Teilung wird von Nancy insofern als ähnlich radikal bestimmt wie die *différance* bei Derrida als ihr nichts vorausgeht. So verweist Nancy in *Die herausgeforderte Gemeinschaft* auf die jeder Präsenz und jeder Welt vorausgehende Teilung als eine alle und jeden teilende: »Unter uns – uns allen zusammen und in unterschiedlichen Zusammenhängen – hat es schon das Teilen eines Gemeinsamen gegeben, das nur sein Teilen ist, doch teilend Existenz gewährt und also an die Existenz selbst rührt, insofern diese heißt, der eigenen Grenze ausgesetzt zu sein. Das eben hat aus uns ›uns‹ gemacht, uns trennend und uns einander näherbringend, die Nähe schaffend durch die Entfernung *zwischen uns* – ›uns‹, ›wir‹ in der wesentlichen Unentschiedenheit, in der sich dieses kollektive oder plurale Subjekt hält, dazu verdammt, niemals *seine eigene* Stimme zu finden.« (Nancy 2007, S. 32f)

Bewegung der *différance* selbst, die Bedeutung ermöglicht, nicht irgendeine einer Teilung vorausgehende Selbstpräsenz. Diese Bedeutung von Teilung ist notwendig mit ihrer zweiten verbunden: Das, was teilend Bedeutung ermöglicht, wird geteilt. So kann man nicht sinnvoll davon sprechen, dass jemand eine Sprache hat, sondern muss sie als etwas verstehen, das man teilt – ansonsten könnte man mit ihr nichts anfangen. Man kann sie entsprechend auch nicht verändern, wie man will, aber man kann es auch nicht vermeiden, an ihrer Veränderung Anteil zu haben. Insofern ist die Welt als sinnhafte im doppelten Sinne geteilt: als etwas, das der Teilung nicht vorausgeht, sondern etwas, das nur aufgrund von Teilungen ist und als etwas, das geteilt wird. »Es gibt keinen Sinn«, schreibt Nancy (und ich gehe davon aus, dass der entscheidende Teil des Sinns des Satzes aus seinen Heideggerschen Bezügen heraus und in diesen hier übersetzbar ist):

> »wenn der Sinn nicht geteilt wird, nicht weil es eine – letzte oder erste – Bedeutung gäbe, die allen gemein wäre, sondern weil *der Sinn selbst als Teilen [partage] des Seins ist.* Der Sinn beginnt dort, wo die Präsenz nicht reine Präsenz ist, sondern sich verzweigt und *als* solche sie selbst ist. Dieses ›als‹ unterstellt Abstand [*écartement*], Verräumlichung [*espacement*] und Teilung [*partition*] der Präsenz.« (Nancy 2004, S. 20)

Der gemeinsame Bezugspunkt von Exploration und Experiment ist also eine geteilte Welt, die damit gleichzeitig als vollständig erschlossen (insofern man ihre Grenzen nie überschreiten kann und die damit vollständig geschlossen sind) und unerschlossen (insofern man niemals auf sie zugreifen kann ohne sie gleichzeitig zu verfehlen, insofern kein Sinn der *différance* entgeht, die selbst nicht *ist*) gedacht werden muss. Damit sind sowohl Exploration und Experiment als auch Lernen und Bildung paradoxe Veranstaltungen, die nur noch als Abfolgen iterativer Ereignisse verstanden werden können, bei denen es um nichts weniger als die Welt selbst geht. Die Paradoxie soll hier also nicht dadurch aufgelöst werden, dass in »alteuropäischer Weise« (also transzendental) zwischen einer Welt an sich und den jeweils einzelnen, gewissermaßen »subjektiven Welten« im Sinne von »Weltsichtweisen« oder »Deutungen« gesprochen wird, sondern indem Welt – in einem sowohl entschieden materiellen als auch semiotischen Sinne[84] – als Letzthorizont ihrer sinnhaften, Aktualität und Potentialität umfassenden Zu-

84 Vgl. dazu Abschnitt III/8. In einer knappen Formulierung fasst Donna Haraway diesen Zusammenhang so: »Understanding the world is about living inside stories. There's no place to be in the world outside of stories. And these stories are literalized in these objects. Or better, objects are frozen stories« (Haraway 2000, S. 107).

gänglichkeit gefasst wird. Diese bedeutungsermöglichende Teilung der Welt kann man – von theoretischen Differenzierungen abstrahierend – formtheoretisch mit Spencer-Brown als die Notwendigkeit bezeichnen, mit der jede Bezeichnung mit einer Unterscheidung einhergehen muss: Etwas ist etwas immer nur, weil es anderes nicht ist – womit eine Teilung in die Welt eingeführt wird. Wenn die Welt als die Einheit alles Sinns gefasst wird und Sinn nur als Effekt einer Teilung verstanden werden kann, ist sie deshalb also immer schon geteilt. Gleichzeitig ist sie aber auch deshalb geteilt, weil sie immer zusammen mit anderen (Weltbewohnern, Touristen, Dingen, Tiefseetieren, etc.) geteilt wird; die Teilung der Welt ist damit radikal: alle teilen gleichzeitig dieselbe und eine andere Welt – eben das meint *teilen* in seiner Doppelbedeutung.[85] Vor diesem Hintergrund ist der Begriff der Mitteilung zu verstehen (vgl. dazu auch die Hinweise in Bezug auf das fehlende Fremde unten auf S. 137ff).

Obwohl die Unterscheidung von erschlossen und unerschlossen sinnvoll nur in der Welt getroffen werden kann, stellt die Arbeit an der Unterscheidung eine Arbeit an den Grenzen der Welt selbst dar, denn sie wird immer in der Form des Re-Entrys getroffen. Damit steht sie im Kontakt zu dem, was Luhmann mit seiner Fassung des Sinnbegriffes gerade theoretisch auszuschließen versucht: Nämlich zum Nicht-Sinn, also zu dem, worauf überhaupt nicht sinnvoll Bezug genommen werden kann: was also weder Unsinn ist, noch Sinnloses, weil beides noch Sinn ist. Um Erkenntnisprozesse tatsächlich als Arbeit an den Grenzen der Welt verstehen zu können, muss die Unterscheidung von erschlossen und unerschlossen in diesem Sinne als Re-Entry dieser »quasitranszendentalen«[86] Unter-

---

85 Und deckt sich damit mit dem, was Abdelkebir Khatibi über die Zweisprachigkeit schreibt, den Derrida in seiner Auseinandersetzung mit der *Einsprachigkeit des Anderen* (2003) zitiert und damit in einer geteilten Sprache deutlich macht, inwiefern sie beide eine Vorstellung von der Sprache *teilen*: »Wenn es (wie wir es im Anschluß und zusammen mit anderen sagen) *die* Sprache nicht gibt, wenn es keine absolute Einsprachigkeit gibt, dann bleibt einzukreisen, was eine Muttersprache in ihrer aktiven Teilung ist und was zwischen dieser Sprache und der sogenannten Fremdsprache übertragen/aufgepfropft wird. Was dabei übertragen/aufgepfropft wird und was dabei verloren geht, wobei es weder der einen noch der anderen zugute kommt: das Nichtmitteilbare.« (Khabtibi in Derrida 2003a, S. 20)

86 Rodolphe Gasché spricht von Quasi-Transzendentalität in Bezug auf solche Begriffe Derridas, die in ihrer Unentscheidbarkeit ihren Status als Begriffe überschreiten und sich gewissermaßen auf die Bedingung der Möglichkeit von Möglichkeit und Unmöglichkeit beziehen (Gasché 1986, insb. S. 295); Stäheli übernimmt Gaschés Bezeichnung, um solche »Einheiten von Unterscheidungen« wie der von unmarked state und unmarked space bei Luhmann zu bezeichnen, die genaugenommen gar nicht

scheidung aufgefasst werden. Jede Forschungsbewegung operiert also mit einer Unmöglichkeit: sie bezieht sich auf etwas, auf das sie sich per definitionem nicht beziehen kann, eine Unmöglichkeit, die damit temporalisiert werden muss. Unerschlossenheit kann nur *ex post* festgestellt und in der Form der zukünftigen Vergangenheit beschrieben werden: Bezugspunkt wird das gewesen sein, was sich als unerschlossen erwiesen haben wird (und dann aber schon genau das nicht mehr ist). Die Forschungsbewegung selbst kann sich sinnvoll aber nicht *vorher* auf das richten, was sich *nachher* als unerschlossen erwiesen haben wird. Deshalb muss sie sich entweder auf das richten, was in der Gegenwart als unerschlossen gilt, sich aber als etwas längst bekanntes, als etwas erschlossenes erweisen kann oder auf etwas, was als erschlossen gilt, sich aber als etwas erweisen kann, das unerschlossen gewesen ist.[87] Damit rückt die Verfehlung der Welt ins Zentrum ihrer Erschließung. Das ist aber kein die Forschung lähmendes Problem, sondern ein praktisches, das gleichzeitig ihre Legitimation darstellt: Es geht um das, was man ein unvorwegnehmbares Ereignis nennt. Alles andere (die Produktion vorwegnehmbarer Ergebnisse) kann zwar immer noch Wissenschaft sein (und macht, realistisch gesehen, ihren größten Teil aus), ist aber nicht Erkenntnis und steht damit in keinem strukturanalogen Verhältnis zur Bildung, weshalb dieses hier auch nicht Gegenstand des Interesses ist. Was aber als erschlossen und was als unerschlossen gilt, kann theoretisch nur redundant formuliert werden, bzw. als Frage an die Empirie delegiert werden: Als erschlossen gilt das, was als erschlossen gilt und als unerschlossen gilt, was als unerschlossen gilt. Genauer: als erschlossen gilt genau das, was in künftigen Arbeiten an dieser Unterscheidung als Faktum vorausgesetzt werden kann und, soweit es technisch realisiert wurde, darüber hinaus auch vergessen werden kann. Die Betonung, dass die Welt in einem sowohl entschieden materiellen als auch semiotischen Sinn als Einheit ihrer sinnhaften, Aktualität und Potentialität umfassenden

zugänglich sind, »da man die Bedingung der Möglichkeit und Unmöglichkeit eines Möglichkeitsraums nicht wiederum als Möglichkeitsraum fassen kann.« (Stäheli 2000, S. 84f). Vgl. eine etwas breitere Verwendung bei Rorty 1995.

87 Davon zu sprechen, dass in der Gegenwart etwas als erschlossen *gilt*, soll nicht so verstanden werden, dass hiermit eine Unterscheidung von Wissen und Meinung eingeführt wird und damit die Bedeutung der Unterscheidung von Erschlossenem und Unerschlossenem für die Gegenwart wieder relativiert wird. Die Einheit dessen, was jeweils in der Gegenwart als unerschlossen und erschlossen gilt, ist schließlich nicht etwa bloß eine Meinung von der Welt, sondern konstituiert sie als die, in der wir leben müssen. Für die Seeleute, die in einer Welt ohne skorbutverhindernden Zitronensaft sterben mussten, war die Unerschlossenheit des Gebietes der Skorbutbekämpfung unrelativierbar entscheidend.

Zugänglichkeit gefasst wird, verweist auf die mit der Technik allzu oft vergessene infrastrukturelle Bedeutung des Begriffs der Erschlossenheit: Vor der Erschließung der Tiefsee durch Hochdruck-U-Boote war das Tierreich der Tiefsee weder erschlossen noch unerschlossen, sondern schlichtweg nicht von dieser Welt (»der Welt der Wissenschaft«). Es gab zwar Spekulationen, wobei die vorherrschende, an dem erschlossenen Teil der Meere entwickelte Auffassung von einem unbelebten Gebiet ausging, das Tierreich selbst aber war nicht Teil des sinnhaft Aktualisierbaren. Entsprechend groß war die Überraschung, in diesen Tiefen jede Menge Leben aufzufinden. Erst mit Hilfe der (vorzugsweise experimentell entwickelten) Technik wurde dieser Teil in seiner potentiellen Zugänglichkeit erschlossen und (weitere, vorzugsweise explorative) Arbeit an der Unterscheidung von erschlossen und unerschlossen möglich, einschließlich weiterer Überraschungen (wie sehen die denn aus!).

Stäheli verweist auf noch eine andere Grenze der systemtheoretischen Fassung des Begriffes der Welt, die Luhmann nur mit Mühe theoretisch zu sichern vermag: Nämlich die, die er mit dem Begriff der Irritation zu sichern versucht. Irritation ist der von Luhmann an keiner Stelle systematisch ausgeführte, sondern immer nur mit deskriptiven Beschreibungen näher bestimmte Begriff, den Stäheli als ambivalente Restkategorie der Systemtheorie fasst: »Irritationen können weder auf ein äußeres Ereignis noch auf eine interne Beobachtung reduziert werden, sondern tauchen im System als zunächst nicht-assimilierbarer Rest dessen, was ansonsten immer nur als seine Voraussetzung gedacht wird, auf.« »Die Welt«, schreibt Stäheli, »wird durch die Irritation im System sichtbar« (Stäheli 2000, S. 45f) und zitiert Luhmann: »Es muß vorausgesetzt werden, daß die Welt (was immer das ist) das Unterscheiden toleriert und daß sie je nachdem durch welche Unterscheidung sie verletzt wird, die dadurch angeleiteten Beobachtungen und Beschreibungen auf verschiedene Weise irritiert« (Luhmann 1992a, S. 93). Ich ergänze das Zitat, damit es in diesem Kontext verständlicher wird und um deutlich zu machen, wie fein die Unterschiede sind, um die es hier geht: »Die Welt erscheint so gleichsam als involvierte Unsichtbarkeit; oder auch als Hinweis auf eine nur rekursiv mögliche Erschließung. Die Welt ist – was immer sie als ›unmarked state‹ vor aller Beobachtung sein mag – für den Beobachter [...] ein temporaliserbares Paradox.« (Ebd.) Anstatt die Ambiguität des Irritationsbegriffes nun als Argument dafür heranzuziehen, der Systemtheorie beweisen zu wollen, dass Systeme doch nicht autopoetisch geschlossen seien, verweist Stäheli (und das macht seine Argumentation so bedeutend) vielmehr auf die Ereignishaftigkeit der Irritation und ihre begriffliche Anschlußfähigkeit an Derridas Begriff der Iteration: »[D]ie Offenheit nistet sich hier ins operative Geschehen selbst ein als zögerliches Anschließen oder Bruch im Anschlußgeschehen«

(Stäheli 2000, S. 45). Der Irritationsbegriff oszilliere damit zwischen der Bedeutung eines nicht-integrierbaren äußeren Ereignisses und eines Moments radikaler Kontingenz, »welche die Unterscheidung zwischen innen und außen suspendiert und nur als solche das System in eine unentscheidbare Offenheit stürzt« (ebd., S. 46). Stähelis Vorschlag aufnehmend werde ich zur begrifflichen Klärung dieses Irritationsmoments auf Derridas Begriff der Iteration zurückkommen (vgl. Abschnitt III/2), wobei dieser Moment dann nicht mehr mit dem Begriff der Irritation metaphorisiert wird und werden muss. An dieser Stelle sei zunächst nur darauf verwiesen, dass der Erfolg von Erkenntnisprozessen damit vollständig an dem Fremden hängt, mit dem die Welt schon immer geteilt worden ist (was an sich noch keine neue Erkenntnis darstellt). Damit wird der Begriff der Welt selbst in die paradoxe Fassung des Re-Entry miteinbezogen, ohne dass damit die Fähigkeit zum Treffen der Unterscheidung zwischen Erschlossenem und Unerschlossenem irgendeinem funktionalen Äquivalent des transzendentalen Subjekts zugesprochen wird, noch einer objektiven »Welt an sich« zugewiesen wird. So ist es auch (wie in Abschnitt III/21) weiter ausgeführt werden soll) möglich zu sagen, dass wir zwar in der vergangenen Gegenwart in einer Welt ohne Tiefseetiere lebten, seit der in neuen U-Booten versammelten Kaskade von technischen Innovationen (wie neuen Stahllegierungen etc.) nun aber schon immer in einer Welt gelebt haben, die wir mit diesen seltsam aussehenden Lebewesen geteilt haben – das ist keine Veränderung in der Welt, sondern eine Veränderung der Welt, einschließlich der tiefseetierlosen Vergangenheit. Und damit können wir nun deren Mitteilungen vernehmen – und zwar im starken, materiell-semiotischen Sinne von Mitteilung,[88] nämlich in dem Sinne, dass die in der Tiefsee lebenden Wesen doch tatsächlich, wie erst kürzlich nachgewiesen wurde, nicht nur schon da waren, sondern sogar schon immer ihren unverzichtbaren Anteil an der Konstitution unserer geteilten Welt hatten: Sie sorgen offenbar für eine Stabilisierung des Weltklimas, indem sie die Wasserschichten der Weltmeere höchst effektiv durchmischen.[89] Anders gesagt: die Begriffe der Mitteilung und der Welt müssen so gefasst werden, dass selbst die Mitteilungen von Quallen in einer Klimadebatte mitgedacht werden können.

88 Zu den Mitteilungen eines fehlenden Fremden siehe Abschnitt III/3 und zu der Bindestrichkonstruktion »materiell-semiotisch« die Ausführungen auf Seite 297f.

89 Es geht um die vertikale Durchmischung unterschiedlich warmer und kalter Schichten, die entscheidend sind für den Wasser-Luft-Wäremeaustausch und damit für die klimatische Pufferfunktion der Weltmeere. Dabei scheinen Quallen augrund ihrer Fortbewegungsart offenbar die wichtigsten Akteure bei der Regulierung des Weltklimas zu sein Vgl. dazu Katija/Dabiri 2009.

11. DIE WELT UND IHRE WEISSEN FLECKEN

Soweit also die an die Feststellung der prinzipiellen Unabschließbarkeit des Wissens anschließenden Wissenschaftsbetrachtungen mit der Unerschlossenheit und nicht mit der Erschlossenheit ansetzen, so lässt sich jetzt präzisieren, bleiben sie damit auf explorative Prozesse bezogen, die sich ja tatsächlich auf die Seite der Unerschlossenheit beziehen, während gleichzeitig *alles das ausgeblendet wird, was Ausgangspunkt des Nachdenkens in der experimentellen Wissenschaft ist.* Wäre es nicht so, dass die Exploration gegenüber dem Experiment beständig an Bedeutung verloren hätte, könnte man sagen, dass dieses nur die halbe Wahrheit ist. Man kann es nicht wissen, denn es fehlt ein übergreifendes Maß, aber es dürfte in Bezug auf Europa nicht ganz falsch sein zu behaupten: Es war wahrscheinlich einmal fast die ganze Wahrheit und dann (ungefähr um 1700) die halbe Wahrheit, heute ist es aber längst und bei weitem nicht einmal mehr die halbe Wahrheit. Gemessen an der Nachhaltigkeit der ihr zugemessenen Aufmerksamkeit, könnte man die Zeit zu Beginn des 18. Jahrhunderts als Höhepunkt der explorativen Forschung ansehen[90] (die mit der Amerikareise Alexander von Humboldts ihren symbolischen Höhepunkt erreicht haben dürfte), während das Experimentelle seitdem gegenüber der Exploration beständig an Bedeutung gewonnen hat.

Das hat zunächst und vor allem empirische Gründe. Die klassische Exploration, die Reise, auf die man sich macht, um Neues zu entdecken, kann in einer bereits weitgehend vollständig bereisten und beschriebenen Welt keine große Bedeutung mehr haben. Der Technik kommt im Erschließen der Welt zunächst die (entscheidende) Rolle des Katalysators der Welterschließung in Form zentraler Techniken der Ermöglichung zu: Man denke nur an die Uhr und den Sextanten, die es ermöglicht haben, die gesamte Welt in ein zeitlich-räumliches Netz der Bestimmung einzuspannen, so dass es heute keinen Punkt auf der Welt mehr gibt, der nicht zumindest im abstrakten Sinne zeitlich-räumlich erschlossen wäre.[91] Heute würde man vielleicht an das Flugzeug und das Internet denken, die

---

90 Jean-Marc Drouin sieht die Zeit der großen naturkundlichen Expeditionen im siebzehnten Jahrhundert mit der Reise Joseph Pitton Tourneforts nach Anatolien und Griechenland beginnen und datiert ihren Höhepunkt auf den Beginn des neunzehnten Jahrhunderts (Drouin 1994, S. 571). In diesem Aufsatz findet sich auch eine Übersicht über die bedeutendsten Forschungsreisen dieser Zeit.

91 Zu erwähnen ist hier die Ausstattung der Kirchtürme und Rathäuser mit mechanischen Uhren im 13./14. Jahrhundert, Joseph Justus Scaligers Erfindung der kalendarischen Standardzeit Ende des 16. Jahrhunderts, deren Gebrauch sich aber nicht im

diese Erschließungsbewegung in anderer Form fortführen und verfeinern. Aber auch formale Theorien haben grundlegende Phänomene wie die der Bewegung in in sich geschlossene Systeme der Physik übersetzt, so dass es heute keine einfache Bewegung mehr gibt, die nicht prinzipiell in ihrer physikalischen Erschlossenheit betrachtet werden kann. Wer heute etwas auf Naturgesetze bezogen Neues sagt, muss dieses entsprechend in Differenz zu diesem Bestehenden sagen – keine bedeutende Erkenntnis der Physik der letzten Zeit ist dadurch gewonnen worden, dass man sich in unbekannte Gebiete vorgewagt hat. Selbst die Relativitätstheorie wurde gewissermaßen aus der Newtonschen Physik herausgetrieben – sie ist nicht als Beschreibung von Phänomenen entstanden, die man irgendwo anders gefunden hat. In diesem Sinne ist der Satz von Bachelard, dass die »Vorstellung, bei Null zu beginnen und sein Vermögen zu gründen und zu mehren, [...] nur in Kulturen einfacher Nebeneinanderordnung aufkommen [kann], in denen eine erkannte Tatsache unmittelbar Reichtum bedeutet« (1978, S. 46f. und oben S. 97), durchaus empirisch zu verstehen. Auch hier kann man natürlich nicht von einer ursprünglich unerschlossenen und dann zunehmend erschlossenen Welt ausgehen (das ist eine Betrachtungsweise *ex post*), sondern muss von der Figur des Re-Entrys ausgehen und damit eine sich verschiebende Grenze (gewissermaßen längs zur Geschichte stehend) an die Stelle einer teleologischen Entwicklung (gewissermaßen quer zur Geschichte stehend) stellen. Denn sind technische Dinge auch einerseits Katalysator der Welterschließung, sind sie andererseits auch Ermöglichungsbedingung für Explorationen. Technische Dinge wie schnellere Schiffe, die Erfindung des Zaumzeugs etc. haben überhaupt erst den explorativ erschließbaren, unerschlossenen Raum eröffnet. So ermöglichen Technologieschübe plötzliche Vorgriffe auf riesige unerschlossene Gebiete, die so etwas wie ein Zeitalter der Exploration oder schlichter: Explorationsschübe ermöglichen. Konkrete Hinweise auf solche Schübe mag man z.B. in den Globen zu Beginn des 18. Jahrhunderts finden, also der Zeit, die man aus heutiger Sicht als Höhepunkt der Exploration verstehen könnte. Auf diesen wurden unerschlossene Gebiete erstmals als weiße Flecken aufgeführt, die dann

Alltag durchsetzte, sondern fast ausschließlich auf Berechnungen in der Astronomie beschränkte (und beschränkt), Sir Sandford Flemings Einteilung des Globus in 24 Zeitzonen im 19. Jahrhundert, sowie die (chinesische) Erfindung des Magnetkompasses (erste europäische Erwähnung 1187), des Sextanten durch John Hadley und Thomas Godfrey im 18. Jahrhundert und des Kreiselkompasses im 20. Jahrhundert. Vgl. zum Überblick Boorstin 1983, als Klassiker Mumford 1934 sowie eingängig zur trotz allem fortgesetzten Uneinheitlichkeit der Zeitwahrnehmung: Levine 1997. Zur Bedeutung der mechanischen Uhren vgl. auch Meyer-Drawe 1996, S. 51. Zur Geschichte und Bedeutung Flemings vgl. Blaise 2000.

nach und nach im Zuge der Erschließung dieser erstmals als explizit unerschlossen erschlossen aufgezeichneten Gebiete, wieder verschwanden (vgl. Fauser 1967). Auf früheren Globen – und Globen gab es entgegen verbreiteten Vorstellungen nachweislich schon 150 v. Chr.[92] – waren unerschlossene Gebiete noch nicht in Form weißer Flecken als unerschlossen gekennzeichnet, sondern gar nicht existent, nicht von dieser Welt, d.h. die Globen waren immer komplett.[93] Ob nun das »Zeitalter der Exploration« ein Ausreißer aus der Geschichte der Welterschließung war oder das des Experiments, ist in diesem Sinne keine klar beantwortbare Frage, verweist doch beides aufeinander.[94] Spätestens seit die Wissenschaft aber weltgesellschaftliches Niveau erreicht hat (vgl. Luhmann 1992b), ihr die weißen Flecken auf dem Globus abhanden gekommen sind und neue Räume der Exploration nicht mehr so ohne weiteres aufgefunden, sondern durch technische Innovationen erst eröffnet werden müssen, ist die Exploration mehr denn je auf die experimentellen Wissenschaften angewiesen, die mit der technischen Entwicklung aufs engste verbunden ist. Um heute noch die letzten weißen Flecken in klassischer Weise explorieren zu können, muss inzwischen ein beängstigend hoher Aufwand mit ungewissen Ergebnissen betrieben werden. Ökonomisch gesprochen: Der Grenznutzen der klassisch explorativen Erkenntnisstrategie nimmt seit rund vier Jahrhunderten beständig ab. Die Tiefsee und das Weltall sind Restgebiete klassischer Exploration.[95] Schaut man sich den

92 Zur Geschichte der Globen vgl. Fauser 1967 und allgemeiner zur Bedeutungsgeschichte der Globen Zögler 1989.

93 Vor ihrer Erschließung als unerschlossen waren diese Gebiete eben als mit Wasser bedeckt gekennzeichnet oder mit Wesen bevölkert dargestellt, von denen man heute sagt, dass sie nicht von dieser Welt sind, wie z.B. mit den Antipoden, die auf mittelalterlichen Darstellungen auf der Südhalbkugel eingezeichnet waren, auf der auch ein weiterer Kontinent vermutet wurde, der ein Gegengewicht zu Eurasien bilden sollte. Vgl. dazu von den Brincken 1992.

94 Zudem handelt es sich hier, das sei vorsichtshalber auch noch erwähnt, um eine in Bezug auf die Zeit der Exploration entschieden auf Europa bezogene Betrachtungsweise mit ihrem gesteigerten Interesse an Welterschließungsbewegungen. Zu den Schwierigkeiten parallelisierende Weltgeschichte zu schreiben und warum das in einer Arbeit wie dieser unmöglich geschehen kann siehe Osterhammel 2009, insb. S. 13-24 und 1279ff.

95 Die Welt der kleinsten Teilchen, für deren Erforschung ebenfalls ein beängstigend hoher Aufwand betrieben wird (alleine das CERN hat im Jahre 2009 ein Budget von über 1 Milliarde Schweizer Franken zur Verfügung), ist nur auf den ersten Blick eine eindeutig explorative Angelegenheit. Tatsächlich lässt sich ein Elementarbeschleuniger aufgrund seiner Verwobenheit unterschiedlichster Forschungsbereiche weder

Aufwand an, mit dem in dieser Form immer weniger Erkenntnisse mit immer größeren Aufwand gewonnen werden, dann sieht man die Kosten des Explorierens explodieren und die Wissenschaft wird zum practical joke.[96] Wenn die Erschließung der Welt dazu geführt hat, dass heute kaum noch ein offensichtlich unerschlossenes Gebiet in der Welt übrig ist (was natürlich nicht gleichbedeutend damit ist, dass sie weitgehend verstanden oder gar angemessen erschlossen ist), ist es daher kein Wunder, wenn sich gleichzeitig das Experimentelle immer weiter ausbreitet.[97] Denn die Alternative zum Experiment und zur Exploration

als nur das eine oder das andere und schon gar nicht als homogenes Forschungsfeld darstellen. Eine Charakterisierung experimenteller Forschung am CERN findet sich bei Merz 2002.

96 Wie ein Scherz lesen sich – unvermeidbar – auch die Presseerklärungen der Zuständigen: 1,5 Milliarden Euro will der deutsche Luft- und Raumfahrtkoordinator Peter Hintze für eine deutsche Mondmission einwerben. Neben dem bloßen Ausgeben von Geld an sich (sprich: Schaffung von Arbeitsplätzen) waren die einzigen von Hintze in der entsprechenden Presseerklärung genannten Gründe einer solchen Mission wissenschaftliche Erkenntniserwartungen, die sich auf Neben- und Zufallsprodukte der eigentlichen Mission bezogen, also im Großen und Ganzen von der Qualität der Teflonpfanne und wahrscheinlich doch wieder in den Laboren auf der Erde experimentell in der Begleitforschung entwickelt. Es gehe um die Schaffung »hochinnovativer Arbeitsplätze«, die die (nicht näher spezifizierte) Technologieentwicklung vorantreiben sollen. Johann-Dietrich Wörner, Vorstandsvorsitzender des Deutschen Zentrums für Luft- und Raumfahrt liefert dazu die Pointe: »Der Mond ist für uns wissenschaftlich hochinteressant, da er zahlreiche Geheimnisse birgt.« (NZZ vom 12.08.09) Besser ist das Wesen und der Stand der explorativen Forschung kaum auf den Punkt zu bringen.

97 Vgl. zum Überblick: Meinel 2000. Zur zunehmenden und weithin unterschätzten Bedeutung des Experiments in den Sozialwissenschaften: Falk/Heckman 2009. Man könnte auch die zunehmende Attraktivität des Experimentalbegriffs als Indiz heranziehen (Berg 2009). Ob es sich bei der Rede vom Experiment tatsächlich um Experimente im hier beschriebenen Sinne handelt, müsste allerdings geprüft werden, vor allem, da dieser höchst unterschiedlich und kaum in einem theoretisch auch nur einigermaßen elaborierten Sinne gebraucht wird. So ist die »experimentelle Pädagogik« Meumanns und Lays (vgl. Hopf 2004) mit Sicherheit nicht in dem hier verfolgten Sinne experimentell. Dem hier verfolgten Sinne kommt aber z.B. Baecker (1997) näher, der zwar erst einmal nur vom »Experiment der Organisation« spricht, gleichzeitig aber ansatzweise eine Organisationsform beschreibt, die mit Charakteristika wie der gezielten Abweichungsproduktion, der Einführung von »Indifferenzzonen« selbst als experimentell verstanden werden kann. Man könnte analog zu der hier beispielhaft dargestellten Umstellung der Wissenschaft auf das Experimentelle eine Ge-

mit hohem Aufwand besteht nur darin, weiter zu explorieren *als ob* die Welt nicht schon so erschlossen wäre, wie sie ist; dann aber wird die Exploration in der klassischen Form der Reise zum Tourismus. Der Versuch in einem bereits erschlossenen Raum zu explorieren, lässt das Forschen zur bloßen Geste verkommen. Der Tourist in seiner Suche nach »besonders wenig erschlossenen Gebieten« (TUI-Katalog 2008) dreht und wendet sich im vergeblichen Bemühen auf den Reisen Neues zu entdecken und reibt sich schließlich in diesem Versuch auf.[98] Der Tourist, der reist, um Neues zu entdecken, etwas, das er noch nicht aus dem Fernsehen, dem Reiseführer oder dem Nature-Magazine kennt (im Gegensatz zum Urlauber, dem es einfach nur um eine angenehme Zeit an einem angenehmen Ort geht – und das heißt einem besonders gut abschätzbaren[99]) und der doch immer nur auf Bekanntes trifft, ist ein gutes Beispiel für die Vergeblichkeit des Versuchs der Exploration weitgehend erschlossener Räume, nicht nur, weil es ein allgemein nachvollziehbares Beispiel ist, sondern auch, weil im Tourismus die Tradition der Forschungsreise noch überdeutlich zu erkennen ist.[100]

---

schichte der Umstellung von Organisationen von Planung aufs Experiment schreiben und die hier entwickelte Begrifflichkeit testweise übertragen auf die »Revolution der Organisation, der Umstellung von Bürokratie und Fließband auf ein offenes Netzwerk von Information, Kommunikation und Produktion« (ebd., S. 249). Selbst in Bezug auf Management und Planung (!) findet man heute den Experimentbegriff gebraucht (vgl. Murray/Marmorek 2003).

98 Die Etymologie trifft es hier ganz gut: Tourist, entlehnt von »Tour f. erw. fremd. ›Fahrt, Ausflug, Manöver‹ (<17.Jhr.). Unter englischem Einfluß entlehnt aus frz. tour, eigentlich ›Drehung, Wendung‹, dieses zu [...] gr. teírein ›reiben, aufreiben‹« (Kluge, Etymologisches Wörterbuch der deutschen Sprache, Berlin 1999, 23. Auflage).

99 Wenn man den Touristen als den Reisenden versteht, dessen Motivation in der Andersheit des Reiseziels liegt, kann man den Urlauber als denjenigen verstehen, dem es nur darum geht, einen angenehmeren Platz zu finden. Diese Unterscheidung anhand einer Motivationsstruktur lehnt sich an Bertram 1995, 22ff an. Sie unterscheidet zwei Motive: die Suche nach etwas (›hin zu...‹) und die Flucht vor etwas (›weg von...‹). Ersteres entspräche dem Touristen, letzteres dem Urlauber. Henning 1999 unterscheidet auf ähnliche Weise Reisende von Touristen, lädt diese Unterscheidung aber bereits dermaßen moralisch auf, dass sie analytisch unbrauchbar wird.

100 Ähnlich argumentiert Haraway, die sich fragt, was heute noch Natur heißen kann. Unerschlossenes Gebiet jedenfalls nicht: »Der Versuch, die ›Natur‹ zu bereisen, wird zum touristischen Ausflug, bei dem die Reisenden an den Preis solcher Ortswechsel erinnert werden: sie zahlen, um Zerrspiegel ihrer selbst zu betrachten.« (Haraway 1995a, S. 82) Das konstruktive Gegenstück versucht Haraway in Bezug auf die Na-

Dass damit aus empirischen Gründen die analoge Bestimmung von Bildung als Kultivierung des Natürlichen (sei es die der Umgebung, sei es die der inneren Regungen), als »Umformung der ungeformten, primitiven Natur« mit hinfällig wird, haben Horkheimer wie auch Adorno zum Aufhänger ihres Nachdenkens über Bildung gemacht. Horkheimer schreibt über diese zunehmende und vor allem oder sogar ausschließlich technisch vermittelte Erschlossenheit der Welt, die den »traditionellen Begriff der Bildung« – der nun mit dem Explorativen assoziiert werden kann – an ihr Ende bringe:

> »Es gibt nichts Unbetretenes mehr. Es sieht so aus, als wäre überhaupt kein Stückchen unerfaßter Natur mehr übrig, weder draußen noch drinnen. [...] In Europa, von Amerika ganz zu schweigen, erhält bald jedes Dorf genügend Elektrizität und Rundfunk, um, seinen technischen Voraussetzungen nach, in Kürze dem zu widersprechen, was die Neu-Romantik an Naturverbundenheit dort aufzuspüren behauptet.« (Horkheimer 1952, S. 410; vgl. auch Adorno 1972)

Die Krise der »traditionellen Bildung« ist auch eine Krise des Explorativen.

---

tur in ihrer Fassung als Topos (Ort, Gemeinplatz, Natur als Ort, an dem die öffentliche Kultur wiedererbaut werden kann) und Trope zu fassen, wobei Trope auf Wendung und Windung verweist, aber nicht als etwas in dem man sich aufreibt, sondern als topische Reise zu einem Gemeinplatz, zur Natur als öffentliches Thema, um »das vieles sich dreht, sogar die Erde« (Haraway 1995, S. 84.; vgl. auch Haraway 1997, S. 135).

Teil III: Die Form des Experimentellen

1. Offen und geschlossen

Mit der Unterscheidung von unerschlossen und erschlossen korrespondiert die Unterscheidung von offen und geschlossen. Für einen Experimentator, dessen Forschungsbewegung auf bereits erschlossene Gebiete gerichtet ist, stellt die uneinholbare Komplexität der geteilten Welt ein forschungspraktisches Problem dar: Er kann aufgrund ihrer singulären Ereignishaftigkeit und Variationsvielfalt nie sicher sein, ob ein Phänomen zum Bereich des Erschlossenen gehört oder auf etwas Unerschlossenes verweist. Dieser Unsicherheit über den Status eines Phänomens muss mit der Reduktion der Komplexität der Welt auf das sicher Erschlossene begegnet werden – als Voraussetzung, überhaupt mit der Arbeit beginnen zu können. Jedes Experiment beginnt deshalb mit der Abgrenzung eines als sicher erschlossen geltenden Phänomenbereiches und die Bemühungen des Experimentators richten sich entsprechend darauf, einen Raum der gesteigerten Erschlossenheit gegenüber dem Durcheinander des Alltags abzugrenzen und gegenüber der Welt zu schließen. Diese Räume des Experiments sind allerdings nicht räumlich zu denken. Es geht nicht einfach um Arbeitsräume wie das Labor hinter einer Tür, sondern um die als fixiert vorauszusetzenden und in »technischen Dingen«[1] sedimentierten Wissensbestände. Rheinberger präzisiert: »Solche Räume werden durch die *technischen und instrumentellen* Besonderheiten des jeweiligen Systems *erschlossen* und zugleich *begrenzt.*« (Rheinberger 2001, S. 113; Herv. SöA)

Während Explorationen im offenen Raum stattfinden können, weil die Exploration an einer in der Welt selbst vorliegenden Unterscheidung von erschlossen und unerschlossen ansetzt, und der erste Schritt darin besteht, das uner-

1 Hier wird vorgegriffen. Die Begriffe »technisches Ding« und »epistemisches Ding« werden in Abschnitt III/6 genauer erläutert. Vgl. auch Abschnitt III/17 und IV/3.

schlossene Gebiet in der Welt zu betreten, besteht also komplementär dazu der erste Schritt des Experimentators darin, einen Raum bis an die Grenze der vollständigen Erschlossenheit gegenüber der Welt zu verschließen. Das gilt auch für den sozialen Raum:[2] Boyle hätte nie irgendetwas zeigen können, wenn er nicht einen Unterschied in das Soziale eingezogen hätte zwischen »denen da draußen«, die nur für sich selbst sprechen können, nichts als Meinungen haben, womöglich sogar wie Zauberer Phänomene um des reinen Effektes willen produzieren und den vertrauenswürdigen Gentlemen »im Labor«, die nur für die Natur sprechen, sich selbst dabei völlig außen vor lassen konnten und statt Meinungen zu verkünden, Zeugnis abzulegen in der Lage waren. Diese soziale Unterscheidung deckt sich selbstverständlich nicht mit den physischen Räumen des Labors, sie läuft ja sogar durch die Gentlemen selbst hindurch, die in der Lage sein müssen, bei Anwesenheit ihr Innerstes außen vor zu lassen. Am Anfang hatte Boyle noch das Volk als Zuschauer (nicht als Zeugen) zu seinen Experimenten zugelassen, sogar Frauen und Kinder waren dabei. Auch heute werden Besucher durch das CERN geführt, gibt es in Forschungseinrichtungen den Tag der offenen Tür und ähnliche Veranstaltungen. Doch alles das ist nur möglich, weil die Trennung zwischen »innen« und »außen« inzwischen so etabliert ist, dass die bloße Anwesenheit außenstehender Personen die Unterscheidung selbst nicht gefährdet. Boyle hatte noch ganz konkret mit emotional unkontrollierten Frauen zu kämpfen, die versuchten, die erstickenden Vögel aus seinen Glaskolben zu befreien und sah sich daher gezwungen, seine Experimente in die späten Abendstunden zu verlegen, wo die Damen nicht mehr auf die Straße gingen. Doch ebenso wichtig wie die soziale Trennung zwischen Innen und Außen ist die konkret epistemsche Seite dieser Unterscheidung; Experimente sind nur möglich, wenn ein spezifischer, materiell-semiotischer Bereich von dem Rest der Welt unterschieden wird. Auch hier ist dieser Unterschied selbstverständlich nicht deckungsgleich mit dem des Labors, sondern historisches Produkt der Forschung selbst. Manchmal verläuft der Unterschied zwischen Innen und Außen am Rand einer Petrischale: Nur weil sich nicht alle möglichen Sporen in der Luft in Alexander Flemings Labor gleichermaßen an seinen Staphylokokken austoben konnten, weil sie draußen gehalten wurden, hatte das Penicillin, das selbst und ungefragt auf der Innenseite haftete, eine Chance, sich bemerkbar, einen Unter-

2 Eine Tatsache, die vergessen werden konnte, seit sich die Wissenschaft im Zuge ihrer Ausdifferenzierung mit ihren eigenen, intern generierten Ausschlusskriterien versorgt und an die nur von Seiten der feministischen Wissenschaftskritik in Bezug auf die Restbestände nicht-intern generierter Ausschlusskriterien erinnert wird. Vgl. zum Überblick Scheich 1996.

schied zu machen. Manchmal verläuft die Grenze auch jenseits der Wände des Labors und bildet dennoch eine hinreichende Trennung zwischen Innen und Außen, z.B. wenn die von Lind beobachteten Schiffe mit Skorbutkranken zwar über die Meere segelten, ihre Grenzen in Form der Reling jedoch mitnahmen, so dass sie gemeinsam, obwohl über die Weltmeere verteilt, zur Welt hin einen geschlossenen Raum bildeten. Rheinberger nennt diesen von der Welt abgeschlossenen Raum »Experimentalsystem« (was nicht als systemtheoretischer Begriff verstanden werden soll) und versteht dieses unter Berufung auf die Einschätzung der Experimentatoren selbst als die »Arbeitseinheit des Wissenschaftlers«, »als die kleinste funktionelle Einheit« (Rheinberger 1992, S. 22) der experimentellen Wissenschaften. Experimentalsysteme werden von Rheinberger also nicht bloss als Teile eines übergeordneten Ganzen, sondern im starken Sinne als die Quellen des Neuen in der Wissenschaft selbst angesehen, so dass er in seinen Studien über die Geschichte der Proteinsynthese im Reagenzglas feststellen konnte, »dass die Entstehung der Molekularbiologie auf eine Vielzahl von kleineren Arbeitszusammenhängen zurückgeht, auf die sich auch die Akteure oft als auf ihre Experimentalsysteme oder Modellsysteme oder eben einfach als ihre Systeme beziehen.« (Rheinberger 2007) Das Neue entsteht also »weniger in den Köpfen der Wissenschafter – wo es allerdings letztlich ankommen muss – als vielmehr im Experimentalsystem selbst« (ebd.).

Was in der materialitäts- und technikvergessenen Tradition der Wissenschaftstheorie nicht gesehen wird, ist, dass der entscheidende Zug am Anfang einer experimentellen Arbeit *nicht* in der Wahl eines theoretischen Bezugsrahmens besteht (oder eines anderen *Beobachtungsinstrumentariums*), sondern in der Teilung der Welt, der Ab-Teilung einer in seiner Erschlossenheit gesteigerten Welt in der Welt, in dem Ziehen der Grenze zwischen dem Innen und dem Außen eines Experimentalsystems. Dass der erste Schritt *immer* in der Wahl einer Theorie oder eines (anderen) Beobachtungsinstrumentariums besteht, ist ein aus dem explorativen Denken erwachsener Irrtum, der noch heute fächerübergreifend die Propädeutik beherrscht. Zu glauben, dass dies auch für die experimentelle Forschung gilt, beruht auf der explorativen Vorstellung vom Experiment als Instrument der Falsifikation (siehe hier auch S. 128 und 152). Was Rheinberger in seiner Studie über die Geschichte der Proteinsynthese im Reagenzglas detailliert beschreibt, ist der Aufwand und die Schwierigkeit, die die Wahl, die Konstruktion und die Pflege eines »guten Systems« mit sich bringt. Die Tatsache, dass Experimentalwissenschaftler nicht ständig in neue Labore umziehen, wenn sie etwas Neues herausfinden wollen (eine Vorstellung derer, die glauben, dass die Apparaturen Werkzeuge explorativer Erkenntnisgewinnung sind), sondern ausgesprochen hartnäckig an ihren gewohnten Apparaturen hängen,[3] drückt aus, wie sehr die Forschungsrichtung im Experiment im Gegensatz zur Exploration nicht nach *außen*, sondern nach *innen* gerichtet ist:

»Je mehr [der Experimentator] lernt, mit seiner Experimentalanordnung umzugehen, desto stärker spielt sie ihre eigenen inhärenten Möglichkeiten aus. In einem gewissen Sinn macht sie sich von den Wünschen des Forschers unabhängig, gerade weil dieser sie mit all der ihm zur Verfügung stehenden Kunstfertigkeit entworfen und eingerichtet hat.« (Rheinberger 2001, S. 18)

Den Begriff des Experimentalsystems hat Rheinberger der biologischen Forschungspraxis entnommen – nicht der Wissenschaftstheorie und auch nicht von Feierabend-Philosophen. Es sind die Forscher selbst, die bei der Arbeit untereinander von ihrem »System« sprechen, so wie Mahlon Hoagland, die in ihrer wissenschaftlichen Autobiographie »von der ›Wahl eines guten Systems‹ als Schlüssel zum Erfolg auf der ›Reise ins Unbekannte‹« (zitiert nach Rheinberger 2001, S. 23) spricht und damit auf pointierte Weise die Unangemessenheit der explorativen Metapher einer »Reise ins Unbekannte« mit der räumlichen Begrenzung kontrastiert, die mit der »Wahl eines guten Systems« einhergeht.

Der Experimentator richtet sein Augenmerk demnach nicht einfach *eher* auf erschlossenes denn auf unerschlossenes Gebiet, sondern fängt mit dem Erschlossenen an und widmet im Folgenden sogar einen Großteil seiner Arbeit der Bemühung, diese Trennung künstlich zu forcieren und die Erschlossenheit *bis an die Grenze* der vollständigen Bekanntheit zu steigern. Er verwendet viel Mühe auf die Konstruktion eines Systems, von dem die Umwelt so gut ausgeschlossen worden ist, dass er die Chance hat, alles das, was sich auf der Innenseite befindet, umfassend verstehen und kennen zu lernen oder als gewusstes Wissen vergessen und dennoch mobilisieren zu können. Insofern sind Experimentalsysteme »[eigentlich] Maschinen zur Reduktion von Komplexität«, wie Rheinberger schreibt (2001, S. 247). Das System erfüllt seine Funktion umso besser, je abgeschlossener das System und erschlossener es selbst ist. Und es kann seine Funktion umso besser erfüllen, je besser der Experimentator mit ihm vertraut geworden ist. Das gilt bis an die Grenze der Perfektion. »Experimentalsysteme sind inhärent offene Anordnungen«, schreibt Rheinberger nur scheinbar in Widerspruch dazu an einer anderen Stelle (2005, S. 57). Der Unterschied zum Explorieren im »offenen Raum«, so wie er hier dem »geschlossenen Raum« gegenübergestellt wird, besteht darin, dass in einem offenen Raum die Ränder in die

3 Diese Beobachtung steht bei Rheinberger wiederholt am Anfang seiner Analysen: vgl. Rheinberger 2001, S. 18ff., 1992, S. 9 und 2005, S. 61f.

Unbestimmtheit hin ausfransen und sich um den Explorator herum ein Feld der Bestimmtheit bildet, während es beim »geschlossenen Raum« des Experiments es gerade die »Ränder« (die nicht mehr einfach räumlich, einen Raum umfassend, gedacht werden können)[4] sind, die durch technisch gesteigerte Bestimmtheit »geschlossen« werden, um die inhärente Unabschließbarkeit erkenntniswirksam werden zu lassen; es gilt beim Verständnis des Experimentellen also nicht den offenen Horizont in den Blick zu nehmen, sondern die »Öffnung der Welt«, wie es Rheinberger mit einer Wendung von Althusser ausdrückt, »auf das Ereignis hin zu denken« (2001, S. 144).[5] Diese inhärente Offenheit des bis an die Grenze der Perfektion geschlossenen (und gleichzeitig am Rande seines Zusammenbruchs operierenden: ebd., S. 146)[6] Systems unterscheidet das Experimentalsystem von einer einfachen Technologie, wie man sie in Form alt gewordener,[7] nicht mehr zum Experimentieren geeigneter Experimentalsysteme findet: Wer heute wie Boyle mit einer Luftpumpe einen Vogel erstickt, experimentiert nicht mehr mit einem Experimentalsystem (ein Experimentalsystem zeichnet

4 Für die »Ränder« des Experimentalsystems gilt das gleiche, was Derrida in Auseinandersetzung mit Austin in Bezug auf den Kontext aufgewiesen hat: sie können niemals absolut bestimmt werden (Derrida 1999b).

5 »Doch um Zugang zum Ereignis zu erhalten – sofern das möglich ist – jenseits jeder Berechnung und also auch jeder Technik und jeder Ökonomie«, heißt es programmatisch bei Derrida, » muß man die Programmierung, die Maschine, die Wiederholung und die Berechnung in Rechnung stellen« (Derrida in: Derrida/Roudinesco 2006, S. 89).

6 Genauer: Ein Experimentalsystem bricht dann zusammen, wenn es ohne produktive Abweichung nur noch wiederholt, nur noch als Werkzeug verwendet werden kann oder ins chaotische abdriftet und gar nicht mehr erkennbar wiederholt werden kann. Dieses Pendeln zwischen zwei Seiten, das nur in der Zeit aufrechterhalten werden kann, zeichnet den temporalisierten Charakter eines Re-Entrys aus und findet sich auch in anderen Zusammenhängen: vgl. z.B. Ahrens 2006.

7 »Das Alter« eines Experimentalsystems, schreibt Rheinberger, »bemißt sich an seiner Kapazität, Differenzen zu produzieren, die es erlauben, forschungsrelevante Fragen zu stellen« (Rheinberger 1992, S. 51). Experimentalsysteme besitzen Rheinberger zufolge eine »innere Zeit«, die charakterisiert ist durch »die Aufeinanderfolge von Systemzuständen, insofern als sie in der Form von Zyklen nicht-identischer Replikation gefaßt werden können. Forschungssysteme, um die es hier geht, sind gerade durch eine Art von differentieller Reproduktion ausgezeichnet, bei der das Hervorbringen des Unbekannten zum reproduktiven Prinzip der ganzen Maschinerie wird. Solgange dies geschieht, bleibt das System ›jung‹. ›Jung‹ zu sein ist damit nicht das Resultat der Nähe zum Ausgangspunkt auf der Zeitskala: Es ist vielmehr eine Funktion – wenn man so will – des Funktionierens des Systems.« (Ebd.)

sich genaugenommen dadurch aus, dass man nicht *mit* ihm experimentieren kann); er wendet einfach nur eine Vogelerstickungsmaschine an – selbst dann, wenn es sich um ein und dieselbe Apparatur handelt.[8] Ein und derselbe technische Apparat wird damit einmal auf entschieden nicht-technische und einmal auf entschieden technische Weise eingesetzt, also nur noch als Werkzeug (siehe dazu Abschnitt III/17).

2. RAUM UND ZEIT

> »iter, ›von neuem‹, kommt von itara, anders im Sanskrit,und alles Folgende kann als die Ausbeutung jener Logik gelesen werden, welche die Wiederholung mit der Andersheit verbindet«
> – JACQUES DERRIDA 1999B, S. 333

Auch alles hier Folgende kann als die Ausbeutung jener Logik gelesen werden, welche die Wiederholung mit der Andersheit verbindet.[9] Wer in offenen Räumen auf die Suche nach etwas Fremdem geht, es findet, beobachtet und beschreibt, muss fürchten, dass sich dieses Fremde seiner Beschreibung wieder entzieht oder in einer anderen Perspektive anders darstellt als gedacht, dass sich das, was er als Faktum entdeckt zu haben glaubt, tatsächlich als Irrtum herausstellen wird. Wer hingegen Räume bis an die Grenze der Perfektion schließt, so dass nichts mehr übrig bleibt, das als unbestimmt bestimmt werden kann, das sich der Erschlossenheit seines Wissens entzieht, muss dieses Moment der Alteration in der Zeit nicht fürchten, im Gegenteil: er muss auf es hoffen. Er sucht das Fremde also nicht *irgendwo anders*, sobald er nur noch von Eigenem umgeben ist, sondern spürt dem Fremden an Ort und Stelle nach, in der Hoffnung, dass es sich *irgendwann* zeigen wird.

Die Exploration als primär räumliche Angelegenheit bedeutete traditionell ganz einfach das Aufsuchen und Erforschen bislang unerschlossener Gebiete.

---

8 Das ist noch ein Grund, warum Technik unmöglich wesensmäßig bestimmt werden kann.

9 Eine genauere Beschreibung der Zusammenhänge von Iteration und Alterität, Verräumlichung und Verzeitlichung als sie hier erfolgen kann, ohne die Verbundstruktur dieser Arbeit zu sprengen, müsste über die Rekonstruktion der Auseinandersetzung Derridas mit Husserl erfolgen. Vgl. statt dessen dazu beispielhaft: Maxim 2009, S. 179-229.

Die Exploration ist voraussetzungsarm und gehört zum Standardrepertoire selbst kleinster Kinder (vgl. Mönks/Lehwald 1991). Es sind bislang unbekannte Gebiete, die exploriert werden, Gebiete, die bislang zu weit weg, zu unwirtlich oder zu klein waren. Der nächste festzuhaltende Unterschied zwischen den beiden Erkenntnisstrategien besteht also darin, dass Experimente ihre Differenzen weniger über Bewegungen im Raum, sondern primär in der Zeit produzieren. Hier zeigen sich die Differenzen nicht zwischen dem Hier und dem Da, sondern zwischen dem einen und dem anderen Mal. Hunderte von Malen soll Galilei seine Kugeln auf schiefen Ebenen heruntergerollt haben lassen, bis sich zeigte, was zu zeigen war. Immer wieder lassen die Physiker im CERN Teilchen aufeinanderprallen. Ein Experiment immer wieder zu wiederholen und dabei nur jeweils minimale Veränderungen vorzunehmen, am besten so minimal, dass sie nicht bewusst hergestellt werden, sondern vielmehr die Intentionen (siehe dazu Abschnitt III/13) des Experimentators unterlaufen,[10] ist die Weise der experimentellen Differenzerzeugung, die strategische Ausnutzung der Iterabilität jedes Zeichens.[11] In dieser Formulierung ist genau genommen bereits das gesamte Verständnis der unhintergehbaren materiell-semiotischen Verfasstheit der Welt enthalten:[12] ginge man von der traditionellen Unterscheidung von Zeichen und Bezeichnetem aus –

10 Diese Formulierung wird noch präzisiert werden müssen: Denn was das Verhältnis zur Experimentaleinrichtung auszeichnet, ist weder die hier durch die vorläufig-pragmatische Formulierung nahegelegte aktiv-ingenieurshafte Form (der Experimentator nimmt gezielte Veränderungen vor), noch die des blinden »Trial-and-Error«, die man hier herauslesen könnte. Siehe dazu hier auch Abschnitt III/18.

11 Zu verstehen ist dieser Zusammenhang nur, wenn man es gleichzeitig unterlässt, die explorative Aufgabe der Repräsentation (vgl. Abschnitt III/8) auf das Experiment zu übertragen und Abstand von der Versuchung nimmt, das Experimentelle seinerseits zu universalisieren, sondern statt dessen an die Stelle der Repräsentation die Notwendigkeit zur (innertexturellen) Übersetzung setzt (vgl. ebd.). Das alles ist bereits in dem Begriff der Iterabilität selbst angelegt: »Die Iterabilität des Zeichens [marque] läßt keinen der philosophischen Gegensätze intakt, die die idealisierende Abstraktion regeln (zum Beispiel ernst/unernst, buchstäblich/metaphorisch oder ironisch, eigen/parasitär, strikt/nicht strikt und so weiter). Die Iterabilität verwischt a priori die lineare Grenze, die zwischen diesen gegensätzlichen Werten verliefe, sie korrumpiert sie, wenn man so will, kontaminiert oder parasitiert sie als Grenze selbst. Das Bemerkenswerte/Wiedermarkierbare [remarquable] des Zeichens [marque] schließt den Rand [marge] in das Zeichen [marque] ein. Die Linie des Randes [marge] ist daher nie streng bestimmbar, sie ist nie rein und einfach. Das Zeichen [marque] ist bemerkenswert/wiedermarkierbar [remarquable] insofern es auch sein Rand [marge] ›ist‹« (Derrida 2001).

12 Vgl. Haraway 1997 und hier S. 297f.

eine Unterscheidung, die von dem Durcheinander der Welt lebt; von der Ordnung auf der Seite dessen, was als Zeichen identifiziert wird und der Unordnung auf der Seite dessen, was als unbezeichnet identifiziert wird –, wäre es nicht denkbar, dass Theorien und Begriffe im praktischen Experiment in das von heterogenen menschlichen und nicht-menschlichen Akteuren (vgl. Latour 2000, S. 211ff) gespielte Spiel der Iteration eines entschieden materiell-semiotisch verfassten Experimentalsystems gerissen werden.

Für Hobbes, der den Anspruch der Philosophie auf Wahrheit gegen den Missbrauch derer zu verteidigen versuchte, die sich voller Anmaßung den Mantel des Philosophen überzogen[13] und sich mit Wahrscheinlichkeiten – also eindeutig mit etwas, das nicht der Wahrheit *entspricht* – begnügten, war die Notwendigkeit der Wiederholung eines Experiments alle Zweifel ausräumender Beweis seiner Unzuverlässigkeit. Würde das Experiment mit der Wahrheit korrespondieren, genügte zweifelsohne ein einziger Durchgang. Man könne als Wissenschaftler oder gar als Philosoph – also als Wahrheitsliebender – doch nicht einfach solange herumprobieren, bis etwas so funktioniert, wie es einem passt! Und noch heute findet sich diese Vorstellung in seiner negativ gewendeten Form des Missverständnisses vom Experiment als Instrument der Falsifikation oder in der vorbildhaften Idealität eines *experimentum crucis*. Ein einziges Mal muss reichen, wenn man es richtig macht – jetzt negativ gewendet –, um eine Theorie zu falsifizieren. Kaum eine Einführung in das wissenschaftliche Arbeiten, in der dieses nicht besonders betont wird: Ein einziges Mal genügt, um eine Theorie zu widerlegen. Und das stimmt sogar: Zur Falsifikation kann ein einziges Experiment genügen. Aber dabei handelt es sich nicht um einen experimentellen Erkenntnis*prozess* und auch nur um einen Moment innerhalb eines explorativen Erkenntnisprozesses, bei dem das Wesentliche, wie z.B. die nicht ganz unwichtige Frage, wie man eigentlich auf die zu falsifizierende Idee gekommen ist (oder auf die Idee zu falsifizieren oder auf die Idee genau dieses und nicht etwas anderes und dieses so und nicht anders zu falsifizieren),[14] gänzlich im Dunkeln bleibt (also gerade nicht den Prozess betrifft); zudem steht dieses »einzige Mal« in der Regel erst am Ende einer ganzen Reihe von Versuchen, die Quelle des Scheiterns zu identifizieren, mögliche andere Fehlerquellen auszuschließen und Bemühungen mit Hilfe theoretischer Modifikationen das Scheitern zu erklären. »Was wäre passiert, wenn Kopernikus ein heroischer Falsifikationist

13 Und das ist nicht nur metaphorisch gemeint, sondern durchaus auch wörtlich: siehe dazu die Fußnote 136 auf Seite 244.

14 Sie wird systematisch und explizit ausgeklammert: Popper schreibt in der *Logik der Forschung* pointiert, dass wir nicht wissen, sondern raten (1971 [1932] S. 223).

gewesen wäre?«, fragt Isabelle Stengers und gibt selbst die eindeutige Antwort: »Eine Katastrophe: Denn heroisch hätte er seiner heliozentrischen Theorie abgeschworen, die im wesentlichen durch ihre Behauptung widerlegt wurde, die Venus habe Phasen wie der Mond, was von den Astronomen niemals beobachtet worden war.« (Stengers 1997, S. 52) Das Falsifikationsmodell als Modell des Experiments[15] bleibt gänzlich dem Denksystem der Exploration verhaftet und bringt es gleichzeitig an seine Grenzen; man muss es als letzten Versuch verstehen, innerhalb dieses Denksystems eine Antwort auf die sich häufenden Krisensymptome eben dieses Denksystems zu geben. Popper konnte das nicht auffallen, denn er glaubte als explorativ arbeitender Wissenschaftstheoretiker außerhalb dessen zu stehen, was er beschrieb[16] und konnte dadurch, dass er sein Beschreibungsmodell der Wissenschaft zum Wissenschaftskriterium erhob, es selbst gegenüber empirischen Unstimmigkeiten falsifikationsresistent machen. Feyerabend wurde (anders als z.B. Lakatos, der an der Rettung der Logik der Forschung arbeitete[17]) zunehmend bewusst, dass das nicht funktioniert und kam zu dem Ergebnis, dass jeder Versuch, Wissenschaftstheorie von der Theorie aus zu betreiben, nicht weniger als Zeitverschwendung sei.[18] Heute, da diese Versuche als Rettungsversuche eines in der Krise befindlichen, als universal geltenden explorativen Denksystems verstanden werden können, kann man die Verbindung Poppers zur Präsenzphilosophie nachzeichnen, die die explorative Forschungsbewegung mit ihrem Ziel der *Feststellung* von Tatsachen als Reflexionsschema harmonisch begleitete und komplettierte (vgl. den Abschnitt III/8). Noch heute finden sich Stimmen, die behaupten, dass man auf ein irgendwie an der Präsenz-

15 Es gibt Falsifikation, so wie es auch Exploration gibt. Aber die Falsifikation ist nicht *das* Modell des Experiments; das Experiment als Mittel der Falsifikation zu verstehen würde bedeuten, es in seiner Fähigkeit zu verkennen, Erkenntnisse zu generieren und damit zu einem Mittel zu degradieren.

16 Siehe dazu Abschnitt III/21 und Abschnitt IV/6.

17 Vgl. vor allem Lakatos 1982 und als systematischen Überblick Andersson 1988.

18 *Zeitverschwendung*, bzw. *Killing Time* im Original, lautet der Titel seiner Autobiographie (Feyerabend 1997), in der Feyerabend noch ein letztes Mal darauf hinweist, dass das Prinzip der Falsifikation ein Ausnahmephänomen ist und nicht die Regel darstellt: »Wenn wir den Falsifikationismus entschlossen und rücksichtslos anwenden würden, würde er die Wissenschaft, wie wir sie kennen, fast völlig auslöschen. Es gibt nur wenige Beispiele, die sich in das falsifikatorische Muster einfügen [...]. Aber die Mehrzahl der Fälle und vor allem die Episoden, die nach Popper zu den Höchstleistungen der Wissenschaft zählen, entwickelten sich auf völlig andere Weise.« (Ebd., S. 125) Zu der Falsifikation der Falsifikationsidee im Einzelnen vgl. Feyerabend 1976.

philosophie orientiertes, fundierendes Wissenschaftskriterium nicht verzichten könne, zumindest in Form der Möglichkeit, an der Wirklichkeit scheitern zu können. Nachdem die präsenzorientierte Wissenschaftsreflexion das erste Mal von Boyle an den Rand des Geschehens verwiesen wurde, stand sie nach einigen Runden auf sich selbst gerichteter Reflexion in der Form der Falsifikationstheorie gänzlich mit dem Rücken zur Wand. Dass sie selbst in dieser negativ gewendeten Form noch der Präsenz verpflichtet blieb, wird spätestens deutlich, wenn man versucht, die Bedeutung der Technik im Prozess der Forschung genauer zu betrachten: das gelingt nämlich nicht (vgl. dazu auch S. 152 und Ahrens 2005).[19] Hobbes sah seine Kritik an den Experimentatoren mit ihrem unzulänglichen Anspruch an gesicherten Wahrheiten und ihrem Hang, sich mit Wahrscheinlichkeiten zu begnügen, in deren nachlässigen Sprachgebrauch bestätigt; schließlich sei nur die an Geometrie und Logik geschulte Sprache in der Lage, Wahrheit zu garantieren. Nun ist es heute aus Sicht der Philosophie nicht so sehr Hobbes' Unterschätzung der Leistungsfähigkeit des Experiments, die ins Auge fällt, als vielmehr seine Überschätzung der Möglichkeiten der Sprache. Denn die Möglichkeit der Sprache, etwas Wahres auszudrücken, beruht ja ebenfalls nicht auf dem Prinzip der Korrespondenz, sondern auch auf dem Prinzip der Iteration.[20] Wenn es im Folgenden um die Iterabilität geht, geht es also nicht um einen weiteren Beitrag zur Krise der Repräsentation mit dem Ziel die Präsenzphilosophie zu kritisieren, indem noch einmal, auf andere Weise oder in Bezug auf noch nicht kritisierte Texte aufgewiesen werden soll, dass Iterabilität zwangsläufig mit Alteration verbunden ist und somit keine Präsenz endgültig *festgestellt* werden kann. Es geht vielmehr darum, die strategische Nutzung der Iterabilität im Experiment nachzuzeichnen und das heißt in Situationen, in denen es um die Erfindung von Bedingungen geht, unter denen ein fehlendes Fremdes eine Chance hat, sich bemerkbar zu machen (siehe Abschnitt III/3).

Iterabilität an sich ist nichts, worauf man sich verlassen könnte, besonders dann nicht, wenn es um Technik geht. Denn Technik *funktioniert* in der Form der Idealität – sie ist dafür gebaut, endlos ohne erkennbare Abweichung wiederholt zu werden – wenn sie dazu nicht in der Lage ist, ist sie zumeist kaputt. Sie

19 Es soll also nicht darum gehen, Popper Inkonsequenz vorzuwerfen, wie es beispielsweise Albrecht Wellmer getan hat, als er nachwies, dass Popper – entgegen seiner eigentlichen Intention – das (angeblich) »metalogische« Argument der Falsifikation ontologisch wendet (Wellmer 1967, S. 233) oder zu zeigen, dass Popper stellenweise Wahrheit ganz klassisch und explizit als »correspondence with the facts« (Popper 1969, S. 224) fasst.

20 Zum rückblickenden Überblick über Korrespondenztheorien vgl. Marian 2009.

in ein erkenntnisträchtiges iteratives Geschehen einzuspannen, setzt also voraus, über ihre Funktionalität hinauszugehen (ohne sie dabei kaputt zu machen) und in einen nicht- oder besser: nicht ganz technischen Zusammenhang einzubinden. Anders gesagt: Bislang wurde auf das Potential der Alteration in der Iteration vor allem aus analytischer Sicht hingewiesen, um dem Denken von Veränderungen Möglichkeiten offenzuhalten. Was aber die Experimentatoren machen, ist noch etwas anderes: Sie nutzen – ohne dieses unbedingt analytisch einholen zu können – die Iterabilität im Rahmen von Welterschließungsprozessen strategisch und steigern ihren erkenntnisträchtigen Nutzen technisch.

In diesem Sinne sind Experimente nicht dem Erkenntnisprozess nachgeordnet wie Popper meinte,[21] sondern sie sind selbst, wie es in einer Wendung von Fraçois Jacob heißt »Maschinen zur Erzeugung von Zukunft« (zit. nach Rheinberger 1992, S. 53) – vorausgesetzt man versteht sie als Maschinen, die bis an ihre Grenzen gedacht werden (vgl. Stiegler 2009a). Rheinbergers Beschreibung des Experiments ist eine Reformulierung naturwissenschaftlicher Arbeit als Iteration, als differentielle Reproduktion auf der Ebene der Technik und des Lebens selbst, das niemals einfach *ist* und als solches beobachtet werden kann. Das ist nichts neues, aber sicherlich auch nicht ganz dasselbe, wenn man es auf das Labor bezieht und in diesem Kontext das Bekannte wiederholt.[22] So, wenn Derrida schreibt: »Das Spiel der Differenzen setzt in der Tat Synthesen und Verweise voraus, die es verbieten, daß zu irgendeinem Zeitpunkt, in irgendeinem Sinn, ein einfaches Element als solches *präsent* wäre und nur auf sich selbst verwiese« (Derrida 1986, S. 66), dann versinnbildlicht die moderne Biologie dieses geradezu, wenn die radioaktiven Isotope bei der Radiomarkierung, also dem Verfahren, bei dem einzelne Atome in Molekülen durch radioaktive Isotope ersetzt werden, nur im Moment ihres Zerfalls als Spur aufscheinen. Aber es ist mehr als ein Sinnbild, da das Labor die sinnkonstituierende Ebene selbst ist. Dass kein Ele-

---

21 Popper ist hier nur der prominente Name, der für diese Ansicht steht. Wollte man im Bereich der Bildungstheorie verbleiben, könnte z.B. auch Theodor Litt genannt werden, der an einer Stelle z.B. schreibt: »Das Experiment ist das zwecks Erprobung der Hypothese, also in rein theoretischer Absicht, erfolgte *Handeln* an der Natur. […] Das Experiment ist die theoretisch vorweggenommene Technik, die Technik das in die Praxis übernommene Experiment.« (Litt 1957, S. 61)

22 Auch hier finden sich Wiederholungen: Teile dieses und des nächsten Abschnittes sind in leicht veränderter und rekontextualisierter Form im Zusammenhang mit der Frage nach dem Erkenntnispotential des Kinos bereits veröffentlicht worden (Ahrens 2009, S. 37-44). Dieser Aufsatz diente auch dazu, das Potential des Experimentbegriffes jenseits des engen Fokus von Bildung in Bezug auf Naturwissenschaft und Technik am Beispiel der Medienpädagogik, genauer der Kinobildung aufzuweisen.

ment je die Funktion eines Zeichens haben kann, »ohne auf ein anderes Element, das selbst nicht einfach präsent ist, zu verweisen, sei es auf dem Gebiet der gesprochenen oder auf dem der geschriebenen Sprache« (ebd.), gilt eben auch für die Elemente im Experimentalsystem, weshalb es sich auch um eine Übersetzung (siehe Abschnitt III/8) und nicht um den ersten sinnkonstituierenden Akt handelt, wenn Ereignisse eines Experiments in wissenschaftliche Texte oder auch schon in Labortagebücher fließen:

> »Aus dieser Verkettung folgt, daß sich jedes ›Element‹ – Phonem oder Graphem – aufgrund der in ihm vorhandenen Spur der anderen Elemente der Kette oder des Systems konstituiert. Diese Verkettung, dieses Gewebe ist der *Text*, welcher nur aus der Transformation eines anderen Textes hervorgeht. Es gibt nichts, weder in den Elementen noch im System, das irgendwann oder irgendwo einfach anwesend oder abwesend wäre. Es gibt durch und durch nur Differenzen und Spuren von Spuren.« (Derrida 1986, S. 67).

Von Paradigmenwechseln ist bei Rheinberger entsprechender Weise keine Rede mehr, nur noch von eben solchen Transformationen, »die im Ausbreitungspotential der zutage tretenden epistemischen Dinge begründet [liegen], die schließlich als technische Dinge ein ganzes Experimentierfeld neu strukturieren« (Rheinberger 2001, S. 32). Deshalb besteht die Arbeit im Labor auch nicht primär in der Beobachtung, sondern in der Iteration, in der auf Differenz gerichteten Wiederholung. »Das bedeutet nicht einfach, daß sie differenzielle Spuren zulassen müssen; sie müssen vielmehr so eingerichtet sein, daß die Erzeugung von Differenzen zur organisierenden Triebkraft der ganzen Maschinerie wird; dann kann man sagen, daß das System von *différance* durchdrungen ist« (ebd., S. 244). Diese Beschreibung wird nicht dadurch weniger zutreffend, dass man hinzufügt, dass das letzte Ziel eines Experiments gerade die Stabilisierung von Konstanzen ist.[23] So versteht es sich fast von selbst, dass auf dem Weg zu diesem letzten Ziel die ganze »Maschinerie« weder vom bloßen Zufall bestimmt werden, noch vollständig technisch sein darf.

---

23 Wie Stichweh schreibt, wird die Unterscheidung von Differenz und Konstanz von dem Begriff der Differenz selbst noch »übergriffen« (Stichweh 1994, S. 294), schon deshalb, weil – und hier argumentiert Stichweh systemtheoretisch – »auch eine Konstanz eine Differenz zu der Erwartung der Zufälligkeit des Geschehens konstituiert. Konstanzen sind deshalb als informative Differenzen zu verstehen – im Sinne der Batesonschen Definition von Information als einer ›difference which makes a difference‹« (ebd.). Zum allgemeineren Verhältnis von Einheit und Differenz im Wissenschaftssystem vgl. Stichweh 2007.

Es hieß, dass Explorationen *primär* eine Angelegenheit des Raumes sind, insofern die Strategie des Explorators auf den Raum abzielt und Experimente *primär* eine Angelegenheit der Zeit seien, insofern sich die Strategie des Experimentators auf das Nacheinander der Experimentaldurchläufe richtet. Doch gleichzeitig ist ein Erkenntnisprozess niemals *nur* eine Angelegenheit des Raumes oder der Zeit: Dass Bewegungen im Raum immer auch Bewegungen in der Zeit sind, versteht sich von selbst;[24] die Exploration ist auch in dieser Hinsicht eine recht einfach zu verstehende Angelegenheit. Dass Experimente insofern primär eine Angelegenheit der Zeit sind, da sie wiederholt und wiederholt werden müssen, ist auch noch einfach nachzuvollziehen. Betrachtet man Experimentalsysteme jedoch genauer als »von différance durchdrungen« (Rheinberger 2001, S. 244) und als »Maschinen zur Erzeugung von Zukunft« (Jacob zit. nach Rheinberger 1992, S. 53), in denen es nichts gibt, »weder in den Elementen noch im System, das irgendwann oder irgendwo einfach anwesend oder abwesend wäre« (Derrida 1986, S. 66f), so dass man »zugeben [muss], das die *différance* (selbst) anders als die Abwesenheit und die Anwesenheit (ist)« (Derrida 1999a, S. 53), dann kann man das Experimentalsystem nur verstehen, wenn man die Verzeitlichung gleichzeitig mit ihrer Verräumlichung denkt:

»Die différance bewirkt, daß die Bewegung des Bedeutens nur möglich ist, wenn jedes sogenannte ›gegenwärtige‹ Element, das auf der Szene der Anwesenheit erscheint, sich auf etwas anderes als sich selbst bezieht, während es das Merkmal (marque) des vergangenen Elements an sich behält und sich bereits durch das Merkmal seiner Beziehung zu einem zukünftigen Element aushöhlen läßt, wobei die Spur sich weniger auf die sogenannte Zukunft bezieht als auf die sogenannte Vergangenheit und die sogenannte Gegenwart durch eben diese Beziehung zu dem, was es nicht ist: absolut nicht ist, nicht einmal eine Vergangenheit oder eine Zukunft als modifizierte Gegenwart, konstituiert. Ein Intervall muß es von dem trennen, was es nicht ist, damit es es selbst ist, aber dieses Intervall das es als Gegenwart konstituiert, muß gleichzeitig die Gegenwart in sich selbst trennen und so

---

24 Heutzutage wird an dieser Stelle reflexhaft die von Einstein als »spukhafte Fernwirkung« bezeichnete Quantenverschränkung als Gegenbeispiel angeführt, die möglicherweise ohne Zeitverzögerung, zumindest aber mit mindestens 10.000-facher Lichtgeschwindigkeit abläuft (diese Minimalgeschwindigkeit ist das Ergebnis der Berechnungen von Salart/Baas/Branciard/Gisin/Zbinden 2008). Das ist, nach allem, was man weiß, in der Form eines solchen Beweises, Unsinn, denn erstens wird bei der Quantenteleportation nichts übertragen und zweitens schon gar nicht etwas, das man Information oder gar Materie nennen könnte. Bezeichnender Weise laufen bei der Quantenteleportation die Anwendungsmöglichkeiten im Übrigen der Theorie voraus.

mit der Gegenwart alles scheiden, was man von ihr her denken kann, das heißt, in unserer metaphysischen Sprache, jedes Seiende, besonders die Substanz oder das Subjekt. Dieses dynamisch sich konstituierende, sich teilende Intervall ist es, was man Verräumlichung nennen kann, Raum-Werden der Zeit oder Zeit-Werden des Raumes (Temporisation).« (Derrida 1999a, S. 42; vgl. auch ders. 1986, S. 67f)

Wenn in einem Experimentalsystem »die Proliferation von Differenzen zum richtenden Grund ihres eigenen Fortwirkens wird« (Rheinberger 2005, S. 70), so dass man sagen kann, »daß das System von *différance* durchdrungen ist« (ebd., S. 244), dann heißt das nicht nur, dass man das Experimentieren ereignishaft verstehen muss. Sondern es heißt auch, dass man das Experimentalsystem nur verstehen kann, wenn man alles mitberücksichtigt, was in ihm mitmobilisiert wird und das Experimentalsystem insgesamt, einschließlich der Apparaturen, Instrumente, Tabellen, organischer Stoffe etc. als eine »Konfiguration von Spuren« ansieht. Das heißt, dass kein Element (Graphem) in einem Experimentalsystem isoliert dasteht und dass es seine Bedeutung nur in Abgrenzung zu allen anderen Elementen gewinnt: »Ob die in einem Experiment erzeugten Spuren sich als ›signifikant‹ erweisen, hängt davon ab, ob sie in weitere experimentelle Kontexte eingefügt werden können, um dort weitere Spuren zu erzeugen.« (Rheinberger 2001, S. 114) Das ist zwar ein allgemeines Prinzip, weil nichts in der Isolation Bedeutungseffekte zeitigen kann, aber nur im Experiment wird dieses Prinzip gezielt strategisch zur auf Erkenntnis zielenden Differenzproduktion ausgenutzt, indem die versammelten Dinge in einen so intimen Zusammenhang gebracht werden, so eng verkoppelt werden (und doch nicht so eng, dass es insgesamt technisiert würde und nur noch als Maschine funktionierte), dass sie den »Stand der Forschung«, der sich in dieser Konstruktion ausdrückt (denn es handelt sich ja nicht um beliebige Zusammenstellungen, sondern um Befragungsarrangements), von innen heraus auszuhöhlen vermögen. Dass heißt nicht, dass es auf die Person des Experimentators nicht ankäme, aber sie ist nicht mehr Mittelpunkt des Geschehens (siehe Abschnitt III/21) und schon gar nicht alleiniger Autor des zu schreibenden Textes, also weniger (wenn man dieses Bild aufrechterhalten will) Be-Schreiber als vielmehr Auf- und Umschreiber und derjenige, der einen »Raum des Vagen« (Rheinberger 2001, S. 249) aufrechtzuerhalten versucht, der weder ins Maschinenhafte kippt noch ins Rauschen abdriftet, wobei er keineswegs immer alles im Blick haben kann:

»Bei der experimentellen Produktion von Spuren ist ein ständiges Spiel von Anwesenheit/Abwesenheit, von Erscheinen und Verschwinden im Gange, insofern jedes Hervorbringen eines Graphems das Unterdrücken eines anderen ist. Will man eine Spur hervorheben, ist man gezwungen, eine andere zu verwischen. Im laufenden Forschungsprozeß steht normalerweise nicht gleich fest, welches der möglichen Signale verstärkt und welches unterdrückt werden sollte.« (Ebd.)

Betrachtet man nun die Experimentalsysteme selbst nicht als eigene, autonome Welten (was sie nicht sind und auch nicht sein können[25]), sondern als Steigerungsverhältnisse der Erschlossenheit und Schließung der Welt in der Welt – und zwar in einer Welt voller Experimentalsysteme, voller Dinge, die in Experimentalsysteme eingeführt worden sind, aus ihnen herausgeführt worden sind, voller Produkte und Technik gewordener Ergebnisse von Experimentalsystemen –, dann geht diese Verräumlichung noch weiter, nämlich bis an die Grenzen der geteilten Welt selbst (der gerade auch durch die Grenze des Experimentalsystems geteilten Welt).

Kein Experimentalsystem kann also als getrennt von anderen Experimentalsystemen und der Welt gedacht werden und muss gleichzeitig genau so, nämlich als getrennt von der Welt gedacht werden, so wie es auch für niemanden nur eine Sprache gibt und gleichzeitig nie mehr als eine.[26] So verweisen nicht nur die Elemente innerhalb eines Experimentalsystems aufeinander, sondern auch die Experimentalsysteme selbst innerhalb einer umfassenderen Textur:

»[D]as Netzwerk benachbarter Experimentalsysteme weist jedem einzelnen von ihnen einen epistemischen Wert zu, der nicht allein systemimmanent definiert werden kann. Wenn ontologische Komplexität reduziert werden muß, um experimentelle Forschung zu

25 Den empirischen Nachweis der »Umwelteinflüsse«, sofern es eines Nachweises bedarf, findet man bei Collins/Pinch 1982; Shapin 1979 und MacKenzie 1978.

26 »1. Man spricht immer nur eine einzige Sprache. 2. Man spricht niemals eine einzige Sprache« (Derrida 2003a, S. 19) Dieses ist freilich nicht Derridas Fazit, sondern lediglich der Ausgangspunkt einer ausführlicheren Auseinandersetzung mit dem Verhältnis von Mutter- und Fremdsprachen, die von der Frage nach der inneren Nicht-Identität einer Sprache geleitet ist: »*Eine* Sprache existiert nicht. Jedenfalls nicht zur Zeit. Weder die Sprache noch das Idiom oder der Dialekt. Deswegen kann man diese Dinge übrigens nie *zählen* und deswegen wird auch die Einsprachigkeit, wenn man [...] immer nur eine Sprache hat, mit sich selbst nicht *eins*.« (Ebd. S. 126f) Koller weist darauf hin, dass sich auch bei Humboldt, wenngleich auch in einer harmonisierenden Teleologie eingebettet, dieses Moment der irreduziblen Differenz findet. Dort nämlich, wo Humboldt auf die sich nicht auf nationalsprachliche Grenzen beschränkenden Verschiedenheiten der Sprachen eingeht und betont, dass jeder Mensch seine eigene Sprache spreche, weshalb alles Verstehen »daher immer zugleich ein Nicht-Verstehen« sei (Humboldt zitiert nach Koller 2009, S. 42).

ermöglichen, dann wird diese Komplexität epistemisch in der Textur einer experimentellen Landschaft bewahrt, in der jederzeit neue Verbindungen und Trennungen stattfinden können, und in der ein einzelnes ›aktives‹ System die Landschaft so tiefgreifend verändern kann wie ein ausbrechender Vulkan.« (Rheinberger 2001, S. 247)

Rheinberger benutzt hier die Metapher des Patchworks: »Die Flikken, das heißt die Experimentalsysteme, sind die für sich genommen subkritischen Elemente eines Netzwerkes, das als Ganzes jedoch die Züge eines suprakritischen Prozesses annimmt, den wir ›Wissenschaft im Werden‹ nennen.« (Ebd., S. 248)

3. DAS FREMDE UND SEIN FEHLEN

Wer vom Experimentieren im Sinne eines »freien«, »spielerischen« und »kreativen« Vorgehens (vgl oben S. 65f) spricht, verfehlt nicht nur den Charakter, sondern auch den Zweck jeder Form des Experimentierens. Was das Experiment zu einer ernsthaften Angelegenheit werden lässt, ist aber nicht seine angebliche »Kontrolliertheit« oder strenge Methodizität, sondern die Mitteilung eines fehlenden Fremden, die es aufzuspüren gilt.[27] Der Ausgang eines Experiments ist alles andere als frei wählbar und sein ganz und gar nicht spielerischer Ablauf orientiert sich nicht an der Kreativität des Experimentators. Der Erfolg eines Ex-

27 Vgl. auch die Hinweise zur Teilung auf S. 108f. Mitteilung wird hier und im Folgenden immer in seinem Doppelsinne gebraucht: Als Mitteilung, als Artikulation im Sinne eines Sich-bemerkbar-Machens und als Mit-Teilung im Sinne eines an der Teilung der Welt Beteiligt-Seins; beides gehört notwendig zusammen. Der Versuch, der Teilung der Welt gerecht zu werden, setzt immer voraus, die Welt auf eine solche Weise zu teilen, dass die Mitteilungen derer vernehmbar werden, mit denen wir die Welt teilen; es geht also immer um die Mit-Teilungen (in) der Welt, nicht unmittelbar um das Mitteilende selbst. Um wessen Mitteilungen es geht, soll im Interesse eines »symmetrischen« (Latour) Zugangs und zur Vermeidung eines epistemologisch problematischen Anthropozentrismus nicht vorweg entschieden werden; das heißt freilich nicht, dass alle Mitteilungen als gleichwertig angesehen werden müssen oder gar können – tatsächlich macht ja gerade das Teilende jeder Mitteilung notwendig die Berücksichtigung aller Mitteilungen unmöglich. Auch soll mit der Rede von der Mitteilung nicht die Vorstellung von präexistenten Entitäten evoziert werden. Es kann ebenso um die Mitteilung eines Mitmenschen gehen wie um die einer verdrängten Erfahrung durch das eigene Unbewusste oder um die Mitteilung von etwas so Trivialem wie dem Luftdruck. Entscheidend ist ihre Funktion im Rahmen von Welterschließungsprozessen.

periments hängt an einem Fremden, das in seinem Fehlen nicht nur Anlass des Versuches ist, ihm Möglichkeiten zur Mitteilung aufzuschließen, sondern auch das ist, was den ziellosen Prozess des Experimentierens von der Beliebigkeit eines bloßen Probierens unterscheidet, genauer: den Prozess des Experimentierens qualifiziert, der sich gleichermaßen durch das Fehlen eines Ziels wie durch seine Zielstrebigkeit auszeichnet.

Während sich die Unterscheidung vom Erschlossenen und Unerschlossenen auf das Geteilte bezieht, bezieht sich die Unterscheidung vom Eigenen und Fremden auf das Teilende. Als Mit-Teilendes ist das Fremde das Unerschließbare schlechthin.

Reduziert und abstrahiert man das Problem des Fremden, unter Ausblendung aller anderen Möglichkeiten, es zu fassen, auf seine paradoxe Form – als Fremdes liegt es jenseits der eigenen Erfahrungsmöglichkeiten, aber nur innerhalb der eigenen Erfahrungsmöglichkeiten kann etwas als Fremdes erfahren werden –, kann es mit der hier verfolgten Unterscheidung von erschlossen und unerschlossen in Verbindung gebracht werden.[28] Dass dabei auf die Differenziertheit verzichtet werden muss, in der das Thema von anderer Seite bearbeitet worden ist, steht außer Frage. Nicht einmal die unterschiedlichen Formen, in denen das Paradoxe der Erfahrung des Fremden gedacht werden kann, können hier aufgezählt, geschweige denn im Einzelnen diskutiert werden (vgl. dazu Wimmer 2006). Dass das Problem des Fremden, denkt man es nur konsequent genug, zwangsläufig auf eine paradoxe Form hinaus läuft, muss allerdings auch nicht noch einmal gezeigt, sondern kann als gewusstes Wissen vorausgesetzt werden. So ist für Waldenfels die Paradoxie das Skandalon im Zentrum des Problems des Fremden: »Radikal Fremdes […] läßt sich nur denken als ein Paradox, das sich in Formeln kleidet wie ›Zugänglichkeit des Unzugänglichen‹ und ›Zugehörigkeit in der Nichtzugehörigkeit‹« (Waldenfels 2002, S. 188; vgl. auch S. 92 und 1997, Kap. 1). Die Paradoxie ins Zentrum der Überlegungen zu stellen, anstatt sie zu umgehen, erlaubt es überhaupt erst, das Problem des Fremden in eine abstrakte Theorie der Welterschließung zu übersetzen – mitdenkend, dass damit das Problem weder gelöst, noch bearbeitet wird, nicht einmal differenziert wird, sondern lediglich eine Form bekommt, bei der das Problem als praktische Herausforderung für die Praxis in der Theorie erhalten und erkennbar bleibt. Die Figur des

28 So wird das Fremde hier nur in der Perspektive des Weltaufschlusses thematisiert. Das Fremde begegnet einem aber selbstverständlich nicht nur im Zuge von Weltaufschließungsprozessen. Es denkt überhaupt nicht daran, darauf zu warten, dass man ihm Interesse entgegenbringt und pflegt auch dann in das Eigene einzubrechen, wenn man es gar nicht gebrauchen kann.

Re-Entrys ist bei der hier gewählten Paradoxiefassung mit Hilfe des Spencer-Brown'schen Formkalküls analytisch deshalb besonders fruchtbar, weil mit ihrer Hilfe ein Problem, das es in Wirklichkeit gar nicht gibt, unter Abstraktion von Zeit als Paradoxie formuliert werden kann. »In Wirklichkeit« gibt es das Problem deshalb nicht, weil Paradoxien niemals in der Welt und in der Zeit existieren können, sondern immer nur als (Re-) Konstruktionen und unter Abstraktion von Zeit verfügbar sind. Dass eine Paradoxie in der Welt aber nicht existieren kann, heißt noch lange nicht, dass sie kein Problem darstellt. Gerade weil ein Problem nicht als Paradoxie in der Welt existieren kann, üben solche Probleme einen unausweichlichen Handlungsdruck aus. Der analytische Gewinn dieser Betrachtungsweise besteht darin, die vorhandenen Lösungen einer Paradoxie über die Rekonstruktion des dazugehörigen Problems in ihrer funktionalen Äquivalenz vergleichen zu können.[29] So läuft die Analyse nicht Gefahr zwischen vorhandenen Lösungen oszillieren oder sich ins Imaginäre verabschieden zu müssen, oder eine bestimmte Lösung auf der theoretischen (also falschen) Ebene festzulegen (siehe auch unten S. 274). In der Figur des Re-Entry wird dem Umstand Rechnung getragen, dass der quasitranszendentalen Unterscheidung von erschlossen und unerschlossen und damit korrespondierend vom Eigenen und Fremden nicht direkt, sondern immer nur immanent über ein Re-Entry und damit entweder explorativ oder experimentell begegnet werden kann (oder sie imaginär als Problem verworfen werden kann). Jeder Versuch, das Eigene als Eigenes und das Fremde als Fremdes feststellen zu wollen, ist der Versuch, auf quasitranszendentaler Ebene die Unterscheidung selbst noch auf die Seite des Eigenen zu bekommen – was sie aufgrund ihrer paradoxen Struktur lediglich temporalisiert und erneuert. In diesem Sinne schreibt Schäfer von einer »von einem selbst nicht zu schließende[n] Differenz von Eigenem und Fremden« – d.h.: »Es ist trotz aller Bemühungen nicht möglich, das Eigene, die eigenen Ordnungsmuster, die noch über die Einordnung von etwas als fremd verfügen, vollständig aufzugeben; und es ist ebenso unmöglich, das Fremde vollständig in der kategorialen Aneignung aufgehen zu lassen.« (Schäfer 2009, S. 188) Streicht man aus dieser Formulierung die entschärfenden Wörter »vollständig« (die eine irreführende räumliche Vorstellung von Gebieten evozieren, auf denen das Eigene bis zu einer bestimmten Grenze herrschen könne, hinter der dann das Fremde beginnt), tritt die Paradoxalität dieser reflexiven Figur deutlich (man könnte sagen: vollständig) hervor. Die Paradoxalität auf quasitranszendentaler Ebene besteht dann

29 Zudem können die Lösungen so über die Rekonstruktion des dazugehörigen Problems mit ihren komplementären Gegenstücken verglichen werden: vgl. z.B. zum komplementären Problem der Erziehung Ahrens 2006.

darin, dass das Eigene und das Fremde gleichzeitig umfassend gedacht werden müssen und nicht auf einer höheren Ebene synthetisiert werden können: Das Eigene ist dem Eigenen genauso fremd (und eigen) wie das Fremde dem Eigenen eigen (und fremd) ist – und das ist erst einmal nur vom Eigenen aus gedacht. Das bringt Waldenfels dazu, das Fremde topologisch zu denken, es nämlich als ein Problem zu fassen, das nicht von übergeordneter Ebene, sondern immer nur von einem Standpunkt aus gedacht werden könne, wobei der Ort des Fremden in der Erfahrung strenggenommen ein Nicht-Ort sei, insofern es sich nicht um einen Ort handelt, der anderswo ist, sondern der das Anders-Wo ist (Waldenfels 1997, S. 26). Zum Problem wird das Ganze natürlich nicht erst dann, wenn ein subjektives Interesse im Sinne einer Neugier auf das Fremde unterstellt wird, sondern ein Problem besteht bereits, schlichter gedacht, bereits aufgrund der Tatsache, dass das Fremde und das Eigene eine Welt teilen. Damit wird hier der Anspruch des Fremden nicht auf seine Fremdheit bezogen, sondern auf seine Mitteilung,[30] wobei die Teilung das »Mit« genauso konstituiert wie das »Mit« die Teilung. Wenn der Anspruch des Fremden aufgrund der Notwendigkeit, eine Welt zu teilen (einer Notwendigkeit, die, wenn man sie personalisiert fassen würde, natürlich bereits dem Selbst mit sich selbst zum Problem würde) in seiner Mitteilung besteht, wird das Problem in seiner paradoxen Form im Rahmen eines Welterschließungsprozesses temporalisiert (der Formkalkül ist die Form, in der das Eigene und das Fremde gleichzeitig gleichzeitig und ungleichzeitig gedacht werden müssen) und in dieser auf die Welt bezogenen Form der Ökonomie der *différance* unterworfen.

Das Fremde kann im Laufe von Bemühungen, eine geteilte Welt zu erschließen und in der hier paradoxal gefassten Form des Re-Entrys auf drei verschiedenen Arten auftreten: In seiner Erkanntheit (die Unterscheidung wird in Richtung des Fremden gekreuzt), in seinem Fehlen (die Unterscheidung wird in Richtung des Eigenen gekreuzt) und in seiner Verworfenheit (die Unterscheidung wird imaginär aufgehoben). Der Explorator richtet sein Interesse auf das Fremde, das ihm fremd ist, von dem er also weiß, dass es ihm fremd ist (das macht die Unerschlossenheit des jeweiligen Gebietes aus und die Tatsache, dass das Fremde ihm insofern Eigen ist, als er es als Fremdes erkannt hat), während das Interesse des Experimentators am Fremden von ihm nicht verortet werden kann, weil das Fremde, um das es ihm geht, fehlt – in dem Bereich, auf den er sein Interesse richtet, kann er nichts als fremd erkennen (das macht seine Erschlossenheit aus).

30 Ein entsprechender Doppelsinn findet sich auch in dem *Anspruch* des Fremden bei Waldenfels: Hier ist es gleichzeitig das Angesprochen-Werden durch das Fremde und der Anspruch des Fremden, ihm als Fremden gerecht zu werden.

Wer ein vollkommen erschlossenes Gebiet exploriert wird zwangsläufig zum Touristen – zu einem Explorationsdarsteller. Dem Touristen ist auch nichts fremd, aber anders als der Experimentator macht er das nicht zu seinem Problem, sondern setzt sich darüber hinweg, indem er weiter exploriert als wäre das noch möglich. Anders als es zumeist üblich ist, wird dadurch, dass es hier um den Vergleich von Welterschließungsbemühungen geht, dem Explorator, dem Experimentator und dem Touristen also ein Interesse am Fremden unterstellt und die Analyse des Problems daran und nicht an etwas anderes, wie z.B. mangelndes Interesse, Unaufmerksamkeit, Voreingenommenheit etc. angeschlossen (was nur eine epistemisch motivierte Beschränkung der Perspektive darstellt und nicht als empirische Einschätzung über den Umgang mit dem Fremden zu verstehen ist). Allgemeiner gesprochen: In der hier gewählten Betrachtungsweise steht der Tourist paradigmatisch für die »Welterschließungsstrategie« (die dann keine mehr ist), bei der die Paradoxie, dass die Welt immer gleichzeitig erschlossen und unerschlossen ist, ins Imaginäre hin »aufgelöst« wird. Das ist keine analytische Kategorie, sondern eine empirische: Das Imaginäre ist wie in der Mathematik immer eine mögliche Lösung für eine Paradoxie.[31] Das Interesse des Touristen richtet sich also weder auf das erkannte Fremde noch auf das fehlende Fremde, sondern auf eine Inszenierung der Fremdheit, bei der die Hauptrolle des Explorators vom Touristen selbst besetzt wird. Leicht ist das Imaginäre dieser Strategie an dem Ärger des Touristen auf der Suche nach »besonders wenig erschlossenen Gebieten« (TUI-Katalog 2008) zu erkennen, den er empfindet, wenn er durch andere Touristen an sein eigenes Touristsein erinnert wird. Denn der Genuss einer Reise in besonders unerschlossene Gebiete, die tatsächlich aber vollkommen erschlossen sind, setzt eine Imagination der Unerschlossenheit voraus, die von unpassenden Erlebnissen und ganz besonders von als Touristen erkennbaren anderen Touristen, die einem das eigene Touristsein spiegeln, allzu leicht gestört wird. Diese Imagination aufrecht zu erhalten erfordert einen gewissen Aufwand; sei es über die eigene Inszenierung, in der man sich als Explorator verkleidet (der Globetrotter-Katalog 2008 trägt das Motto »Träume leben«), sei es über die Teilnahme an einer fremden Inszenierung.[32] Das Problem des Fremden wird in dieser Form verworfen, (in der Regel in der kulturalisierten Form

31 Vgl. Lau 2005, S. 92ff und Spencer-Brown 1997, S. xxi.

32 So bewirbt TUI sein Abenteuerangebot »Weltentdecker« mit »Insidern«, die einem »Türen öffnen, die anderen verschlossen bleiben«; darüber hinaus heißt es: »Wecken Sie Ihren Pioniergeist«; »Mit unserer Welterfahrung führen wir Sie an Weltentdecker Ziele. [...] Stellen Sie sich Ihre Reise individuell zusammen. Oder entscheiden Sie sich für ein perfekt organisiertes TUI Paket.«

des personalen Anderen) exotisiert und vermag nur noch von außen, die Imagination gleichsam wie eine Leinwand mit zu Boden reißend, hereinzubrechen.[33] Den Weg der Imagination kann (oder besser: sollte) der Wissenschaftler jedoch genauso wenig gehen wie jeder, der an der Erschließung der geteilten Welt selbst interessiert ist; was also auf jeden zutrifft, der sich nicht so sehr von dem Gefühl, die Welt zu entdecken, leiten lässt, sondern von der Ahnung, dass die Welt nicht so ist, wie sie sich einem darstellt und dieses als Problem versteht: man bezieht sich auf sie als geteilte und weiß gleichzeitig, dass man ihr nicht als geteilte gerecht wird. Dass die Exploration in einer bereits fast vollständig erschlossenen Welt in ihrer klassischen Form der Reise zum Tourismus verkommt und dass der Tourist sich bei der Suche nach »besonders wenig erschlossenen Gebieten«, dreht und wendet und sich in seinem vergeblichen Bemühungen schließlich aufreibt (s.o. S. 118, verweist auf die empirischen Veränderungen, die die Exploration in ihrer Universalität an ihr Ende brachten.

Es ist sicherlich sehr grob skizziert, aber nicht falsch, wenn man behauptet, dass sich durch verstärkte Handelsbeziehungen, verbesserte Transportinfrastruktur, beschleunigte Bewegungen im Raum und das Aufkommen von Fernreisen auf der einen Seite und die Effekte einer vor allem technisch ermöglichten zunehmenden Vernetzung der Welt infolge weltumspannender Standardisierungen, Normierungen, gegenseitiger Einflussnahmen etc. auf der anderen Seite, zwei gegenläufige Tendenzen verstärkt haben: Erstens erfährt man das Problem des Fremden zunehmend in der Form des Problems des Eigenen (was bevorzugt unter dem Aspekt der Kontingenzzunahme diskutiert wird);[34] heute kann man das als Wissen formulieren: »Fremdheit ist selbstbezüglich« (Waldenfels 2006, S. 8). Zweitens läuft die Suche nach dem Fremden in einer zunehmend erschlossenen Welt immer öfter ins Leere. Wenn man schließlich fast überall nur noch auf Bekanntes stößt, dann gerät das Konzept der Exploration als universale Erkenntnisstrategie ins Wanken. Während sich das Problem des Fremden in der »Zeit der Explorationen« dem Explorator als deckungsgleich mit seinem Erschließungsinteresse darstellte, insofern es sich auf das erkannte Fremde richtete, stell-

33 Weshalb der Tourist sich regelmäßig »ernüchtert« auf ausländischen Polizeiwachen wiederfindet, während er die Situation auf heimischen Polizeiwachen niemals als »ernüchternd«, sondern eher als ärgerlich oder peinlich beschreibend würde.

34 Waldenfels beschreibt die Veränderungen vorwiegend als Veränderungen in der Vernunftstruktur selbst, als Abenteuer, »die von Entdeckungsfahrten und Eroberungszügen begleitet waren, auf denen sich neue und ferne Welten erschlossen und ›wunderbare Besitztümer‹ ansammelten […]; doch erst im 18. und 19. und vollends im 20. Jahrhundert dringt das Fremde ausdrücklich und unwiderruflich in den Kern der Vernunft und in den Kern des Eigenen ein.« (Waldenfels 1997, S. 16f)

te es sich für den aus der Sicht des Explorators Fremden als existentielles, das Eigene bedrohende Problem dar, nämlich als konkreter Einbruch des Fremden in den eigenen Raum.[35] Mit zunehmender Erschlossenheit der Welt wies dieses Problem des Fremden auf den Reisenden zurück und wurde als Problem seiner eigenen Kategorien erkannt, die in der Begegnung mit dem Fremden aus ihrer Selbstverständlichkeit heraus als kontingent gesetzt wurden, ohne dass von ihnen einfach Abstand genommen werden konnte.[36] Nimmt man dieses als Problem ernst, muss man die Erschlossenheit und das Fehlen des Fremden zum Ausgangspunkt des Denkens machen und das heißt: experimentieren. Betrachtet man diese Dimension des Welterschließens, kann man den Unterschied der Stellung des Fremden in der Exploration und dem Experiment auf folgende Formel bringen: Das paradigmatische Problem der Exploration ist das Problem des Fremden. Das Problem des Fremden ist aber nicht das paradigmatische Problem des Experiments. Das ist sein Fehlen.[37] Anders formuliert: Je mehr das Fremde in seinem Fehlen zum Problem wird, desto notwendiger wird die Umstellung von Exploration aufs Experiment.

Dass der quasitranszendentale Status der Unterscheidung vom Eigenen und Fremden nicht gesehen und das Re-Entry nicht als empirische Notwendigkeit anerkannt wird oder gar als »philosophische Spitzfindigkeit« abgetan wird, erklärt den pastoralen Ton vieler Texte zum Fremden (nämlich durch ihren Versuch die quasitranszendentale Unterscheidung selbst zu bearbeiten, was anders

35 Vgl. exemplarisch und differenzierter: Todorov 1985.

36 Selbst der Explorator Georg Forster, der vor dem Hintergrund seiner Zeit als vorbildhaft aufmerksam gegenüber dem Fremden gilt, verfügt auch nur über die Kategorien, über die er verfügt, wie ebenso aufmerksame Zeitgenossen bemerkten: »Ei, ei, lieber Forster«, tadelte Christoph Martin Wieland Forster, der eine Gerichtsverhandlung über einen des Diebstahls angeklagten Haitianer beschrieb und belehrt ihn: »wo war in diesem Augenblick ihre Filosofie – Wie können sie von dem jungen Menschen verlangen, daß er ihren Puffendorf und Barbenac gelesen haben soll? [...] Du sollst nicht stehlen! ist ein positives bürgerliches Gesetz, zu dessen Beobachtung wir erzogen werden müssen.« (Wieland 1825, S. 205f) Georg Forster begleitete u.a. James Cook auf seiner zweiten Weltumsegelung, Alexander von Humboldt auf einer Reise durch Teile Europas und war seit seinem 23. Lebensjahr Mitglied der Royal Society, vgl. Forster (2007 [1777]).

37 Dass keine Form der Welterschließung ohne den Bezug auf das Fremde denkbar ist, dieses gleichzeitig aber traditionell nicht entschieden genug gedacht wurde, lässt sich in Bezug auf die Bildungstheorie bei Wimmer 1996a und Schäfer 2009 nachlesen.

als theologisch gar nicht möglich ist[38]) und der Hang zu mystifizierenden Deutungen solcher Autoren, die das Fremde in aller Konsequenz zu denken versuchen.[39] Der Versuch Umgangsregeln für den Umgang mit dem Fremden aufzustellen, ohne zu berücksichtigen, dass die Einsicht in die Unausweichlichkeit seines Verfehlens etwas anderes ist als das Problem seines Fehlens, gleicht dem Versuch, aus der Einsicht in die Unzugänglichkeit der Welt an sich eine Erkenntnistheorie entwickeln zu wollen. Denn wenn man bei der Suche nach dem Fremden überall nur auf Bekanntes stößt, dann hilft es nicht zu wissen, dass das Fremde niemals ganz im Eigenen aufgeht, so wie es auch dem Wissenschaftler nichts nützt, vom Philosophen darüber belehrt zu werden, dass nichts in der Welt jemals ganz und endgültig erschlossen werden kann (und die Welt als ganze sowieso nicht), wenn er sich mit dem Problem herumschlägt, sich nicht mehr einfach in ein Boot setzten zu können, um etwas Neues zu entdecken. Die Texte zum Fremden, die angefüllt sind mit Anmahnungen, das Fremde und vor allem den (personalen) Fremden doch in seiner Fremdheit anzuerkennen, es auf Reisen nicht durch den eigenen Besuch zu gefährden, die also an dem Wissen um die Fremdheit des Fremden ansetzen, sagen nicht unbedingt etwas Falsches, aber sie bleiben denkend der Exploration verhaftet und versuchen mit der Perfektionierung und Verstärkung explorativer Strategien Probleme zu lösen, die bereits nicht mehr solche der Exploration sind. Man erkennt solche Verstärkungsversuche in den Forderungen genauer hinzuschauen (zum Primat des Blickes im explorativen Denksystem vgl. Abschnitt III/5), die Augen nicht vor dem Fremden zu verschließen, nicht zu versuchen ihn um den Preis seiner Fremdheit zu verstehen, ausgetretene Wege zu verlassen, Distanz zum Bekannten einzunehmen (vgl. Abschnitt III/10) oder »hinter« den Konstruktionen der Medien das Fremde zu entdecken (vgl. Abschnitt III/4). Das alles ist nichts Neues, sondern nur eine Reformulierung dessen, worauf andere schon anders hingewiesen haben. Wenn das Experimentelle eine Antwort auf den Anspruch eines fehlenden Fremden auf Mitteilung darstellt und es darum geht, ihm ausgehend von dem Problem seines Fehlens Möglichkeiten zur Mitteilung (in) einer geteilten Welt aufzuschließen,[40] werden diejenigen, die ohne Paradoxiebewußtsein auf der An-

---

38 Vgl. dazu Schäfer 2006.

39 Darin sehe ich Wimmers Bemühungen motiviert, Levinas gegen allzu theologisierende Deutungen zu verteidigen. Vgl. Wimmer 1988, S. 67f.

40 Latour spricht in diesem Sinne, unter Bezug auf Whitehead, von Propositionen: »eine Proposition ist das, was ein Akteur anderen Akteuren anbietet. Damit wird Entitäten das Vermögen zugestanden, sich untereinander durch Ereignisse zu verknüpfen« (2000, S. 379). So sind es in seinem Beispiel bestimmte Nährlösungen, die Pasteur

erkennung seiner Fremdheit beharren, als könne man auf die quasitranszendentale Unterscheidung vom Eigenen und Fremden direkt Bezug nehmen, das Problem zwangsläufig soweit reduzieren, als ginge es nur darum, einzusehen, dass das Fremde das Unerschließbare ist. Damit wird so getan, als wäre die Unterscheidung zwischen dem Eigenen und dem Fremden deckungsgleich mit dem Erschlossenen und Unerschlossen und als könnten beide Unterscheidungen in der Welt aufgefunden werden. Damit beschränkt sich das Plädoyer zur Anerkennung der Fremdheit des Fremden auf das als fremd erkannte Fremde, womit die Bemühung, ihm in seiner Fremdheit gerecht werden zu wollen, zu verdecken droht, was vor allem der Anspruch des Fremden wäre: nämlich der Anspruch auf Mitteilung. Das Fremde ist aber nichts, was in der Fremde verortet werden kann, wo man es bewahren könnte, sondern etwas, dessen Mit-Teilung einen als Mit-Teilenden unabweisbar etwas angeht – ob man das nun will oder nicht. Und da es um die Teilung einer geteilten Welt geht, richten sich die Erschließungsbemühungen eines Experimentators auch nicht auf das Teilende, wo man ihnen Einhalt gebieten müsste, sondern auf das Geteilte, das im Hinblick auf die Schaffung von Mitteilungsmöglichkeiten neu zu erfinden eine Aufgabe ist, die nicht jenseits von der Welt angegangen werden kann.

4. TRANSPARENZ UND OPAZITÄT

Wenn im Experiment durch die Schließung eines Raumes in der Welt die Erschlossenheit der Welt bis an die Grenze der Vollständigkeit gesteigert wird, um durch die strategische Ausnutzung der Iterabilität ihrer materiell-semiotischen Verfasstheit zu versuchen, einem fehlenden Fremden Möglichkeiten zur Mitteilung aufzuschließen,[41] kann von den im Geschehen involvierten Medien nicht

erfindet, in denen sich das Milchsäureferment »artikulieren« kann, so dass Pasteur, Nährlösung und Ferment nun gemeinsam ein »Kollektiv« bilden können.

41 Diese Gedankenfigur entstammt – auch wenn sie in dieser Begrifflichkeit vielleicht nicht mehr auf den ersten Blick erkennbar ist – Kollers bildungstheoretischer Auseinandersetzung mit Lyotard (1999): Die Wendung, dass es in Bildungsprozessen darum gehe, einem fehlenden Fremden, also *etwas* Möglichkeiten zur Mitteilung aufzuschließen, ist der Vorschlag einer Übersetzung der Idee von Bildung als eines sprachlich-innovativen Prozesses des (Er-)Findens neuer Diskursarten in die Begrifflichkeit dieser Arbeit. Als eine Idee, die aus einem theoretischen Kontext in einen anderen übertragen und durch etwas anderes ersetzt worden ist, gerät ihre Herkunft leicht aus dem Blick – aber nicht weil sie abgewiesen wird und auch nicht weil sie übernommen wird, sondern weil sie in ihrer übertragenen und ersetzten Form als in

mehr sinnvoll im Sinne eines »Dazwischen« gesprochen werden: Wie soll man auch ein Medium zwischen etwas Fehlendem und allem anderen, das nichts anderes als das Medium selbst ist, platzieren? Vielleicht kann man die Kritik, der der klassische Medienbegriff in einer sich sukzessiv radikalisierenden Weise unterzogen worden ist,[42] in dieser Hinsicht als semantisches Korrelativ zur empirischen Erschöpfung explorativer Strategien verstehen. Reste eines klassischen – also von der Universalität des Explorativen ausgehenden – Medienverständnisses findet man auch in der Vernachlässigung der Technik als nicht weniger unhintergehbares Medium der Erkenntnis als die Sprache. Eine klare Parallele zieht Werner Kogge, wenn er die Veränderung in der philosophischen Auseinandersetzung mit Technik analog zu denen mit der Sprache beschreibt (Kogge 2001). In beiden Fällen rücke das Mittlere, das Medium zum Primären auf; Sprachphilosophie sei heute nicht mehr einfach ein Teilgebiet der Philosophie, Philosophie selbst sei primär zur Sprachphilosophie geworden. Bei der Entdeckung dieser unhintergehbaren und nicht nur nachgeordneten Rolle der Sprache sei allerdings die Technik auf der Strecke geblieben: »Die Dominanz der Sprachphilosophie«, so Kogge, »rückte in den Hintergrund, daß das, was für die Sprache gilt, auch und in gewissem Sinne noch mehr für die Technik gilt: wie wir die Welt erfahren, hängt nicht nur davon ab, in welcher Sprache wir das tun, sondern auch, mit welchen Werkzeugen und Instrumenten wir dabei ausgestattet sind.« (Kogge 2001, S. 227) Insofern die philosophische Beschäftigung mit der Technik als Mittler auf die Anfänge der Philosophie zurückgehe, könne man die Technikphilosophie sogar in gewisser Weise als Vorläufer der Sprachphilosophie verstehen. Allerdings nicht im expliziten Sinne, denn eine kontinuierliche Tradition der Technikphilosophie hat es nie gegeben (bzw., hält man sich an die übliche Ursprungsgeschichte, erst mit Ernst Kapps *Grundlinien einer Philosophie der Technik: Zur Entstehungsgeschichte der Cultur aus neuen Gesichtspunkten* von 1978). Aber es ist wahrscheinlich nicht so sehr das Fehlen einer traditionsreichen »Technikphilosophie«, die die Technik gebraucht hätte, wie Kogge meint, um als Erkenntnismedium wahrgenommen zu werden; vielleicht hätte sie diese Wahrnehmung sogar erschwert, so wie die Einfassung des Problems der Sprache in eine spezifische »Sprachphilosophie« die Einsicht in ihre alle Fragen der Philosophie betreffende Relevanz eher erschwert als befördert hat (untrügliches

---

ihrer Erschlossenheit mobilisierbar vorausgesetzt wird (vgl. hier Abschnitt III/8 und III/17).

42 Vgl. als problemzentrierten Überblick der entscheidenden, z.T. hier wiederholten und z.T. als bekannt vorausgesetzten Aspekte dieser Kritik aus erziehungswissenschaftlicher Perspektive: Wimmer 2009.

Zeichen explorativen Vorgehens: mit der Isolierung eines Forschungsgegenstandes anzufangen: vgl. Abschnitt III/20).

Das Problem, Technik als Erkenntnismedium wahrzunehmen, besteht darin, dass sie erst als Technik und als Medium identifizierbar ist, wenn sie schon nicht mehr Medium der Erkenntnis ist. Denn die experimentell als Erkenntnismedium dienende Technik steht nicht in ihrer Transparenz zwischen den Dingen und einem Beobachter wie das zum Werkzeug gewordene Fernrohr beim explorativen Vorgehen, wenn es doch der epistemische Prozess selbst ist, der den Unterschied zwischen Mittel und Gegenstand der »Beobachtung« (vgl. Abschnitt III/5) konstituiert und damit auch den Status des »Beobachters« festlegt (s.u.), der nun nicht mehr sinnvoll als Beobachter bezeichnet werden kann (vgl. auch Abschnitt IV/6). Um die Technik im Experiment als Beobachtungsmedium nach dem Vorbild des Fernrohres denken zu können, müssten die epistemischen Dinge (vgl. Abschnitt III/6) als unabhängig existierend vorgestellt werden. Genau das ist aber erst *ex post* möglich, wenn doch das, worum es geht, zunächst noch *fehlt*; und selbst wenn die epistemischen Dinge am Ende eines experimentellen Prozesses aus der Vagheit einer Sammlung uneindeutiger und nicht zuordbarer Spuren in eine wiederholbare Stabilität überführt worden sind, sind sie nie als solche präsent, sondern erscheinen nur im Gefüge der Labortechnik, des Experimentalsystems selbst; niemand hat je das Produkt eines radioaktiven Zerfallsprozesses jenseits eines technischen Gefüges zu Gesicht bekommen. Wie soll es möglich sein, ein solches Teilchen *nicht* mit Derrida im Zusammenhang mit einem Experimentalsystem zu verstehen, wenn er schreibt:

> »Das Einzige *im* System zu denken, es in das System einzuschreiben, das ist die Geste der Ur-Schrift: Ur-Gewalt, Verlust des Eigentlichen, der absoluten Nähe, der Selbstpräsenz, in Wahrheit aber Verlust dessen, was nie stattgehabt hat, einer Selbstpräsenz, die nie gegeben war, sondern erträumt und immer schon entzweit, wiederholt, unfähig, anders als in ihrem eigenen Verschwinden in Erscheinung zu treten.« (Derrida 1983, S. 197)

Das technische Arrangement eines Experimentalsystems, das in der Lage ist, etwas Wahres zu zeigen, ist dabei das Ergebnis, nicht das Mittel eines experimentellen Prozesses: »Die experimentelle Erzeugung von Spuren ist letztlich gleichzusetzen mit dem Hervorbringen epistemischer Dinge. Rekursiv stabilisiert, können diese als Verkörperungen von Begriffen fungieren« (Rheinberger 2000, S. 240) Das technische Arrangement hat eine ideale Form gefunden und ist als Technik nur noch technisch. Es ist möglich geworden, es immer und immer wieder mit dem selben Ergebnis zu reproduzieren. In der Vorstellung vom Experiment als Mittel der Exploration gilt dieses als Beweis der Existenz des Objekts und der Existenz eines Korrespondenzverhältnisses zwischen Theorie und Empirie. In der Vorstellung vom Experiment als unhintergehbarem Medium verweist die Wiederholung jedoch auf nichts anderes als auf die Wiederholung in seiner hergestellten Idealität selbst:

»Diese Idealität ist sogar die Form, in welcher die Präsenz eines Objekts überhaupt unendlich als *dieselbe* wiederholt werden kann. [...] Die Idealität ist das Heil oder die Herrschaft der Präsenz in der Wiederholung. In ihrer reinen Form ist diese Präsenz nicht Präsenz von etwas, was in der Welt existiert; denn sie ist immer in Korrelation mit den selbst idealen Akten der Wiederholung.« (Derrida 1979, S. 58f)

Man sieht jetzt genauer, warum die Künstlichkeit und Abgeschlossenheit des Experimentalsystems von der Welt, das ganze aufwändige Arrangement notwendig mit der Existenz der wissenschaftlichen Objekte zusammenhängt: Sie existieren nur, weil es diese idealen Orte der Wiederholung gibt – nicht, weil es die Orte sind, wo sie einmal entdeckt und beschrieben worden sind. Aus diesem Grund konnten Shapin und Schaffer anhand der Verbreitung der Luftpumpe in Europa die Verbreitung des Vakuums nachvollziehen. Erst nachdem die Wissenschaft zum Funktionssystem einer Weltgesellschaft geworden ist (vgl. Luhman1992a), fällt die Potentialität des Nachbaus der Vakuumpumpe mit der Existenz des Luftdrucks in dieser Welt zusammen. Wenn man im »Zeitalter der experimentellen Wissenschaften« Sinn als Einheit von Aktualität und Potentialität fasst, bezieht dies die Möglichkeit oder Unmöglichkeit ein, funktionierende Luftpumpen zu bauen. Aber auch nach der Ausdifferenzierung eines weltgesellschaftlichen Funktionssystems der Wissenschaft teilt die Wissenschaft die Welt, die sie erforscht, indem sie in einem von der Welt abgegrenzten Raum der Idealität zum Existieren bringt, was außerhalb nicht existieren kann und doch nichts anderes ist als Teil dieser geteilten Welt. Ganz in diesem Sinne schreibt Derrida weiter – und wieder liest es sich, als würde er um eine exakte Beschreibung eines Experimentalsystems als Steigerungsform der Erschlossenheit der Welt in der Welt bemüht sein: »Diese Idealität aber, die nur der Name für die Permanenz des Selben und die Möglichkeit seiner Wiederholung ist, existiert nicht in der Welt, noch kommt sie von einer anderen Welt. Vielmehr hängt sie völlig von der Möglichkeit der Wiederholungsakte ab. Denn durch diese ist sie konstituiert.« (Derrida 1979, S. 107)

Das Problem, etwas über Technik als Erkenntnismedium zu sagen, liegt zunächst in der Schwierigkeit begründet, sie als Technik und als Medium identifizieren zu können. Einfach ist es schon deshalb nicht, weil die einfache Unterscheidung von »trocken, hergestellt und mechanisch« auf der Seite der Technik und »naß und natürlich« auf der Seite des Lebens nicht mehr funktioniert, seit Lebendiges wie Fruchtfliegen auch als Technik eingesetzt werden und umgekehrt eine technische Funktion Ziel epistemischer Bemühungen sein kann, bzw. die Grenze zwischen Technik und Leben oder Technik und epistemischen Ding quer durch ein Lebewesen hindurchlaufen kann. Tatsächlich ist es aber sogar unmöglich, Technik in einem Experimentalsystem wesensmäßig zu bestimmen. Denn nicht die Beschaffenheit entscheidet darüber, was als Technik gilt: »Was als Technologie gilt und was nicht, darüber entscheidet nicht die Technologie, sondern der epistemische Prozeß.« (Rheinberger 2005, S. 24) Diese Unentschiedenheit, ob etwas epistemisches Ding oder Medium ist, ist kein von außen herangetragenes Problem derer, die das Experiment zu beschreiben versuchen, sondern eines, das den Experimentatoren während des Experimentalprozesses selbst zu schaffen macht. Dieses vollzieht Rheinberger in seiner Beschreibung der Anfänge der Proteinsynthese im Reagenzglas an der Art und Weise nach, wie die Experimentatoren sich in diesem Raum des Vagen sprachlich orientierten:

> »Auch die Sprache, in der die Forscher die experimentelle Darstellung der Proteinsynthese zu fassen versuchten, begann das verwickelte Ineinander von technischen Verfahren und Untersuchungsgegenstand ebenso widerzuspiegeln wie die praktische Durchschlagskraft dieser Bündelung. Die Laborgemeinschaft sprach, wenn es um den Aminosäureeinbau in Proteine ging, nicht mehr über gewebespezifsche Einbauraten, sondern von Zentrifugationsgeschwindigkeiten, von Sedimentationseigenschaften und Fällungsbedingungen. Man hantierte nun mit ›pH 5-Präzipitaten‹, ›40000 x g-Partikeln‹ und ›löslichen Fraktionen‹« (Rheinberger 2001, S. 74, vgl. auch Latour 1987, S. 87f. und hier S. 160)

Sie hantieren also gewissermaßen gleichzeitig und unentschieden mit dem Medium der Hochgeschwindigkeitszentrifuge und mit dem von ihr möglicherweise Medialisierten. Genauso wie Technik nur *ex post* als Erkenntnismedium bestimmt werden kann, können entsprechend auch epistemische Dinge nur *ex post* als solche identifiziert werden; dabei ist der Begriff »epistemisches Ding« insofern missverständlich, als es sich erstens nicht unbedingt um ein Ding handelt (»es können auch Strukturen, Reaktionen, Funktionen sein«, Rheinberger 2001, S. 24) und zweitens nichts ist, was als solches als etwas bezeichnet werden könnte; es ist etwas, dem das Interesse des Experimentators gilt; wenngleich es auch nicht unbedingt »etwas« ist, so ist es doch auch nicht nichts – vorausgesetzt natürlich, es wird etwas gewesen sein. Dem Bedürfnis zu definieren, was Technik ist, darf im Experiment nicht nachgegeben werden (auch nicht im experimentellen Bemühen um Erkenntnis über das Experiment: dem Bedürfnis nachzugeben, hier eine Definition von Technik an den Anfang zu stellen, beispielsweise hätte bereits auf ein exploratives Vorgehen festgelegt.) Die Probleme der Wissenschaftstheorie und das, was später als Streit zwischen »Realisten« und »Konstruktivisten« inszeniert wurde, beruhten auf dem Versuch, die Technik als etwas *an sich* vom epistemischen Ding getrenntes anzusehen – also den Ex-post-Zustand der Trennung in Medium und Ding rekursiv zu verabsolutieren und das Ergebnis zum Ausgangspunkt des Denkens zu machen. Ein Fehler, der das Denken der Technik von vornherein verhindert und sich dennoch in aller Unschuld am Anfang fast jeder Abhandlung über Technik als Forderung einer möglichst exakten Definition wiederfindet.

Wenn die Medien ihren Status als etwas Nachgeordnetes verlieren und in ihrer Unhintergehbarkeit als Apriori von Welt- und Selbstverhältnissen erkennbar werden (vgl. Wimmer 2009), können Erkenntnisse und der Erwerb von Wissen natürlich auch nicht mehr als Import äußerlicher Wahrheiten in innere Sinnzusammenhänge gedacht werden, als gespiegelte Repräsentationen eines Außen im Innen;[43] in der Welt (vgl. Abschnitt II/8) gibt es nichts, was nicht schon als Erschlossenes und damit Mediatisiertes vorliegt – denn genau das konstituiert die Grenzen der Welt: dass es jenseits von Medien nichts gibt, zu dem wir Zugang hätten. Die Vorstellung, dass in der Sprache (in der Wissenschaft, in den Theorien) die Welt da draußen repräsentiert würde, fügt sich bruchlos in die explorative Vorstellung des Forschens in einem offenen, nicht abgeschlossenen Raum ein: Man geht in die Welt hinaus, entdeckt und beschreibt. Sobald sich allerdings die Welt schließt und alles als bereits Erschlossenes vorliegt, läuft die Wissenschaft, soweit sie einfach nur noch weiter exploriert, Gefahr, sich wie ein Tourist um sich selbst zu drehen und sich dabei aufzureiben. Dass sie dieser Gefahr nicht erliegt, liegt aber nicht unbedingt daran, dass sie weitgehend von der Exploration Abstand genommen hätte. Ihre Konstitution als Funktionssystem ermöglicht es ihr nämlich, dieser Gefahr zu entgehen ohne deshalb gleich Erkenntnisse produzieren zu müssen: Sie kann sich analog zu der in der Exploration vorliegenden Unterscheidung von erschlossen und unerschlossen auf eine vorliegende Unterscheidung von Wissenschaft und Nicht-Wissenschaft berufen und alles, was zwar *eigentlich* bereits erschlossen ist, aber noch nicht in zitierfähiger Form vorliegt, als *wissenschaftlich* unerschlossen deklarieren; sie verlegt sich also auf die erkenntnisfreie Aufgabe der Etikettierung von längst Gewusstem als »wissenschaftlich« (das entsprechende Pendant im Rechtssystem ist das Notariat). Damit (und nicht nur damit) entfernt sich das Projekt der Wissenschaft von dem Projekt der Bildung, bzw. produziert aus sich selbst heraus eine Bil-

43 Vgl. zur Spiegelmetapher der Repräsentation z.B. Rorty 1981 und für die bildungstheoretische Diskussion Wimmer 1999.

dungsherausforderung für die am Wissenschaftsbetrieb Teilnehmenden – die nämlich darin besteht, sich gegen den laufenden Betrieb an Erkenntnissen zu orientieren und die Arbeit an der Unterscheidung von Erschlossenheit und Unerschlossenheit der Wissenschaft am eigenen Denken zu prüfen. Angesichts der durch Techniken der Leistungskontrolle entsprechend ausgerichteten Ökonomie der Wissenschaft wird die Verlegung auf das explorativförmige »Notariatsgeschäft« (man beobachtet und beschreibt, was man in der noch nicht zitierfähig vorliegenden Welt auffindet) geradezu nahegelegt – eine Alternative zur Produktion von Erkenntnissen, in der gerade die Wissenschaften Gefahr laufen in Gänze aufzugehen, denen eine entschieden gegenständlich-technisch exteriorisierte Tradition des Experimentellen fehlt, die die Persistenz eines solchen explorativen Wissenschaftsverständnisses zu unterlaufen vermag.

Die Persistenz des explorativen Denksystems (vgl. Abschnitt III/5) zeigt sich in Bezug auf das Medienverständnis besonders in dem Versuch, sogar das Experiment selbst noch explorativ verstehen zu wollen: Das ist nicht ganz einfach, muss es doch gelingen, die Arbeit im Labor und an den Geräten, von der auch ein Fachfremder weiß, dass sie sehr viel Zeit und Aufmerksamkeit in Anspruch nimmt, so weit herunterzuspielen, dass sich ihre Funktion als eine lediglich nachgeordnete, für die Betrachtung von Erkenntnisprozessen irrelevante darstellt. Denn in dem Moment, indem man dieser Arbeit selbst Erkenntniswert zuspricht, brechen alle Stützen des explorativen Denkens zusammen (Primat der Theorie, des Auges und des Raumes) und können auch normativ nicht mehr eingefordert werden (Forderung der Distanznahme, Verbot der Erfindung und des Lachens), wobei sie die damit verbundenen Hoffnungen mit sich niederreißen (Hoffnung auf ahistorische Geltung, auf Einheitlichkeit und endlose Wiederholbarkeit) und schließlich die Person des Wissenschaftlers, einschließlich des Wissenschaftstheoretikers, selbst bedrohen (seine zentrale Stellung, seine Souveränität, seine Legitimation zur Repräsentation).

Was es bedeutet – in Bezug auf die im Labor eingesetzte Technik – auf negative Weise der Leitvorstellung vom neutralen, transparenten Erkenntnismedium und damit einem explorativen Vorgehen verhaftet zu bleiben, wird an einem Missverständnis deutlich.[44] Benner schreibt:

»Wer beispielsweise in jenem Atomium, das die Brüsseler Weltausstellung von 1958 zierte und heute noch besichtigt werden kann, die Ordnungsstruktur der Materie zu erkennen glaubt und nicht darum weiß, daß es sich bei diesem Ausstellungsgegenstand um ein von

44 Vgl. zu diesem Beispiel auch Ahrens 2009.

Physikern konstruiertes atomtheoretisches Modell handelt, der hat, so klagen heute Physiker zunehmend, von theoretischer Physik nichts verstanden« (Benner 1995, 292).

Natürlich geht Benner nicht davon aus, dass die Physiker hier ein Modell für Laien konstruiert haben, während sie selbst mit einem exakten Abbild der Wirklichkeit arbeiten und man deshalb nichts von Physik verstanden hat, wenn man das für ein treffendes Modell hält. Er will auch nicht sagen, dass das Atomium kein angemessenes Modell sein kann, weil es in seiner dreidimensionalen Form kaum die mehrdimensionale Mathematik der modernen Physik abzubilden vermag. Er will vielmehr deutlich machen, dass sich die Gegenstände der neuzeitlichen Wissenschaft nicht mehr wie die der vorneuzeitlichen vorzeigen lassen – und daraus schließt er, dass »es sich um eine Konstruktion handelt« – und zwar nicht deshalb um eine Konstruktion, weil das Atomium offensichtlich kein Atom *ist*, sondern weil es ein konstruiertes Modell *darstellt*. Er beschließt, dass es auf die mediale Funktion nicht mehr ankommt, weil, wie man am falschen Modell des Atomiums sehen könne, sich die Gegenstände der modernen Physik endgültig aus dem Einflussgebiet des auch medial verstärkten Blickes entzogen hätten und damit nichts mehr seien, von dem selbst Erkenntnis ausgehen könne. Bleibt also nur die andere Seite der Technik (die jetzt für ihn kein Medium mehr ist, weil sie nichts mehr vermittelt, gleichzeitig aber doch noch, gewissermaßen heimlich als Medium gedacht wird, weil sie ihm erlaubt, sich auf eine ihrer beiden Seiten zu schlagen). Benner schreibt, dass die Aussagesysteme neuzeitlicher Wissenschaft, »nicht Resultate eines induktiven Aufstiegs von der Erfahrung des einzelnen zum Wissen um das Ganze [seien], *sondern Konstrukte einer hypothetischen, von unserem Verstand ausgehenden* Gesetzgebung, welche die Mannigfaltigkeit des Gegebenen erklärt und verfügbar macht« (Benner 1995, S. 399, Herv. SöA). Man könnte das als ein post-mediales Verständnis von Wissenschaft bezeichnen. Denn wenn die Konstrukte tatsächlich von unserem, bzw. dem Verstand der Theoretiker ausgehen, steht die Technik im Labor nicht mehr *zwischen* dem, worüber Erkenntnisse zu gewinnen sind und dem Wissenschaftler. Hier steht Benner ganz in der Tradition Poppers, der ebenfalls glaubte, dass man die Laborwissenschaft vom Theoretiker aus denken könne und gar nicht zu versuchen brauche, die Labortechnik und die Experimentalsysteme selbst zu denken.[45] Die Technik ist hier dem Erkenntnisprozess als Kontrollinstanz nachgeschaltet und selektiert bloß Erkenntnis von Irrtum. Die treibende Kraft der wis-

45 Für François Jullien zeigt sich in einer solchen Denkfigur eine Variante des Platonismus: In der Tätigkeit entwickeln wir »eine Idealform (eidos), die wir als Ziel (telos) setzen, und dann handeln wir, um sie in die Realität umzusetzen« (1999, 13).

senschaftstheoretischen Diskussion in der Tradition des Wiener Kreises bis Kuhn und einschließlich Feyerabends (siehe unten S. 293), die schließlich in den Aporien und der Trivialität des sozialen Konstruktivismus mündete, ist der paradoxe Umgang mit dem Erkenntnismedium Technik; eine Paradoxie, die nur deshalb nicht gesehen wurde, weil der zum Paradox gesteigerte Widerspruch, gewissermaßen im Schatten der geführten Diskussion, zwischen zwei sich ausschließenden Gewissheiten besteht, die beide Gründe dafür liefern, das Erkenntnismedium Technik nicht zu denken. 1. Es braucht nicht gedacht zu werden, weil kein Medium in der Lage ist, den Durchblick auf irgendetwas zu gestatten, was dadurch schon zur Erkenntnis würde – das wäre vorkantisch. Daher kann sich im Labor auch von allein nichts Neues zeigen, (alles Neue muss von der Theorie ausgehen). 2. Man braucht das Labor nur zur Falsifikation von Hypothesen – dabei braucht die Technik selbst aber nicht gedacht zu werden, weil sich unmittelbar zeigt, ob eine Hypothese brauchbar ist oder nicht (es ist keine Frage der Erkenntnis, sondern nur eine der technischen Umsetzung für den Gehilfen des Theoretikers, dafür zu sorgen, dass etwas falsifizierbar ist). Obwohl es einen unmittelbaren Zugang zur Wahrheit nicht geben kann, gibt es einen unmittelbaren Zugang zum Irrtum: Der ist, obzwar negativ, aber so rein, dass man sich über das Medium keine Gedanken zu machen braucht. Entweder scheitert eine Hypothese oder sie bleibt bestehen. Das ist gemeint, wenn davon die Rede ist, dass mit dem Falsifikationismus das explorative Denksystem gewissermaßen mit dem Rücken zur Wand steht. Die Technik wirkt dabei auf ungesehene Weise. Popper formuliert unter der Hand gar einen technischen Imperativ: Seine Forderung, dass alles Wissen falsifizierbar sein muss, heißt übersetzt: Schreibe nur solche Gedanken auf, deren Falsifizierbarkeit im Bereich dessen liegt, was technisch umsetzbar ist (darin und nicht auf einer rein epistemologischen Ebene gründet sein Hass auf die Psychoanalyse[46]). Die Logik der Forschung ist also in Wirklichkeit eine verkappte Logik der Technik.[47] Und das Modell der Falsifikation ist

46 Stengers sieht Popper von zwei gleichermaßen drängenden Wünschen motiviert: Dem Wunsch, Einstein zum wissenschaftlichen Vorbild zu stilisieren und dem Wunsch, der Psychoanalyse die Wissenschaftlichkeit abzusprechen: Siehe Stengers 1997, insb. S. 45f.

47 Luhmann dreht in diesem Sinne die Begründungsfigur um: »Es geht bei Technik, anders gesagt, um das Ausprobieren von Kombinationsspielräumen, um kombinatorische Gewinne. Daß es funktioniert, wenn es funktioniert, ist auch hier der einzige Anhaltspunkt dafür, daß die Realität so etwas toleriert. Wir kehren, mit anderen Worten, die übliche Annahme um: Nicht die Technik wird isomorph zur Natur konstruiert, sondern die Natur in dem jeweils relevanten Kombinationsraum isomorph zu dem, was man technisch ausprobieren kann.« (Luhmann 1992b, S. 263)

auch in dieser Hinsicht der letzte ernsthafte Versuch der Rettung der Universalität des explorativen Denksystems,[48] bevor der triviale Konstruktivismus der Unfähigkeit des Denkens ohne Denksystem in der prekären Übergangsphase zum Denken des Experimentellen einen Namen verlieh.

Nur so, aufgrund der Vorstellung, dass die Technik gleichzeitig als kein Medium und als reines Medium gedacht wurde, war es möglich das Experiment als Mittel der Falsifikation oder, früher, Verifikation der Theorie und nicht als Generator von Fragen und neuen Erkenntnissen zu verstehen. So blieb die Wissenschaftstheorie der explorativen Vorstellung verhaftet, man müsse mit Fingern auf die Dinge zeigen können – und wenn man das nicht kann, müsse man sich eben fragen, wie man *damit* umgeht. Anders gesagt: Erst brauchte man die Technik nicht zu denken, weil sie als reines Medium sich selbst zum Verschwinden brachte. Dann brauchte man die Technik nicht mehr zu denken, weil sie nichts mehr vermittelte – es wurde ja bloß etwas konstruiert. Die Einsicht, dass Medien nicht nur den Blick auf etwas gestatten, sondern auch verstellen oder verfälschen, gehört dabei ganz entscheidend zum medialen, blickbezogenen Verständnis von Wissenschaft und seinem negativen Gegenpart, dem post-medialen. Tatsächlich ist die Frage, ob das, was man sehen kann, auch der Wahrheit entspricht oder nicht vielmehr verfälscht, hergerichtet oder konstruiert ist, eine Frage, die nur im explorativen Denksystem Sinn ergibt. Welchen Sinn sollte diese Frage in einem Experiment haben, bei dem das, was verfälscht, hergerichtet oder konstruiert sein könnte, vor jeder Umarbeitung, Herrichtung und Konstruktion schlicht *fehlt*? Die Verfälschungen und Defekte der medialen Funktion von Technik zu berücksichtigen ist völlig kompatibel mit einem rein explorativen Vorgehen und muss deutlich vom Denken der Technik im Experiment unterschieden werden. In Keplers bestem Fernrohr sahen die Sterne wie kunterbunte Quadrate aus, nicht ganz das, was man sich unter einem reinen Medium vorstellt. Dazu litt Kepler auch noch an einer Sehstörung, die ihn Objekte, je nach Entfernung doppelt oder dreifach sehen ließ. Und weil die Objekte, mit denen er es zu tun hatte, ganz schön weit weg waren, nahm er nach eigener Auskunft manchmal »statt eines einzelnen Mondes zehn oder mehr wahr« (Feyerabend 1976, 165;14, 167;21).

Wenn es also um Erkenntnisse geht und man innerhalb einer erschlossenen Welt mit der explorativen Vorstellung einer Repräsentation einer äußeren, unerschlossenen Welt nicht weiterkommt, muss man auf die bereits erschlossene Welt als erschlossene und nicht als nicht-(wissenschaftlich-)erschlossene Bezug

48 Um genau zu sein, könnte man auch Lakatos' Versuch der Rettung des Falsifikationismus nennen.

nehmen. Das heißt, dass man nicht weiterkommt, indem man genauer hinschaut. Und mit der Vorstellung von Medien als etwas Transparentem zwischen sich und der Welt fällt auch das Primat des Auges, der Vorstellung des Blickes als Einfallstor für die Erkenntnis.

5. BEOBACHTUNG UND BEARBEITUNG

> »Mit seinen Händen nicht denken können bedeutet einen Teil seines normalen und phylogenetisch menschlichen Denkens verlieren«
> – ANDRÉ LEROI-GOURHAN 1980, S. 320

In den Augen derer, die bei technischen Erkenntnismedien immer erst einmal an Fernrohr, Mikroskop und Kamera denken, stellt sich der Weg der Erkenntnis als eine ständige Erweiterung des Blickfeldes dar, als ein exploratives Vorgehen. Aber unter den Händen derer, die experimentell vorgehen, beginnt jeder Schritt in Richtung Erkenntnis mit der Beschränkung, der einigermaßen willkürlichen Wahl eines bis an die Grenze der Vollständigkeit begriffenen Wirklichkeitsausschnitts.

> »Der Blick, der beobachtet, hütet sich vor dem Eingreifen: er ist stumm und ohne Geste. Die Beobachtung läßt alles an seinem Platz; es gibt für sie nichts Verborgenes im Gegebenen. Sind die Hindernisse, die der Vernunft aus den Theorien und den Sinnen aus der Einbildungskraft erwachsen, einmal beseitigt, dann gibt es für die Beobachtung nichts Unsichtbares mehr, es gibt nur das unmittelbar Sichtbare.« (Foucault 1988, S. 121).

Im Übergang von der explorativen zur experimentellen Wissenschaft hat eine Bedeutungsverschiebung vom Auge zur Hand stattgefunden und damit eine Umstellung von Beobachtung auf Bearbeitung.[49] Explorationen sind primär eine Angelegenheit des Auges mit transparenten Medien als Blickerweiterungsmittel. Das Fernrohr bringt den Blick in ferne, fremde Gebiete, das Mikroskop lässt einen kleine, fremdartige Teilchen erkennen und das Schiff (und später das

---

49 Die Philosophie kann diese Entwicklung nicht einfach von einem Außenstandpunkt aus beobachten, ist doch der »Ausgangspunkt der Philosophie [...] das mit bloßem Auge Wahrgenommene«, wie manche behaupten (Berr 1994, S. 205) und ihre Entwicklung selbst nicht von technischen Verschiebungen ausgenommen – z.B. dem Wechsel von Aufschreibesystemen (vgl. z.B. Kittler 1985).

Raumschiff) bringt einen an Orte, die »nie ein Mensch zuvor gesehen hat« – ein Ausdruck, der wie kaum ein anderer für die nach wie vor explorativ geprägte Vorstellung wissenschaftlich motivierten Strebens nach Neuem steht.[50] Experimente hingegen leben von dem Herumgebastel an der Apparatur, womit die Hand gegenüber dem Auge aufgewertet wird. Allerdings ist es nur ein Teil der Technik, der zum Gegenstand der bastelnden Veränderung wird, ganz einfach, weil Wissenschaftler auch Technik benutzten müssen, die sie nicht völlig verstehen, oder um sprachlich kohärent zu bleiben, die für sie undurchsichtig, eine »Black Box« bleibt und die sie daher unangetastet lassen.[51] Ein Umgang mit Technik, *bei dem es keinen Unterschied macht*, ob man sie versteht oder nicht,[52] ob sie also für den Anwender eine Black Box ist oder nicht, ist ein

50 Dass ein exploratives Verständnis der Wissenschaft vorherrschend ist, ist das eine. Das andere ist, dass die explorative Wissenschaft in den Medien auch aus medialen Gründen überrepräsentiert ist. Als blickbezogene Wissenschaft ist sie schlicht ungleich besser in blickbezogenen Medien wie dem Kino oder dem Fernsehen inszenierbar als die experimentelle. Anders gesagt: Jemanden dabei zuzuschauen, wie er hundertmal ein und dasselbe Experiment wiederholt, ist einfach nicht ganz so spannend, wie jemanden auf einer Reise zu begleiten. Dass die Vorstellungswelten tatsächlich vorwiegend von Wissenschaftler-Klischees bevölkert werden, zeigten z.B. Rahm/Charbonneau 1997.

51 Der Gebrauch von Technik als Black Box ist genauso konstitutiv für die klassischer Weise als »experimentell« bezeichnete Wissenschaft wie für die klassischer Weise als »rein theoretisch« verstandene. Vgl. dazu Latour 1987, S. 3 und zur ebenso systematischen wie disziplinübergreifenden Bedeutung des Black-Boxing Stengers Aufsatz *Black Boxes; or, Is Psychoanalysis a Science?* In: dies. 1997b, S. 79-108.

52 Es gibt Autoren wie Ropohl (1991), die ihre Auseinandersetzung mit Bildung und Technik darüber aufziehen, ob Technik verstanden wird oder nicht. Wenngleich die Argumentation auch etwas feiner gestrickt ist, ist es doch nicht ganz falsch zu sagen, dass es für Ropohl bildungsträchtiger ist, Technik in ihrer Funktionsweise zu verstehen als dies nicht zu tun. Das Problem, dass nicht alle alles verstehen können, versucht er entsprechend über einen Kompromiss zu lösen, ohne von der Zielvorstellung einer souveränen Beherrschung über das Wissen abzuweichen: »Orientierungsmuster und Überblicksperspektiven, die es überhaupt erst erlauben, mit den informationstechnisch verfügbaren Wissensvorräten in souveräner Weise umgehen zu können«, müssten sich mit schwerpunktmäßig erworbenen Expertenwissen paaren. Indem Ropohl innerhalb dieses mengenlehremäßigen Wissensverständnisses zwei unmögliche Randfiguren konstruiert, den »Fachidioten«, der »nur von einem bißchen alles weiß« und den »Dilettant«, der »von allem nur ein bißchen weiß« (Ropohl 1991, S. 236), kann er mit Hilfe des gesunden Menschenverstandes dann den Mittelweg als Bildung propagieren: »Die Alternative, die ich favorisiere, besteht darin,

Umgang mit Technik als Werkzeug (siehe Abschnitt III/17).[53] Im explorativen Denksystem gibt es nur Werkzeuge. Die einfache Technikkritik wiederholt nun immer wieder aufs Neue, dass Technik als Werkzeug nicht hinreichend verstanden sei. Das ist richtig, hilft aber nur begrenzt weiter. Denn in der sich aufklärend gebenden, dabei aber bloß wiederholten Betonung, dass Technik nicht einfach als Mittel zu einem Zweck verstanden werden dürfte, läuft diese einfache Form der Technikkritik darüber hinaus Gefahr, vergessen zu machen, dass Technik im Gebrauch oft genau das ist oder zumindest als ein solches gebraucht wird: ein bloßes Werkzeug, ein bloßes Mittel zu einem Zweck, bei dem es völlig egal ist, ob man weiß wie es funktioniert oder nicht.

Die Herausforderung des explorativen Forschens besteht darin, einen Gegenstand möglichst präzise zu beschreiben, ohne ihn dabei durch den Vorgang der Beobachtung selbst zu verändern. Anders als heutzutage manchmal behauptet wird, ist es natürlich nicht so, dass mit jeder Beobachtung bereits ein Eingriff in die Umgebung des jeweiligen Forschungsobjektes verbunden ist, die zu einer Verfälschung der Beobachtung führt. Solche offensichtlich ohne Augenmaß getroffenen Behauptungen sind vielleicht als Krisensymptome der ans Ende gekommenen Universalität des explorativen Denksystems interpretierbar, in dem die ohne Einfluss bleibende Beobachtung des Forschungsobjektes, am besten in seiner natürlichen Umgebung, als Ideal galt.[54] Solange es keinen, dem Explorativen entgegengesetzten Begriff des Experimentellen gab und Exploration und Experiment jeweils noch nicht als Re-Entry einer an sich nicht bearbeitbaren Unterscheidung verstanden werden konnten und damit die Möglichkeit der Zuordnung unterschiedlicher erkenntnisstrategischer Manöver auf eine der beiden Seiten der Unterscheidung noch nicht möglich war, musste die Kritik an der

daß der einzelne ausgewählte Wirklichkeitsbereiche in mehreren wichtigen Perspektiven zu begreifen und diese Perspektiven zu verknüpfen lernt, ohne bestimmte Schwerpunktbildungen zu vernachlässigen.« (Ebd.)

53 Und wenn sich dieser Umgang auf den Menschen selbst richtet, wird er sich selbst »technisch« im Sinne eines Werkzeugs: »Wir verstehen uns auf vieles, das wir nicht verstehen«, schreibt Meyer-Drawe und ergänzt: »So verstehen wir uns auf uns selbst, verstehen uns aber nicht. Die unkritische Hinnahme des Referenzverlustes [die Hinnahme des Bildes der autopoietischen Maschine als Bild des Menschen] beglaubigt diesen technischen Grundzug und unsere Indifferenz zum Maschinalen.« (Meyer-Drawe 1995, S. 370)

54 Und wieder erkennt man in den vielfältigen (und ohne Verständnis für das immer noch Unverständliche geprägten) Bezügen auf die Quantenphysik das offensichtliche Bedürfnis, wenn schon nicht die Universalität des Explorativen, so doch zumindest seine Universalität in der Form des umfassenden Scheiterns zu retten.

Universalität des Explorativen selbst universale Dimensionen annehmen. Das Experimentelle setzt auch in diesem Fall dort an, wo das Explorative an die Grenze seiner Möglichkeiten gekommen ist, nämlich an der Unfähigkeit bestimmte Gegenstände neutral und aus der Distanz in ihrer natürlichen Umgebung beobachten zu können und forciert dieses Problem, anstatt es zu vermeiden (so wie es die Erschlossenheit noch steigert, die die Exploration an die Grenzen ihrer Möglichkeiten gebracht hat; und wie es der zunehmend schwindenden Offenheit die Schließung entgegensetzte, um der Menge von Möglichkeiten im offenen Raum die »Erfahrung des Unmöglichen« entgegenzusetzen und sie zur »Bedingung für die Ereignishaftigkeit des Ereignisses« (Derrida 2003b, 33) zu machen; so wie sie dem Problem des zunehmenden Mangels an Fremdem nicht durch ausgreifenderes Suchen, sondern mit der Konturierung seines Fehlens begegnet). Statt also auch hier die Bemühungen zu verstärken, den Einfluss der Beobachtung zu minimieren und die natürliche Umgebung nicht zu verändern, nimmt sich der Experimentator beherzt die Dinge, mit denen er umgeht,[55] bearbeitet sie derart, dass kaum noch jemand in der Lage ist, sie wiederzuerkennen und deplatziert sie in eine der artifiziellsten Umgebungen, die sich in der Welt überhaupt finden lassen können: das Labor.

Man kann das als einen Wechsel von der Beobachtung zur Bearbeitung beschreiben. Um genau zu sein, müsste es heißen: Das Primat der Beobachtung verschob sich zur Bearbeitung. Denn selbstverständlich mussten auch Exploratoren Dinge bearbeiten und müssen Experimentatoren Dinge beobachten. Und wenn man aus dem explorativen Denksystem heraus experimentelles Arbeiten beobachtet, dabei die zeitliche Struktur des Experiments unberücksichtigt lässt (vgl. Abschnitt III/2) sowie das Verhältnis von epistemischen und technischen Dingen (vgl. den nächsten Abschnitt), könnte man sogar sagen: Auch im Experiment blieb das Forschungsobjekt unverändert, man hat bloß Beobachtungsmaschinen um es herumgebaut. Die stabilisierte Form eines *factums* ermöglicht die rekursive Identifikation mit dem Explorator: am Ende des Experiments wird man sein Forschungsobjekt immer nur beobachtet haben. In einer sich aufgrund der realen Wirkungen der Bearbeitungen zunehmend verändernden Welt verliert das Primat der Beobachtung freilich an Plausibilität – auch für einen im explorativen Denksystem verhaftete Kritiker, der aufgrund seines ständigen Zuspätkommens schließlich kaum noch von einem Historiker zu unterscheiden ist.

55 Die wörtliche Bedeutung von »Begreifen«, »Begriff«, »comprehende« oder »to grasp« zeigt vielleicht schon an, inwiefern die Geschichte des Experimentellen über die Wissenschaft hinausweist.

6. FORSCHUNGSGEGENSTÄNDE UND EPISTEMISCHE DINGE

Wenn das, »[w]as als Technologie gilt und was nicht, [...] nicht die Technologie [entscheidet], sondern der epistemische Prozeß« (s.o.) und die Unterscheidung von technischen und epistemischen Dingen im Experiment nicht mehr vorab und schon gar nicht wesensmäßig getroffen werden kann, dann bedarf das, womit sich das Experiment beschäftigt, einer Beschreibung mit dem Fokus auf seine Wandlung im epistemischen Prozess. Rudolf Stichweh, der nicht zwischen verschiedenen Formen der Erkenntnisgewinnung (wie explorativ und experimentell) unterscheidet, sondern sich, wie auch viele Wissenschaftsforscher der neuen Generation *anhand der experimentellen Wissenschaften*, um eine *universale* Beschreibung der Wissenschaft bemüht, formuliert – gewissermaßen unbeabsichtigt – treffend den Unterschied zwischen dem explorativen und experimentellen Vorgehen anhand des Verhältnisses von Forschungsprozess und Forschungsgegenstand:

»In einer klassischen epistemologischen Vorstellung hatte es die Wissenschaft mit materiellen Objekten und symbolischen Modellen (dieser Objekte) zu tun. Diese Unterscheidung wird eingeebnet, wenn einerseits die zu untersuchenden Objekte nicht mehr beobachtet, sondern bearbeitet, so ausgewählt, purifiziert und materiell transformiert werden, daß sie im Forschungsprozeß nicht nur sich selbst vertreten, sondern sich zugleich als Modelle einer allgemeineren Klasse von Objekten eignen, wenn andererseits die Manipulation dieser physischen Modelle an die Stelle von oder zumindest neben die Manipulation von Symbolen tritt.« (Stichweh 1994, S. 291).

Man könnte das, was Stichweh hier als klassische epistemologische Vorstellung bezeichnet, als die Vorstellung bezeichnen, die für das explorative Vorgehen, nicht aber für das experimentelle Vorgehen angemessen ist. Die Konsequenzen, die Stichweh aus den von ihm skizzierten empirischen Veränderungen zieht, beziehen sich entsprechend explizit auf das Experiment:

»Das Verfolgen von Fragen oder Problemstellungen hat dann die Form, daß es sich als eine solche Manipulation physischer Modelle vollzieht. Zugespitzt könnte man auch sagen: der nächste sich aufdrängende Schritt im experimentellen Prozedere definiert oder *ist* die Fragestellung, die gerade als forschungsleitende fungiert.« (Ebd.)

Ziel des experimentellen Vorgehens bleibt die Stabilisierung von Konstanten, die im Folgenden wiederum als gegeben vorausgesetzt werden können. Diese

Konstanten können vorher, im Prozess, aber noch nicht als etwas bestimmt werden – und im Unterschied zum explorativen Vorgehen nicht einmal mehr als etwas Unbestimmtes. Vielmehr verändern sie sich beständig in ihrer Gestalt, sind nicht etwas bestimmtes, aber auch nicht nichts, denn *irgendwie* geben sie Anlass für die Forschung. Kurzum: Das, worum es geht, ist verschwommen und vage. Die Bedeutung dieser Verschwommenheit und Vagheit findet sich in vielen Texten der Wissenschaftsgeschichte, die nicht von den Ergebnissen aus denken, sondern in denen dem Erkenntnisprozess selbst schrittweise nachgegangen wird. Rheinberger hat einige dieser Versuche zusammengetragen, diese Unschärfe im Laufe eines Forschungsprozesses zu beschreiben: Claude Bernard spricht vom Vagen, dem Unbekannten, das die Welt bewegt, Ludwik Fleck spricht in seiner Rekonstruktion der Geschichte der Wassermannreaktion von »unklaren Ideen«, Yejuda Elkana spricht im Zusammenhang mit den Anfängen der Thermodynamik von »Begriffen, die im Fluß sind«, die Frühgeschichte der Immunologie beschreibt Ilana Löwy als geprägt von »unscharfen Begriffen« und dem Aufbau »föderativer Experimentalstrategien«, Abraham Moses widmet sich generell der Funktion des Unscharfen in den Wissenschaften, Paul Feyerabend spricht von der Notwendigkeit der Zweideutigkeit, Hans Blumenberg spricht von der Epistemologie des »Nicht-Begrifflichen« (Rheinberger 2001, S. 24) und Michel Serres beschreibt im Vorwort des Sammelbandes »Elemente einer Geschichte der Wissenschaften« als zentrales Merkmal der Forschung diese tastende Bewegung um einen vages, unklares Etwas, von dem man noch nichts weiß und das doch den ganzen Unterschied ausmacht (Serres 1994, S. 35). Die Weisheit, dass man mit unscharfen Begriffen nicht denken könne, ist zutreffend. Sie ist genauso zutreffend wie die Weisheit, dass man mit opaken Fernrohren nicht weit sehen kann. Aber sie trifft in Gänze eben nur auf das explorative Vorgehen zu, in dem die technischen Medien möglichst rein und die begrifflichen Werkzeuge möglichst scharf zu sein haben. In Bezug auf das experimentelle Vorgehen, bei dem der scharfe Begriff als Ergebnis des Erkenntnisprozesses das Ende des erkenntnisgeleiteten Denkens markiert, stellt sich die Schärfe der Begriffe als Ausgangsproblem dar und die Kunst des Experimentators besteht darin, sich auf die allzu leicht verhärtende Unschärfe von Begriffen zu konzentrieren, um sie im Vagen zu halten (eine Vorstellung, die Hobbes nicht weniger mit Horror erfüllt haben dürfte als das Vakuum selbst). Nicht ihre Konstanz ist Zeichen dafür, auf dem richtigen Weg zu sein, sondern ihre permanente Veränderung, ihr Im-Fluß-Bleiben. Doch so wie das experimentelle Arbeiten in einem vollständig erschlossenen Raum die vorhergehende Exploration als Raumerschließungsanstrengung voraussetzt, setzt auch die Konzentration auf die Vagheit des epistemischen Dings eine stabile Umgebung voraus. Wenn alles vage wäre, würde sich nichts zeigen können. Dass die Grenzen des Experimentalsystems von technischen Dingen bestimmt werden, meint nicht nur und nicht einmal unbedingt, dass Maschinen im Einsatz sind, sondern dass ihre Grenzen aus fixierten Elementen gleich welcher Materialität und Form bestehen. Technik ist die Form fixierter Elemente, die in ihrer Fixierung mobilisiert werden können. So gehören alleine in der von Rheinberger betrachteten biologischen Experimentalforschung zu den technischen Dingen:

»Instrumente, Aufzeichnungsapparaturen und, in den biologischen Wissenschaften besonders wichtig, standardisierte Modellorganismen mitsamt den in ihnen sozusagen verknöcherten Wissensbeständen. Die technischen Bedingungen definieren nicht nur den Horizont und die Grenzen des Experimentalsystems, sie sind auch Sedimentationsprodukte lokaler oder disziplinärer Arbeitstraditionen mit ihren Meßapparaturen, dem Zugang zu, vielleicht auch nur der Vorliebe für spezifische Materialien oder Labortiere, den kanonisierten Formen handwerklichen Könnens, das von erfahrenen Laborkräften unter Umständen über Jahrzehnte weitergegeben wird.« (Rheinberger 2001, S. 25f)

Ratten, Mäuse, Teile von Ratten, Teile von Mäusen, Hunde, Teile bestimmter Charaktereigenschaften von Hunden können erst epistemische Dinge gewesen sein und nun als technische Dinge fungieren; die Genforschung ist ohne die sogenannten Knock-Out Tiere genauso wenig denkbar (vgl. Mitchell 2008, S. 82f) wie die Krebsforschung ohne Onco-Mäuse (vgl. Haraway 1997, S. 49-118). Weit davon entfernt ein Instrument zur Beobachtung eines Außerhalb-Liegenden zu sein, begrenzen die technischen Randbedingungen die Möglichkeit dessen, was sich in ihnen zeigen kann und sind gleichzeitig nach Innen hin offen. Latour beschreibt in einem frühen Text sehr anschaulich, wie der »Gegenstand« einer Forschung in Form einer Liste, einer sich immer verändernden Sammlung von Eigenschaften in den Laboren zirkuliert, bei der ein Phänomen mal dem einen und mal dem anderen Akteur, mal einem bekannten, mal einem vermuteten zugeordnet wird und sich als eine solche Liste ständig verändert, manchmal wieder verschwindet und sich manchmal eben auch stabilisiert – und erst als eine solche stabilisierte Liste von Eigenschaften die Form einer eigenständigen Entität (als Festsetzung eines epistemisches Dings innerhalb festgesetzter technischer Randbedingungen) annimmt. Damit macht er deutlich, inwiefern die Antwort auf die Frage, was letztlich technisches Ding und was epistemisches Ding gewesen sein wird, nur vom epistemischen Prozess selbst geliefert werden kann:

»The new object, at the time of its inception, is still undefined. More exactly, it is defined by what it does in the laboratory trials, *nothing more, nothing less* […] The [object] had a shape; this shape was formed by the answers it gave to a series of trials inscribed on the window of an instrument. When the answers changed and could not be ignored a new shape was provided, a new thing emerged, a something, still unnamed, that did exactly the opposite of [the former object]. Observe that in the laboratory, the new object is *named after what it does* [...] Inside the laboratory the new object is *a list of written answers to trials*. [...] At the time of its emergence, you cannot do better than explain what the new object is by repeating the list of its constitutive actions: ›with A it does this, with C it does that.‹ It has *no other shape than this list*. The proof is that if you add an item to the list you *redefine the object*, that is, you give it a new shape.« (Latour 1987, S. 87f., Herv. i. Orig.)[56]

(Ein anderes Beispiel, ein anderes Experiment: Gelingt es, den Begriff des Experiments soweit zu stabilisieren, soweit aus seiner Vagheit herauszuführen, dass er sich von seinem Kontext lösen kann und in die Bildungstheorie pfropfen lässt? Gelingt es, diesem »Experimentellen«, das zunächst nicht mehr ist als eine Liste von Eigenschaften, ja »*keine andere Form hat als diese Liste*«, so viel Kontur und Stabilität zu verschaffen, dass man nicht jedes Mal den Gegenstand umdefiniert, wenn man dieser Liste einen Aspekt hinzufügt, und ihm so jedes Mal eine neue Form gibt? Gelingt es, die teilweise gewaltförmige Umgestaltung der Begriffe, mit denen hier hantiert wird, ihre Übersetzungen aus heterogenen Diskursen, bei denen man den Zusammenhang zum ursprünglichen Kontext kaum noch erkennen kann, ihre Versammlung in einen Zusammenhang, der eindeutige Abschließungstendenzen aufweist, nachvollziehbar zu halten?) Daran haben sich der Erfolg und die Leistung eines Experiments zu messen: An dem Ausmaß der Stabilisierung und an der Weite des Weges von der Unklarheit, worum es überhaupt geht, bis hin zum Stabilisierten, zum Anschlussfähigen. Woran sich der Erfolg nicht messen lässt: Mit fertigen oder modifizierten Instrumenten und Begriffen einen vorliegenden Gegenstand beschrieben zu haben – das wären Erfolgskriterien des Explorativen.

7. KOPIEREN UND MODIFIZIEREN

Wenn im Experiment durch die Ab-teilung und Schließung eines Raumes in der Welt die Erschlossenheit der Welt bis an die Grenze der Vollständigkeit gestei-

56 Eine weitere Beschreibung dieser kontinuierlichen Veränderung epistemischer Dinge findet sich auch in Latour 2000, Kap. 5 und eine vergleichbare bei Rheinberger 2001, S. 74; siehe auch hier oben auf S. 148.

gert wird, um durch die strategische Ausnutzung der Iterabilität der materiell-semiotischen Verfasstheit des Experimentalsystems einem fehlenden Fremden Möglichkeiten zur Mitteilung aufzuschließen und infolge dessen von den im Geschehen involvierten Medien nicht mehr sinnvoll im Sinne eines »Dazwischen« gesprochen werden kann, dann bricht mit der praktischen Nicht-Anwendbarkeit des Konzepts der Selbstpräsenz der Dinge auch die Möglichkeit ihrer Repräsentation zusammen. Die Möglichkeit der Repräsentation ist auf den Schein der Selbstpräsenz in der Idealität der Wiederholung (also auf die Verwerfung der Alterität in der Iteration) angewiesen. Derrida beschreibt den Zusammenhang von Präsenz, Wiederholung und Repräsentation folgendermaßen:

> »Die im Dienste der Herrschaft der Wiederholung stehende Identität der Präsenz hatte sich anfangs unter der ›objektiven‹ Form der Idealität des *eidos* oder der Substantialität der *ousia* konstituiert. Diese Objektivität nimmt dann die Form der *Repräsentation*, der Idee als Modifikation einer sich selbst gegenwärtigen Substanz an, die im Augenblick ihres Selbstbezugs ihrer selbst bewußt und gewiß wird. Im Inneren ihrer allgemeinsten Form erlang die Herrschaft der Präsenz eine Art unendlicher Gewißheit. Die Möglichkeit der Wiederholung, die durch *eidos* und *ousia* verfügbar wurde, scheint eine absolute Unabhängigkeit zu erlangen. Durch eine Bewegung reiner Selbstaffektion beziehen sich die Idealität und die Substantialität im Element der *res cogitans* auf sich selbst.« (Derrida 1983, S. 174)

Das ist in der hier gewählten Lesart eine Beschreibung der universalen Herrschaft des explorativen Denksystems. Wie bei jedem anderen Charakteristikum der explorativen Wissenschaft auch, sind es dessen Krisensymptome, mit denen sich die Reflexionswissenschaften in den letzten Jahrzehnten beschäftigt haben. So gibt es unzählige Möglichkeiten, die Geschichte der »Krise der Repräsentation« zu erzählen[57] und unzählige Möglichkeiten, die Unmöglichkeit, Erkenntnis als (sprachliche) Repräsentation eines (außersprachlichen) Außen aufzuzeigen.[58] Aber auch hier wird es wieder nicht um eine Variante eines »analytischen Beweises« gehen, dass es *die* Repräsentation nie als etwas Unproblematisches gegeben hat. Auch wird es weder darum gehen, den bekannten Krisensymptomen weitere hinzuzufügen, noch darum, einen Beitrag zur Geschichte der Repräsenta-

57 Die Literatur ist nicht überschaubar; vgl. nur als Beispiel (und übersichtshalber) Rorty 1981, aus Sicht der Erziehungswissenschaften Wimmer 1999.

58 Vgl. als ebenso willkürlich herausgegriffenes Beispiel zum Überblick Gamm 1994 und 2000, insbs. S. 183ff.

tion beizusteuern. Statt von der Krise der Repräsentation selbst auszugehen,[59] wird sie im Zusammenhang der zunehmenden Erschließung und Schließung der Welt betrachtet und dient im theoriepragmatischen Sinne als Kontrastfolie für eine genauere Bestimmung des experimentellen Vorgehens und der Frage, was im Experiment an die Stelle der Repräsentation tritt. In dieser Perspektive erscheint die Krise vorwiegend als Folge einer zunehmenden Häufung von Situationen, in denen der Beobachter auf sich selbst trifft[60] und das Repräsentationsmodell erscheint als eines, das sich harmonisch in das explorative Denksystem einfügt. Insofern erscheint hier die Krise der Repräsentation nicht als Krise *der* Repräsentation, sondern als Krise der *Universalität* der Repräsentation infolge und im Zusammenhang des Scheiterns der vollständigen Beherrschung der wissenschaftlichen Rationalität durch die Exploration.

Von der Repräsentationsvorstellung muss man beim Denken des Experiments also nicht deshalb Abstand nehmen, weil es sich um eine Vorstellung in der Krise handelt (das ganze Denksystem, in dem die Repräsentation nur einen Platz besetzt ist *in seiner Universalität* in der Krise), sondern weil die gesamte Unterscheidungsanordung – mit der Theorie auf der einen, eigenen, inneren und den repräsentierten Dingen auf der anderen, fremden, äußeren Seite – bei der Betrachtung des Experiments nicht durchgehalten werden kann. Nicht das Problem, wie man etwas von außen in eine wissenschaftsinterne adäquate Darstellung bringt, also etwas als etwas beschreibt, ist das Problem der Experimentatoren, sondern etwas Mitteilungsmöglichkeiten zu verschaffen, das nie außen war, sondern immer schon im inneren Ausschluss an der Teilung der geteilten Welt, auf die sich die Erschließungsbemühungen richten, beteiligt war, bzw. genauer: gewesen sein wird. Nichts spricht dagegen, in explorativen Zusammenhängen weiter von Repräsentationen zu sprechen (und dies zu problematisieren). Und mit der Verabschiedung der Repräsentation als *einziger* Aufgabe der Wissenschaft infolge der Verabschiedung von der Universalität des Explorativen muss auch nicht die Wahrheit mit verabschiedet werden, wie es zu behaupten eine Zeitlang Mode war. Wenn man das Bild einer spiegelförmigen Repräsentation einer vorgängigen Präsenz aufgibt, ist, wie Wimmer schreibt, der Begriff der Wahrheit

---

59 Vgl. statt dessen Friedrichs 2008 zur Krise der Repräsentation, insb. S. 122ff.

60 Selbstverständlich auch in anderen Perspektiven. So ist es üblich geworden, die Geschichte der Krise der Repräsentation mit der Ethnologie als der Wissenschaft zu beginnen (vgl. zum Überblick Berg/Fuchs 1993), die als erstes und am deutlichsten mit dem »Beobachterdilemma«, also dem Problem der eigenen Involviertheit ins zu beobachtende Geschehen zu kämpfen hatte (und natürlich nicht erst mit der Quantenphysik). Vgl. zur Problematisierung und Reflexion insb. Rabinow 1977.

keineswegs hinfällig, »[e]s gibt noch die Wahrheit, aber ihre Referenz ist in die Immanenz der Schrift und der Repräsentation verschoben« (1999, S. 56). Wenn Derrida beispielsweise schreibt, dass es kein Außerhalb des Textes gebe, dann ist das natürlich kein linguistischer Fundamentalismus in dem Sinne, dass die Hermeneutik als letzter ontologischer Hintergrund gesetzt wird. Diese Vorstellung (und sei es auch nur in ihrer impliziten oder als Pragmatismus verkauften Form) ist mit dem hier verwendeten Begriff der Welt unvereinbar. Wimmer ergänzt zu der diese Trennung aufrechterhaltenden Hermeneutik:

»Dabei wird dieser Abgrund selbst als zu überwindendes Ausgangsproblem aufgefasst und der Prozeß, der den die ›Dinge‹ von den ›Worten‹ trennenden Abgrund erst eröffnet, zwangsläufig übersehen: der Prozeß der Beschriftung der Welt oder jener mythische Moment der Signifikation selbst, in dem das Netz von imaginären Vorstellungen und Illusionen suspendiert wird, die als Stütze des täglichen Lebens dienen, und die Welt als kontingentes Außen ins Denken einfällt, bevor sie die Züge symbolischer Codierung (wieder) annimmt, durch die nicht die Dinge ›an sich‹ von der Sprache getrennt werden, sondern in die Dinge selbst eine Spaltung eingeführt wird, durch die sie in eine unlösbare Abhängigkeit von der Sprache als Differenz, bzw. als ›différance‹ geraten. Damit verliert der Sinn seine ontologische Fundierung und die unterstellte Identität von Sprache und Sinn zerbricht, zusammen mit der damit einhergehenden Äquivalenzvorstellung von Sinn und Realität.« (Wimmer 1996b, S. 443f)

Wenn also in den experimentellen Wissenschaften gezielt die Unterscheidung zwischen »materiellen Objekten und symbolischen Modellen« eingeebnet worden ist, wie Stichweh es formuliert, und es zur Erfassung der Vorgänge im Erkenntnisprozess nötig geworden ist, diese Unterscheidung durch die nicht-wesensmäßige zwischen epistemischen und technischen Dingen zu ersetzten (vgl. Abschnitt III/6), eine Unterscheidung, die sich im Prozess des Forschens beständig verändert, man aber nicht gleichzeitig den Anspruch an Wahrheit über Bord werfen will (der gleichbedeutend mit dem Anspruch ist, einer geteilten Welt als geteilter gerecht werden zu wollen), dann bedarf das dem explorativen Denksystem verhaftete Konzept der Repräsentation eines experimentellen Äquivalents – und das kann nicht die *ex post* eingeführte Repräsentation selbst, am Ende, nach Abschluss eines Experiments sein. Dass, umgekehrt argumentiert, das Experimentieren zur Notwendigkeit wird, sobald die klassische Repräsentation ans Ende ihrer Möglichkeiten gekommen ist, wird auch in pädagogischen Kontexten gesehen: So zielt Lehmann-Rommels Lektüre Kants und Deweys darauf zu zeigen, inwiefern sich bei diesen Autoren eine Form »experimentellen Denkens« finden lässt, die »eine epistemologische Alternative zum Repräsentationsverständnis von Wahrheit darstellt, nach welchem Wissen verstanden wird als korrekte Repräsentation einer unabhängigen Realität (adequatio rei et intellectus)« (Lehmann-Rommel 2008, S. 122, vgl. auch hier S. 213). Versteht man aber die Repräsentation nicht als isoliertes oder epistemologisch übergreifendes Problem, sondern spezifischer als im Verbund des explorativen Denksystems eingebettetes[61] und fragt nach seinem experimentellen Äquivalent, dann ist es nicht das Experiment im Allgemeinen, sondern die *Übersetzung* im Speziellen, die das funktionale Äquivalent zur Repräsentation bildet. Wenngleich die Übersetzung auch das experimentelle Äquivalent zur Repräsentation beim explorativen Vorgehen darstellt, sind ihre Positionen doch nicht austauschbar, sondern nur im Zusammenhang ihres jeweiligen Denksystems verständlich. So wie die Zeit im Experiment nicht einfach den Platz des Raumes im explorativen Denksystem einnimmt (und dort selbst anders gedacht werden muss), die Entdeckung nicht einfach durch die Erfindung ersetzt wird (und dort selbst anders gedacht werden muss) und die Intuition nicht einfach die Funktion der Intention übernimmt (und dort selbst anders gedacht werden muss: vgl. Abschnitt III/13), so übernimmt auch die Übersetzung nicht einfach die Aufgabe der Repräsentation und kann daher nicht als das verstanden werden, das die Welt in einem Repräsentationssystem (einer Theorie, einem Experimentalsystem) spiegelt; es besteht kein spiegelbildliches Verhältnis zwischen den beiden Denksystemen. Inwiefern übernimmt aber die Übersetzung im Experiment die Aufgabe, die der Repräsentation in der Exploration zukommt? Darauf eine hinreichend Orientierung ermöglichende Antwort zu geben, ist Ziel dieses Abschnitts (nicht jedoch, eine abschließende Antwort zu geben). Zunächst ist allerdings festzuhalten, dass die Krise der Repräsentation auch hier wieder nicht als eine an die Wissenschaft von außen herangetragene, sozusagen »bloß philosophische« Diskussion vorgestellt wird, sondern als Symptom des sehr realen Problems, auf das die Erfindung des Experiments selbst eine praktische Antwort darstellt: dass man nämlich im Inneren, auf der Seite der Erschlossenheit des Re-Entrys, nicht auf ein Außen der Welt zugreifen kann, um es im Inneren als Außen zu repräsentieren.

Die von den Krisentheoretikern der Repräsentation als universal herausgestellte Einsicht, dass man auf das Außen der Welt nicht einfach so zugreifen kann, um es im Inneren zu repräsentieren, stört den Explorator nicht, richtet er seine Erschließungsbemühungen doch ohnehin auf die *in* der eigenen Welt als unerschlossenen erschlossenen Gebiete, womit er *ex post* seine Entdeckungen als

61 Damit nimmt diese Arbeit auch einen gänzlich anderen Ausgangspunkt als bspw. die von Friedrichs (2008), der das Repräsentationsproblem natürlich auch nicht isoliert, aber eben auch nicht im Verbund eines explorativen Denksystems angeht.

neu erschlossen präsentieren kann – hier fällt die Verschiebung der Grenzen der Welt mit der Entdeckung ereignishaft zusammen. Der Experimentator vermag das nicht: Ihm stellt sich das Repräsentationsproblem nicht als praktisch ignorierbares erkenntnistheoretisches Problem, denn ihm fehlt das Entdeckungen anzeigende und in seiner Unerschlossenheit erschlossene Zielgebiet in der Welt. Während also der Explorator eine vorgefundene Unterscheidung zwischen Innen (erschlossen) und Außen (unerschlossen) bearbeitet, muss der Experimentator, bevor er überhaupt anfangen kann, eine Unterscheidung zwischen Innen (Experimentalsystem / erschlossen) und Außen (Welt / ebenfalls erschlossen, aber in Form einer chaotischen, ungesteigerten und damit unbearbeitbaren Erschlossenheit) treffen *und konstruieren.* Im Gegensatz zum Explorator stellt sich ihm die Frage, wie man etwas von außen nach innen bekommt, wie man diese Unterscheidung trifft, also als eine forschungspraktische im Zusammenhang mit dem Re-Entry. Er muss sie beantworten, bevor er überhaupt mit dem Experimentieren beginnen kann. Wenn sich das Experimentalsystem überhaupt erst durch die Ziehung einer Grenze zur Welt hin konstituiert, hängt von der Antwort auf die Frage, was auf die Innen- und was auf die Außenseite gehört, alles ab, was im Folgenden möglich sein wird. Da es darum geht, im erschlossenen Raum an der Unterscheidung von erschlossen und unerschlossen zu arbeiten, kann der erste Schritt nicht darin bestehen, den Gegenstand, um den es geht, hereinzuholen und zwar schon deshalb nicht, weil genau das, worum es geht, fehlt. Zudem muss der Teil der Welt, den man *als* die »Welt des epistemischen Dings« vermutet (vgl. Abschnitt III/6), die Welt, die das epistemische Ding teilt und in der es Spuren hinterlassen könnte, in seiner *vollständigen* Erschlossenheit, d.h. unter Einbeziehung all dessen, was für die Möglichkeit der Mitteilung des epistemischen Dings als relevant vermutet wird (und was sich im Erfolgsfalle als relevant erwiesen haben wird), auf praktische, konkrete und mit den zur Verfügung stehenden Mitteln bearbeitbare Weise ins Labor gebracht und von allen Einflüssen befreit werden, deren Status als erschlossen oder unerschlossen ungeklärt ist (informationstheoretisch gesprochen geht es um Rauschunterdrückung). Es geht dem Experimentator also gerade nicht um das »Segmentieren und Isolieren eines Wirklichkeitsausschnitts«, um diesen dann besonders gut explorieren zu können, wie Berg (2009) schreibt. Was wie eine logische Unmöglichkeit anmutet (und es in einem klassisch logischen Sinne auch ist), wird von den Experimentatoren als eine paradoxale, forschungspraktische Herausforderung angenommen: Würde man sich mit einem Ausschnitt der Welt für die Betrachtung eines Ausschnittes der Welt begnügen, anstatt die mit dem epistemischen Ding *geteilte* Welt in der Form ihrer Gesamtheit hereinzuholen, wäre das Experiment von Zauberei nicht mehr unterscheidbar, denn man könnte jedes beliebige Resultat erzeugen: So könnte man den Beweis antreten, dass Dinge nach oben fliegen, wenn man sie fallen lässt – man braucht die Experimente nur unter Wasser stattfinden lassen oder müsste Dinge benutzen, die leichter sind als Luft. In beiden Fällen hätte man sich mit einem Ausschnitt und seiner Exploration begnügt. Aber es geht ja nicht darum, festzustellen, welches die Eigenschaften eines epistemischen Dings im artifiziellen Raum des Labors sind, sondern welches seine Eigenschaften *überhaupt*, also in der Welt selbst sind. Niemanden würde die Existenz eines Druckes im Glaskolben Boyles interessieren, wenn es sich nicht um den Druck der uns alle umgebenen Luft ginge, um den Druck der geteilten Welt. Genau das war das Problem Galileis mit denen, die von dem, was sein Fernrohr zeigte, nur als wahr anerkannten, was sie auch ohne sein Fernrohr wissen konnten. Deshalb muss die Welt in ihrem Ausschnitt tatsächlich immer *als* vollständige vorliegen – was natürlich nicht heißt, eine Karte im Maßstab 1:1 anzulegen und die Welt zum Labor zu erklären, sondern den Versuch zu unternehmen, alles zu berücksichtigen, was einen Unterschied zu machen in der Lage ist.[62] Die Aufgabe der Wissenschaftsgemeinschaft besteht entsprechend darin, zu prüfen, ob auch alles berücksichtigt worden ist, was einen Unterschied macht und die Revision von Wissensbeständen verläuft entsprechend über die Mitberücksichtigung vormals vernachlässigter Faktoren.

Obwohl hier der Unterschied zwischen explorativer Beobachtung und experimenteller Arbeit so offensichtlich ist – im ersten Fall kann man die Umgebung als gegeben voraussetzen und sich auf die Beschreibung des Gegenstandes konzentrieren, während im letzten Fall sogar die Antwort auf die Frage, was eigentlich das zu Beschreibende ist, von der Konstruktion der Umgebung als Welt abhängt – wird die Frage der Konstruktion fast immer nur als eine erkenntnistheoretische, *beide Formen der Forschung* gleichermaßen betreffende, von außen an die Wissenschaft herangetragen, anstatt sie spezifisch für das Experiment als ebenso forschungspraktisch entscheidende als auch immanent politische ernst zu nehmen.[63] Als erkenntnistheoretisch von außen herangetragene kann die Frage

62 Das Hologramm, bei dem in jedem Ausschnitt das ganze Bild enthalten ist, mag dafür eine annehmbare Metapher sein.

63 So erklärt der Erkenntnistheoretiker Holm Tetens dem interessierten Laien: »Jede Theorie befasst sich mit einem bestimmten Ausschnitt und bestimmten Aspekten der Wirklichkeit. Das können Galaxien, Versteinerungen von Organismen, Erdbeben, das Gehirn, die Weltwirtschaft, kognitive Leistungen von Delfinen, das Turiner Grabtuch oder was auch immer sein; vor dem Spürsinn der Wissenschaftler ist bekanntlich nichts sicher. Indem die Wissenschaftler experimentieren, beobachten und messen, tragen sie Beobachtungsdaten über einen solchen Wirklichkeitsausschnitt

der Konstruktion als Spezialfrage für »Philosophen am Rande des Spielfeldes« vergessen oder ins Feuilleton abgeschoben werden. Legt man jedoch das Augenmerk auf die forschungspraktische Notwendigkeit, mit der ein Experimentator eine Welt *als* Welt konstruiert, rückt die Frage in den Vordergrund, ob die Welt, die im Experiment konstruiert wird, als eine ungeteilte oder als eine geteilte konstruiert wird und wenn sie als eine geteilte konstruiert wird, wer oder was (sich) hier mit-teilen kann (vgl. dazu auch Abschnitt III/21). Das ist eine Frage, die dementsprechend auch nicht *in der* Wissenschaftlichkeit eines Experiments aufgehen und geklärt werden kann – sie geht alle an und verweist über die Wissenschaft hinaus auf das sowohl in als auch jenseits der Wissenschaften erworbene und körperlich sedimentierte Gespür aller beteiligten Individuen, ob noch etwas fehlen und was dies sein könnte. Die Ränder der experimentellen Wissenschaft sind in diesem Sinne von Bildungsherausforderungen gesäumt, die nur angenommen oder verworfen, aber nie abgewiesen werden können; denn als geteilte kann die Welt nie vollständig in einen, die Welt teilenden Experimentalraum kopiert werden (bzw. damit zum Experimentalraum werden).

Nicht einmal ein einziges Element der Welt kann in ein Experimentalsystem hinein kopiert werden – nicht nur, weil eine Kopie die Selbstidentität eines Elements voraussetzen würde,[64] sondern auch, weil sich mit der Konstruktion einer Welt in der Welt zwangsläufig die Verweisungsstruktur ändert, innerhalb derer

---

zusammen. Die Beobachtungsverfahren und Beobachtungsdaten bilden die erste Komponente.« (DIE ZEIT, Nr. 37 1999)

64 Möchte man diese Unterscheidung mit Deleuze/Guattari formulieren, könnte man von der Aufgabe sprechen, eine Karte anzulegen und keine Kopie. Die »Karten« der Welt im Labor stehen in keiner durch »genetische Achsen oder Tiefenstrukturen« verbundenen Weise zur Welt in Beziehung: Ihre Logik »beschränkt sich darauf, ausgehend von einer übercodierenden Struktur oder stützenden Achse, etwas abzupausen oder zu kopieren, das schon vollständig vorhanden ist.« – »Ganz anders das Rhizom, das *eine Karte und keine Kopie* ist. Karten, nicht Kopien machen. [...] Die Karte ist das Gegenteil einer Kopie, weil sie ganz und gar auf ein Experimentieren als Eingriff in die Wirklichkeit orientiert ist. [...] Sie ist selber ein Teil des Rhizoms. Die Karte ist offen, sie kann in all ihren Dimensionen verbunden, zerlegt und umgekehrt werden, sie kann ständig neue Veränderungen aufnehmen. Man kann sie zerreißen oder umkehren; sie kann sich Montagen aller Art anpassen; sie kann von einem Individuum, einer Gruppe, einer gesellschaftlichen Organisation angelegt werden. [...] Eine Karte hat viele Zugangsmöglichkeiten, im Gegensatz zur Kopie, die immer nur ›auf das Gleiche‹ hinausläuft. Bei einer Karte geht es um Performanz, während die Kopie immer auf eine angebliche ›Kompetenz‹ verweist.« (Deleuze/Guattari 1992, S. 23f)

ein Element überhaupt erst Bedeutung zukommt. Michel Callon nennt einen solchen Verweisungszusammenhang, der auch ein Experimentalsystem sein kann, »Akteuer-Welt« und beschreibt die Konstitution einer solchen Welt in seinen (Akteur-Netzwerk-Theoretischen) Worten folgendermaßen:

»Eine Akteur-Welt verbindet heterogene Entitäten. Sie definiert ihre Identität; die Rollen, die sie spielen sollten; die Natur der Bindungen, die sie vereinigen; ihre respektive Größe und die Geschichte, an der sie Anteil haben. Aber Akteur-Welten dürfen nicht als Einkäufer in einem gut sortierten Supermarkt dargestellt werden, die auswählen, was sie von einer vorher zusammengestellten Liste kaufen möchten. Wenn eine Akteur-Welt einmal zu existieren begonnen hat, zieht sie ihre Entitäten nicht aus einem vorher angelegten Vorrat. Sie ist nicht auf die Weise konstituiert, in der ein Einkaufswagen gefüllt wird. Kurz: Es gibt keine Welt oder Welten, aus der oder denen vorher existierende Elemente gezogen werden können, noch gibt es eine Welt, die garantiert, dass die von der Akteur-Welt geschaffenen Kombinationen realistisch sind. Akteure können eine Vielzahl von verschiedenen und unvereinbaren Welten konstruieren.« (Callon S. 180)

Callon verweist hier nicht nur auf die fehlende Prä-Existenz von Dingen jenseits von Verweisungsstrukturen, die nicht im engeren Sinne als semiotisch im linguistischen Sinne vorgestellt werden dürfen, sondern auch auf die Historialität einer Welt wie dem Experimentalsystem, die sowohl die Einbindung von Dingen ermöglicht, als auch einschränkt, was eingebunden werden kann.[65] Denn ein Experimentalsystem ist keine Sammlung, sondern, um einen hier passenden Begriff von Latour zu verwenden, eine *Versammlung* (vgl. Latour 2001, insb. S. 86-130). Ein Experimentalsystem besteht nicht aus nebeneinander liegenden Elementen, die nichts gemein haben als den Ort, an dem sie zusammengesammelt wurden. Sondern es besteht aus Elementen, die in einen iterativen Zusammenhang gebracht werden müssen – und das heißt, sie müssen mit-einander in der Zeit agieren, bzw. interagieren können. Während eine Sammlung tatsächlich vermittelt über ein Konzept, eine Idee, eine Klassifikation oder eine Theorie auf

65 Das Experiment zum Instrument einer Repräsentationsaufgabe zu erklären (also zu versuchen, es innerhalb des explorativen Denksystems zu erklären), heißt, von dem Prozess zu abstrahieren und das Ergebnis imaginär an den Anfang zu versetzen. Das Unzutreffende dieser Repräsentationsvorstellung fällt auch in anderen schöpferischen Arbeitszusammenhängen auf. Balthus beispielsweise brachte die Verfehlung dieses Einordnungsversuches mit einer Gegenfrage auf eine Interviewfrage auf den Punkt, mit der ein Kritiker auf dem Re-präsentationscharakter der Kunst instistierte: »Die Präsentation hat also schon stattgefunden?« (zit. nach Roy 1996, S. 17)

mehr oder weniger gelungene Art verbunden wird (so dass das »Mit« auf der Ebene des Konzepts, der Idee, der Klassifikation oder der Theorie zwischen ihren jeweiligen Elementen besteht – also zwischen so etwas wie Aspekten, Gedanken, Kriterien, Begriffen und damit *anderen* Elementen), es aber die Sammlung nicht scheitern lässt, wenn sie sich als eklektizistisch erweist (so wie keine Museumssammlung von Bansky zum Scheitern gebracht wird, wenn er gezielt unpassend-passende Bilder in eine Sammlung einfügt[66]), wird der Zusammenhang (das Mit) der Elemente eines Experimentalsystems nicht über den Umweg einer Theorie vermittelt, da es das sinnkonstituierende System selbst ist (womit die Theorie natürlich nicht überflüssig wird, ist es doch nicht vorstellbar, einen komplexen Zusammenhang ohne die Abstraktionsleistungen von Theorien zu konstruieren). Das Experimentalsystem muss auf der Ebene seines elementaren Zusammenhangs, dem der theoretisch geschulte Experimentator nicht äußerlich ist, selbst funktionieren – womit ihm auch die Möglichkeit des Scheiterns inhärent ist (und zwar auch dann, wenn das Scheitern in der Theorie nicht vorgesehen war).

Während es also möglich ist, die *Unterscheidung* von erschlossen und unerschlossen auf die Seite der Erschlossenheit zu kopieren (und korrespondierend dazu die Unterscheidung von Natur und Artifizialität auf die Seite der Artifizialität der Unterscheidung von Artifizialität und Natur), weil es sich um *dieselben* Unterscheidungen handelt, ist es praktisch nicht möglich, die Welt in ihrer Vollständigkeit in das Experimentalsystem zu kopieren, um dort einen Ausschnitt von ihr zu analysieren. Da sich die Welt als solche und ihre Elemente überhaupt nicht kopieren lassen, man sich aber auch nicht damit begnügen kann, an ihrer statt Beschreibungen von ihr ins Labor zu bringen (und zwar deshalb, weil das Experiment der Exploration nicht nachgeordnet ist, sondern eine eigene Erkenntnisform darstellt), weil man dann nur noch mit eigenen Mitteilungen zu tun hätte, es aber gerade darum geht, etwas, von dem man noch nicht weiß, was es ist (bzw. gewesen sein wird), Mitteilungsmöglichkeiten zu verschaffen, muss man sie verändern und bearbeiten, um sie ins Labor zu bekommen. Man muss sie zerschneiden, zerlegen, man muss sie genetisch manipulieren, radioaktiv verstrahlen, ihre Einzelteile auf Lichtgeschwindigkeit beschleunigen oder mit dem 105000fachen der Erdbeschleunigung zentrifugieren; all dieses dient dazu, etwas so zu modifizieren, dass es aus einem Kontext heraus in einen anderen gepfropft werden kann, in dem es möglich ist, es in ein iteratives Geschehen einzubinden. Das setzt nicht nur eine umfassende Kenntnis der sinnhaften Zusammenhänge

66 http://www.banksy.co.uk. und http://www.youtube.com/watch?v=EkUbYBo5xgs (jeweils Stand vom 10. 08.10)

der involvierten Elemente voraus, sondern auch die Form der Geordnetheit, die sich für einen Beobachter fälschlicherweise leicht als die »Kontrolliertheit« eines Experiments darstellt. Tatsächlich handelt es sich aber um eine gezielte Kontrollverlustbemühung, um den Versuch, die Kontrolle an die Dinge abzugeben – und zwar so sehr, dass der Experimentator sich davon überraschen lassen kann, wer hier gerade die Kontrolle übernommen hat, aber doch wiederum nicht auf solche Weise, dass sich ihre Spuren im Rauschen der Welt verlieren. Die Dinge sollen durchaus das Ruder übernehmen, so könnte man es metaphorisch beschreiben, aber es soll sich schon um das Ruder des Experimentalsystems handeln. Um das zu ermöglichen, ist es entscheidend, was wie auf die Innenseite des Experimentalsystems gebracht wird (Innen: das ist das Experimentalsystem selbst) und was außen vor gelassen wird. Nimmt man hier sowohl von der präsenzphilosophischen Vorstellung der reinen Selbstidentität eines Elements als auch von der eines homogenen Bedeutungsraumes Abstand, lässt sich die Einbindung von Elementen in ein Experimentalsystem zwar als mehr oder weniger problematisch aber niemals als der *différance* entzogen denken. »Wir werden zu zeigen versuchen, daß es kein sprachliches Zeichen gibt, das der Schrift vorherginge«, schreibt Derrida (1983 [1967], S. 29). Wenn kein Element insofern auf einfache Weise eingebunden werden kann, dann ist die Einbindung von Elementen in ein Experimentalsystem zwangsläufig auf einen Akt angewiesen, den man aufgrund der materiell-semiotischen Verfasstheit des Experimentalsystems und in Abgrenzung zur Repräsentation bei der Exploration nur als einen Akt der *Übersetzung* fassen kann.

8. REPRÄSENTATION UND ÜBERSETZUNG

Michel Serres beginnt seinen dritten Hermes-Band mit dem Titel »Übersetzungen« mit der Beschreibung der grundlegenden Funktion von Übersetzungen für jeden Erkenntnisprozess:

> »Wir kennen die Dinge nur aufgrund der Transformationssysteme jener Mengen, in denen sie enthalten sind. Zumindest vier solcher Systeme gibt es. Die Deduktion auf mathematisch-logischem Gebiet. Die Induktion auf dem Feld des Experiments. Die Produktion im Bereich der Praxis. Die ›Transduktion‹ oder Übersetzung im Raum der Texte. Es ist keineswegs abwegig, wenn wir annehmen, daß sie dasselbe Wort wiederholen. Daß es Philosophie nur als Philosophie der *Duktion* gibt – mit notwendigen, aber wechselnden Vorsilben. Man kann sein Leben damit zubringen, diesen Sachverhalt zu klären. Am Freuden-

feuer, im Licht der Seduktion. In der Tat hatten unsere Ahnen ein besseres Wort dafür: *déduit* – Belustigung.« (Serres 1992, S. 7)

Übersetzungen werden auch in anderen Zusammenhängen nicht mehr als bloße pragmatische Notwendigkeit zur Überwindung von Sprachbarrieren verstanden. Jean Delisle und Judith Woodsworth beispielsweise sehen Übersetzungen als den wichtigsten Faktor kulturellen Wandels an (Delisle/Woodsworth 1995). Und Callon, der den Übersetzungsbegriff deutlich über die Grenzen seiner traditionell linguistischen Bedeutung hinaus erweitert, stellt die Übersetzung ins Zentrum der Akteur-Netzwerk-Theorie, wenn er die Art und Weise beschreibt, in der Elemente in eine »Akteur-Welt« eingebunden werden. Auf diese Weise betont er die Bedeutungsverschiebung infolge von »Kontextwechseln«: »Die Übersetzung baut aus Entitäten Akteur-Welten. Sie fügt ihnen Charakteristika hinzu und etabliert mehr oder weniger stabile Beziehungen zwischen ihnen.« (Callon 2006, S. 182) Und an einer anderen Stelle fasst er Übersetzung genauer als den Prozess, »during which the identity of actors, the possibility of interaction, and the margins of manoeuvre are negotiated and delimited.« (Callon 1999 [1986], S. 68)[67] Kein Experimentalsystem kann Stabilität erlangen, wenn es nicht gelingt, die zu involvierenden Elemente durch Übersetzungen in einer Art zusammenzubringen, in der es ihnen möglich wird, eine Welt zu teilen. Karin Knorr-Cetina schreibt, zwar unnötig harmonisierend, aber dennoch den Zusammenhang von Übersetzung und Experiment treffend, von dem Labor als einer gesteigerten Umwelt (Knorr-Cetina 2002, S. 45), in der »natürliche Ordnungen mit sozialen Ordnungen in Einklang gebracht werden« (ebd., S. 48); dieses, so Knorr-Cetina, erfordert einen Prozess, in dem sowohl die Natur als auch die Forschenden, »die mittels ihres gelernten Hörens und Sehens als verkörperte Instrumente fungieren« (ebd., S. 52), der Funktion dieses Netzwerkes »angepasst« werden müssten.[68] Und in einem häufig zitierten Text der Akteur-Netzwerk-Theorie beschreibt Callon, wie eine Gruppe von Biologen drei völlig heterogene Akteure versammelt (vgl. auch sehr knapp Ahrens 2005, S. 96f): Französische Kammmuschelfischer, die mit dem Problem der Überfischung und der Konkurrenz von Kammmuschellarven fressenden Seesternen zu kämpfen haben, den bislang weitgehend uner-

67 Wenn Callon von »actors« spricht, dann sind damit nicht ausschließlich menschliche Akteure gemeint. So werden in dem folgenden Beispiel neben den Wissenschaftlern auch Kammmuscheln (Pecten maximus) und französische Kammmuschelfischer als »actors« bezeichnet.

68 Zur gegenseitigen Anpassung von Menschen und Maschinen als einer Herausforderung, die auch scheitern kann vgl. Pias 2003.

forschten Kammmuscheln selber und der Wissenschaftsgemeinschaft, deren Interesse die Biologen für ihr Projekt zu gewinnen versuchen. »At the beginning these three universes [der Fischer, der Muscheln und der Wissenschaftlergemeinde, Anm. SöA] were seperate and had no means of communication with one another. At the end a discourse of certainty has unified them, or rather, has brought them into a relationship with one another in an intelligible manner.« (Callon 1999 [1986], 81) Heterogene Elemente nicht einfach nur zu sammeln, sondern so zu versammeln, dass sie eine gemeinsame Welt teilen können, erfordert die Übersetzung ihrer Mitteilungen. Die Forscher konnten nicht von vornherein für alle sprechen, so dass sie bloß noch zu vermitteln brauchten, sondern erst am Ende der Arbeit im Forschungsprojekt; die Möglichkeit zur Repräsentation ist das Ergebnis, nicht die Voraussetzung eines solchen Übersetzungsprozesses. Latour bezeichnet einen solchen Übersetzungsprozess in einem früheren Text als Verhandlung (negotiation), im Zuge derer die Intentionen (intentions, im Sinne von Interessen, oder genauer gefasst als »explicit interests« vgl. Latour 1987, S. 118) der Akteure verschoben werden (drift of intentions) und betont damit die politische Dimension des Übersetzens und die Unmöglichkeit, die Übersetzung als einen »subjektiven« Akt eines einzelnen Akteurs, eines Repräsentanten oder schlicht als eine unproblematische Handlung eines souveränen Subjekts zu verstehen (vgl. Latour 1988, S. 34).Was sich im Zuge dieser Übersetzung verschiebt (*über*tragen und er*setzt* wird), nennt Callon die »Interessen«[69] der beteiligten Akteure. In diesem Falle wurde infolge eines ausprobierenden Bastelns an verschiedenen Möglichkeiten die vor den Seesternen geschützte Ansiedlung der Larven durch die Erfindung eines Netzes ermöglicht, das im Folgenden zum Knoten der »Interessen« der unterschiedlichen Akteure wurde.[70]

---

69 Möglicherweise kann man hier »Interessen« mit Spencer-Browns Begriff des Motivs übersetzen und in diesem Sinne theoretisch tiefer legen: Denn als Motiv fasst Spencer-Brown das unverzichtbare und auf den »Mit-Teilenden« verweisende Moment der Nicht-Beliebigkeit, das bei dem Treffen einer jeden Unterscheidung mitgedacht werden muss. Schlicht und paradox formuliert dies Spencer-Brown so: »There can be no distinction without motive and there can be no motive unless contents are seen to differ in value.« (Spencer-Brown 1969, S. 1)

70 »Dichten wie Übersetzen heißt deshalb immer auch, auf eine experimentelle Weise die Möglichkeiten der Sprache zu erforschen – und damit das Mögliche ins Wirkliche, das Ungebräuchliche ins Gebräuchliche zu verwandeln«, schreibt Porombka, diese Argumentation von der anderen Seite aufrollend (1999, S. 57) und man braucht nicht einmal zu ergänzen: »und die Möglichkeiten der Technik«, da Porombka an dieser Stelle von den Möglichkeiten sogenannter »Kombinationsmaschinchen« spricht, mit denen man Worte, Wort- und Satzteile neu kombinieren kann.

Die Fischer fischen jetzt zwar gar keine Muscheln mehr, dafür können sie sie jetzt einsammeln; die Muschellarven können sich zwar nicht ungestörter bewegen als vorher, dafür sind sie jetzt als sesshaft Gewordene sicher und die Wissenschaftler können die bislang unvernommene Mitteilung der Muscheln verkünden, dass diese sich als Larven festzuhalten vermögen; die Übersetzungsleistungen ermöglicht es den Forschern am Ende, im Namen unterschiedlichster Akteure zu sprechen. Schon an diesem simplen Beispiel wird deutlich, dass es dabei nicht um neutrale, interessenfreie »Erkenntnisse« geht, denn das Scheitern hätte in diesem Beispiel für alle Beteiligten Konsequenzen: Die Wissenschaftler hätten ihrer Community nichts mitzuteilen, die Fischer wären über kurz oder lang keine Fischer mehr und die Kammmuscheln würden möglicherweise ganz verschwinden. Callon hebt hervor, dass diese Übersetzungen unmöglich gewesen wären, hätte man die beteiligten Akteure als selbstidentische Entitäten verstanden: »[I]t would be absurd for the observer to describe entities as formulating their identity and goals in a totally independent manner. They are formed and are adjusted only during action.« (Callon 1999 [1986], S. 71) Ob ein solcher Übersetzungsprozess gelingt, kann vorher nicht gewusst werden; wie man sein Ziel erreicht und welchen Weg man dabei zu gehen hat, auch nicht. Callons Beschreibung der unternommenen Aushandlungsprozesse liest sich entsprechend auch nicht wie ein Wechselspiel von Theorie und Praxis, sondern wie ein Lehrstück über situationsbezogenes praktisches Geschick, das ansatzweise mit *metis* umschrieben werden könne, das genau zu beschreiben jedoch äußerst schwierig ist, fehlen uns in der abendländischen Tradition dafür schlicht die Worte, wie François Jullien überzeugend gezeigt hat (Jullien 1999).[71] Die Einbindung von

71 Deshalb besteht auch die Neigung, entweder von Planung auszugehen oder von einem vom bloßen Zufall getriebenen »trial-and-error-Verfahren«. Über die *metis*, die eng mit der *techné* verbunden ist, schreiben Marcel Detienne und Jean-Pierre Vernant, dass mit ihr in der griechischen Tradition eine Mischung aus »Spürsinn, Scharfsinn, Voraussicht, geistige[r] Geschmeidigkeit, List Gewieftheit, Wachsamkeit und eine[m] Riecher für gute Gelegenheiten« (Detienne/Vernant zitiert nach Jullien 1999, S. 20) gefasst wurde; so ist Odysseus als *polymetis* charakterisiert. Jullien zeigt hingegen überzeugend, dass es nicht reicht, in der abendländischen Tradition nach passenden Begriffen zu suchen und dass die *metis* zwar immer mal am Rande der Tradition aufscheint, aber nie ausgeführt oder gar theoretisch gefasst wurde. Um zu fassen, was hier nur irgendwie mit *metis* umschrieben wird – und das gilt genaugenommen auch für die *techné*, müsste man über die abendländische Tradition hinausgehen. Indem er vergleicht, wie die klassisch griechische und die klassisch chinesische Philosophie *Wirksamkeit* denkt, führt er die Beschränkungen des abendländischen Denkens vor, was besonders deshalb überzeugend ist, weil er sich auf solche

Elementen in ein Experimentalsystem und die Versammlung von Akteuren in ein iteratives Geschehen als Übersetzungsprozesse zu beschreiben, ist mehr als nur eine Metapher in Anlehnung an die Tätigkeit des Übersetzens eines Textes oder eines Wortes von der einen in die andere Sprache, vielmehr ist explizit die Erweiterung des traditionell aufs Linguistische beschränkten Begriffs des Übersetzens gemeint. Denn das, was im Zuge der Konstitution eines Experimentalsystems von außen nach innen gebracht wird, war natürlich auch vorher nicht jenseits jeden Sinns, außerhalb der Welt, sondern immer schon in einem materiell-semiotischen Bedeutungsraum (der als Bedeutungsraum nicht die *ungeteilte* Welt an sich gewesen sein kann). So kann das, was von außen nach innen gebracht wird, vorher auch in anderen Experimentalsystemen gewesen sein und nirgendwo sonst; mit Sicherheit aber als Teil einer bereits vom Experiment geteilten Welt.[72] Denn selbst wenn man so etwas natürliches wie Leberzellen erforschen will, kann man sie nicht aus einer zuvor ungeteilten Welt extrahieren oder gar einer »Lebenswelt« entnehmen, denn ohne die artifiziellen Arrangements der Labore zu mobilisieren, würden sie als solche gar nicht in Erscheinung zu treten vermögen.

Die Bedeutung der Übersetzung im Experiment fällt nicht einfach ins Auge; sie ist überhaupt nicht explorativ zu erschließen. So wurde im Zuge des explorativen Vorgehens der frühen Arbeiten der neueren Wissenschafts- und Technikforschung zwar gesehen, dass die Arbeit im Labor ganz anders funktioniert, als in der klassischen Wissenschaftstheorie beschrieben und von den Akteuren am Feierabend selbst behauptet wurde; als Krisentheoretiker des Explorativen blieben die Forscher aber gebannt von dem Fehlen eines fundamentalen Unterschiedes zwischen Wissenschaft und Nicht-Wissenschaft. Sie beobachteten und beschrieben die Vorgänge im Labor und versuchten dabei, Distanz zu wahren und sich nicht ins Geschehen involvieren zu lassen. An den frühen Studien von Knorr-Cetina, Latour und Woolgar, sowie den Studien des strong programme (Bloor, Barnes) lässt sich nachvollziehen, wie deren explorative Manier, in die Labore zu gehen und zu beschreiben, was sie dort sahen, dazu führte, dass sie in einen entdeckend-entlarvenden Gestus verfielen, der sich zumeist in der Er-

---

Felder bezieht, in denen das Denken des Planens, des Modells, der gegen die Praxis gerichteten Theorie, der präexistenten Eigenschaften etc., systematisch versagt: Krieg, politische Macht und überzeugende Rede.

72 »Wir haben und hatten es in Wirklichkeit nie mit einer ›Übertragung‹ reiner Signifikate von einer Sprache in die andere oder innerhalb ein und derselben Sprache zu tun, welche durch das Mittel oder die ›Vermittlung‹ (›*vehicule*‹) der Signifikanten unberührt und unangetastet bliebe« (Derrida 1986, S. 56).

kenntnis erschöpfte, dass die Darstellung etwas anderes ist als das Dargestellte;[73] die unkontrollierten Reaktionen darauf sind inzwischen Geschichte.[74] Mit ihrem explorativen Vorgehen fielen die Wissenschaftsforscher damit hinter das zurück, was sie erforschten. Erst Rheinberger vollzog methodisch konsequent, was auch Gegenstand seiner wissenschaftshistorischen Arbeit ist; weshalb man auch in Analogie zu einem Kommentar Derridas zu Levi-Strauss (siehe auch unten S. 232) die *Übersetzung* als die bemerkenswerteste Leistung Rheinbergers bezeichnen könnte: Rheinberger versucht nämlich (ohne dass er das selbst so beschreibt) möglichst angemessen zu übersetzten, was er in den Laboren rekonstruiert hat und zwar mit Hilfe dessen, was er möglichst angemessen zu übersetzen versucht hat[75] – und das ist insofern angemessen, als in den Laboren hauptsächlich Übersetzungsarbeit geleistet wird und Experimente auf nichts anderem beruhen als auf Übersetzungen von Übersetzungen.[76] Die Wissenschaftstheorie hat sich ge-

---

73 Ein aktuelles Beispiel ist der Beitrag Claudia Niewels-Kerstings »Bilder des Lebens« (2009), in dem sie sich ebenfalls eines entlarvenden Gestus nicht zu enthalten vermag, wenn sie die Verwechslung von Bildern mit der Wirklichkeit beklagt, anstatt ihrer konstruktiven Funktion im Erkenntnisprozess selbst nachzugehen.

74 Vgl. für die auf die soziologische Wissenschaftsforschung bezogene Debatte um die »soziale Konstruiertheit«, bzw. die sogenannten Science-Wars: Ross 1995; Sokal 1996; Fromm 1997; Moseley 1998; Sokal/Bricmont 1999 und zum Überblick Ross 1996. Der Gestus Hans-Magnus Enzensbergers, der von scheinbar neutraler Seite aus seine Bewunderung der exakten Wissenschaften vor Entlarvungen zu schützen versucht, steht da nicht außen vor. Nicht, wenn er den mit Wahrscheinlichkeiten rechnenden Forschungen (und in verkürzter Lesart der Systemtheorie) ihren Realitätsbezug abspricht (vgl. Enzensberger 2009 sowie hier Fußnote 93 auf S. 187) und nicht, wenn er sich den angeblich der Präsenz der Welt verpflichteten Wissenschaften als singender Verteidiger gegen die Anmaßungen der Wissenschaftsforscher empfiehlt (Enzensberger 2002).

75 Also sowohl Derridas Grammatologie, als auch seine Darstellungen der Arbeit im Labor, die er in eine geisteswissenschaftliche Sprache übersetzt. Vgl. zum Übersetzen von Derrida und den Übersetzungen Derridas auch Rheinberger 2006a.

76 Rheinberger beschäftigt sich mit der Biologie, während sich die klassische Wissenschaftstheorie vor allem mit der Physik auseinander gesetzt hat. Es ist offensichtlich, dass die Wahl des Gegenstandsbereiches nicht zufällig ist. Rheinberger würde es genauso schwer haben, am Beispiel Einsteins die Reformulierungen vorzunehmen, die er am Beispiel der Proteinsynthese im Reagenzglas vorgenommen hat, wie Popper es schwer gefallen wäre, seine Beispiele in der Biologie zu finden. Doch die Zeiten ändern sich: Ian Hacking wies nach Besuchen am CERN und SLAC in einem Vortrag darauf hin, dass in der gegenwärtigen Physik Theoretiker und Experimentatoren so

fragt, wie Erkenntnisse in die Texte der Wissenschaftler gelangen, als wäre dies die einzig entscheidende Schnittstelle, bei der an sich sinnlose Daten erst in einen sinnkonstituierenden Zusammenhang gebracht würden.[77] Rheinberger interessieren hingegen die ineinander verschachtelten Schnittstellen, die nicht mehr wie früher zwischen Text und Instrument, Leben und Technik, bzw. nass und trocken verlaufen, sondern quer durch diese hindurch (man denke z.B. an die Drosophila-Mutanten, die ja nicht selbst – jedenfalls nicht mehr – epistemische Objekte sind, sondern Instrumente, um Genkarten anlegen zu können). Der entscheidende sinnkonstituierende Zusammenhang ist das Experimentalsystem auf der Ebene seiner Materialität selbst,[78] nicht erst der Fachartikel. Noch innerhalb des Experimentalsystems und vor allem in der Geschichte des Experimentalsystems und dem Weg der Veränderung, den die Dinge der Welt gehen müssen, bevor sie sich in dieses System einfügen können, könnte man Schichten um Schichten von Übersetzungen unterscheiden. Man könnte sagen, Rheinberger führt lediglich aus, was es heißt, die Elemente eines Experimentalsystems als Grapheme zu verstehen, die im experimentellen Vollzug selbst konstituiert werden. Die Technik ist in dieser Beschreibung Erkenntnismedium, nicht weil sie etwas überprüft oder weil man durch sie hindurchsehen kann, sondern weil sie das Medium ist, in dem es möglich wird, Fragen in Form eines Experimentalsystems zu materialisieren (vgl. Rheinberger 2001, 22).

Obwohl auch Latour sich in früheren Arbeiten selbst noch eines entdeckend-entlavenden Gestus bediente, sah er doch schon dort die Notwendigkeit, die Tätigkeit der Übersetzung als zentrales Element der experimentellen wissenschaftlichen Arbeit herauszustellen und von den Verkürzungen des linguistischen Ver-

---

stark aufeinander angewiesen seien wie nie zuvor und dieses auch unabhängig von einander betonen (Weizäcker-Vorlesung in Hamburg vom 28.11.05).

77 Die Überbewertung dieser Schnittstelle finde sich allerdings auch in den Arbeiten von Latour, bemerkt Rheinberger (2001, S. 118).

78 Ansonsten käme man um die Vorstellung einer Präsenz (bzw. des Solipsismus) nicht herum, womit wiederum die Geschichtlichkeit des Experiments kollabiere: »Da die Spur die Beziehung der Vertrautheit des lebendigen Präsens mit seinem Äußeren, die Öffnung zur Äußerlichkeit überhaupt, zum Nicht-Eigenen etc. ist, kommt mit der *›Zeitigung‹ des Sinns die ›Verräumlichung‹ ins Spiel.* Sobald man die Verräumlichung als ›Intervall‹ oder Differenz und zugleich als Öffnung zum Außen erkannt hat, gibt es keine absolute Innerlichkeit mehr und ist das ›Außen‹ in die Bewegung eingelassen, durch die das Innen des Nicht-Räumlichen, das sich unter dem Namen ›Zeit‹ erscheint, sich konstituiert und sich ›präsentiert‹. Der Raum ist ›in‹ der Zeit, er ist das reine Sich-Entäußern der Zeit, er ist das Außer-sich als Selbstbeziehung in der Zeit.« (Derrida 1979, S. 143)

ständnisses zu befreien. In *Science in Action* schreibt er an einer Stelle, an der es um den Versuch geht, heterogene Akteure in einen gemeinsamen Interaktionszusammenhang zu überführen, genauer: um den gescheiterten Versuch im Frankreich der 80er Jahre, Firmen, Wissenschaftler, Batterien, Politiker etc. in einem gemeinsamen Projekt zur Entwicklung eines Elektroautos zu versammeln:

»It should now be clear why I used the word *translation*. In addition to its linguistic meaning (relating versions in one language to versions in another one) it has also a geometric meaning (moving from one place to another): Translating interests means at once offering new interpretations of these interests and channeling people in different directions. ›Take your revenge‹ is made to mean ›write a letter‹; ›build a new car‹ is made to really mean ›study one pore of an electrode‹. The results of such renderings are a slow movement from one place to another. The main advantage of such a slow mobilization is that particular issues (like that of the science budget or of the one-pore model) are now *solidly tied* to much larger ones (the survival of the country, the future of cars), so well tied indeed that threatening the former is tantamount to threatening the latter. Subtly woven and carefully thrown, this very fine net can be very useful at keeping groups in its meshes.« (Latour 1987, S. 117)

Und an einer anderen Stelle, in einer Darstellung der Anliegen und der Vorgehensweisen der Akteur-Netzwerk-Theorie, beschreibt er die grundlegende Bedeutung des Begriffs der Übersetzung bei dem Versuch, die Soziologie vom Kopf auf die Füße zu stellen. Es ist der Versuch aus dem Explanans »sozial« wieder das Explanandum »sozial« zu machen, der Latour dazu bewegt, Übersetzungen als das Knüpfen von Assoziationen zwischen Akteuren zu verstehen, die nicht auf etwas Dahinterliegendes wie präexistente Strukturen zurückgeführt werden können:[79]

»[T]o use the word social for such a process is legitimated by the oldest etymology of the word *socius*: ›someone following someone else‹, a ›follower‹, an ›associate‹. To designate this thing which is neither one actor among many nor a force behind all the actors trans-

79 Tatsächlich sind Beispiele dafür, das Soziale konsequent als Explanandum aufrechtzuerhalten und nicht unter der Hand als Explanans einzuführen, rarer als man zunächst mit Blick auf die Einfältigkeit eines solchen Vorgehens denken würde. Dass Latour in dieser Hinsicht konsequent vorgeht, ist vielleicht der Grund für Dirk Baeckers überraschende Einschätzung, dass Latours Entwurf einer Soziologie »mit dem überein[stimmt], was Niklas Luhmann mit seiner Systemtheorie vorhatte.« (Baecker 2007)

ported through some of them but a connection that transports, so to speak, transformations, we use the word *translation* – the tricky word ›network‹ being defined [...] as what is *traced* by those translations in the scholars' accounts. So the word ›translation‹ now takes on a somewhat specialized meaning: a relation that does not transport causality but induces two mediators into coexisting. [...] [T]here is no society, no social realm, and no social ties, *but there exist translations between mediators that may generate traceable associations.*« (Latour 2005, S. 108)

Latours Beispiele für die Übertragung und Ersetzung von »Interessen« zwischen menschlichen und nicht-menschlichen Wesen, die *Übersetzungen*, stammen zumeist aus dem Bereich der Techniksoziologie. So, wenn er von der Übertragung des Interesses von Kindern, nicht von zu schnell fahrenden Autos überfahren zu werden spricht, das über die Polizei zum Tiefbauamt und vom Tiefbauamt in eine merkliche Erhöhung im Straßenbeton übertragen wird, womit das fehlende Interesse der Autofahrer am Langsamfahren über die Vermittlung[80] der Straßenbeschaffenheit durch das Interesse ersetzt wird, die Stoßdämpfer des eigenen Autos nicht zu ruinieren und so mit dem Interesse der Kinder, nicht überfahren zu werden, zusammengebracht wird (Latour 1996).[81] Kein Kompromiss, kein herrschaftsfreier Diskurs, keine moralischen Appelle sind es hier, sondern eine List, eine Übersetzungsleistung, die zwei vormals bloß nebeneinander existierende Akteure mit unterschiedlichen Interessen zusammengebracht hat. Wenn Latour von Übersetzungsleistungen in Bezug auf wissenschaftliche Arbeiten spricht, so nicht, um explizit etwas über die Konstitution von Experimentalsystemen zu sagen,[82] aber seine Feldstudien helfen dennoch, die Bedeutung der Übersetzung bei der Konstitution und beim Prozessieren von Experimentalsystemen nachzuvollziehen, insofern er mit Hilfe des Übersetzungsbegriffs den transformierenden Weg nachzeichnet, den ein Teil der Natur gehen muss, um in das artifizielle Arrangement eines Labors überführt werden zu können. Das, was

80 Zu diesem Begriff vgl. auch Latour 2000, S. 216ff.

81 Das Beispiel mit dem »schlafenden Gendarmen«, wie die Bodenschwellen in Frankreich genannt werden, findet sich in der Einleitung zu »Der Berliner Schlüssel« (1996) und in Latour 2000, S. 226ff. Weitere Beispiele für dieser Art von Übersetzungsleistungen finden sich ebenfalls in Latour 1996. Weitere, umfangreichere Beispiele mit ausführlicheren methodisch-theoretischen Reflektionen zum Übersetzungsbegriff finden sich bei Callon 1980, 1986 und 1999[1986].

82 Latour hat die Vorgänge in einem Experiment theoretisch nicht so spezifiziert wie Rheinberger und er verfügt auch nicht über eine Unterscheidung, die das Experiment klar von etwas anderem abgrenzen würde, wie es mit der hier entwickelten Unterscheidung von Experiment und Exploration getan wird.

sich durch all diese Übersetzungsschritte durchhält, bezeichnet Latour in doppelter Abgrenzung zum essentialistischen Repräsentationismus und (wahlweise sozialen oder linguistischen) Konstruktivismus als »zirkulierende Referenz« (Latour 2000, S. 36-95, insb. S. 72).[83] Genau wie Rheinberger sieht auch Latour jeden der einzelnen Transformationsschritte, von denen der Schritt in den wissenschaftliche Aufsatz nur der letzte ist, als »riskant« (ebd., S. 53) an.

Wenn üblicherweise, in der engen linguistischen Bedeutung, von Übersetzungen die Rede ist, dann wird auch immer von einem Text im engeren Sinne ausgegangen und damit von einer präexistenten Trennung zwischen dem Semiotischen und dem Materiellen mit dem Primat des Semiotischen über das Materielle. Damit ist die entscheidende epistemologische Frage immer die Frage, wie man sprachlich ausdrücken kann, was man in der Welt vorfindet, ungeachtet der Mitteilungsfähigkeit im Sinne der Linguistik nicht sprachkompetenter, nichtmenschlicher Akteure. Latour geht dem Weg dieser zirkulierenden Referenz[84] von der anderen Seite nach. Ihn interessiert im Gegensatz zu Rheinberger zwar nicht das iterative Geschehen im Experiment (Latour verwendet den Begriff der Iteration nicht), aber es interessieren ihn ebenfalls die Verwandlungsschritte der Dinge, genauer: die Verwandlungsschritte, denen die Dinge unterworfen werden, wenn sie von außen in das Labor und aus dem Labor wieder nach außen gebracht werden, sowie die Verwandlungsschritte, denen die Dinge unterworfen werden, wenn sie innerhalb des Labors oder zwischen Laboren in verschiedene Apparate und Prozeduren eingebunden werden. In seiner Rede anlässlich der Verleihung des Unseld-Preises zieht Latour eine direkte Verbindung zwischen seiner Auseinandersetzung mit dem Problem der Bibelexegese bei Bultmann am Anfang seiner wissenschaftlichen Karriere und seinen Laborstudien: In beiden Fällen habe man es mit einem »Netzwerk von Übersetzungen« (Latour 2008, S. 3) zu tun. In beiden Fällen ginge es um eine Unzahl von Übersetzungen, eine »um kaum wahrnehmbare Spuren kreisende Arbeit der Interpretation« (ebd., S. 4), die den Raum zwischen der »bloßen Erfindung« und der »unmittelbaren Gewißheit« ausfülle. Er verfolgt nicht einen Prozess der semiotischen Neuerfindung durch Wissenschaftler auf dem Weg zu neuen Erkenntnissen, ihm geht es nicht um den Prozess, wie Wissenschaftler Neues in den Blick bekommen, indem sie theoretische oder auch nur sprachliche Innovationen schaffen. Ihm geht

83 Zur Bedeutung des Übersetzens und des Übersetzungsbegriffs im Werk Latours vgl. auch Latour 2008. Als weiteres Beispiel für die Verwendung der Begriffe Übersetzung und Vermittlung Latour 2000, S. 211-264.

84 Latour weist darauf hin, dass »Referenz« vom lateinischen referre abgeleitet ist, was auch herbeischaffen bedeutet (Latour 2000, S. 45).

es auch nicht um die Veränderungen der Sprache, die erfolgen müssen, um Neues denken und erblicken zu können, sondern um die Veränderungen der Dinge, die erfolgen müssen, um sie in eine wissenschaftlich bearbeitbare Form zu bekommen, man könnte auch sagen: um sie in den wissenschaftlichen Diskurs zu überführen (in welchem Diskurs sie vorher auch immer gestanden haben mögen). Eines seiner einfachen und überschaubaren Beispiele ist das einer Amazonasexpedition: Will man die Vegetationszonen an den Rändern unterschiedlicher Regenwaldgebiete vergleichen, kann man das nicht tun, indem man sie einfach nebeneinander legt; dafür sind sie schlicht zu groß. Was man aber nebeneinander legen kann, sind Bodenproben – also *pars pro toto* –, die auf einem tragbaren Gerät mit standardisierten Feldern angebracht sind (einem Pedokomparator). Alle weiteren Schritte, die im Folgenden unternommen werden, richten sich nicht mehr auf die Vegetationszonen selbst, sondern auf die Inhalte dieses Pedokomparators. Von dort aus werden dann wieder Teile oder Aspkete dieser Bodenproben, wie z.B. ihre Farbe anhand von Farbrastern, in Tabellen übertragen oder anhand des an vielen Bodenproben geschulten Spürsinns der Wissenschaftler durch Zerreiben in der Hand nach dem Grad ihres Ton- und Sandanteils klassifiziert (Latour 1996, S. 191ff). Vielleicht noch deutlicher wird das Ausmaß der Transformationen, denen die Dinge unterworfen werden, wenn man den Blick auf die Biowissenschaften richtet mit ihren Präparationsverfahren, die vom Einlegen einzelner Gattungsexemplare in Formaldehyd reichen, bei denen die Körperflüssigkeiten ausgetauscht werden und die dann für eine ganze Gattung stehen, über die Radiomarkierung, bei der einzelne Atome in Molekülen durch radioaktive Isotope ersetzt werden, bis hin zur Gensequenzanalyse, bei der die am Ende stehenden Genkarten in einem für Laien überhaupt nicht mehr nachvollziehbaren Zusammenhang zum Ausgangsprodukt stehen. Rheinberger unterscheidet hier die »vorwiegend deskriptiven, systematisierenden Wissenschaften«, die die Dinge aus ihren angestammten Zusammenhängen herauslösen und als Teil von Sammlungen, Herbarien o.ä. zu epistemischen Dingen in theoretische Ordnungen überführen, von den experimentellen Wissenschaften, bei denen die Zurichtung der Dinge noch sehr viel radikaler vonstatten geht und im direkten Zusammenhang mit der technischen Entwicklung steht: »Diese Zurichtung der Dinge wird häufig durch die Entwicklung bestimmter Beobachtungs- und Messinstrumente geleitet, die gewissermaßen als gleichwertige Dritte zwischen dem zugerichteten Objekt und der gerätebasierten Erkenntnis vermitteln« (Rheinberger 2006b, S. 336). Im Gegensatz zu Modellen dienen Präparate tatsächlich *als* epistemische Objekte (ebd., S. 338). In den Chromatogrammen der modernen Biologie schließlich bekommt der Wissenschaftler nur noch die Spuren der Dinge zu Gesicht: »Indem das technische Verfahren die Dinge nicht einfach aufzeichnet, sondern sie graphisch rekonfiguriert, schreibt es sich selbst in das Präparat oder die Probe ein und *durchsetzt* den Untersuchungsgegenstand.« (Ebd., S. 346) Spätestens hier kann die Technik dem Gegenstand nicht mehr als äußerlich hinzugefügt verstanden werden. Dieses ist auch der Punkt, der die frühen Wissenschaftsforscher so erstaunt hat: Dass das, womit im Labor gearbeitet wurde, so überhaupt nicht mehr dem gleicht, für das es stehen soll (*bzw.* als das es gelten soll). Von dieser Seite aus, von der Seite der Dinge aus die Verwandlungen der Welt nachzuvollziehen, ermöglicht es Latour, über den Begriff der Übersetzung auch den Begriff der Referenz neu zu fassen, nämlich nicht »als ein externer, materieller Garant für die Wahrheit einer Aussage, sondern vielmehr als das, was durch eine Serie von Transformationen hindurch *konstant* gehalten wird. Die Erkenntnis spräche nicht von einer wirklichen Außenwelt, der sie sich mimetisch anverwandelte, sondern von einer wirklichen Innenwelt, deren Kohärenz und Kontinuität sie sich versicherte« (Latour 2000, S. 72). »Die Referenz ist eine Eigenschaft der Kette in ihrer Gesamtheit und nicht der adaequatio rei et intellecus.« (Ebd., S. 85) Dass Latour hier davon spricht, dass etwas konstant gehalten wird, ist ebenso irreführend wie unnötig.[85] Hingegen erinnert die Beschränkung auf eine »Innenwelt« und die Beschreibung der Notwendigkeit (technischer) Erfindungen auf dem Weg der Übersetzung an das Moment der Diskontinuität, das auch José Ortego y Gasset in seinem klassischen Essay zum »Glanz und Elend der Übersetzung« (1950) als die Unmöglichkeit der Aufgabe des Übersetzers herausgestellt hat, die gleichzeitig die Bedingung ihrer Möglichkeit darstellt: Wäre die Übersetzung nicht unmöglich, bräuchte es keiner Übersetzung – weil es nicht die eine, alle übergreifende Sprache gibt, kann es nicht die Regel zur Übersetzung geben, weshalb sie auch nicht an Maschinen delegiert werden kann.

Kein einziger der von Latour oder Rheinberger beschriebenen Übersetzungsschritte kann als Anwendung einer Regel verstanden werden, kein einziger dieser Übersetzungsschritte beruht auf einem gemeinsamen Fundament, so wie es auch keine Universalsprache gibt, die Fremdsprachen übergreifen würde und die einer Übersetzung zwischen z.B. dem Französischen und dem Deutschen fun-

85 Das erinnert an einen ähnlich ambivalenten Bezug auf ein »Kontinuum« in der Übersetzung in einem frühen Text Walter Benjamins, in dem er schreibt: »Die Überführung der einen Sprache in die andere durch ein Kontinuum von Verwandlungen. Kontinua der Verwandlung, nicht abstrakte Gleichheits- und Ähnlichkeitsbezirke durchmißt die Übersetzung« (Benjamin 1989, S. 151).

damentale Regeln vorgeben könnte.[86] Deshalb ist jeder Übersetzungsschritt riskant.[87] Dass dem so ist, ist keine neue Erkenntnis.[88] Die Brüche zwischen den einzelnen Übersetzungsschritten, so könnte man das ausgreifende Problem der Übersetzung stark reduzierend zusammenfassen, müssen auf nachvollziehbare Weise überschritten werden, ohne deshalb irgendeine Konstanz garantieren zu können. Die Nachvollziehbarkeit kann aber nur garantiert werden, wenn man den Kreis der Zeugen, den Kreis derer, denen die Aufgabe des Nachvollzugs zukommt, auf solche Personen einschränkt, die dazu auch in der Lage sind, bzw. denen die Fähigkeit zur Übersetzung und zu ihrem Nachvollzug zugestanden wird. Alleine die Fähigkeit, die Tonhaltigkeit eines Erdstücks mit den Fingern erfühlen und klassifizieren zu können, so hat Latour von den Forschern der Tropenrandgebiete erfahren, brauche Jahre der Übung. Um eine Verbindung qua Übersetzung schaffen zu können, muss also gleichzeitig eine Teilung erfolgen, nämlich zwischen »Kompetenten« und »Inkompetenten«: Das Verbindende der Übersetzung wird durch eine Teilung bewerkstelligt. Darauf hat auch Ortega y Gassett mit seiner Entgegnung auf den naheliegenden Einwand hingewiesen, dass doch die »Sprache der Wissenschaft« und ganz besonders die der Mathematik offenbar eine universale und Sprachen übergreifende sei, so dass hier kaum noch übersetzt zu werden brauche; daher sei, so sinngemäß der Einwand, kaum

86 Wenn es keine Möglichkeit gibt, aus der Sprache herauszutreten, um von einem Ort jenseits der Sprache zwischen zwei Sprachen zu übersetzen und es dennoch möglich ist, zu übersetzen, dann gibt es genau genommen nur eine einzige Sprache; womit man die beiden in sich und untereinander widersprüchlich erscheinenden Gesetze der Sprachlichkeit beieinander hätte, die Derrida als Bedingung der Möglichkeit jeder Übersetzung zu Denken vorschlägt: »1. Man spricht immer nur eine einzige Sprache. 2. Man spricht niemals eine einzige Sprache« (Derrida 2003a, S. 19). Vgl. auch Fußnote 26 auf S. 135.

87 In der Hermeneutik Gadamers, so könnte man sagen (vgl. Koller 2007b, S. 62ff), wird die Kontinuität des Sinns durch verschiedene Lesarten (und Übersetzungen) betont, während Derrida sich auf die Diskontinuitäten konzentriere (vgl. inbs. Derrida 1999b).

88 Was allerdings nicht bedeutet, dass es eine etablierte Übersetzungsforschung gäbe, auf die man sich so ohne weiteres beziehen könnte: Zwar hat sich eine Wissenschaft der Übersetzungen, die Translationswissenschaft mit allen Kennzeichen einer eigenständigen Disziplin (Tagungen, Zeitschriften, Professuren, Studiengängen etc.) etabliert, gleichzeitig ist diese aber von einem fehlenden inneren Zusammenhalt und einem gewissen Eklektizismus geprägt, wie Zybatow (2004) feststellt, die die Entwicklung diesesr jungen Wissenschaft resümiert; vor allem fehle jede Verbindung zur Wissenschaftstheorie. Vgl. auch Fabricius-Hansen/Østbo 2000.

zu erwarten, dass sich der Sinn eines mathematischen Beweises entscheidend ändere, wenn er aus einem französischen Aufsatz in das Deutsche übersetzt werde, womit auch die Übersetzung eines wissenschaftlichen Fachartikels über die Thermodynamik sehr viel unproblematischer erscheine als beispielsweise die Übersetzung eines Sonetts von Shakespeare. Leicht erscheint die Übersetzung aber nur für den, so entgegnet Ortega y Gassett, der glaubt, übersetzt werde nur zwischen Nationalsprachen – als würde man nicht wieder vor einem Übersetzungsproblem stehen, wenn es beispielsweise darum geht, die Gesetze der Thermodynamik mit einem konkreten Anwendungsproblem zusammenzubringen. Ein Problem wie den Klimawandel kann man nicht alleine im Labor lösen, selbst dann nicht, wenn es einem gelingt, sämtliche Inkompetenten zum Schweigen zu bringen. Wer vorgibt, sich immer nur an die harten Fakten zu halten und keine Notwendigkeit zur Übersetzung sieht, dem gelten als »harte Fakten« genau »solche Tatbestände, die durch eine Zahl, eine Zahlenkolonne oder eine mathematische Funktion ausgedrückt werden«, schreibt der Mathematiker Claus Peter Ortlieb (2006, S. 164) und beschreibt ergänzend, was denn mit der Härte dieser Fakten tatsächlich beschrieben ist – nämlich gar nichts:

»Über deren Bedeutung ist damit [...] noch gar nichts gesagt. In den experimentellen Wissenschaften ergibt sie sich aus der technischen Herstellbarkeit, also präzisen Handlungsanweisungen, mit denen sich das behauptete Ergebnis erzielen lässt. Darin liegt das ganze Geheimnis der ›Exaktheit‹ der mathematisch-naturwissenschaftlichen Methode. Bei der Übertragung auf Wissensbereiche, in denen Experimente nicht möglich sind, sondern die Verbindung zur Empirie nur in der nicht eingreifenden Beobachtung oder statistischen Erhebung liegt, muss diese Exaktheit verloren gehen. Was an ihre Stelle tritt bleibt unklar.« (Ebd.)[89]

Wenn Zahlen, Technik und Phänomen *innerhalb* eines von der Welt ab-geteilten materiell-semiotischen Raumes aufeinander verweisen und in ihrer Idealität wiederholt werden können, entsteht nicht nur der Eindruck eines in sich ungeteilten Raumes, bei dem jede Form der Alteration in der Iteration vergessen werden kann, es ist vor allem auch die Ab-Teilung zur Welt bereits vergessen worden und damit die Notwendigkeit zur Übersetzung. Vergisst man die Übersetzungsleistungen, die notwendig waren, um ein Experiment zum Laufen zu bringen und extrapoliert den Eindruck der Ungeteiltheit des Experimentalsystems auf die Welt, muss man sich natürlich wundern, wie gut sich das alles zusammenfügt: »Es ist reine Magie!«, ruft entsprechend begeistert auch Dewdney, einer derer,

89 Den Hinweis auf Ortlieb verdanke ich Felix Bracht.

die die exakten Wissenschaften vor den Entzauberungen der Wissenschaftsforschung schützen zu müssen glauben, und führt den Zusammenhang von Positivismus und Magie noch weiter aus: »Echte Wissenschaft [...] bleibt wirkliche Magie. Es ist faszinierend zu sehen, wie viele physikalische Phänomene sich mit unheimlicher Genauigkeit an Theorien und Formeln halten, was nichts mit unseren Wünschen und kreativen Impulsen, sondern mit der reinen Wirklichkeit zu tun hat.« (Dewdney 1998, S. 30, zitiert nach Ortlieb 2006, S. 159).

Doch die Beschreibung der notwendigen Transformationen bei der Konstruktion eines Experimentalsystems stellt freilich keine Form der Entzauberung dar, bei der die Ergebnisse der Wissenschaften als bloße Konstruktionen »nach unseren Wünschen und kreativen Impulsen« erkennbar werden, sondern eben als Übersetzungen, als Übertragungen und Ersetzungen, als »Transformation[en] einer Sprache durch eine andere« (Derrida 1999a, S. 43). Da die Übersetzungen keineswegs beliebig sind, sondern für geschulte Zeugen nachvollziehbar sein müssen, verschiebt sich die Frage nach der »Korrespondenz« auf das Feld der Qualität. Denn es käme ja auch niemand auf die Idee, eine Homer-Übersetzung darauf hin zu beurteilen, ob sie dem Original voll entspricht *oder* frei erfunden wäre, sondern sie wird sinnvoller Weise darauf hin betrachtet, ob sie gelungen oder misslungen ist, ob man mit ihr etwas anfangen kann oder nicht. Damit stellt sich die Lösung des unlösbaren Problems der Übersetzung als eine Variante der Boylschen Lösung des wissenschaftlichen Beweises dar: Mit dem Blick auf die Nachvollziehbarkeit der Tätigkeit und der eigenen Schlussfolgerungen durch *andere* und unter Einbezug eines an sich ungenauen Elements, eines bloß wahrscheinlich und nur hinreichend zutreffenden Schlusses, kommt man zu einem Wahrheitsäquivalent, das als zutiefst sozial und historial erkennbar wird und nur vor dem Hintergrund einer Teilung (nicht alle können alles nachvollziehen) einer geteilten Welt (die Über-Setzung ist eine immanente Tätigkeit ohne Bezug auf eine übergreifende Transzendenz) verstanden werden kann. Homi Bhabha betont diese Brüche in einem anderen, aber durchaus übertragbaren Zusammenhang auf ebenso treffende wie entschiedene Weise:

> »[T]ranslation is also a way of imitating, but in a mischievous, displacing sense – imitating an original in such a way that the priority of the original is not reinforced but by the very fact that it can be simulated, copied, transferred, transformed, made into a simulacrum and so on: the original is never finished or complete in itself« (Bhabha/Rutherford 1990, S. 210)

An einer anderen Stelle betont auch Latour eher den Bruch als die Konstanz: »Es handelt sich also nicht um eine Reduktion [auf dem Weg einer Bodenprobe zu einer Zahl in einer Tabelle eines Textes], eher um eine Transsubstantion.« (Latour 2000, S. 78)[90] Es hängt also von der Leistung derer ab, die den Pedokomparator gebaut haben, ob man zu sinnvollen Ergebnissen kommt, wenn man beim Sprechen über die Bodenproben über den jeweiligen Boden spricht, genauso wie es von der Leistung Rheinbergers (und Hanns Zischlers) abhängt, ob man zu sinnvollen Ergebnissen kommt, wenn man als jemand, der des Französischen nicht mächtig ist, beim Sprechen über Derridas *Grammatologie* über Derridas *De la grammatologie* spricht.[91] Und es hängt von der Leistung derer ab, die sich auf diese Übersetzungen beziehen, einschätzen zu können, ob man sie vergessen darf oder verändern muss (eine Leistung, die keineswegs notwendig die volle Kenntnis beider Diskurse voraussetzt; bereits die besondere Vertrautheit mit einem Diskurs bringt ein Gespür für die Güte einer Übersetzung mit sich). Und

---

90 Es ist wohl ein Erbe des alteuropäischen Denkens mit Transsubstantionen (im Sinne von Hin- und Herübersetzungen, nicht im Sinne eines Oblatenzaubers) ein Problem zu haben. Wenn man gewohnt ist, das Wesen der Dinge auf eine Präsenz zurückzuführen, entsteht zwangsläufig der Eindruck, dass das Wesentliche verloren geht, wenn man das Medium wechselt. Ein kulturvergleichendes Beispiel mag das verdeutlichen: Europäer unternehmen z.T. erhebliche Anstrengungen das architektonische Erbe des alten Athens durch vorsichtige, erhaltende Restaurationen und erheblicher finanzieller Unterstützung durch die EU vor dem Verfall zu retten. Und in der Tat: Es wäre eine sehr reale europäische Verlusterfahrung, wenn es nicht gelänge, die Akropolis noch für die nächsten Generationen vor den Athener Autoabgasen zu schützen. Schaut man sich dagegen den Umgang Japans mit einem seiner wichtigsten shintoistischen Schreine an, dem Ise-jingū in der Präfektur Mie, kann man sich als Europäer nur die Augen reiben: Der Schrein, ebenfalls rund 2000 Jahre alt, wird nicht geschont, sondern immer noch entsprechend seiner Bestimmung benutzt und jährlich von mehreren Millionen Gästen besucht, die dort essen, baden und beten. Dabei ist der Schrein aus Materialien wie Holz gebaut, die alles andere als besonders lange haltbar sind (so gibt es nicht einmal Nägel) – und sieht dennoch aus wie neu. Wie das möglich ist? Durch Transsubstantion. Dieses so bedeutende Gebäude wird erhalten, indem es regelmäßig dem Erdboden gleichgemacht wird: Seit rund 1500 Jahren wird der Schrein alle zwanzig Jahre abgebrannt und komplett neu aufgebaut (mit wenigen, kriegsbedingten Ausnahmen: ausgerechnet der Krieg sorgte dafür, dass der Schrein ausnahmsweise mal *nicht* zerstört wurde). Schriftliche Aufzeichnungen existieren nicht. Das Bauwerk existiert in den Köpfen und Körpern der Handwerker weiter und wird mündlich und durch Nachahmung von Generation zu Generation weitergegeben (vgl. Tange/Kawazoe 1956).

91 Und genauso wie es einem die Erfahrung manchmal ermöglicht, unbrauchbare Übersetzungen zurückzuweisen, können auch Geräte wie der Pedokomparator zurückgewiesen, umgebaut oder ersetzt werden.

natürlich vermittelt nicht nur jeweils ein Gerät zwischen Labor und Welt, sondern eine Vielzahl von Geräten, die sich gegenseitig bestätigen oder widersprechen können, sowie einer Vielzahl von Forschern, die mit diesen Geräten umgehen und unterschiedlich geschickt, kräftig und ausdauernd sind, sie mehr oder weniger angemessen zu verwenden.[92]

9. SIMULATION UND VIRTUALITÄT

Die »Virtualisierung« der Wissenschaft war mal ein großes Thema, und mit ihr die Frage, welchen Realitätsbezug eine Wissenschaft noch hat, wenn sie mit Computersimulationen arbeitet. Heute, wo der Verzicht auf den Einsatz von Simulationen von keinem Brückenbauer mehr verantwortet werden kann, erscheint die Frage bloß noch als ein weiteres Krisensymptom des explorativen Denkens am Ende seiner universalen Geltung. Experimentelles Arbeiten ist nie etwas anderes gewesen als Arbeit in einem virtuellen Raum: Nie arbeitet man mit den Dingen an sich, immer nur mit Übersetzungen von Übersetzungen. So hat Elena Esposito gezeigt, dass immer dann, wenn Wahrscheinlichkeiten ins Spiel kommen, der Schritt in die Virtualität bereits getan ist (Esposito 2007) – und wie oben gezeigt wurde, ist die Erfindung des Experiments die Einführung der Wahrscheinlichkeit ins Herz der *episteme*.[93] Die Frage ist damit nicht, ob man den Realitätsbezug verliert, wenn man anstatt auf das Untersuchungsobjekt auf etwas anderes schaut. Die Frage aus der Perspektive des experimentellen Denksystems lautet, ob es sich um eine mögliche Übersetzung handelt (»virtuell, Adj. per. fremd. ›möglich‹«, Kluge 1999), ob die Übersetzung die Kraft und die Fähigkeit besitzt (»virtūs ›Kraft, Tüchtigkeit, Mannhaftigkeit‹«, ebd.), an die Stelle des Übersetzten zu treten.[94] Ob nun in ein computerlesbares Format übersetzt

92 Denn das Befüllen eines Pedokomparators, das wird aus der Darstellung Latours deutlich, erfordert Graben, Schaufeln, Messen, Mischen usw. Schon der Weg des Bodens in den Komparator stellt also eine Übersetzung dar.

93 Ein uneingeschränkter Bewunderer der exakten Wissenschaften wie Enzensberger sieht das dann allerdings als Beweis dafür an, dass man entweder mit Wahrscheinlichkeiten und damit mit Fiktionen *oder* mit Wahrheit operieren müsse, wobei der Arbeit mit Wahrscheinlichkeiten höchstens therapeutische Wirkung gegen das Leiden an der Kontingenz zukomme könne (vgl. Enzensberger 2009).

94 Vgl. dazu auch Merz zum Einsatz von Simulationssoftware: »Die Zuverlässigkeit der Daten ist in der Simulation ähnlich fraglich und umstritten wie im Experiment. Während Experimentalphysiker fragen, ob die Apparatur tatsächlich aufgrund der als bekannt vorausgesetzten Mechanismen funktioniert und die Resultate nicht durch

wird, in eine Tabelle auf dem Papier oder in einen Pedokomparator unterscheidet sich nicht prinzipiell, sondern nur im Hinblick auf das Medium, die Zahl und die Größe der Übersetzungsschritte.[95]

Nur in einem explorativen Denksystem am Ende seiner Möglichkeiten konnte die wichtige, entscheidende und *praktische* Frage der Virtualität, die Frage *wie* man virtualisiert, von der Frage nach der wissenschaftlichen Legitimität von Virtualisierung verdeckt werden. »Virtualität« wurde in einem solchen Diskurs im Sinne eines Antonyms von »Realität« gebraucht. So setzt z.B. Manfred Geier in seinem Buch *Fake* über künstliche Welten und die »Zunahme« von Simulationen, Virtualisierung mit Phantomisierung gleich (Geier 1999, S. 158). Das ist in der Perspektive des experimentellen Denksystems die Universalisierung des Standpunktes desjenigen, der die Brüche der Übersetzungsschritte nicht nachvollziehen kann oder nicht nachvollziehen will – was genaugenommen nichts anderes ist als die Perspektive des berühmten Professors aus Padua (vgl. dazu den Abschnitt zu Nähe und Distanz: III/10). An Geiers *Fake* lässt sich die Faszination am Scheitern des Explorativen nachvollziehen, die in ihrer Form gleichzeitig das Explorative als Universales mit der Wissenschaft im Ganzen identifiziert. Dieses zeigt sich beispielhaft an Formulierungen wie dieser: »[Wissenschaftler] finden keine Wahrheiten, sondern erfinden ihre Theorien in der Hoffnung, sie ständig verbessern und der Wirklichkeit näherbringen zu können« (Geier 1999, S. 159). Hier hat man nämlich *in nuce* alles beisammen: Das Denken von der Theorie aus, den nicht aufgegebenen Anspruch an Korrespondenz, die Vorstellung des Findens von Wahrheit und die Unfähigkeit Erfindungen als generatives Zentrum von Erkenntnis zu verstehen – und gleichzeitig die Faszination, dass das ja alles so gar nicht mehr geht.

Dass die Exploration noch immer das Denken beherrscht, darauf deutet auch die Mühelosigkeit des Science-Fiction hin, mit der die explorativen Träume, eine

systematische Fehler verfälscht sind, prüfen Simulationsexperten den Zustand ihrer Simulationsprogramme. ›Zustand‹ bezeichnet hier das spezifische Arrangement aus Objekt und realisierter Einsatzform, da die Bewertung eines Simulationsprogramms nur in Hinblick auf konkrete Anwendungssituationen sinnvoll ist. Auch drängt die Betrachtung von Simulationen als Erweiterung des epistemischen Raumes auf ein erweitertes Verständnis von ›Widerständigkeit‹: Hinsichtlich der Konfiguration durch Widerspenstigkeit und Kontrollentzug gilt es festzuhalten, dass die Widerständigkeit eines Objekts seine Materialität nicht zur Voraussetzung hat.« (Merz 2002, S. 288)

95 Die Idee, Virtualität mit der Möglichkeit zusammen zu denken, stammt von Latour. Zum Zusammenhang von Übersetzung und Virtualität vgl. auch Münker 1997, S. 109-112.

andere, bessere Welt zu finden, auf den virtuellen Raum übertragen wurden (vgl. Rötzer 1997). Gemeinsam mit den letzten Zielen klassischer Exploration haben sich die explorativen Utopien besserer Welten von den pazifischen Inseln über den Weltraum in den virtuellen Raum verlagert. In diesen Fällen wird die Teilung der Welt imaginär aufgehoben. Dass die Technik als Katalysator der Exploration eben diese an ihr Ende gebracht und die Erfindung des Experiments vorbereitet hat, ist das Eine. Dass die Technik beständig neue, explorativ erschließbare Räume produziert – nämlich Räume der technischen Möglichkeiten selbst – und damit das explorative Denksystem als universales künstlich am Leben erhält, ist das Andere und dies ist für Bildung im höchsten Maße zersetzend (vgl. dazu Abschnitt IV/5).

10. DISTANZ UND NÄHE

Das naturwissenschaftliche Labor ist ein paradoxer Ort, an dem die Alpträume klassisch orientierter Wissenschaftsphilosophen wahr werden. Dort erweitert man nicht nur sein Wissen, indem man seinen Blick verengt, man beschäftigt sich auch mit der Natur, indem man sie völlig verändert. Dem Beobachter würde es nicht nur schwer fallen, hier noch Sein und Schein sowie Natürliches und Konstruiertes zu unterscheiden, es dürfte ihm schwer fallen, überhaupt noch etwas zu finden, das nicht bereits hergerichtet und verändert worden ist. Aber nicht nur, dass die Technik verändert, statt als Medium neutral und transparent zu sein und das Leben nach Maßgabe der Technik verändert wird, selbst die Beobachter schauen nicht mehr aus neutraler Distanz, sondern lassen sich in einer Weise in das Geschehen involvieren, die am treffendsten mit Intimität und inniger Verbundenheit beschrieben werden könnte. Es wäre aber auch zutreffend – um den Unterschied zum distanzierten explorativen Handeln ganz deutlich zu machen –, wenn man davon spräche, dass man sich mit der Experimentaleinrichtung anfreunden muss. Das ist keine allzu weit hergeholte Beschreibung, gründet doch z.B. die experimentelle Psychologie auf Freundschaft, auf der Freundschaft von Pawlows Doktoranden (im Labor als *praktikanten* bezeichnet) zu ihren Hunden. Die größte Gefahr für Pawlow war die unvorhersehbare Psyche und der individuelle Charakter seiner Hunde (Todes 2004). Die erste Herausforderung bestand darin, die Hunde in eine Technik und in ein epistemisches Ding aufzuspalten, ohne sie dabei zu töten. Im Hund musste das, was als technische Randbedingung vergessen werden konnte, von dem getrennt werden, was als epistemisches Ding Gegenstand der Erkenntnis werden sollte. Um das zu ermöglichen, wurden Pawlows *praktikanten* jeweils ein Hund zugewiesen, den sie so gut wie möglich kennen lernen mussten, um unterscheiden zu können, was an dem Hund hundetypisch war und was an dem Hund zu ignorierende individuelle Charaktereigenschaften waren.[96] Der *praktikant* musste z.B. wissen, ob der Hund speichelte, weil er die Glocke hörte oder weil er zu dieser Zeit ohnehin immer ans Fressen dachte. Er musste wissen, ob er das Fleisch, das ihm angeboten wurde, überhaupt mochte oder, wie es bei einigen Hunden der Fall war, ihm z.B. beim Geruch von Putenfleisch einfach das Maul trocken blieb, ob und wie der Hund auf schlechte Stimmung reagierte etc. Und alle mussten erst einmal lernen, beim Experiment überhaupt mitzumachen und sich dabei auf das Wesentliche zu konzentrieren.[97] Erst am Ende dieses *komplexen* Abstimmungs- und gegenseitigen Lernprozesses, als jeder Hund um der Vergleichbarkeit willen ein eigens auf ihn zugeschnittenes Experiment durchlaufen konnte, waren die Hunde soweit technisiert, waren ihre Reaktionen so weit erschlossen, dass Pawlow einen Schritt zurücktreten und aus der Distanz beobachten konnte, wie *einfach* die Hunde doch zu konditionieren waren. Allgemeiner gesprochen ist es also nicht möglich, einen Blick für das zu entwickeln, was innerhalb eines Experimentalsystems nicht erwartet werden kann, wenn man sich zuvor nicht so sehr mit den Abläufen eines Experimentalsystems vertraut gemacht hat, dass man ein Gespür dafür entwickelt hat, was alles erwartet werden kann. Es ist nicht das zur universalen wissenschaftlichen Tugend stilisierte naive Erstaunen über das Selbstverständliche, was den Experimentator zu neuen Erkenntnissen führt, sondern, ganz im Gegenteil, seine gesteigerte Vertrautheit mit den Abläufen seines Experimentalsystems, die ihm überhaupt erst ermöglicht, Abweichungen und Überraschungen wahrzunehmen. Es ist also nicht übertriebenes Pathos, sondern eher der Versuch einer möglichst genauen Bezeichnung wissenschaftlicher Tugend, wenn Rheinberger an einer Stelle davon spricht, dass mehr Xenophilie anzumahnen sei, »eine gewisse Liebe zu den epistemischen Dingen« (2005, S. 29).

Intimität, im Sinne einer erworbenen Vertrautheit mit den materiell-semiotischen Zusammenhängen eines Experimentalsystems, ist auch Voraussetzung für jede Form der Übersetzungsleistung. Anders gesagt: Es ist vollkommen ausgeschlossen, aus der Distanz zu übersetzten; man muss sich auf das zu Übersetzende »einlassen«. Gayatri Chakravorty Spivak, wie Rheinberger ebenfalls eine Übersetzerin der Grammatologie, spricht von der Notwendigkeit zur Intimi-

96 Zur Ausbildung der Fähigkeit, solche Unterscheidungen zu treffen, als Voraussetzung für die Teilnahme am wissenschaftlichen Diskurs vgl. Daston/Galison 2007.

97 Vgl. zu den Freundschaftsbanden mit nicht-menschlichen Wesen als Voraussetzung verantwortlicher wissenschaftlicher Arbeit auch Haraway 2000, S. 123-126.

tät im Prozess jeder Übersetzung. Das Übersetzen eines Textes aus einer anderen Kultur ist für Spivak ein Akt, der besonders viel »Intimität« oder Nähe zu der Kultur, aus der der Text stammt, erfordert (Spivak 1993, S. 191). Dies geht über die übliche Bedeutung des Übersetzens als »Textübertragung« hinaus (ebd., S. 197). Genau wie Pawlows *praktikanten* sich mit ihren Hunden anfreunden mussten, um in der Lage zu sein, ihre Mitteilungen in einen wissenschaftlichen Diskurs zu übersetzen, sieht Spivak die Notwendigkeit, als Übersetzerin »Freundschaftsbande« zwischen Texten zu knüpfen. Ein Übersetzer darf ihr zufolge nicht nur keine Distanz zu den Texten halten, er muss sich ihnen vielmehr überantworten – ohne sich jedoch in ihnen zu verlieren. Spivak spricht wie Rheinberger ebenfalls ohne Scheu von Liebe und verweist auf die politisch-ethische Dimension des Übersetzens, die mit der Verpflichtung gegenüber dem Übersetzten einhergehe und es zu einer Aufgabe mache, die alles andere als ein einfaches Handwerk sei (vgl. Spivak 1993, S. 179-200). In explizitem Bezug zur Dekonstruktion – sie vergleicht das Übersetzen mit der Dekonstruktion – schreibt sie an anderer Stelle:

> »Deconstruction can only speak in the language of the thing it criticises. So, as Derrida says, it falls prey to its own critique, in a certain way. That makes it very different from ideology critique [...]. The investment that deconstruction has to make in the thing being deconstructed is so great that it can't be made simply as the result of a decision that something is deconstructed.« (Spivak 1990, S. 135)

Anders gesagt: Wenn im Experiment durch die Schließung eines Raumes in der Welt die Erschlossenheit der Welt bis an die Grenze ihrer Vollständigkeit gesteigert wird, um durch die strategische Ausnutzung der Iterabilität ihrer materiell-semiotischen Verfasstheit einem fehlenden Fremden Möglichkeiten zur Mitteilung aufzuschließen und in Folge dessen von den im Geschehen involvierten Medien nicht mehr sinnvoll im Sinne eines »Dazwischen« gesprochen werden kann, so dass man die Technik als ein ebenso unhintergehbares Medium der Erkenntnis ansehen muss wie die Sprache, und an die Stelle der Repräsentation eines Außen die Notwendigkeit der Übersetzung in der Immanenz einer geteilten Welt getreten ist, dann wird die Distanz zu einem Objekt der Erkenntnis als retrospektive Fiktion erkennbar und die aktive Teilung einer geteilten Welt zur epistemischen Bedingung der Möglichkeit von Erkenntnis.

Das Verhältnis zum Erkenntnismedium Technik kann, weil man eher in ihm als mit ihm denkt, kein instrumentelles sein. Technik einfach anzuwenden, wird von alleine nicht zu Erkenntnissen führen. Man kann im experimentellen Handeln nicht »kritische« Distanz und Neutralität wahren, wenn »kritische Distanz wahren« die Haltung bezeichnet, bei der man sich nichts vormachen und sich nicht involvieren lässt. Im Experiment kann man keinen Abstand halten und vermeiden, sich involvieren zu lassen – gerade wenn es darum geht, über das Bestehende hinaus zu denken. Die Kunst besteht also vielmehr darin, sich so gut in die Reaktionen und Eigenheiten des zu Versammelnden einzuarbeiten und mit diesem so vertraut zu werden, dass man es mit den anderen Teilen des Experimentalsystems abstimmen und verbinden, es also übersetzend versammeln kann, bis es als technische Randbedingung in einen iterativen Prozess überführt werden kann, mit dem man sich ebenfalls vertraut machen muss. Mit Bourdieu könnte man davon sprechen, dass der Umgang mit einem Experimentalsystem virtuos sein muss (ein entscheidender Unterschied zur rein medialen Technik und ein entscheidender Unterschied zu einem Umgang mit Technik, der heute gerne als »unbestimmt« beschrieben wird).[98] Virtuosität, schreibt Bourdieu in einem Zusammenhang, der sich nicht auf Experimente und auch nicht auf den Umgang mit Technik bezieht, aber durchaus beziehen lässt, setzt einen Habitus voraus, »der über die objektiv verfügbaren Ausdrucksmittel so vollkommen verfügt, daß er seine Freiheit gegen sie behaupten kann, indem er die in ihnen notwendig auch enthaltenen seltensten Möglichkeiten ausschöpft.« (Bourdieu 1987, 106) Weil die Intimität, das Sich-Involvieren, im Dienste einer aktiven Teilung einer geteilten Welt mit epistemischem Interesse im Zusammenhang steht, zielt sie weder auf die Aufhebung der Distanz im Imaginären noch auf die Verschmelzung mit dem Gegenstand, bei dem das Fremde verworfen würde, sondern im Gegenteil auf die Heraustreibung eines Fremden, das fehlt, im Ereignis; Distanz zum Fremden nehmen zu können, würde voraussetzen, dass der Experimentator es mit einem als fremd erkannten Fremden zu tun hätte. Insofern steht im Experiment die Intimität im Dienste einer Strategie der *Selbstbefremdung*, einer Befremdung der eigenen Welt, der Welt, in der man lebt und sich virtuos zu bewegen weiß; denn das Experimentalsystem ist die Steigerung der Erschlossenheit einer geteilten Welt, einer Welt, in der einem nichts mehr fremd vorkommt. Insofern die Übersetzung die »Transformation einer Sprache mittels einer anderen« (Derrida 1986, S. 58) ist, handelt es sich auch um die Transformation des eigenen »Welt- und Selbstverhältnisses« (wenn man es denn noch so ausdrücken möchte: vgl. Abschnitt IV/4), um eine Befremdung, ein Anders-Werden dessen, was man für das Eigene hält. »Je mehr er [der Experimentator, Anm. SöA] lernt, mit seiner Experimentalanordnung umzugehen, desto stärker spielt sie ihre eigenen inhärenten Möglichkeiten aus«, schreibt Rheinberger (2001, S. 18) und fasst dieses Verhältnis mit Bezug auf Lacan als »intime Exte-

98 Vgl. Gamm 2000 und Hörning 2001.

riorität« oder »Extimität« des Dings, bzw. als ein Verhältnis, mit dem das Subjekt »in innerem Ausschluß seinem Objekt eingeschlossen« ist (zit. nach Rheinberger 2005, 53; vgl. auch S. 69). Ludwik Fleck spricht von der dahin führenden Virtuosität im Umgang mit dem Experimentalsystem als Erfahrenheit (1988 [1930]), wobei es ihm dabei speziell um das erworbene Gespür des Experimentators für Überraschungen und Abweichungen geht, ein Ausdruck, den Rheinberger daher auch mit »erworbener Intuition« (Rheinberger 2005, 62) übersetzt (siehe Abschnitt III/13).

11. Ironie und Humor

Wenn Technik auf die oben beschriebene Weise als Medium verstanden wird und Referenzen durch lauter Medien hindurchübersetzt werden müssen, erledigt sich auch der Traum (oder Alptraum) von Übersetzungsmaschinen und wird nichts anderes mehr sein als ein guter Witz: »déduit – Belustigung« (Serres 1992, S. 7). So wie auch eine »Universalsprache« wie Esperanto nicht andere Fremdsprachen zu übergreifen vermag, sondern lediglich eine weitere Fremdsprache darstellt, können auch Übersetzungen in ein Experimentalsystem und in einem Experimentalsystem niemals etwas anderes als riskant sein. Aber genau wie die Übersetzung eines Textes von einer Sprache in eine andere gleichzeitig riskant und nicht beliebig ist, bleibt auch der Schritt von einer Übersetzung zur nächsten in einem von Technik geprägten Zusammenhang einer, der riskant, aber nicht beliebig, sondern auf Nachvollziehbarkeit ausgelegt ist: Nachvollziehbar für eine entsprechend geschulte und spezifisch historisch und sozial verortbare Wissenschaftlergemeinschaft (den Nachfahren Boyles). Die Dynamik der Wissenschaften entsteht dabei nicht zuletzt daraus, dass die Technik als Black Box[99] in ihrer Konstanz nicht mehr von allen ihren Anwendern verstanden werden muss, sondern nur noch ihre Anwendung verstanden werden muss. Erst diese Möglichkeit der Mobilisierung gewussten Wissens ohne es wissensmäßig aktualisieren zu müssen (das ist das Technische der experimentellen Randbedingung), schafft die dynamisierende Komplexitätssteigerung, die zu dem führt, was man heute die »modernen Wissenschaften« nennt. Die Vorstellung, dass wir mit Hilfe der Technik die babylonische Sprachverwirrung ungeschehen machen

99 Vgl. oben S. 155 und für genaueres zum Begriff der Black Box in Bezug auf den Umgang mit Technik: Latour 2000, S. 222ff.

könnten, ist insofern im wörtlichen Sinne lachhaft.[100] So reizen uns die heute existierenden Übersetzungsmaschinen immer wieder zum Lachen, indem sie uns daran erinnern, dass Übersetzungen nicht durch die bloße Anwendung von Regeln erfolgen können, also niemals ganz technisch werden können. Porombka sieht das Scheitern des Versuches, verlässliche Übersetzungsmaschinen zu bauen, deshalb auch als versehentlich gelungene Erfindung von Witzmaschinen an, die als ebenso amüsantes wie vielfältiges Instrument dienen können, um experimentell[101] Unerwartetes zu produzieren. Wer eine Übersetzung des Satzes »The spirit is willing but the flesh is weak« aus dem Englischen in das Russische, in dem es (ins Deutsche rückübersetzt) so viel heißt wie: »Der Alkohol ist billig, aber das Fleisch ist weich« »auf undogmatische Weise als richtige erkennt«, nämlich als schönste surrealistische Transformation, »der weiß, daß es nicht darum gehen kann, im Computer das Bild vom Menschen als perfektem Übersetzer zu programmieren.« (Porombka 1999, S. 66) Der Witz entsteht aus dem Scheitern der ernsthaften Bemühung, Übersetzungen über die Anwendung einer Regel

100 Und das müsste eigentlich auch von Gott eingesehen werden. Dirk Vaihinger weist in diesem Zusammenhang auf die überraschende Entscheidung Gottes hin, als Reaktion auf den Turmbau zu Babel nicht den Turm zu zerstören – eine Reaktion, die ja durchaus nahe liegen würde –, sondern mit der Universalsprache Schluss zu machen und damit die Menschen zum unendlichen Übersetzen zu zwingen. (»Er sprach: Seht nur, ein Volk sind sie, und eine Sprache haben sie alle. Und das ist erst der Anfang ihres Tuns. Jetzt wird ihnen nichts mehr unerreichbar sein, was sie sich auch vornehmen« Gen 11,6). Seitdem gibt es keine Ingenieure mehr, die nicht auch Bricoleure sind. Es sei die bruchlose Kombination von Technik und Sprache als Instrument der Wissenschaft gewesen, die die göttliche Alleinherrschaft bedrohte: »Der Trick der Bestrafung Gottes bestand darin, die Effizienz der Sprache aus Formeln und Begriffen als Zement und Schmiermittel einer mythischen oder objektiven Vernunft zu hemmen, die durch ihre menschliche Aneignung zur instrumentellen geworden war.« (Vaihinger 1999, S. 44, vgl. auch Derrida 1997) Seitdem gab es immer wieder Ideen, Übersetzungsautomaten zu entwerfen, also die Universalsprache über den Umweg über die Technik wiedereinzuführen oder, wie am Beispiel des logischen Positivismus zu sehen, über eine Technisierung der Sprache selbst (vgl. dazu Porombka 1999); ein Versuch, gegen den z.B. Peukert die Theologie zu schützen versucht (vgl. Peukert 1988 [1976]).

101 Dem kann hier allerdings nicht mehr uneingeschränkt zugestimmt werden: Übersetzungsmaschinen können in der hier gewählten Terminologie zwar als spielerische Maschinen zur Erzeugung von Neuem verstanden werden, nicht aber als Maschinen, mit denen man experimentell Neues erzeugen könnte – denn ihre Anwendung steht hier nicht im Dienste einer Bemühung, einem fehlenden Fremden Mitteilungsmöglichkeiten aufzuschließen.

zu betreiben, seine Fallhöhe gewinnt er aus der Ernsthaftigkeit einer Technik ohne Witz. Mag sein, dass sich mit der Verbesserung der Übersetzungsmaschinen auch der Humor verfeinern muss, um diese Differenzen auch in Zukunft noch wahrnehmen zu können (denn subtil sind die Witze der gegenwärtigen Übersetzungsmaschinen ganz gewiss nicht). Ganz sicher aber bedarf jede experimentelle Arbeit, wie Stengers betont, aufgrund des Fehlens einer solchen Regel des Humors und nicht der distanzierenden Ironie. »Der relativistische Ironiker«, schreibt Stengers, »hört nicht auf, das Scheitern der Fundamentalphilosophen zu wiederholen und zu feiern« (1997, S. 107). Die Position des Ironikers wird von dem Beobachter der Wissenschaften eingenommen, »der sich nichts vormachen läßt, der die Anmaßungen der Wissenschaft offenlegt« (ebd.). Der Ironiker ist in der hier gewählten Lesart Krisentheoretiker des Explorativen, also derjenige, der sich auf seinem Platz an der Seitenlinie des Geschehens eingerichtet hat und diese Demütigung durch das Gefühl der wissenden Überlegenheit über diejenigen kompensiert, die nicht aufhören, ernsthaft in der Welt etwas über die Welt mitzuteilen. Humor hingegen fasst Stengers als »eine Kunst der Immanenz« (ebd., S. 104) und damit als eine Haltung, die sich dadurch auszeichnet, eine unmögliche Aufgabe anzunehmen, d.h. im Wissen um das unabweisbare Risiko, beim Verfehlen der Welt bloßgestellt zu werden, dennoch Verantwortung für die unabsicherbaren Teilungen zu übernehmen, indem man aktiv mitteilt. Die Ernsthaftigkeit der Aufgabe steht dabei nicht im Gegensatz zum Humor, sondern bildet seine Voraussetzung. Die Aufgabe, die mit der Mitteilung verbunden ist, so ernst zu nehmen, dass man sich nicht aus ihr und damit aus der geteilten Welt herausimaginiert, zwingt zu Strategien der Immanenz – und da dieses aufgrund der Teilung der Welt nicht in Form einer höherstufigen Synthese erfolgen kann, bleibt dem Experimentator nur der Witz, die List, die nicht einmal besonders subtil sein muss. Die dumme britische Marine und der verbohrte Professor aus Padua, Ares im Bett gefangen mit Aphrodite, die Götter lachend um sie herum, der Naturphilosoph Hobbes, Hüter einer Wahrheit, die keinen mehr interessiert, Odysseus tumber Gegner, der Zyklop, der ruft, dass Niemand ihn verletzt habe und damit eine ewige Witzvorlage lieferte – sie stehen alle dumm da, zu Witzfiguren geworden, nachdem sie ungewollt in die Fänge einer List geraten sind, irritiert über eine Welt, die nicht mehr nach den gewohnten Regeln funktioniert, sondern eine andere geworden ist. Seit das Explorative den Anspruch an Universalität verloren hat, und mit dem Experimentellen eine neue Form der Welterschließung (als immer schon da gewesene) mit einer List in die Welt getreten ist, sind es die Universal-Exploratoren, die auf diese Weise heimatlos geworden sind. Sie sind diejenigen, die nicht aufhören können, nach erkennbaren Zielen zu streben und dabei das Entscheidende verfehlen, weil es fehlt, und die nichts ernst nehmen wollen, was nicht nach übergreifenden Regeln übersetzt wurde. Wer aber als Krisentheoretiker des Explorativen um das Fehlen solcher Regeln weiß und gleichzeitig dem Denken des Explorativen verhaftet bleibt, weil er der Haltlosigkeit des Mitteilens nicht mit Haltung zu begegnen vermag, der nimmt gar nichts mehr ernst[102] und ist damit auch des unwillkürlichen Lachens nicht mehr fähig – des Lachens, das sich unweigerlich einstellt, wenn sich die Welt unter den eigenen Händen plötzlich verwandelt hat und der eigene Standpunkt als deplatziert erkennbar wird. Diesen bleibt nur die ironische Distanz: Die Neigung derjenigen am Rande des Geschehens, die aus ihrer Position der Machtlosigkeit heraus noch ein Gefühl der Überlegenheit daraus zu ziehen vermögen, dass sie wissen, dass Theorien bloß Konstruktionen von der Welt sind, dass Bilder nur Bilder und nicht das Abgebildete sind,[103] dass kein Wissen endgültig ist und jedes Wissen neues Nicht-Wissen generiert, dass Medien unsere Weltsicht formen, dass »jeder die Dinge anders sieht« usw. Die ironische Neigung wird damit als die habitualisierte Gesinnungsethik eines Krisentheoretikers der Exploration erkennbar, als eine Neigung, sich selbst in der Haltlosigkeit noch die eigene souveräne Überlegenheit sichern zu wollen. Das Wissen von dem Ungenügen des Explorativen setzt den Ironiker nicht in Verantwortung, denn das, was er mitzuteilen hat, interessiert niemanden mehr – es macht in der Welt keinen Unterschied.[104]

102 Dies scheint mir auch das Thema Bernard Stieglers zu sein, der unterscheidet, »zwischen jenen, die Sorge tragen, und jenen, denen alles egal ist« (Stiegler 2009, S. 134), zwischen jenen, die aufmerksam sind und jenen, die »eine Haltung des ›Was kümmert es mich?‹ an den Tag legen« (ebd., S. 163).

103 Und damit u.a. die Chance verspielen, die Schönheit der Bilder der Wissenschaft als Bilder anzuerkennen. Wenn Thomas Ruff beispielsweise Sternenbilder als C4-Print ins Museum hängt, dann ist das kein Kommentar zur Artifizialität und Konstruiertheit der Wissenschaft, sondern das, was es ist: Die Präsentation von Sternenbildern im Kunst-Kontext, die im Kontext der Wissenschaften (genauer: im European Southern Observatory) entstanden sind. Dadurch wird weder die Wissenschaft zur Kunst, noch die Kunst zur Wissenschaft, aber jeder Versuch, sie anhand eines trivialen Konstruktionsbegriffs unterscheiden zu wollen, wird ad absurdum geführt: In Umkehrung des klassischen Konstruktionsarguments in der Wissenschaftstheorie schwärmt Ruff als Künstler von diesen in einem Observatorium entstandenen Bildern: »Das Geschehen vor der Kamera ist einfach vorgegeben. Wenn man eingreifen wollte, müsste man sehr lange reisen, um eine Veränderung vorzunehmen« (Ruff 2009).

104 »Wir müssen uns klarmachen, daß alles ethisch orientierte Handeln unter zwei voneinander grundverschiedenen, unaustragbar gegensätzlichen Maximen stehen kann:

Wenn am Anfang jeder experimentellen Arbeit die Teilung einer Welt steht, was gleichbedeutend damit ist, mit dem gesunden Menschenverstand und der Logik des Alltags zu brechen (siehe Abschnitt III/13), um einer Ahnung nachzugehen, die zunächst weder begründet noch hinreichend verbalisiert werden kann, dann ist das auf Erkenntnis zielende Experiment nichts, was von dem Risiko des Scheiterns und vor allem nicht von dem Risiko getrennt werden kann, dumm da zu stehen. Und wenn schließlich kein Experiment möglich ist, ohne dass man sich der unmöglichen Aufgabe der Übersetzung stellt, dann stellt dieses eine Aufgabe dar, die überhaupt nicht aus der Distanz der Ironie bewältigt werden kann. Wenn man sich im Experiment keinen Fluchtweg in die Souveränität sichern kann, weil alles davon abhängt, sich selbst an den Rand seiner Möglichkeiten zu bringen, dann bedarf es des sich nur im Ereignis des unwillkürlichen Lachens offenbarenden Humors, der die Fähigkeit zum Witz, zur List mit der Bereitschaft zum Scheitern und einem Sinn für die Fallhöhe, die die Ernsthaftigkeit der Aufgabe mit sich bringt, einer geteilten Welt als geteilter gerecht zu werden zu verbinden vermag.[105] Der Humor kann damit als die Habitus gewordene Verantwortungsethik des Experimentators angesehen werden, als Haltung gegenüber der Haltlosigkeit.[106]

12. GENIALITÄT UND VIRTUOSITÄT

Was den Experimentator näher an sein Ziel bringt, ist nicht lange nichts und dann eine plötzliche Erkenntnis, eine Abduktion oder ein Geistesblitz, sondern die subtile Verengung des Bereichs, von dem dieser ahnt, dass es sich in ihm zu *tappen* lohnt. Für jeden, der einen radikalen (einen systematischen und nicht nur sozialen, graduellen oder durch Spezialisierung geformten) Unterschied zwi-

es kann ›gesinnungsethisch‹ oder ›verantwortungsethisch‹ orientiert sein. Nicht daß Gesinnungsethik mit Verantwortungslosigkeit und Verantwortungsethik mit Gesinnungslosigkeit identisch wäre. Davon ist natürlich keine Rede. Aber es ist ein abgrundtiefer Gegensatz, ob man unter der gesinnungsethischen Maxime handelt – religiös geredet: ›Der Christ tut recht und stellt den Erfolg Gott anheim‹ –, oder unter der verantwortungsethischen: daß man für die (voraussehbaren) Folgen seines Handelns aufzukommen hat.« (Weber 1988 [1921], S. 551f)

105 Vgl. im Kontext der Wissenschaftskritik auch Haraway 2000, S. 146 und 157.

106 Das soll keineswegs heißen, dass alle Experimentatoren auch Humor haben – ganz und gar nicht: Wie in Kapitel III/21 deutlich werden soll, sichern sich Experimentatoren traditionell ihre Souveränität, als Alternative zur ironischen Distanz, dadurch, dass sie sich imaginär aus dem Experimentalsystem entfernen.

schen Wissenschaft und Nicht-Wissenschaft aufzufinden hofft und darauf seine aufklärerischen Hoffnungen auf Überwindung des naiven Alltagsverstandes setzt, ist das eine unerträgliche Vorstellung. So war es für Kant explizit die Überwindung des Tappens und sein Ersatz durch die Vernunft, die die modernen Wissenschaften von dem unterschied, was nicht Wissenschaft genannt zu werden verdiente; womit er nicht nur die Praxis der Wissenschaft, sondern auch die Findigkeit, das Gespür und alles Vage im Prozess der Erkenntnis auf einen Moment der Erkenntnis reduzierte und das intime Zusammenspiel mit den Dingen und Apparaten auf ein distanziertes Frage-Antwort-Geschehen zusammenstrich, mit dem Experiment als bloßem Mittel in der Hand des Theoretikers:

> »Als Galilei seine Kugeln die schiefe Fläche mit einer von ihm selbst gewählten Schwere herabrollen, oder Torricelli die Luft ein Gewicht, was er sich zum voraus dem einer ihm bekannten Wassersäule gleich gedacht hatte, tragen ließ [...]; so ging allen Naturforschern ein Licht auf. Sie begriffen, daß die Vernunft nur das einsieht, was sie selbst nach ihrem Entwurfe hervorbringt, daß sie mit Prinzipien ihrer Urteile nach beständigen Gesetzen vorangehen und die Natur nötigen müsse auf ihre Fragen zu antworten, nicht aber sich von ihr allein gleichsam am Leitbande gängeln lassen müsse; denn sonst hängen zufällige, nach keinem vorher entworfenen Plane gemachte Beobachtungen gar nicht in einem notwendigen Gesetze zusammen, welches doch die Vernunft sucht und bedarf. Die Vernunft muß mit ihren Prinzipien, nach denen allein übereinkommende Erscheinungen für Gesetze gelten können, in einer Hand, *und mit dem Experiment, das sie nach jenen ausdachte, in der anderen, an die Natur gehen, zwar um von ihr belehrt zu werden, aber nicht in der Qualität eines Schülers, der sich alles vorsagen läßt, was der Lehrer will, sondern eines bestallten Richters, der die Zeugen nötigt, auf die Fragen zu antworten, die er ihnen vorlegt.* Und so hat sogar Physik die so vorteilhafte Revolution ihrer Denkart lediglich dem Einfalle zu verdanken, demjenigen, was die Vernunft selbst in die Natur hineinlegt, gemäß, dasjenige in ihr zu suchen (nicht ihr anzudichten), was sie von dieser lernen muß, und wovon sie für sich selbst nichts wissen würde. *Hierdurch ist die Naturwissenschaft allererst in den sicheren Gang einer Wissenschaft gebracht worden, da sie so viel Jahrhunderte durch nichts weiter als ein bloßes Herumtappen gewesen war.*« (Kant 1787/1990, B XIII, Herv. SöA)

Das Experimentalsystem ist in der Tat ein materialisiertes Fragearrangement. Aber es ist nicht die Materialisierung von vorher im Kopf des Theoretikers verfasster Fragen. Und es ist auch nicht bloß die Materialisierung einer sprachlich verfassten Theorie. Das technische Arrangement des Experimentalsystems ist in seiner Exteriorität von der Sprache und der Schrift genauso wenig abgeleitet wie die Schrift von der Sprache. Es gibt eine Tradition der Experimentalsysteme jenseits der wissenschaftlichen Journals und kein Experimentator kann hinter ihren Ursprung zurückgehen. Wenn ein Experimentator Probleme hat zu erklären, was er da genau tut (so wie jeder Probleme hätte, einem Unkundigen zu erklären, was man beim Fahrradfahren genau tun muss, um nicht umzufallen), deutet das nicht darauf hin, dass er ein schlechter Experimentator ist – was bloß Hobbes'sche Erben glauben, die sich nicht vorstellen können, dass etwas anderes als die virtuose Beherrschung der Sprache erkenntnisförderlich sein könne – es deutet nur auf die Probleme der Übersetzung in ein anderes Medium hin, eine Übersetzung, die für den Fortgang des Experiments erst einmal unbedeutend sein kann, weil das Denken sich auf das Experimentalsystem selbst bezieht. Nun hat Boyle als früher Experimentator selbst den Grundstein dafür gelegt, dass die experimentellen Wissenschaften als der Theorie nachgeordnet und im Dienste einer vom Körper abgekoppelten Vernunft missverstanden werden. Denn damit das *Ergebnis* des Erkenntis*prozesses* als Faktum der Natur anerkannt werden kann, muss es als unabhängig von seinen Repräsentanten existierend anerkannt werden, was mit einer Verstoßung des Erkenntnisprozesses ins Vergessen einher geht. Mit dem Auftritt der Technik im Experiment werden aber Fakten geschaffen, die überhaupt nicht mehr unabhängig vom technisch-experimentellen Setting beobachtet werden können. Schon Boyle selbst konnte jenseits seiner eigenen Apparatur niemandem ein Vakuum als Entdeckung vorzeigen, genauso wie Galilei niemandem die Ringe des Saturns zeigen konnte, ohne ihm zuvor sein Fernrohr in die Hand gedrückt zu haben. Heute teilen wir die Welt mit Dingen wie Genen, die ohne ein komplett ausgestattetes Labor überhaupt nicht mehr »beobachtet« werden können und selbst mit Hilfe des Labors nicht einmal so gesehen werden können »wie sie sind«, sondern nur über die Spuren ihrer Existenz erschlossen werden können. Boyle *kompensierte* diese Unmöglichkeit des direkten Beweises einer unabhängigen Existenz durch demonstrative Selbstdistanzierung: er und seine Zeugen präsentierten sich nicht nur als finanziell unabhängig und im wissenschaftlichen Text als gar nicht vorhanden, sondern auch im körperlichen Ausdruck als frei von störenden Leidenschaften und Gefühlen – so habitualisierte sich der Ausdruck der Nicht-Involviertheit trotz Involviertheit in der Figur des britischen Gentleman (in direkter Abgrenzung zur emotionsgeleiteten Frau und zum finanziell abhängigen Bürger). Wenn das Motiv für einen Betrug fehlt und die Nicht-Involviertheit von unabhängigiger Seite bezeugt wird, so könnte man es in der Sprache des Rechts beschreiben, aus der Boyle seine Technik ja auch entlehnte, fehlt auch der Anlass zum Zweifel an der Aufrichtigkeit der Repräsentanten der Natur. Das soziale Setting des Experiments gab den am explorativen Wissenserwerb geschulten Zeitgenossen die Möglichkeit, die grundlegend anders, nämlich experimentell gewonnen Fakten als Wahrheit zu akzeptieren, indem der Prozess ausgeblendet und das Ergebnis *ex post* als explorativ gewonnen vorgestellt werden konnte (nämlich als aus der Distanz beobachtete, unbearbeitete, gefundene und entdeckte, ahistorische, endlos wiederholbare, sprachlich repräsentierte, materielle, natürliche Fakten). Wenn der Erziehungswissenschaftler Werner Kutschmann die Geschichte der neuzeitlichen Wissenschaft als eine der zunehmenden Entkörperung beschreibt (1986), trifft er somit einerseits etwas Wahres und Entscheidendes, nämlich die Selbstdarstellung der Forschung als eines Prozesses, in dem der Körper keine Rolle spielen würde. Und er verfehlt den Charakter der Forschung damit gleichzeitig, indem er das glaubt und wenn er das, was sich ihm in Form der Entkörperung darstellt, nicht als das erkennt, was es ist: nämlich eine körperliche Darstellung der Entkörperung. Das aber könnte noch als spitzfindige Kritik an Kutschmann abgetan werden, würde sich das Experiment nicht tatsächlich durch eine im Vergleich zur Exploration besonders entschiedene Einbindung des Körpers in den Prozess der Erkenntnisgewinnung auszeichnen. Kutschmann scheint, wie so viele Autoren, die die Welt von einer zunehmenden Tendenz zur Technisierung geprägt sehen, beim Umgang mit Technik an den Umgang mit einer autonom operierenden Maschine zu denken, bei der die einzige Interaktion im Drücken eines Knopfes besteht, und nicht an den Umgang mit Technik, der nicht nur die alltägliche Arbeit im Labor, sondern auch den alltäglichen Umgang mit Technik außerhalb des Labors tatsächlich auszeichnet; den Umgang nämlich, der sich durch Virtuosität auszeichnet.[107] Diese Virtuosität ist erworben, durch Gewöhnung, Übung und eine allmähliche Verfestigung von Erwartungsstrukturen. Sie kann sich unmöglich entwickeln, würde sich der Kontakt mit Technik tatsächlich auf einen Moment des Knopfdruckes beschränken und nicht in der Menge und der Formenvielfalt auftreten, wie es im Alltag der Fall ist und bei der die Technik immer nur Teil eines über die Technik *und* den Anwender hinausweisenden Zusammenhangs ist. Anders gesagt: Virtuosität ist das Ergebnis einer erfolgreichen Verkörperung. Wer mit dem Auto fährt, ohne über jeden einzelnen Handgriff nachzudenken, ist ein Virtuose im Umgang mit dem Auto. Dass das nicht mehr auffällt, liegt nicht dar-

107 Vgl. dazu Steinle 2000, der auf die mit dieser Verkörperung verbundenen Beschränkungen in der Durchführbarkeit von Experimenten hinweist, darauf, »daß experimentelle Erfahrung nicht *per se* unabhängig davon ist, wer sie wann, wo, und unter welchen Umständen macht« (S. 221), denn sie erfordern *Fertigkeiten*: »Während das bis vor einigen Jahrzehnten vor allem Handfertigkeiten waren, mögen das heutzutage etwas auch besondere Finessen im Umgang mit Computerprogrammen oder dgl. sein. Solche Fertigkeiten sind zu bestimmten Zeiten und Orten vorhanden und verfügbar, zu anderen nicht.« (Ebd., S. 219)

an, dass das Autofahren in Wirklichkeit eine vergeistigte Angelegenheit ist, bei der der Körper nur noch »im Schatten, auf Abruf« als »Kopf-Träger« dabei ist, wie Kutschmann verallgemeinernd über den Menschen im Umgang mit Technik schreibt (Kutschmann 1986, S. 411), sondern daran, dass der Umgang mit dem Auto inzwischen so selbstverständlich und verbreitet ist, dass gar nicht mehr auffällt, wie virtuos dieser Umgang tatsächlich ist. Ebenso verhält es sich im Umgang mit einer Vielfalt von Techniken im Alltag (gewissermaßen als alltägliche Kür) und auch im Umgang mit der Technik im Labor. So kann man zurecht sagen, dass es falsch ist, gleichzeitig aber auch ein besonders anschauliches Beispiel für die Persistenz des explorativen Denkens bis in das späte 20. Jahrhunderts hinein ist, wenn Kutschmann schreibt:

> »Die körperlichen, ›ästhetischen‹ wie operativen Potenzen des Wissenschaftlers werden für die Erfassung der Natur völlig irrelevant. Die Sinne spielen in Beobachtung und Experimentation so gut wie keine Rolle mehr, sie sind auf die periphere Funktion der Datenerfassung zurückgedrängt. Der Körper insgesamt nimmt, mitsamt seiner imaginativen und ideativen Potenzen, den Part eines ›Wärters‹ wahr, der stumm und unauffällig, ohne von der eigenen Präsenz ein Aufheben zu machen, nur am Rande am experimentellen Geschehen teilhat und nur im Notfall salvatorisch einschreitet.« (Ebd., S. 409f)

Wenn das praktische Experimentieren in einer kritischen Analyse zur angeblichen »Entkörperung der Wissenschaften« wie dieser als der Vernunft nachgeordnet gedacht wird, so dass man glaubt, fordern zu müssen, ihn wieder miteinzubeziehen, um ihn aus seiner undankbaren Rolle als »Kopfträger« zu befreien, dann wird es nachvollziehbar, wie man auf die Idee kommen konnte, die Ursachen für wissenschaftliche Innovationen buchstäblich in den Köpfen herausragender Wissenschaftler zu suchen. Was in der *Geschichte der Elitegehirnforschung*, die Michael Hagner vom 18. Jahrhundert bis in die Gegenwart skizziert hat (2005), so bizarr anmutet, nämlich mit Instrumenten in den Köpfen toter Genies nach den Gründen für ihre Genialität herum zu suchen, scheint vor dem Hintergrund des Denkens der Wissenschaft von der Theorie aus als folgerichtig. Wenn das innovative Moment nicht im Umgang mit den Dingen, sondern im »Geistesblitz« verortet wird, der ausschließlich in der einer experimentellen Praxis entgegengestellten Theorieentwicklung stattfindet, dann lässt es sich fast gar nicht vermeiden, dass der nach Ursachen forschende Blick zum Kopf wandert.

Wenn die Bearbeitung im Experiment gegenüber der Beobachtung soweit an Bedeutung gewonnen hat, dass sie selbst nicht mehr nur auf vorbereitende Tätigkeiten oder methodische Arrangements bezogen werden kann, die dem Erkenntnisprozess nachgeordnet sind, sondern so sehr Teil des Erkenntnisprozesses selbst geworden ist, dass Rheinberger davon sprechen kann, dass die Experimentatoren mit ihren Händen denken (Rheinberger 2005, S. 62) und Leroi-Gourhan, dass derjenige, der nicht (mehr) mit seinen Händen zu denken vermag, einen Teil seines normalen und phylogenetisch menschlichen Denkens verloren hat (Leroi-Gourhan 1980, S. 320), dann sind im Erkenntnisprozess nicht nur die theoretisch explizierten Wissensbestände am Wirken, sondern auch, vielleicht sogar vor allem, die im Körper des Experimentators sedimentieren Wissensbestände über den Umgang mit der Technik, seinen Apparaten und der gesamten Experimentaleinrichtung. Pawlows *praktikanten* mussten mit ihren Hunden so umgehen lernen und die Hunde mussten mit ihren *praktikanten* so umgehen lernen,[108] dass sie am Ende ohne Nachdenken zu müssen, aufeinander reagieren konnten (vgl. Todes 2004). Und die von Latour beobachteten Regenwaldrandzonenforscher mussten in ihren Fingern ein Gespür für die Sandigkeit der Erde entwickeln (Latour 2000, S. 36-95), so wie jeder Experimentator ein Gespür für das Tuning (Pickering 1995, siehe auch u. S. 221) eines Experimentalsystems entwickeln muss. Wenn man sich für den *Prozess* der experimentellen Erkenntnisgewinnung interessiert, und das heißt für die Frage, wie man sich tappend an etwas herantastet, von dem man noch nicht weiß, was es ist, und auch nicht, wo und wie es sich zeigen mag,[109] dann kann man diesen körperlichen Aspekt des Forschens genauso wenig ignorieren wie man die nicht-explizierbare Involviertheit des Körpers bei anderen komplexen Interaktionen ignorieren kann. Man mag aus

108 Aufgrund ihrer Mitteilungsfähigkeit sind sie eben nicht zum passiven Beschrieben-Werden verdammt. Wenn bereits der fokussierte Umgang von Pawlows Praktikanten mit ihren Hunden nur unter Ausblendung sämtlicher Evidenzen als einseitige Beschreibung zu verstehen ist, ist es der alltägliche Umgang mit Hunden umso weniger. Dass sich gerade Hunde als Beispiel anbieten, liegt an ihrer besonders ausgeprägten Fähigkeit, soziale Strukturen mitzuformen und ihre Mitteilungen an selbst unwillkürlichen Mitteilungen des Menschen zu orientieren; das ist keine Metapher, verstehen diese Hunde manche unserer Mitteilungen doch besser als wir ihre – und nachgewiesener Weise zum Teil sogar besser als wir unsere: Vgl. am Beispiel vorgetäuschten Gähnens: Joly-Mascheroni/Senju/Shepherd 2008. Dass Haraway sich aus wissenschaftlicher Sicht in jüngster Zeit besonders für Hunde interessiert, ist somit nur folgerichtig im Sinne einer »symmetrischen Anthropologie«. Vgl. Haraway 2008 und 2003.

109 Vgl. auch Stiegler, der sein technikphilosophisches Vorgehen in einer Weise beschreibt, dass man es als tappend oder tastend übersetzen könnte: »The work presented here is nothing but a tentative approach to these questions, as subject to trial and error as it is resolute – advancing by trial and error (with the hand permitting) is the very object of this reflection.« (Stiegler 1998, S. 1)

explorativem Interesse am Explorativen weiter die Genialität von Wissenschaftlern in ihren Gehirnen suchen, aus experimenteller Sicht ist es hingegen viel interessanter, der Frage nachzugehen, wie man sich im Umgang mit den Dingen Virtuosität erwirbt.

Wenn der Körper auf diese Weise in den Erkenntnisprozess selbst einbezogen wird (während es fast ironisch anmutet, dass es heute gerade die Datenerfassung ist, die an den Computer delegiert werden kann) und die Fähigkeit des Körpers epistemisch genutzt wird, simultane und komplexe Wechselwirkungsprozesse in Form von verkörperten Erwartungen zu sedimentieren, so wie man beim Autofahren durch Einübung bald an den Punkt kommt, wo der Fuß bereits auf der Bremse steht, bevor man wissentlich realisiert, dass da gerade etwas über die Straße läuft, dann sind es auch die körperlichen Ausdrücke, an die man sich halten muss, wenn man wissen will, wo sich *Abweichungen* von solchen sedimentierten Erwartungen zeigen. Da ein Experimentalsystem keine Maschine ist, kann es auch nicht von allein Erkenntnisse produzieren. Ein Experimentalsystem bedarf des geschulten Experimentators: »Je mehr er lernt, mit seiner Experimentalanordnung umzugehen, desto stärker spielt sie ihre eigenen inhärenten Möglichkeiten aus« (Rheinberger 2001, S. 18). Der Spürsinn, den ein Experimentator braucht, um einem fehlenden Fremden auf die Spur zu kommen, muss sich im Umgang mit dem Experimentalsystem selbst entwickeln. Da der Experimentator nicht weiß, was er sucht, muss er sich auf seine Ahnungen verlassen – Ahnungen, über die ein Laie nicht verfügt. Der Experimentator *hegt* seine Ahnungen, er pflegt und entwickelt sie, indem er sie durch die die Welt teilenden Grenzen eines Experimentalsystems von dem Chaos der Welt abschirmt.[110] Wenn Fleck beschreibt, wie Experimentatoren Ungedachtem auf die Spur kommen, entscheidet er sich nicht zwischen den scheinbaren Alternativen vom zielgerichteten Streben und zufällig Finden,[111] sondern spricht von Erfahrenheit, dem, was Rheinberger als »erworbene Intuition« bezeichnet.

Nur im explorativen Verständnis des Experiments, bei dem man bloß beobachtet und sich mit einer einmaligen Benutzung der Experimentaleinrichtung, verstanden als eines nach den Ideen des Theoretikers entwickelten Werkzeugs zur Falsifikation, begnügen kann, braucht der Intuition keinen Platz eingeräumt

110 Diese Doppelbedeutung findet sich etymologisch in dem Wort hegen: »hegen swV (< 9. Jh.). Mhd. hegen, ahd. In *umheggen* ›umzäunen‹. Faktitivium zu Hag, also zunächst ›mit einem Hag umgeben, umzäunen‹, dann zu ›pflegen, bewahren‹ weiterentwickelt. Entsprechend ae. *hegian* ›umzäunen‹. Abstraktum: *Hege*.« (Kluge)

111 Mit François Jullien könnte man sagen, dass es alternativ um ein Denken des »Weges« gehe und darum, sich von etwas Tragendem tragen zu lassen (1999).

werden. Das Gefühl des Experimentators, dass er auf der richtigen Spur ist, wenn er in diese oder jene Richtung weiter forscht, ist selbstverständlich kein Wissen. Versteht man Intuition jedoch nicht als etwas Präexistentes, sondern im Fleck'schen Sinne als etwas Erworbenes an, ist sie zwar immer noch nichts Rationales, aber auch nichts Irrationales, was man im Dienste der Wahrheit ignorieren müsste. Im Gegenteil: Geht es um das Experimentieren, darf man die Intuition nicht ignorieren. Und ihre epistemische Rolle und Bedeutung wird besonders deutlich, wenn man sie mit ihrem explorativen Gegenstück vergleicht, das man in der Intention finden kann.

13. Intention und Intuition

Wenn von Intuition die Rede ist, von der »Macht der Intuition« oder gar von »Bauchgefühlen«, weiß man in der Regel sofort Bescheid: Das hat mit Wissenschaftlichkeit nichts mehr zu tun. Das Gefühl, dass man von diesem Begriff, der so verlässlich schlechten intellektuellen Geschmack anzeigt, lieber die Finger lassen sollte, mag als erster Hinweis auf das Wirken der Intuition genügen. Geht es nämlich um die Intuition, dass dem Gebrauch dieses Wortes zumeist eine unangenehme Mischung von Anti-Intellektualität und Affirmation folgt, liegt man damit nicht nur meistens richtig, es verlassen sich in diesem Falle auch ihre Verächter gern auf sie. Wenn man es z.B. mit einer nicht zu bewältigenden Komplexität zu tun hat, wie es bei den Lektüremengen im Wissenschaftsbetrieb der Fall ist, lässt es sich nicht vermeiden, Veröffentlichungen aus Gründen zu ignorieren, die *nicht* auf der vollständigen Berücksichtigung aller Einwände und Argumente beruhen – schon deshalb, weil man dafür gelesen haben müsste, was man ignorieren will. Dieses Paradox (man müsste kennen, was man ignoriert) wird in der wissenschaftlichen Praxis (die selbstverständlich auch die Praxis der Theorieentwicklung einschließt) nicht dadurch aufgelöst, dass man oszilliert zwischen Subjektivismus (man liest nur noch, was gefällt) und Zufall (man liest, was einem in die Hand fällt), sondern über ein theoretisch selbst nicht vollständig einholbares und *erworbenes Gespür* dafür, was sich zu lesen lohnt und was nicht. Wer glaubt, dass es sich bloß um ein pragmatisches Problem handle, das bei dem Versuch, Erkenntnisprozesse verstehen zu wollen, ignoriert werden könne, dass es sich also um ein epistemologisch irrelevantes oder, wenn man so will, bloß supplementäres Problem handle, verkennt nicht nur den Unterschied zwischen Wissenschaftstheorie und der Praxis der Wissenschaften, sondern auch die Teilung der Welt, die mit jeder Wissenschaft einhergeht. Denn die Tatsache, dass kein Erkenntnisprozess jemals an der quasitranszendentalen Unterscheidung vom Erschlossenen und vom Unerschlossenen der Welt selbst, sondern immer nur über ein Re-Entry auf einer der beiden Seiten dieser Unterscheidung an dieser Unterscheidung ansetzten kann, bedeutet auch, dass jede Wissenschaft immer im Kontakt mit dem steht, was nicht ganz wissenschaftlich sein kann, ohne deshalb gleich irrational oder gar mystisch zu werden. Was für die Praxis der rein lektürebezogenen Theorie gilt, gilt für die Praxis des naturwissenschaftlichen Experiments insbesondere (was, nebenbei gesagt, keine so eindeutige Gegenüberstellung ist: siehe Abschnitt III/14 und IV/7), insofern jedes Experiment mit der Reduktion einer uneinholbaren Komplexität der Welt beginnen muss. Um diese Form der Komplexitätsbewältigung als unvermeidbares Element jedes experimentellen Weltaufschlusses theoretisch einordnen zu können und eine Vorstellung davon zu bekommen, was dem Ablauf eines Experiments eine Richtung gibt und es damit aus dem reinen Wirken des Zufalls heraushebt (ohne deshalb sein Scheitern verhindern zu können), ist es unumgänglich, den bis an die Grenze der Unbrauchbarkeit missbrauchten Begriff der Intuition zu rehabilitieren. Für diejenigen, die an einer Fundierung der Wissenschaften interessiert sind oder dem Auffinden einer eindeutigen Grenze zwischen Wissenschaft und Nicht-Wissenschaft, ist das eine weitere schlechte Nachricht: Jetzt soll aus der Rationalität auch noch die Intuition nicht mehr ausgeschlossen werden können.

Ich habe den Begriff der Intuition von Rheinberger übernommen und in den Zusammenhang des experimentellen Denksystems übersetzt; Rheinberger hat von Fleck den Begriff der Erfahrenheit übernommen und in den Zusammenhang der Geschichte der Proteinsynthese im Reagenzglas übersetzt. Fleck spricht von Erfahrenheit, Rheinberger von »erworbener Intuition«: »Erfahrung ist eine intellektuelle Errungenschaft. Erfahrenheit, das heißt erworbene Intuition, ist eine Tätigkeits- und Lebensform. Der Ausdruck ›erworbene Intuition‹ birgt einen Gegensinn in sich. Erfahrenheit *muß* gelernt werden, das liegt in der Natur der Sache, und sie übersteigt gleichzeitig doch, was in einem expliziten Sinne gelernt werden *kann.*« (Rheinberger 2005, S. 62) Vor allem kann sie im naturwissenschaftlichen Experiment nicht ausschließlich über das Reden und Hören, Schreiben und Lesen, sondern muss an den Apparaturen und im Umgang mit ihnen erlernt werden (vgl. Flecks Auseinandersetzung mit Lehrbüchern und Einführungen in die Wassermannreaktion: insb. 1980 [1933], S. 72ff). Ähnliches formuliert auch Stichweh, wenn er schreibt, dass es nicht mehr länger hinreichend sei, »ein Experimentalsystem als *eine komplexe Konfiguration von Instrumenten* zu beschreiben« (1994, S. 192, Herv. i. Orig.), sondern es nötig sei mitzubedenken, dass dieses »wissenschaftliche Methoden und weiterhin informellere und implizitere Weisen des Wissens (›tacit knowledge‹, ›know-how‹)« einschließen würde (ebd.). Das Erlernen des Umgangs mit einer Experimentaleinrichtung gehe, so Fleck, immer auch mit der Einführung in einen bestimmten »Denkstil« (Fleck) einher, weshalb man die Apparaturen auch nicht isoliert von ihrem Einsatz in einer bestimmten theoretisch-historischen Denkgemeinschaft verstehen kann.

»Alle Experimentalforscher wissen, wie wenig ein Einzelexperiment beweist und zwingt: es gehört dazu immer ein ganzes System der Experimente und Kontrollen, einer Voraussetzung (einem Stil) gemäß zusammengestellt, und von einem Geübten ausgeführt. Eben dieses Voraussetzungsvermögen und die Übung, manuelle und gedankliche, bilden zusammen mit dem ganzen experimentellen und nicht experimentellen, sowohl mit dem klargefaßten wie auch mit dem unklaren ›instinktiven‹ Wissensbestande eines Forschers das, was wir Erfahrenheit nennen wollen.« (Fleck 1980, S. 126)

Diese Erfahrenheit oder »erworbene Intuition« gerät aus dem Blick, wenn man sich in der Erforschung der Wissenschaftspraxis ausschließlich auf das Verschriftlichte stützt (weshalb es schon aus methodischen Gründen erklärbar ist, dass Popper die Idee ausblenden kann, dass der Umgang mit der Technik selbst, das Experimentieren erkenntnisträchtig sein könne): »Der zusammengefaßte Bericht über ein bearbeitetes Gebiet enthält immer nur einen sehr kleinen Teil der betreffenden Erfahrung des Forschers und zwar nicht den wichtigsten, d.h. eben nicht jenen, das stilgemäße Gestaltsehen ermöglichenden. Es ist so als ob nur der Text eines Liedes angegeben wäre, nicht aber die Melodie«, schreibt Fleck (ebd.).

Intention ist mit konkreten Zielen verbunden, Intuition bezieht sich auf komplexe, nicht intentional auflösbare Arrangements. Ein und derselbe Sachverhalt kann sowohl auf das intentionale als auch auf das intuitive Moment hin betrachtet werden. Mit dem Auto von A nach B fahren zu wollen, ist eine Sache der Intention mit dem Auto als Mittel zum Zweck. Das Zusammenspiel von Schalten, Blinken, vom Im-Auge-Behalten der Straße und der Armaturen, das Hören des Motorengeräusches und das Fühlen des Straßenbelags als mitlaufendes Korrektiv, kurzum das gesamte komplexe Zusammenspiel des Fahrens *mit* einem Auto selbst ist ein überwiegend intuitiv bewältigter Vorgang, der mit »Intention« alleine überhaupt nicht sinnvoll erfasst werden kann und entsprechend auch anders beschrieben werden muss. Geht es einem um dieses Zusammenspiel, ist es unmöglich, es in intentionale Einzelbewegungen auseinander zu dividieren (da es sich um einen komplexen Vorgang handelt, also einen, bei dem Dinge gleichzeitig und damit a-kausal vonstatten gehen, ist es tatsächlich eine Unmöglichkeit und nicht nur nicht praktikabel). Genauso wenig sinnvoll wäre es (und das hängt notwendig miteinander zusammen), die einzelnen Teile des Autos als jeweilige

Mittel zu einem Zweck beschreiben zu wollen. Nicht einmal die Trennung zwischen Auto und Mensch wäre ein sinnvoller Ausgangspunkt für eine solche dichte Beschreibung des Fahrens.[112] Die Virtuosität im Umgang mit dem Auto ist *im Umgang* mit dem Auto erlernt und verkörpert worden; der Umgang mit dem Auto ist nicht eine Anwendung dessen, was in der Bedienungsanleitung steht und ist nicht dadurch zu erwerben, dass man sie besonders gründlich studiert. Entsprechend verhält es sich mit dem auf Erkenntnis zielenden Umgang mit Technik im Experiment: Es wird tatsächlich mit der Technik gedacht, wodurch sie selbst nur unter Verkennung all dessen, worauf es im Erkenntnisprozess ankommt, als Mittel zum Zweck beschrieben werden könnte. Wenn das Fremde, um das es geht, fehlt und damit das Ziel einer explorativ als Entdeckung fassbaren Beschreibung, wenn der Experimentator statt über es zu verfügen, sich an sein Ziel herantasten muss, dann verschiebt sich das Gewicht der Bedeutung von der Intention auf die Intuition. Im wissenschaftlichen Alltag weiß man natürlich, dass man Forschungsergebnisse nicht so intentional anstreben kann, wie man beim Autofahren einen Zielort anstrebt. Aus diesem Grund hat sich auch eine Art augenzwinkernder Umgang mit Arbeitsplänen eingestellt, die zwar mit bestimmten Ziel- und Zeitvorstellungen verfasst werden, jedoch im Bewusstsein, dass sie ein- oder mehrmals revidiert werden müssen. Dieser *ironische* (s.o.) Umgang ist aber nicht aufgeklärt im Sinne experimenteller Arbeit, sondern erst einmal nur ein weiteres Symptom der Persistenz explorativer Vorstellungen, soweit tatsächlich an die *Revision von Ziel- und Zeitvorstellungen geglaubt* und damit an einem explorativen Verständnis festgehalten wird. Intuitiv zu ahnen, dass da *etwas* ist, ist etwas völlig anderes als das konkrete Ziel x durch das konkrete Ziel y zu ersetzten. Im ersten Fall befindet man sich in einem Prozess der Zielformung, während letzteres den Umschlagpunkt zwischen zwei konkreten Zielen beschreibt.

Solange die Intuition jedoch fest mit dem »gesunden Menschenverstand« des Laien und seiner reflexionslosen Alltagsbeherrschung identifiziert und (als mystisches »Bauchgefühl«) gegen die Rationalität, die Reflexion und den Bruch mit dem Alltagsverständnis des Experten, Professionellen oder Theoretikers gestellt wurde, konnte die Bedeutung der Intuition für die Praxis des Experten, gerade wenn es sich um die Praxis der Theoriearbeit handelte, nicht gesehen, sondern nur verdrängt werden. Vor dem Hintergrund der Teilung der Welt durch die

112 Darum geht es auch Latour und der Akteur-Netzwerk-Theorie. Ihre Grenzen ergeben sich aus dem Fehlen einer der Unterscheidung von Experiment und Exploration vergleichbaren Unterscheidung und dem damit verbundenen Wille diese Art von Beispielen als universal repräsentativ für den Umgang mit Dingen zu verstehen.

Konstitution des Experimentalsystems und dem durch das iterative Geschehen zwangsläufig auf Zeit angelegte und zu Erfahrung (*experience*) führende Übersetzen, lässt sich die Intuition hingegen sowohl als erworbene, als auch als Folge eines entschiedenen Bruches mit dem »gesunden Menschenverstand« des Laien und seiner reflexionslosen Alltagsbeherrschung denken.

Mit der Krise des explorativen Denkens infolge der zunehmenden Schließung der Welt und der zunächst nur auf die Sprache bezogenen Entdeckung, dass diese nicht mehr als transparentes Mittel zum Zwecke des intentionalen Sprechens eines souveränen Subjekts in der Mitte des Geschehens gedacht werden kann, wurde alles zum Problem: das souveräne Subjekt, die Funktion der Sprache und auch die Intentionalität, die sich ausgerechnet im Zentrum des Geschehens, das nun als zeitliches Geschehen iterativ gedacht werden muss, als abwesend erwies. In einer Auseinandersetzung mit Austin schreibt Derrida:

»[I]st diese Struktur der Iteration einmal gegeben, so wird die Intention, welche die Äußerung beseelt, sich selbst und ihrem Inhalt nie vollkommen gegenwärtig sein. Die Iteration, die a priori sie strukturiert, führt in sie eine wesentliche Dehiszenz und einen wesentlichen Bruch ein. [...] Vor allem verbietet diese wesentliche Abwesenheit der Intention in der Aktualität der Äußerung, diese strukturelle Unbewußtheit, wenn Sie so wollen, jede Sättigung des Kontextes. Damit sich ein Kontext in dem von Austin geforderten Sinne erschöpfend bestimmen läßt, ist es zumindest notwendig, daß die bewußte Intention sich selbst und den anderen vollkommen gegenwärtig und wirklich transparent sei, da sie ein bestimmender Mittelpunkt des Kontextes ist.« (Derrida 1999b, S. 347)

Wenn nun von Intuition die Rede ist, dann nicht, um in diesem System von Kontext und Sprechen (von souveränen Subjekten und Mitteln zum Zweck, reinen Medien und so weiter, also all dem, was zusammen hier exploratives Denksystem genannt wird) den Platz, den die Intention inne hatte, neu zu besetzten. Der Begriff der Intuition, dem sich hier angenähert wird, würde im explorativen Denksystem überhaupt nicht gedacht werden können.[113] Es geht auch nicht noch einmal um den negativ geführten Beweis, dass die Intention nicht in der Lage ist, »den ganzen Schauplatz und das ganze System der Äußerung beherrschen zu

113 Natürlich gibt es *einen* Begriff der Intuition im explorativen Denken – aber der meint eben nichts anderes als ungebrochene Alltagsintention, er meint Gefühl als Gegensatz zum Intellekt; man hört auf sein »Bauchgefühl« statt auf seinen »Verstand«. Intuition in diesem Sinne ist ein zutiefst anti-intellektueller Begriff und nicht mit dem hier verfolgten Ziel, technisch vermittelte Erkenntnisprozesse zu verstehen, vereinbar.

können« (Derrida 1999b, S. 346). Es geht um die positive Antwort auf die Frage, was in einem experimentellen Erkenntnisprozess leitend sein könnte, der sich durch die strategische Ausnutzung der Iterabilität auszeichnet und bei dem es um die Schwierigkeit geht, etwas, das fehlt, die Möglichkeit zu geben, für den Experimentator erkennbar aus der Idealität der Wiederholung auszubrechen, wenn dies die Intention offenbar nicht kann. Intuition, so wie sie hier verstanden wird, gewinnt ihre Bedeutung nur im Verbund des experimentellen Denksystems. Und damit kann man sagen, dass mit dem Begriff der Intuition, so wie er hier verwendet wird, ein Beitrag zu dem Projekt zu leisten versucht wird, bei dem es darum geht, eine Beschreibungsform für andere Typen von Iterationsprozessen zu finden, also um das, was Derrida vielleicht meint, wenn er (in Bezug auf Austin) schreibt:

> »Es ist weniger nötig, das Zitieren oder die Iteration der Nicht-Iteration eines Ereignisses entgegenzusetzen, als vielmehr eine differentielle Typologie von Iterationsformen zu konstruieren, gesetzt, dieses Projekt ist durchführbar und kann Anlaß zu einem erschöpfenden Programm geben, eine Frage, die ich hier beiseite lege. In dieser Typologie wird die Kategorie der Intention nicht verschwinden, sie wird ihren Platz haben, aber von diesem Platz aus wird sie nicht mehr den ganzen Schauplatz und das ganze System der Äußerung beherrschen können.« (Derrida 1999b, S. 346)

Übersetzt man dieses in die Situation im Experimentalsystem, so wird der Unterschied zur klassischen Vorstellung des Experiments deutlicher: Versteht man das Experiment als iteratives Geschehen, kann das, womit der Experimentator hantiert, unmöglich exakt und kontrolliert sein, noch ein Mittel zum Zwecke der Falsifikation. Das Ziel des Experimentators besteht vielmehr darin, ein Gefüge zu schaffen, das sich der eigenen Intention entzieht, ein Gefüge, in dem der Experimentator sich selbst dezentriert (siehe S. 171). Das geht nur in und durch eine technisch gestützte Exteriorisierung und dadurch, dass durch entsprechenden technischen Aufwand sichergestellt wird, dass diese Technik nie ganz »technisch« wird. Denn das Experimentalsystem ist keine Maschine, so wie auch das Auto mit einem Fahrer hinter dem Steuer, in stummer Interaktion mit anderen Verkehrsteilnehmern, über die Straße laufenden Rehen und in einem Wald voller Verkehrszeichen nicht sinnvoll und schon gar nicht hinreichend als Maschine bezeichnet werden kann. Denn schließlich geht es nicht um Beliebigkeit, es geht nicht darum, sich in irgendeinen Kontext zu versetzen, den man nicht beherrschen kann – es wäre wohl wenig erreicht, würde man sich als Laie einfach in ein biologisches Labor setzten, nur weil man aus einer kritischen Haltung gegenüber der Intention heraus glaubt, es würde reichen, eine Szene nicht intentional beherrschen zu können. Man muss schon in der Lage sein in dem Experimentalsystem *zu denken.* Watson und Crick wussten natürlich auch nicht, dass sie die DNA-Struktur entdecken würden und konnten es sich daher auch nicht vornehmen, aber sie ahnten, dass sie etwas auf der Spur waren. Dass ihre Geschichte sich dennoch so leicht auf den genialen Einfall der Doppelhelixstruktur reduzieren lässt, liegt sicherlich auch daran, dass fast die gesamte Vorarbeit schon von anderen geleistet wurde. Es ist aber nicht sinnvoll, Erkenntnisprozesse auf den Moment reduzieren zu wollen, an dem sich alles Versammelte und Übersetzte im Kopf von jemanden zu einem Bild formt, genauso wenig wie es sinnvoll ist, die Entwicklung einer Software durch eine genaue Betrachtung des Moments ihrer Kompilation verstehen zu wollen.

Eine erworbene Intuition leitet also einen zielgerichteten Prozess, bei dem das Ziel fehlt. Damit ist Intuition in diesem Zusammenhang der auf den gesamten experimentellen Prozess bezogene Name für das, an dessen Anfang *und* Ende die *Fähigkeit zur Aufmerksamkeit* gegenüber Hinweisen auf das fehlende Fremde steht – eine Aufmerksamkeit, die sowohl vorausgesetzt als auch erlernt werden muss und in diesem intuitiv und nicht intentional gerichteten Prozess geschult und verändert wird. Es ist nicht der Wille, ein bestimmtes und bestimmbares Ziel zu erreichen, das den Experimentator auszeichnet, sondern die Fähigkeit, seine Aufmerksamkeit für das Abweichende in einem iterativen Prozess zu schulen, und zwar für etwas, das sich an den Rändern der Erfahrung, des Bewusstseins und der Aufmerksamkeit befindet, wie Waldenfels schreibt (2004, S. 172). Man steht damit nie am Anfang, sondern ist immer schon mittendrin (vgl. Haraway 1995, S. 98-122). Ohne eine vage Ahnung davon zu haben, dass etwas fehlt, gäbe es jenseits der Anwendung von Techniken und Methoden nur Trial-and-Error und mysteriöse Abduktion.[114] Intuition bestimmt jene »freie und fluktuierende Zeit«, von der Serres sagt, das es nichts gibt, was schwieriger vorzustellen ist, »die noch nicht vollständig determiniert ist, in der die Forscher auf ihrer Su-

114 Bzw. führe das dann geradewegs in die von Platon klassisch gezeichnete Paradoxie aus dem Menon-Dialog: Menon: »Und auf welche Weise willst du denn dasjenige suchen, Sokrates, wovon du überhaupt gar nicht weißt, was es ist? Denn als welches Besondere von allem, was du nicht weißt, willst du es dir denn vorlegen und so suchen? Oder wenn du es auch noch so gut träfest, wie willst du denn erkennen, daß es dieses ist, was du nicht wußtest?« Und Sokrates antwortet: »Ich verstehe, was du sagen willst, Menon! Siehst du, was für einen streitsüchtigen Satz du uns herbringst? Daß nämlich ein Mensch unmöglich suchen kann, weder was er weiß, noch was er nicht weiß. Nämlich weder was er weiß, kann er suchen, denn er weiß es ja, und es bedarf dafür keines Suchens weiter; noch was er nicht weiß, denn er weiß ja dann auch nicht, was er suchen soll.« (Menon, 80d-e)

che im Grunde noch nicht eigentlich wissen, was sie suchen, während sie es unwissentlich bereits wissen« (Serres 1994, S. 17).

Intuition hat also nichts mit »Gefühlen« als Gegensatz zur Rationalität zu tun und ist auch nichts, was man hat; im Gegenteil: Intuition, so wie sie hier verstanden wird – und das zeigen die Erfahrungen im Labor – ist höchst voraussetzungsvoll und als Ergebnis eines intimen Zusammenspiels mit einem Experimentalsystem zu verstehen, sie ist keineswegs etwas, dessen Ursprung irgendwie sinnvoll *im* Subjekt selbst verortet werden kann. Theodor Litt drückt dieses überraschend präzise aus, wenn er schreibt:

»Von der Bedeutung der Methode wird nicht das Mindeste hinweggenommen durch eine Erfahrung, auf die man sich nicht selten beruft, um ihren Anteil am Werk der Erkenntnis herabzudrücken. Man erinnert an die blitzartigen Erleuchtungen, durch die so mancher Forscher auf lange vergeblich gesuchte Problemlösung hingeführt worden sei, und meint auf Grund davon die ›Intuition‹ gegen die Methode ausspielen zu sollen. Dem ist entgegenzuhalten, daß dem Forscher nie und nimmer eine Intuition zufallen würde, in der die Lösung eines ihn beschäftigenden Problems sich vorzeichnet, hätte er nicht zuvor in methodisch diszipliniertem Denken um die Lösung eben dieses Problems gerungen.« (Litt 1959, S. 57)[115]

Insofern sich Intuition im Zusammenspiel mit dem Experimentalsystem als etwas Erworbenes und auf das Abweichende von der Ordnung gerichtete darstellt, kommt sie dem gleich, was Waldenfels »verkörperte Aufmerksamkeit« nennt: »Die Aufmerksamkeit als ein Zwischengeschehen, das sich weder auf *etwas* stützen kann, das uns auffällt, noch auf *jemanden*, der aufmerkt, das also weder in objektiven Daten noch in subjektiven Akten einen zureichenden Grund findet, ist und bleibt angewiesen auf Zwischeninstanzen, die Erfahrung ermöglichen.« (Waldenfels 2004, S. 137) Und, nur der Vollständigkeit halber, weil es diese Vorstellung auch gibt: Es ist wenig sinnvoll, Intuition als automatisches Prozessieren von Entscheidungen zu fassen, das der vollständigen Selbstgewißheit des Subjekts entgegengestellt wird (so z.B. Glöckner 2006, S. 32ff und 271f).

115 Selbst in Texten, die das Experiment als Instrument der Falsifikation verstehen, schleichen sich Hinweise auf die Notwendigkeit des Erwerbs von Intuition ein: So z.B. bei Wilfried Kuhn, der auf die Rolle der Intuition am Beispiel der »Entdeckung der Wellennatur der Materie« eingeht, dabei allerdings noch dialektisch von einem »Wechselspiel von Theorie und Experiment bei der Entdeckung der Wellennatur der Materie« sprechen muss, da er das Experiment wesensmäßig der Theorie gegenüberstellt (1988, S. 43f).

Weil nach wie vor die explorative Sicht auf die Wissenschaft dominierend ist, wird versucht auch das Experiment selbst noch explorativ zu denken und damit gerät das Prozesshafte, die Schulung der Erfahrung aus dem Blick. Ludwik Fleck bringt diesen Sachverhalt in seinen Worten auf den Punkt, indem er zwischen Beobachtung und Experiment unterscheidet – eine Unterscheidung, die nun verallgemeinert der Unterscheidung zwischen Exploration und Experiment zugeordnet werden kann:

»Es besteht ein sehr verbreiteter Mythus über Beobachtung und Experiment. Das erkennende Subjekt figuriert als eine Art Eroberer vom Typus Julius Cäsars, der nach der Formel veni-vidi-vici seine Schlachten gewinnt. Man will etwas wissen, man macht eine Beobachtung oder das Experiment – und schon weiß man es. Selbst Forscher, die manche Kämpfe gewannen, glauben dieses naive Märchen, wenn sie retrospektiv ihre eigenen Arbeiten betrachten. Höchstens wird zugegeben, die erste Beobachtung sei eventuell etwas ungenau, während die zweite oder dritte bereits den ›Tatsachen angepasst‹ wäre.« (Fleck 1980, S. 111)

Wassermann, dessen Syphilisversuche Fleck hier als Beispiel heranführt, habe während seiner Versuche überhaupt noch nicht wissen können, worauf seine Experimente abzielten (ihm fehlte das Ziel). Nicht einmal die Zwischenergebnisse seien eindeutig gewesen (es fehlten auch Zwischenziele): »Es ist also klar, daß die Ausschläge der Experimente nicht scharf waren, daß manche Experimente verwischte Ergebnisse lieferten, daß man sich oft erst entscheiden mußte, ob man vom positiven oder vom negativen Ergebnis eines Experiments zu sprechen habe.« (Ebd., S. 113) Das aber ist für Fleck alles andere als ein blindes Herumprobieren. Wassermann sei mit seinem Experimentalsystem so vertraut gewesen, dass er längst in ihm denken konnte, ohne es beherrschen zu können (anstatt es zu beherrschen und *mit* ihm denken zu können). Fleck greift zu einer Metapher, um das zu beschreiben, was weder intentionales Vorgehen und damit Benutzen der Apparate ist noch blindes Probieren:

»Es ist auch klar, daß Wassermann aus diesen verworrenen Tönen jene Melodie heraushörte, die in seinem Inneren summte, für Unbeteiligte aber unhörbar war. Er und seine Mitarbeiter horchten und drehten an ihren Apparaten so lange, bis diese selektiv wurden und die Melodie auch den Unbeteiligten (Unvoreingenommenen) vernehmbar wurde. Die Gemeinde jener, die die Melodie hörbar machten, und der Hörer wuchs stetig. Es ist nicht angebracht von der Richtigkeit oder Unrichtigkeit der ersten Versuche zu sprechen, da unmittelbar aus ihnen sich etwas sehr Richtiges entwickelte, ohne daß sie selbst richtig genannt werden könnten.« (Ebd., S. 114)

Die Formung einer Erkenntnis als Melodiehören zu beschreiben, ist eine Metapher; zu schreiben, dass Experimentatoren *in* ihren Apparaturen denken, ist keine Metapher, sondern eine präzise Beschreibung mit der entsprechend präzisen Beschreibung des explorativen Denkens *mit* Apparaten als Gegenstück.

»Erfahrenheit«, schreibt Rheinberger, Flecks Ausdruck erläuternd, ermöglicht es, »Einschätzungen und Urteile im Prozeß der Erkenntnisgewinnung gewissermaßen zu verkörpern, das heißt, mit den Werkzeugen und mit den Händen zu denken.« (Rheinberger 2005, S. 62) Das ist eine ganz andere Perspektive auf die Rolle der Erfahrenheit im Experiment, als sie sich beispielsweise bei Lehmann-Rommels Dewey-Interpretation findet, die »Erfahrenheit« nicht als Voraussetzung denkt, experimentell etwas anders zu denken, sondern als »Vertrautheitsfalle«, die es zu meiden gilt, um »automatisierte Schlussfolgerungen und Erwartungen von Zusammenhängen als hypothetische zu betrachten und zu prüfen« (Lehmann-Rommel 2008, S. 122). Dadurch, dass Lehmann-Rommel an Deweys Unterscheidung zwischen »technischem Experimentieren« und »experimentellem Denken« festhält, nicht das Primat des Blickes antastet und darüber hinaus (und damit verbunden) nicht die Position des Experimentators im Zentrum des Geschehens in Zweifel zieht, vermag sie die Möglichkeit des Neuen nur in der Distanznahme, über eine Reflexion des Denkens *auf sich selbst* zu erkennen und nicht in der Steigerung der Aufmerksamkeit gegenüber dem, mit dem experimentiert wird, noch kann das, mit dem experimentiert wird, in ihren Augen Technik sein (sondern nur »Denken«). Nicht die Aufmerksamkeiten für das, was im Experimentalsystem mit Hilfe der involvierten Technik aus der Idealität der Wiederholung herausdrängt, also nicht die Aufmerksamkeit für etwas, von dem man noch nicht sagen kann, was es ist, außer, dass da wahrscheinlich *etwas* ist[116] – eine Aufmerksamkeit, die man erst gewinnt, nachdem man sich engstens mit dem Experimentalsystem vertraut gemacht hat, so dass sich die Erfahrungen als Erfahrenheit im eigenen Körper[117] sedimentiert haben und dort aufmerksamkeitssteuernd wirksam werden können, stelle für Dewey den Weg aus den »alten Gleisen« (ebd., S. 129) dar, sondern, neben der Distanz zur Technik, die »*Beobachtung unserer Aktivitäten* z.B. des Sprechens und Schreibens […] als Bedin-

116 Vgl. Waldenfels 2004, insb. S. 162-185 zur Findigkeit des Körpers in der Technik.

117 Insgesamt könnte man diese Auseinandersetzung mit dem Begriff der Intuition auch mit der Diskussion um die »Wiederkehr des Körpers« (vgl. Kamper/Wulf 1982) ins Verhältnis setzen. Vgl. (stellvertretend) thematisch passend auch Kutschmann 1986; theoretisch passender Butler 1997; zur Wiederentdeckung des vollständig zeichengewordenen Körpers durch den Konsum Baudrillard 1981 [1970]; zum Überblick: Csordas 1996.

gung dafür, *absichtsvolle Einflussnahme auf automatisierte Weisen des Wahrnehmens und Agierens zu gewinnen.*« (Ebd., S. 128, Herv. SöA) Mehr Beobachtung, Stärkung der Intentionalität und Konzentration auf sich selbst, seien also die Bedingung dafür, experimentell Neues zu sehen zu bekommen. Folgerichtig sei *einzig* das hohe »Ausmaß an Identifikation des eigenen Ichs mit den vertrauten Bahnen zu denken, zu fühlen und zu handeln« (ebd., S. 129) ein Hindernis für das experimentelle Denken. Wenn das zuträfe, wäre das Problem, um das es ginge, nicht das Problem des Fremden in seinem Fehlen, sondern allein ein Problem des Selbst mit sich selbst. Und das Kriterium für erfolgreiches experimentelles Denken – nämlich etwas Fremdem Mitteilungsmöglichkeiten zu verschaffen oder zumindest seinem Fehlen einen Platz freizuhalten (d.h. zu versuchen, der geteilten Welt als geteilter gerecht zu werden) – wäre dahin. Lehmann-Rommel schreibt, dass das »zentrale revolutionäre Merkmal vom experimentellen Denken bei Dewey besagt, dass in einer experimentellen Operation nichts fixiert wird – weder die leitenden Ideen, Schlussfolgerungen und Urteile noch das Beobachtete bzw. die angenommene Natur der Objekte« und es »kann auf keine Autorität aus vergangenen Erkenntnissen ungeprüft« zurückgegriffen werden (ebd., S. 130). Das wäre in der Tat revolutionär, tatsächlich ist das aber unmöglich. Gemeint ist wahrscheinlich aber auch, dass es nichts geben soll, das *prinzipiell*, also im quasitranszendentalen Sinne als fixiert vorgestellt werden darf. Das aber ist keine Information (sondern nur eine *confirmation*), denn die Arbeit an der Grenze von erschlossen und unerschlossen wird ja nicht direkt, sondern nur über ein Re-Entry derselben Unterscheidung auf der Seite der Erschlossenheit bearbeitet. Lehmann-Rommel enthistorisiert das Experiment, wenn sie schreibt, dass es eine gute Idee von Dewey gewesen sei, zu behaupten, dass »nichts fixiert« und »keine Autorität aus vergangenen Erkenntnissen« ungeprüft übernommen würde. Denn im Experiment gilt (siehe auch Abschnitt III/1) ja gerade das Gegenteil: Experimentiert wird, indem so gut wie alles, was aus vergangenen Erkenntnissen versammelt wurde, bis an die Grenze der Perfektion fixiert wird;[118] denn nur vor diesem technisch fixierten Hintergrund kann sich abzeichnen, was zuvor im Rauschen der Welt unterging. Waldenfels beschreibt dieses in Bezug auf das Verhältnis von Ordnung und Fremdem ganz ähnlich: »An den Grenzen einer jeden Ordnung taucht Fremdes auf in der Gestalt eines Außerordentlichen, das in der jeweiligen Ordnung keinen Platz findet, das aber als Ausgeschlossenes nicht nichts ist. Indem es nicht schlechthin, sondern aus einer bestimmten Ordnung ausgeschlossen ist, bedeutet es mehr als das Grau in Grau bloßer Unbestimmt-

118 Tatsächlich besteht der überwiegende Teil der naturwissenschaftlich-experimentellen Arbeit im wörtlichen Sinne im Fixieren: vgl. Rheinberger 2006b, S. 336-349.

heit« (Waldenfels 2006, S. 9). Auch Zamecnik, dessen Arbeit an der Proteinsynthese im Reagenzglas Rheinberger ausführlich beschreibt, »hatte ein Gespür dafür, wieviel Identität, Stabilität, operationale Festlegung und Zusammenarbeit ein System braucht, um als Basis für die Produktion unvorwegnehmbarer Ereignisse zu dienen« (Rheinberger 2001, S. 50), denn »[o]hne ein System hinreichend stabiler Identitätsbedingungen würde der differenzielle Charakter wissenschaftlicher Objekte bedeutungslos bleiben; sie würden nicht die Charakteristika epistemischer Dinge an den Tag legen, sondern beliebig werden und verrauschen.« (Ebd.) Natürlich darf das alles nicht die Grenze zur Perfektion überschreiten und ins Maschinenhafte kippen:

»Wissenschaftler sind vor allem ›Bastler‹, Bricoleure, weniger Ingenieure. In seinem nicht-technischen Charakter transzendiert das Experimentalensemble die Identitätsbedingungen der technischen Objekte, die es zusammenhalten. Auf der Seite der Technik finden wir schließlich ein ähnliches Prinzip. Gängig verwendete Werkzeuge können im Prozeß ihrer Reproduktion neue Funktionen annehmen. Geraten sie in Zusammenhänge, die über ihre ursprüngliche Zwecksetzung hinausgehen, so können Eigenschaften an ihnen sichtbar werden, die bei ihrem Entwurf nicht beabsichtigt waren.« (Ebd., S. 30)

Ein kurzer Rückblick auf Boyle: Nun kann man auch sehen, warum es heute nicht mehr nötig ist, Frauen und Nicht-Adlige von der Wissenschaft auszuschließen – die Wissenschaftsgemeinschaft hat sich soweit nach eigenen Maßgaben autonomisiert, dass der soziale Unterschied zwischen sprechenden Zeugen und bloß plappernden Zuschauern im Vollzug der Wissenschaft selbst intern erneuert wird: Selbst gestandenen Wissenschaftlern, so beobachtet Fleck, fiel es am Anfang schwer, den Zusammenhang zwischen den Ergebnissen der Wassermann-Reaktion und der Syphilis zu erkennen: »Solche Erfahrenheit, die nur langsam allgemein wurde und immer wieder von jedem Adepten praktisch erworben werden muß, bildet das, was den ersten Kritikern der Wassermann-Reaktion fehlte.« (Fleck 1980 [1933], S. 126) Sie konnten nicht sehen, was die anderen sahen. So ging es auch Hobbes: Natürlich sah er, dass der Vogel tot war, nachdem Boyle mit seiner Luftpumpe herum hantierte, aber er sah keinen erstickten Vogel, sondern ein empfindsames Tier, dem die durch die Pumpbewegungen ausgelöste heftige Bewegung des Ätherwindes das Herz hatte stocken lassen (Fink/Weiss 2001, S. 3f).[119]

Wenn man Intuition in diesem Sinne nicht nur als leitend versteht, sondern im gleichen Maße auch als nachfolgend, als körperlich sedimentierte Erfahren-

119 Zum »Sehenlernen« vgl. auch ausführlich Daston/Galison 2007.

heit, dann wird auch deutlich, dass der Erwerb einer solchen Intuition, die zu Neuem zu leiten vermag, nur über einen Bruch mit der Intuition erfolgen kann. Einerseits führt der Weg zu Neuem also gerade *über* die Intuition, als das, was einem zielgerichteten Prozess ohne Ziel eine Richtung gibt, als die einzige Möglichkeit, von der Intention Abstand zu nehmen und anstatt ein Zieles *anzusteuern*, etwas noch nicht einmal als unbestimmt Bestimmbarem *nachzugehen*; andererseits lässt sich eine solche Intuition, die einen in die Lage versetzt, zu Neuem zu kommen, *nur* durch den *Bruch mit der Kontinuität zwischen Intuition und den Bedingungen, unter denen sie erworben wurde,* erwerben (z.B. indem man sich vornimmt, bestimmte Kompetenzen zu erwerben). Eine im Alltag erworbene Intuition lässt einen schlafwandlerisch durch den Alltag kommen, aber sie kann nicht dazu führen, den Alltag plötzlich ganz anders zu sehen. Darauf bezieht sich die berechtigte Skepsis gegenüber der Intuition als Gipfel der Kritikunfähigkeit (und es erklärt die Attraktivität, die dieser Begriff auf diejenigen ausübt, die sich nach einem harmonischen Gleichklang des Selbst mit der Welt sehnen). Eine in der Wissenschaft erworbene Intuition kann einen zu einem guten Normalwissenschaftler (im Sinne Kuhns) machen, der in der Lage ist, Neues in die Welt zu bringen – denn seine Intuition ermöglicht ihm infolge eines vorhergehenden Bruches mit der Welt, die Welt außeralltäglich wahrzunehmen. Aber nur ein Bruch mit dem wissenschaftlichen Alltag ermöglicht es einem Wissenschaftler *in* dieser Wissenschaft zu etwas Neuem zu kommen. Unabhängiges Denken ist eine Aufgabe, keine Voraussetzung.[120] Zamecnik war es in der Darstellung Rheinbergers nur möglich gewesen, zu etwas entschieden Neuem zu kommen, weil er ein Team von Wissenschaftlern zusammenstellte, die alle auf unterschiedliche Erfahrungen zurückgreifen konnten und ihre Intuition gerade nicht nur in dem Feld, auf dem sie nun forschten, erworben hatten (aber doch genügend, um sich in diesem Feld, im Umgang mit diesen Geräten, im Gespräch mit den Kollegen zurechtzufinden).

Damit wird auch deutlich, warum wissenschaftliche Innovationsprozesse nicht mit Bildungsprozessen deckungsgleich sind: Wer »Normalwissenschaft« betreibt, mag der Welt zwar Neues bringen, verbleibt selbst aber im Kontinuum von Erfahrung und Intuition und bricht an keiner Stelle mit seinem eigenen »Welt- und Selbstverhältnis«; er konzentriert sich, wie Kuhn schreibt, auf solche Probleme, »an deren Lösung nur ein Mangel an Scharfsinn hindern könnte« (Kuhn 1976, S. 51). Nur die innerwissenschaftlichen Innovationen lassen sich gleichzeitig auch als Bildungsprozesse verstehen, da sie auf einem Bruch dieser Kontinuität beruhen und zwangsläufig mit einer grundlegenden Transformation

120 Vgl. dazu auch Bohrer 2007.

des eigenen »Welt- und Selbstverhältnisses« einher gehen. Biographisch bedeutet letzteres fast unweigerlich ein Risiko, da man nicht nur das Feld verlässt, auf dem man sich mit schlafwandlerischer Sicherheit zu bewegen gelernt hat, sondern sich auch Problemen widmet, deren Bewältigung mehr erfordern als nur Scharfsinn. Sie erfordern z.B., dass man sich intellektuell auch jenseits dessen bewegt, was für die Kollegen noch intuitiv nachvollziehbar ist, womit man sich zwangsläufig in Erklärungsnot bringt, *weiß* man doch selbst nicht, wohin das eigentlich führen soll, was man da gerade macht.[121]

Im explorativen Vorgehen kommt der Intention das Primat zu (was nicht heißt, dass *nur* intentional gehandelt wird – das ist schon aus Komplexitätsgründen völlig unmöglich), während sich das experimentelle Handeln dadurch auszeichnet, dass der Intuition das Primat zukommt (was ebenfalls nicht heißt, dass *nur* intuitiv gehandelt wird). Zamecnik ging intuitiv davon aus, dass man so wie bisher nicht weiter kommt und suchte infolge dessen *gezielt* Mitarbeiter aus anderen Bereichen. Diese waren auch in der Lage, Veränderungen an den technischen Apparaturen einzubringen. Mit Bourdieu könnte man sagen, dass neben der Hysteresis des Habitus auch die Hysteresis des Habitats berücksichtigt werden muss.[122]

Es dürfte kein Zufall sein, dass gerade ein Autor wie Lyotard, der das Problem des Fremden von seinem Fehlen aus denkt und der die Sprache – anstatt sie als Instrument zu verstehen, mit dem in einem prinzipiell offenen Raum prinzipiell alles gesagt werden könne – in ihrer Tendenz zur diskursiven Schließung zum Ausgangsproblem macht, darauf hinweist, dass mit der Sprache eben nicht alles gesagt werden kann, was gesagt werden müsste, und der so ein nicht näher spezifizierbares Gefühl in das Zentrum seiner Argumentation stellt, ein Gefühl von *etwas*, das die Notwendigkeit anzeigt, etwas Möglichkeitem zur Mitteilung zu verhelfen:

»Der Widerstreit ist der instabile Zustand und der Moment der Sprache, in dem etwas, das in Sätze gebracht werden können muß, noch darauf wartet. Dieser Zustand enthält das Schweigen als einen negativen Satz, aber er appelliert auch an prinzipiell mögliche Sätze. Was diesen Zustand anzeigt, nennt man normalerweise Gefühl.« (Lyotard 1989, S. 33)

---

121 Womit gleichzeitig deutlich wird, wie man Erkenntnisse bereits im Ansatz verhindern kann: durch engmaschige Evaluation.

122 Ein Projekt, dem Bourdieu kaum konsequent nachgegangen ist. Vgl. ansatzweise Bourdieu 1997.

Und in Bezug auf das von ihm im *Widerstreit* gewählte Beispiel des Schweigens der Opfer von Auschwitz schreibt er: »Dieses Gefühl beruht nicht auf der nachweislichen Erfahrung eines Subjekts. Es kann übrigens gar nicht nachgewiesen werden. Wie läßt sich jedenfalls ermitteln, daß es existiert oder nicht existiert? Man stößt dabei auf Schwierigkeiten, die von den Idiolekten hervorgerufen werden. Das Schweigen, das den Satz *Auschwitz war ein Vernichtungslager* umgibt, ist kein Gemütszustand, sondern ein Zeichen dafür, daß etwas Ungeäußertes, Unbestimmtes zu äußern bleibt.« (Ebd., S. 106) Dieses Gefühl ist alles andere als eine bloß analytische Kategorie ohne empirischen Anspruch. Es gibt den Bemühungen, diesem Etwas, das kein bestimmbares Ziel darstellt, Mitteilungsmöglichkeiten zu verschaffen, eine Richtung – und damit eine entschieden ethische Dimension. Koller unterstreicht bei seiner Darstellung der zentralen Bedeutung dieses »Gefühls« bei Lyotard, dass es hierbei um zweierlei geht: Einerseits um ein Gegenkonzept zu einer »Auffassung, die das Sprachgeschehen als einen Austausch von Botschaften versteht und Kommunikationspartner (Subjekte) wie deren Botschaften (Intentionen) als vorgängig gegenüber ihrer jeweiligen sprachlichen Fassung unterstellt« (Koller 2000, S. 306), andererseits um eine Abgrenzung gegen eine Art linguistischen Fundamentalismus, der im Grunde nichts anderes ist als eine Art Positivismus mit umgekehrten Vorzeichen; entsprechend verteidigt Koller Lyotard auch gegen derartig motivierte Lesarten wie beispielsweise die Wolfgang Welschs: »Lyotard reduziert gerade nicht alles auf Sprache; er beharrt vielmehr auf einem ›Jenseits‹ der Sprache, das sich nur im ›Gefühl‹ ankündigt.« (Ebd., S. 314; Fn. 8) Es dürfte damit deutlich geworden sein, dass dieses »Gefühl« bei Lyotard, das »Hören-Können«, bzw. die »Erfahrenheit« bei Fleck oder die »erworbene Intuition« bei Rheinberger (alles Begriffe und Beschreibungen, die in jeweils unterschiedlichen theoretischen Zusammenhängen unterschiedliches bedeuten und denen dennoch jeweils ein vergleichbarer strategischer Platz in Abgrenzung zur Intention zukommt, insofern sie sich auf ein Fehlen beziehen) jeweils den ganzen Unterschied zwischen zwei unmöglichen Idealitäten machen. Im Kontext der experimentellen Wissenschaft beschreibt Rheinberger dieses Etwas als epistemisches Ding: »[E]pistemische Dinge verkörpern, paradox gesagt, das, was man noch nicht weiß. Sie haben den prekären Status, in ihrer experimentellen Präsenz abwesend zu sein; aber sie sind nicht einfach verborgen und durch ausgeklügelte Manipulationen ans Licht zu bringen.« (Rheinberger 2001, S. 25) Sie sind das fehlende Fremde, das in seinem Fehlen zum Problem geworden ist.

Als Latour in seiner Rede anlässlich der Verleihung des Unseld-Preises seinen Werdegang rekapituliert, betont er, es sei nicht die Logik gewesen, die ihn von einem Thema zum nächsten geführt habe, und es sei auch nicht der bloße

Zufall gewesen, sondern die Intuition, und zwar eine Intuition, die, wie er schreibt, »mehr Festigkeit durch eine Reihe von Feldstudien [gewann], die ich zur Technik durchführte« (Latour 2008, S. 6). Die Intuition, von der Latour spricht, war nichts, was von Anfang an da war, sondern etwas, das sich im Zuge des Studiums verschiedener Netzwerke von Übersetzungen bildete. Angefangen bei dem Studium des Problems der Bibelexegese bei Bultmann über die Laborstudien bis hin zur Erforschung einer automatisierten U-Bahn. Angefangen also mit einem sehr entschiedenen Bruch mit dem, was der gesunde Menschenverstand intuitiv für einen vielversprechenden Zugang zum technisch geprägten Sozialen halten würde oder gar für einen sinnvollen Beginn eines Studiums naturwissenschaftlicher Rationalität.

14. THEORIE UND PRAXIS

> »Wir müssen irgendwo, wo immer wir sind, beginnen, und das Denken der Spur, das sich des Spürsinns nicht entschlagen kann, hat uns bereits gezeigt, daß es unmöglich wäre, einen bestimmten Ausgangspunkt vor allen anderen zu rechtfertigen. Irgendwo, wo immer wir sind: schon in einem Text, in dem wir zu sein glauben«
> – JACQUES DERRIDA 1983, S. 281

Intuition bildet sich in einem praktischen, theoretisch niemals vollständig einholbaren Umgang mit den Dingen und sie leitet einen praktischen, theoretisch niemals vollständig einholbaren Prozess der Erkenntnisgewinnung. In diesem fungiert der geschulte Körper gewissermaßen als Medium zwischen den Dingen, der Technik und dem wissenschaftlichen Diskurs. Knorr-Cetina spricht in diesem Sinne von den Forschenden, die »mittels ihres gelernten Hörens und Sehens als verkörperte Instrumente fungieren« (Knorr-Cetina 2002, S. 52). Selbst die Arbeit an der Theorie ist eine Form der wissenschaftlichen, theoretisch nicht vollständig einholbaren Praxis. Rein theoretische Erkenntnisprozesse sind also gewissermaßen bloß theoretisch möglich, praktisch aber sind sie unmöglich. Virtuosität wird nicht über den Umweg expliziten Wissens erworben, sondern im Umgang mit Technik. Das macht es so schwierig darüber zu spechen – etwas, das wohl jeder nachvollziehen kann, der schon mal versucht hat, jemandem, der nicht mit dem Computer großgeworden ist, den Umgang mit ihm beizubringen: man kommt schnell an den Punkt, an dem man um Worte ringt.

Es gehört zum Standardwissen der Psychologie, dass man in der Regel keinen Zugang zu den Gründen seiner intuitiv getroffenen Entscheidungen oder intuitiv gezogenen Schlüsse hat, dies aber nicht bedeutet, dass sie schlecht oder falsch sein müssen (vgl. Nisbett/Wilson 1977) – im Gegenteil: Manchmal kann einem gerade der Versuch, sie zu explizieren, den Zugang zur hilfreichen Intuition versperren, insofern sich die verbalisierbaren Gründe vor die nicht-verbalisierbaren schieben, wie Timothy D. Wilson und Jonathan W. Schooler (1991) gezeigt haben (vgl. auch Wilson/Lisle/Schooler/Klaaren/LaFleur 1993). Wer sich dafür interessiert, wie Erkenntnisprozesse ablaufen, muss also von den Mechanismen ausgehen, die die Erkenntnisprozesse leiten, nicht von denen, mit denen ihre Ergebnisse begründet oder kritisiert werden. So heißt es bei Wilhelm Wundt:

> »Zunächst glaubte man, ihnen [den Denkprozessen] am sichersten auf die Spur zu kommen, wenn man die Gesetze des logischen Denkens, wie sie seit Aristoteles durch die wissenschaftliche Logik festgestellt sind, der psychologischen Analyse der Gedankenprozesse zugrunde lege [...] Der Versuch, aus diesen, selbst für das entwickelte Bewußtsein nur einen kleinen Teil seiner Gedankenprozesse deckenden Normen das Denken im psychologischen Sinne des Wortes erklären zu wollen, kann daher nur dazu führen, die wirklichen Tatsachen mit einem Netz logischer Reflexionen zu umspinnen. In der Tat kann man von diesen Versuchen sagen, daß sie an ihrem Erfolg gemessen völlig fruchtlos gewesen sind: sie haben die psychischen Vorgänge selbst beseitigt.« (Wundt 1950 [1912], S. 74)

Stützt man sich auf die Unterscheidung von Heuristik und Analyse des Mathematikers George Pólya, kann man sagen, dass analytisches Denken unentbehrlich ist, wenn es darum geht, die einzelnen Schritte eines mathematischen Beweises zu begründen, verallgemeinernd gesagt: wenn es darum geht, Behauptungen und Beweise zu begründen oder zu widerlegen und dass heuristisches Denken unentbehrlich ist, wenn es darum geht, einen mathematischen Beweis zu finden, verallgemeinernd gesagt: wenn es darum geht, zu Erkenntnissen zu gelangen (Pólya 1949). Diese Unterscheidung stützt sich auf die griechische Bedeutung von Heuristik als »etwas, das dazu dient, zu finden oder zu entdecken« (vgl. Goldstein und Gigerenzer 2002). Die Innovation der neueren Wissenschafts- und Technikforschung bestand entsprechend darin, sich nicht auf die Abfolge von Theorien zu konzentrieren, sondern sich der alltäglichen Forschungspraxis forschend zu widmen. Dabei ließ sie sich, jedenfalls in ihren Anfängen, jedoch noch zu der typisch explorativen Geste der Entdeckung oder besser der Aufdeckung oder Entlarvung hinreißen: Auch die Wissenschaft greift auf Alltagsheuristiken zurück – als könne das Ideal einer von solchen Alltagsheuristiken unabhängigen Wissenschaft als Kontrastfolie noch aufrechterhalten bleiben. Doch es ist nicht so, dass diese Alltagsheuristiken im Alltag der Wissenschaften zu theoretisch kontrollierten und methodisch reflektierten Formen des wissenschaftlichen Arbeitens hinzutreten würden, sie durchziehen vielmehr das gesamte Experimentalsystem in seinem Vollzug. Rheinberger spricht vom »extime[n] Räsonnieren«, »um die pragmatogone Dimension des epistemischen Prozesses gegenwärtig zu halten und der radikalen Innerlichkeit des Cartesianischen *cogito* zu entkommen« (Rheinberger 2005, S. 65). Ausgehend von der Einsicht Polanyis, dass der Verlauf eines Experiments »einer Reihe von Regeln [folgt], die der Person, die sie befolgt, nicht als solche gegenwärtig sind« (Polanyi 1958, zit. nach Rheinberger 2005, S. 65), beschreibt Rheinberger, was Wilson und Schooler als experimentelle Psychologen beobachtet haben, dass nämlich solche Regeln dem Experimentator nicht nur nicht unbedingt bewusst sein müssen, sondern dass sie in explizierter Form sogar störend werden, bzw. den Erfolg des Experiments unmöglich machen könnten:

»Die Wirksamkeit solcher Regeln beruht auf ihrem subsidiären Gegenwärtigsein bei der Anlage und Durchführung der Versuche. Darunter können so einfach anmutende, aber oft nur unter ingeniösen Randbedingungen einzuhaltende Maximen wie Symmetrie-, Homogenitäts- und Exhaustionsprinzipien sein. Alle diese Regeln werden *in actu* angeeignet, sie können die Forschung nicht von sich aus anleiten, sondern nur begleiten, da ihre Implementierung je nach Betätigungsfeld völlig unterschiedliche Formen annehmen kann. Sie ziehen ein Gerüst in jene materielle Ausstülpung des Einbildungsvermögens ein, die man eine Experimentalanordnung nennt.« (Ebd., S. 65f)

Wenn es nicht die Intention ist, die primär den Prozess leitet, sondern die im Experimentalsystem erworbene Intuition, ist mit einer subjektzentrierten Darstellung des Experimentierens schon aus pragmatischen Gründen nicht viel anzufangen. Experimentatoren können, so beschreibt Stengers den Prozess der gegenseitigen Abstimmung ohne festes Zentrum, an dessen Ende Virtuosität steht,

»sehr wohl im Voraus wissen, was sie erreichen wollen, zum Beispiel was ihre Apparatur entdecken soll. Es wird ein langer Prozess des Tuning notwendig sein, bei dem man sich auf nichts verlassen kann, weder auf die menschliche Hypothese noch auf die Beobachtung. Der Prozess des Tuning bezieht sich auf beide Seiten, auf die menschliche wie auch auf die nicht-menschliche Wirkkraft (agency); in ihm sind in einem doppelten Emergenzprozess die disziplinierte menschliche und die eingefangene materielle Wirkkraft konstitutiv miteinander verflochten.« (Stengers 2008, S. 122)

Die Metapher des »Tuning« stammt von Andrew Pickering, der in einem inzwischen zum Klassiker der neueren Wissenschafts- und Technikforschung avancierten Beitrag versucht hat, den oft als irreführend gescholtenen Begriff des »Akteurs« in der Akteur-Netzwerk-Theorie, bzw. den der »agency« nichtmenschlicher Wesen genauer zu fassen. Entscheidend an Pickerings Ansatz ist, dass er »agency« nicht als etwas einfach Gegebenes versteht, sondern als etwas, dem im experimentellen Prozess erst Möglichkeiten zur Mitteilung gegeben werden muss:

> »The contours of material agency are never decisively known in advance, scientists continually have to explore them in their work, problems always arise and have to be solved in the developement of, say, new machines. And such solutions – if they are found at all – take the form, at a minimum, of a kind of delicate material positioning or *tuning*, where I use ›tuning‹ in the sense of tuning a radio set or car engine, with the caveat that the character of the ›signal‹ is not known in advance in scientific research.« (Pickering 1995, S. 14)

15. FUNDE UND ERFINDUNGEN

Wenn man es mit einem geschlossenen Raum wie einem Experimentalsystem zu tun hat, der immer gleichzeitig materiell und semiotisch bis an die Grenze der Vollständigkeit erschlossen ist, hat man es mit einer Situation zu tun, in der die Unmöglichkeit des Neuen zu seiner Bedingung wird. Es hieß, dass Erkenntnisse experimentell nur über den Weg der Erfindung gewonnen werden können. Ohne die Erfindung des Pedokomparators könnte man keine Regenwaldrandgebiete vergleichen, ohne die Erfindung von Hochgeschwindigkeitszentrifugen hätte es nicht die vom »mikrosomenreichen Sediment« getrennte »105000 x g-Überstandsfraktion« gegeben, auf die sich die Aufmerksamkeit der von Rheinberger betrachteten (erst Krebsforscher, dann Biochemiker und schließlich Molekularbiologen gewesenen) Wissenschaftler verlagerte, einen Zellüberstand, der sich später für die »Entzifferung der RNA« als entscheidend herausstellte (vgl. Rheinberger 2001, S. 90).

Der Explorator steigert die Wahrscheinlichkeit etwas zu finden, indem er das offene Gebiet seiner Suche ausweitet; abgesehen vom Mut und der Kraft in den Beinen, die ihn in unerschlossene Gebiete führen, sind es vor allem technische Geräte, die diese Ausweitung des Suchgebiets ermöglichen, wie schnellere Schiffe oder das Hubble-Teleskop. Der Experimentator hingegen, der die Erschlossenheit seines Forschungsraumes künstlich zum Experimentalsystem steigert, es abschließt, bis so gut wie nichts mehr übrig ist, was nicht bereits erschlossen ist, dem es nicht um eine Ausweitung des Suchfeldes, sondern um eine Begrenzung des Raumes geht, wird nicht von der Hoffnung getrieben, etwas zu finden. Er muss darauf hoffen, etwas zu erfinden, das dem, von dem er noch nicht weiß, was es ist, Mitteilungsmöglichkeiten verschafft. Weder der Pedokomparator noch die Hochgeschwindigkeitszentrifuge sind Erfindungen, die jenseits ihres spezifischen experimentellen Settings erfunden worden wären. Während in einem offenen Raum wie dem Weltall die *Verstärkung* der Vergrößerung und eine *Zunahme* der Präzision eines Teleskops immer weiter blicken lassen, lässt die bloße Erhöhung der Geschwindigkeit einer Zentrifuge keineswegs immer tiefer in die Eigenschaften einer Zelle blicken, so wie auch der Pedokomparator keineswegs die Regenwaldböden umso besser vergleichen lässt, je kleinteiliger seine Fächer sind. Es ist eine *spezifische* Geschwindigkeit (105000 x g), die sich als sinnvoll erwiesen hat, indem sie bestimmte Bestandteile getrennt hat ohne alles zusammen einfach nur zu pürieren und es ist ein *bestimmtes* Maß an Unterschieden, die einen Regenwaldbodenvergleich sinnvoll werden lässt.

Eine Erfindung zeichnet sich dadurch aus, dass sie nicht vorhersehbar ist. Sie ist vielmehr ein Ereignis und nur dadurch, durch diese Verbundenheit mit dem Neuen, fähig, eine entscheidende Rolle in Erkenntnisprozessen einzunehmen. Die Strategie des Experimentators besteht im Gegensatz zum Explorator also darin, sich in eine Situation zu bringen, in der er nicht mehr weiter weiß, in der er unfähig ist, den nächsten Schritt vorherzusagen. Derrida spitzt die Beschreibung der Ereignishaftigkeit der Erfindung auf den Moment zu, in dem die »Erfahrung des Unmöglichen [als] Bedingung für die Ereignishaftigkeit des Ereignisses« erkennbar wird (Derrida 2003b, S. 33) und bringt die Erfindung damit in einen Zusammenhang mit der Gabe, von der Wimmer gezeigt hat, dass Bildung ohne sie nicht zu denken ist (Wimmer 1996a). »Wenn ich das, was ich erfinde, erfinden *kann*, wenn ich die Fähigkeit dazu habe, dann heißt das, dass die Erfindung in gewisser Weise einer Potentialität entspricht, einer Potenz, die ich bereits in mir habe, sodass die Erfindung nichts Neues bringt. Das ist kein Ereignis« (Derrida 2003b, S. 31). Deshalb gilt:

> »Damit es ein Erfindungsereignis gibt, muss die Erfindung zunächst unmöglich erscheinen; das Unmögliche muss möglich werden. Die einzige Möglichkeit der Erfindung ist also die Erfindung des Unmöglichen. [...] Wenn es Erfindung gibt – und vielleicht ist das ja niemals der Fall, ebenso, wie es vielleicht niemals Gabe oder Vergebung gibt –, wenn es Erfindung gibt, ist sie nur unter der Bedingung ihrer Unmöglichkeit möglich« (Derrida 2003b, S. 33).

Wenn es also Bildung gibt, ist sie nur unter der Bedingung ihrer Unmöglichkeit möglich (vgl. Wimmer 2006, S. 379). Und das ist auch der Grund, warum es sich auch für die Bildungstheorie lohnt, einen Ort wie den des Labors genauer anzuschauen, der von Strategien durchdrungen ist und selbst Ergebnis einer Strategie ist, Unmöglichkeiten zu konzentrieren. Das Labor ist ein strategisch konstruierter Raum der Unmöglichkeit (und nicht, wie mancher glaubt, ein Ort der unbegrenzten Möglichkeiten[123]). Erfindungen sind damit auch nicht primär eine Angelegenheit des »Ingenieurs«, sondern des »Bastlers«, wie Derrida es in Bezug auf Levi-Strauss formulierte (siehe auch unten S. 230ff). Waldenfels, der ebenfalls das Moment der Erfindung als Unterlaufen der Souveränität eines Subjekts herausstellt, schreibt, dass die Erfindung »von einem Austausch zwischen leiblichem Selbst und weltlichen Dingen [lebt]« (2004, S. 178); und vor allem verlange sie »nach einer Mitwirkung der Dinge« (ebd.). Im Prozess des Experimentierens kommt damit das erfindende Gebastel mit der erworbenen Intuition zusammen. Waldenfels gibt – ohne, dass es ihm dabei speziell um das Experimentieren ginge – diesem Zusammenhang mit dem Begriff der »Findigkeit« einen Ausdruck und bezieht sich damit auf das Griechische εὑρίσκειν bzw. das lateinische *invenire*, die beide beides bedeuten: Finden und Erfinden (2004, S. 162).

16. ZWISCHENGLIEDER UND MITTLER

Es ist in Teilen der sozialwissenschaftlichen Diskussion üblich geworden, die prinzipielle Unbestimmtheit der Technik zum Ausgangspunkt des Nachdenkens über Technik zu machen.[124] Wie bei dem Versuch die prinzipielle Unabschließbarkeit des Wissens zum Ausgangspunkt des Nachdenkens über die Wissenschaft zu machen, handelt es sich auch hierbei um den witzlosen (nämlich ohne List auskommenden) Versuch, aus der Beobachtung einer quasitranszendentalen Unterscheidung immanente Schlüsse zu ziehen – um einen Versuch also, bei dem das Vergessen der Notwendigkeit des Re-Entrys unweigerlich den Verlust eines empirischen Bezuges mit sich bringt und einen als Philosophen in Hobbes'scher Erbfolge an die Seitenlinie des Spiels um die Formgebung der geteilten Welt versetzt. Denn so wie die Einsicht in die Unabschließbarkeit des Wis-

123 Das glaubte z.B. der Berliner Chemie-Nobelpreisträger Emil Fischer, der 1902 in bester explorativer Manier gesagt haben soll: »Das Land braucht keine Kolonien, die Chemie ist das Land der unbegrenzten Möglichkeiten« (zit. nach Christoph Stölzl in der Berliner Morgenpost vom 15.7.09).

124 Vgl. z.B. Hörning 2001, Fritzsche 2009 und zum Überblick Gamm/Hetzel 2005.

sens niemandem etwas nützt, der sich um Erkenntnisse bemüht und schon gar nicht dem, der an der Erschlossenheit der Welt ansetzt, so nützt auch die Einsicht in die »Unbestimmtheit« der Technik niemandem etwas, der sich darum bemüht, sich und anderen im Umgang mit der Technik unvorhergesehene Möglichkeiten aufzuschließen. Statt das Denken der Möglichkeit auf das Ereignis hin zu richten, was voraussetzen würde, das Denken an den Rand seiner Möglichkeiten zu bringen, läuft die Konzentration auf die Unbestimmtheit der Technik Gefahr, sich von der Technik selbst die Möglichkeiten des Denkens vorgeben zu lassen: nämlich die mit ihrer Unbestimmtheit einhergehenden. Was in dieser Denkfigur anklingt, ist eine Gegenüberstellung von Technik und Denken, bei der die Technik nicht als Bedingung der Möglichkeit des Denkens, sondern als ihr Ende gedacht wird, als etwas, dem man entkommen müsste, um jenseits von ihr und ihren Festlegungen denken zu können. Eine andere Perspektive ergibt sich hingegen, wenn man die Einsicht an den Anfang stellt, dass man über die Festlegungen der Technik nicht hinauszudenken vermag und diesen Grenzen auch dann nicht entkommt, wenn man beim Denken der Technik eine unbestimmte Unbestimmtheit analytisch hinzufügt.

Statt auf diese Weise der Technik generell eine unbestimmte Unbestimmtheit zuzuschreiben, stellt Latour die Unterscheidung von bestimmt und unbestimmt in Abhängigkeit von dem jeweiligen Einsatz eines technischen Dings. Er spricht in seinen Analysen in diesem Sinne manchmal von Zwischengliedern und manchmal von Mittlern. Als Zwischenglieder werden von Latour solche Entitäten bezeichnet, denen in einem Netzwerk (damit ist im weiteren Sinne ein Handlungszusammenhang gemeint, genauer: das Ergebnis einer Rekonstruktion von Übersetzungsprozessen) eine quasikausale Funktion zukommen. Ein funktionierender Prozessor, ein Kabel, aber auch ein ganzes Kraftwerk können damit – in Abhängigkeit vom Analysefokus – als Zwischenglieder verstanden werden: als Entitäten, deren Funktion vorausgesetzt wird und so nicht nur keine weitere Beachtung erfordert (und in der Regel auch nicht bekommt), sondern auch vergessen werden könne.[125] Als Mittler hingegen werden von Latour solche Entitäten bezeichnet, deren Agieren – in Abhängigkeit vom Analysefokus – unmöglich als etwas einfach, simpel Funktionierendes in einer Analyse übergangen werden kann. Interessant ist die Unterscheidung, weil sie die Unterscheidung von menschlichen und nicht-menschlichen Akteure übergreift und damit – in weiterer Konsequenz – ein Verständnis von Welterschließungsprozessen jenseits der üblichen anthropozentrischen Verkürzungen überhaupt erst denkbar werden lässt. So führt Latour an dem demonstrativ simplen Beispiel eines Hotelpagen,

125 Vgl. Hörning/Ahrens/Gerhard 1997, insb. S. 21.

der die Aufgabe hat, den Gästen die Tür zu öffnen, aus, wie dieser als Zwischenglied einer Handlungskette (wie dem Prozedere des Eincheckens in ein Hotel) verstanden werden kann – strukturanalog zu einem hydraulischen Türöffner (Latour 1996). Als Mittler kann, um im Beispiel zu bleiben, damit genauso der blockierte hydraulische Türöffner bezeichnet werden, der die Reorganisation des Eincheckvorganges über den Hinterausgang auslöst, als auch der ungeschickte Hotelpage, der diesen Ablauf auf seine Weise durcheinander bringt.

Im Rahmen eines Experiments hat man es damit sowohl mit Zwischengliedern zu tun, also solchen Elementen, die als »Black Boxes« in den mehr oder weniger fixierten Verbund einer technischen Randbedingung eingebunden werden können, als auch mit Mittlern, also solchen Elementen, die als mitteilende Akteure das Experimentalsystem mit Überraschungspotential versehen. Nur so wird erkennbar, dass dem Experimentator zwar die *alleinige* Aufgabe zukommt, ein Experimentalsystem im Vagen zu halten – darauf zu achten, dass es weder auf die Seite der Beliebigkeit, des bloßen Nebeneinanders von Elementen kippt, noch ganz technisch wird, also bloß noch wiederholt und insgesamt als Zwischenglied zu fungieren vermag, dass diese Aufgabe aber eine auf das *Zusammenspiel* unterschiedlicher Akteure gerichtete ist. Anders gesagt: Alleine deshalb, weil der Experimentator nicht nur mit Zwischengliedern zu tun hat, sondern auch mit Mittlern, sind Veränderungen überhaupt möglich. Dass dabei die Unterscheidung von Mittlern und Zwischengliedern keine wesensmäßige ist, versteht sich fast von selbst: Vor der Versammlung, vor der Übersetzung einzelner Elemente in einen iterativen Zusammenhang, kann man es nicht mit Zwischengliedern zu tun haben, weil sonst keine Übersetzung nötig und möglich wäre – als Zwischenglied kann ein Element hingegen nur als Ergebnis einer Übersetzung angesehen werden und als ein solches nur innerhalb des Verbunds einer Versammlung fungieren.

17. WERKZEUGE UND TECHNIK

> »Die Antworten, die man auf die Frage: was ist die Technik? gegeben hat, sind von einer bestürzenden Oberflächlichkeit, und das Schlimmste ist, daß man das nicht dem Zufall zuschreiben kann.«
> – JOSÉ ORTEGA Y GASSET 1978, S. 26

Nachdem Stichweh beschrieben hat, inwiefern die experimentelle Wissenschaft heute radikal materiell-semiotisch verfasst ist, verweist er folgerichtig auf die zentrale und veränderte Rolle der Technik in diesem Prozess:

> »Eine Voraussetzung für diese Entwicklung ist die Technisierung und Instrumentenabhängigkeit moderner Naturwissenschaft. Technisierung bettet das physische Modell in einen instrumentellen Hintergrund ein, der es veränderbar und dadurch befragbar macht und der zugleich als technischer Hintergrund des experimentellen Geschehens als in seiner Funktionsweise zur Zeit unproblematisch behandelt werden kann. Technizität meint genau diesen Sachverhalt des temporären Absehenkönnens von Erklärungs- und Wahrheitsfragen hinsichtlich eines fungierenden instrumentellen Hintergrunds. Damit ist Technizität aber auch ein variabler Status, weil er von Entscheidungen, die jeweils auch anders ausfallen können, abhängig ist, welche der in einem Forschungsprozeß fungierenden Bedingungen man als unproblematisch erachten will.« (Stichweh 1994, S. 291)

Und wenn Fleck über Wassermanns erste Versuche bei der Erforschung der Syphilis schreibt, schreibt er indirekt auch über die Technik: »[Wassermanns] Voraussetzungen waren unhaltbar, seine ersten Experimente unreproduzierbar, und doch waren beide von riesigem heuristischen Wert. So verhält es sich mit allen wirklich wertvollen Versuchen: sie sind immer unklar, unfertig, einmalig. Und wenn sie klar, präzis und beliebig reproduzierbar werden – sind sie für eigentliche Forschungszwecke nicht mehr nötig, sie dienen dann nur zu Demonstrationszwecken oder Einzelfeststellungen« (Fleck 1980, S. 112). In Rheinbergers Worten ist ein Experimentalsystem, das keine Überraschungen mehr zulässt, sondern einfach nur noch so funktioniert wie es funktioniert, sich also in der Form der Idealität beliebig wiederholen lässt, alt geworden (siehe oben Fußnote 7 auf S. 125); es kann noch als Werkzeug dienen, die Iterabilität seiner Elemente kann aber nicht strategisch zur Erkenntnisgewinnung ausgenutzt werden. Wenn es noch zur Erkenntnisgewinnung eingesetzt wird, dann also nur noch als Instrument in einem explorativen Prozess oder als fixiertes Element als Teil der technischen Randbedingung eines anderen Experimentalsystems (in dem es vergessen werden kann wie ein Computerprozessor bei einer Datensimulation). Entsprechend handelt es sich bei einem noch Überraschungen produzierenden Experimentalsystem um eines, das noch jung ist und um eines, bei dem sich der Unterschied zwischen technischen und epistemischen Dingen im Zuge des epistemischen Prozesses laufend verschiebt. Damit ist von vornherein eine wesensmäßige Bestimmung von Technik ausgeschlossen und es ist für ihre Bestimmung egal, ob sie aus Metall, gentechnisch veränderten Zellen, bürokratisch festgelegten Entscheidungen oder Programmcodes besteht. Entscheidend dafür, ob etwas als Technik und das heißt vor allem unverstanden in unterschiedlichen Kontexten eingesetzt werden kann, ist, ob die Elemente, aus denen sie besteht, zusammen eine mehr oder weniger (bzw. auf der Grenze der Festlegung) fixierte Form gefunden haben – in Stichwehs Worten: »Technizität meint genau diesen Sachverhalt des temporären Absehenkönnens von Erklärungs- und Wahrheitsfragen hinsichtlich eines fungierenden instrumentellen Hintergrunds« (Stichweh 1994, S. 291).[126]

Technik ist also nichts anderes als der in eine mehr oder weniger fixierte Form übersetzte Zusammenhang von Elementen. So kann man zur Technik auch all das Wissen zählen, das als gewusstes Wissen, zu einer Art Black Box fixiert, vorausgesetzt, vergessen und dennoch mobilisiert werden kann, ohne dass dafür diese »Black Box« selbst wieder geöffnet und der Zusammenhang der Elemente zueinander nachvollzogen werden muss. So braucht man nicht zu wissen, wie ein Geigerzähler funktioniert, aber man kann mit seiner Hilfe die Strahlungsbelastung von Lebensmitteln erforschen; man kann auch das Wissen, dass es Gei-

126 So finden in diesem Experiment (dem Experiment mit dem Ziel, den Begriff des Experiments zu stabilisieren) verschiedene fixierte Wissensbestände in Form von »Black Boxes« als technische Randbedingungen des Denkens Eingang. So ist z.B. das Wissen um die kaum zu überschätzende Bedeutung der Technik für die wirtschaftlichen Verhältnisse eines Landes Teil der Randbedingung des Denkens der Technik insofern, als es jede voluntaristische, planerische Vorstellung von Technikentwicklung von vornherein genauso ausschließt wie die Idee, man käme beim Sprechen über das Soziale besonders weit, wenn man von der Technik schwiege – eine Randbedingung, die insofern technisch ist, als sie zwar hier mobilisiert werden und auch benannt werden kann (nämlich mit den entsprechenden Literaturangaben in Fn. 2 auf S. 16 von Solow und Mankiw/Romer/Weil), die aber im Einzelnen – in einer geisteswissenschaftlichen Arbeit liest sich das bezeichnender Weise als Geständnis – überhaupt nicht verstanden worden ist – und das heißt hier: von mir weder in den Berechnungen, noch über eine empirisch kontrollierende Datenerhebung nachvollzogen wurde.

gerzähler gibt und mit diesen Strahlungen gemessen werden können, mobilisieren, ohne jemals einen in der Hand gehabt und damit irgendetwas gemessen zu haben. In der Form einer »Black Box« sind die Elemente *mehr* fixiert, so dass die »Black Box« selbst als Element in ein Experimentalsystem eingebunden werden kann. In der Form des Experimentalsystems selbst sind die Elemente *weniger* fixiert, so dass diese Fixierung in ihrer Vagheit weder ganz technisch noch ganz unbestimmt ist. Das macht die Besonderheit des experimentellen Prozesses aus, der an den Rändern des Möglichen prozessiert. Der Prozess selbst entscheidet dann darüber, was sich im Nachhinein als epistemisches und was sich als technisches Ding erwiesen haben wird. Technik ist im experimentellen Denksystem also nichts anderes als die Form dessen, was als stabilisierendes Element in einem Iterationszusammenhang eingebunden und wieder und wieder iteriert werden kann, ohne dass man es jedes Mal mit etwas ganz anderem zu tun hat (während es im Rahmen des explorativen Denksystems nichts anderes ist als ein Werkzeug bzw. ein Mittel zu einem intentional gesetzten Zweck). Die Tatsache, dass man die Existenz eines Geigerzählers zusammen mit seiner Funktion der Strahlungsmessung voraussetzen kann, ohne sie als Wissen thematisieren zu müssen, so dass man eine Forschung über den Zusammenhang von Strahlungsbelastung und Leukämie lediglich anhand von Daten anstellen kann, macht dieses auf Zahlen komprimierte Wissen zu einem Element, das mit anderen Elementen zu einem fixierten Zusammenhang gefügt werden und so als technische Randbedingung eines Experimentalsystems fungieren kann. Ohne die Fixierung der Relation von Elementen wäre es nicht möglich, irgendein Experimentalsystem zu konstituieren; die Elemente würden in ihrer unübersetzten Form einfach nur nebeneinander existieren. Wenn Technik aber das ist, was als Randbedingung das Experimentieren ermöglicht, kann sie im experimentellen Denksystem nicht gleichzeitig in den Blick genommen werden – sie ist als Randbedingung *per definitionem* dem Fokus entzogen und kann gewissermaßen nur im Augenwinkel erscheinen. Anders gesagt: Als das, was Thematisierungen ermöglicht, verschwindet sie, sobald man sie thematisiert. Dass man dazu neigt, sie mit Maschinen und Werkzeugen zu verwechseln, liegt nicht daran, dass dieses ihre bevorzugten Formen sind, sondern lediglich daran, dass ihre Spur in diesen materialisierten Formen ihr auch dann noch unzweifelhaft zugeordnet werden kann, wenn man sie als epistemisches Ding in den Blick zu nehmen versucht (und sie damit gerade als Technik aus dem Blick verliert). Technik ist damit (im Gegensatz zu ihren Möglichkeiten) *per definitionem* auch nichts, das man explorieren könnte. Wer glaubt, die Technik selbst isolieren, eingrenzen und beschreiben zu können, verfehlt damit notwendig ihren listigen Charakter (*techné*) und legt sie auf den Charakter des Werkzeugs fest. Ob es aber zutreffender ist, Technik in

Hinblick auf ihren Werkzeugcharakter zu fassen oder in Hinblick auf das Moment der List, hängt von ihrem Einsatz ab. Der listige Einsatz von Technik zeichnet sich durch Verschiebungen aus, durch ein gewisses Moment der Überraschung. Wenn in und durch Technik etwas übersetzt wird, besteht die List in der Redefinition der Ausgangssituation auf die Möglichkeiten der Technik hin. Der Einsatz von Technik als Werkzeug ist nicht von diesem Charakter: Als Werkzeug ist Technik nur dann einsetzbar, wenn keine Übersetzung von Nöten ist, sei es, weil die Ausgangssituation bereits soweit technisiert ist, dass nur ein Mittel durch ein anderes ersetzt wird (der zum Stempeln abgestellte Postbeamte wird durch eine Stempelmaschine ersetzt oder die Stempelmaschine durch eine neue Stempelmaschine), sei es, weil die Ausgangssituation bereits im Hinblick auf das Vorhandensein dieser Technik präformiert ist (der Speicherstick ist ein Werkzeug zur Datenübertragung nur deshalb, weil man im Wissen um Datenübertragungsmöglichkeiten solche produziert hat – niemand produziert erst Daten, steht dann vor dem Problem, sie zu übertragen und lässt sich im Anschluss von den Möglichkeiten der Datenübertragung überraschen). Wer Technik als Werkzeug einsetzt, strebt mit ihrem Einsatz also Ziele an, die bereits sinnhaft in der geteilten Welt als Möglichkeit vorliegen. Es gehört folgerichtig zur Natur der technischen Entwicklung, dass der Charakter des Listigen mit der Zeit verschwindet und vom Werkzeugcharakter abgelöst wird. Weil der Auftritt von Technik selbst die Welt verändert und mit ihm nicht nur neutral eine zusätzliche Option in die Welt eingeführt wird, verschwindet der listige Charakter der Technik tatsächlich und wird empirisch durch ihren Werkzeugcharakter abgelöst. Nur vor dem Hintergrund einer transzendental gedachten und damit ungeteilten Welt könnte man auf die Idee kommen, dass der listige Charakter der Technik lediglich aus dem Blick gerät und zunehmend als Werkzeug *erscheint*. Aufgrund der Veränderung der Welt selbst, aufgrund der Tatsache, dass diese Technik mit an ihrer Teilung teil hat, fällt sie genau solange auf, wie die Differenz, die sie macht, noch mit der Welt verglichen wird, die noch nicht von ihr geteilt wurde.

18. INGENIEURE UND BRICOLEURE

Wenn Technik eine Form ist, die sich durch die Fixierung von Elementen auszeichnet,[127] diese in einem experimentellen Zusammenhang aber nicht als bloßes

127 Das ist keine Antwort auf die Frage, was Technik ist. Diese Frage wird durch die Frage ersetzt, was in verschiedenen Kontexten als Technik gilt und inwiefern sie in dieser Hinsicht jeweils für Prozesse der Welterschließung relevant wird. In dieser

Werkzeug der Beobachtung auf das angewendet werden kann, was als Unerschlossenes erschlossen werden soll, weil das, worum es geht, fehlt, und der Unterschied zwischen den technischen Dingen und den epistemischen Dingen in Bewegung bleiben muss, dann stellt sich der Umgang mit der Technik eines Experimentalsystems als etwas dar, das gleichzeitig einen entschieden nichttechnischen Charakter hat. Wissenschaftler, schreibt Rheinberger, »sind vor allem ›Bastler‹, Bricoleure, weniger Ingenieure« (2001, S. 30, vgl. auch hier S. 215), um diesen nicht-technischen Umgang mit Technik zu beschreiben. Während der Ingenieur primär planend und kontrolliert voran geht (also so, wie es dem Experimentator regelmäßig unterstellt wird), geht der Experimentator primär bastelnd voran. Da anstelle eines bestimmten Ziels ein unvorhersehbares Ergebnis angestrebt wird, kann Technik auch nicht als Mittel zum Zweck verwendet werden (in der hier gewählten Begrifflichkeit: als Werkzeug), weshalb mit ihr auch gebastelt werden muss und es für den Experimentator nicht möglich ist, loszugehen und zu suchen, was er braucht. Stattdessen nimmt er sich das, was er zur Hand hat:

> »Diese Werkzeuge findet er in seiner Umgebung vor und kann sich ihrer sogleich bedienen, sie sind schon da, wenn sie auch nicht speziell für das Vorhaben entworfen wurden, für das sie jetzt verwendet werden und für das man sie behutsam zuzurichten versucht; man zögert nicht, sie, wenn nötig, auszuwechseln oder mehrere gleichzeitig auszuprobieren, auch wenn ihr Ursprung oder ihre Form einander fremd sind usf.«, schreibt Derrida, Levi-Strauss Begriff der Bricolage erläuternd (1976, S. 431).

So tritt »[a]n die Stelle eines zielgerichteten Projekts, zu dessen Verwirklichung die passenden Mittel beschafft werden, [...] ein umgekehrtes Verfahren, das die vorgefundenen Werkzeuge auf ihre mögliche Anwendbarkeit in unterschiedlichsten Zusammenhängen testet und so ›unvorhergesehene Ergebnisse‹ zeitigt«, schreibt Quadflieg, Derridas Lesart Levi-Strauss' erläuternd (2007, S. 266). Dass solche »unvorhersehbaren Ereignisse« damit nicht aus dem Nichts entstehen, aber auch nicht in Form einer Regel aus dem Gegebenen abgeleitet werden können, beschreibt auch Waldenfels in Bezug auf technische Innovationen, die einen solchen epistemischen Prozess zwangsläufig begleiten und ihm zufolge »stets ein Moment der Um-arbeitung, der Um-strukturierung, der Um-gestaltung, das

Arbeit geht es ausschließlich um die Rolle von Technik in experimentellen Erkenntnisprozessen und das schließt die Frage ein, was in diesen als Technik gilt. Darüber hinaus wird der Begriff der Technik im Vagen gehalten.

eine Ab-weichung vom Normalniveau einschließt«, beinhalten würden (Waldenfels 2004, S. 165).

Der experimentelle Forscher, der immer mit Übersetzungen von Übersetzungen bastelt, bastelt nicht tagsüber im Labor mit Werkzeugen und übersetzt abends die Ergebnisse in Begriffe. Das setzte voraus, dass zwischen den radikalen Brüchen der Übersetzungsschritte eine Hierarchie der Radikalität bestünde, bei der der Schritt an den Schreibtisch, wo Theorie betrieben wird, radikaler wäre als jeder der einzelnen Übersetzungsschritte zuvor, die allesamt als epistemisch nachgeordnet vergessen werden könnten. Wie könnte man das aber so denken, so könnte man mit Derrida ergänzen, ohne wiederum ein transzendentales Signifikat einzusetzen,

> »das von seinem Wesen her nicht auf einen Signifikanten verweist, sondern über die Signifikantenkette hinausgeht, und das von einem bestimmten Zeitpunkt an nicht mehr die Funktion eines Signifikanten hat. In dem Augenblick dagegen, wo man die Möglichkeit eines solchen transzendentalen Signifikats in Frage stellt und wo man erkennt, daß jedes Signifikat auch die Rolle eines Signifikanten spielt, wird die Trennung von Signifikat und Signifikant – das Zeichen – von ihrer Wurzel her problematisch.« (Derrida 1986, S. 56f)

Schon aus diesem Grunde waren die Geisteswissenschaftler auf der falschen Spur, die glaubten, den Naturwissenschaftlern etwas über die Rolle der Sprache in ihrer Wissenschaft beibringen zu müssen, anstatt darüber nachzudenken, was sie von den Naturwissenschaftlern über das bastelnde Übersetzen lernen könnten. Wenn Derrida über den Bastler spricht, darf man das nicht als Metapher verstehen. »Nennt man Bastelei die Notwendigkeit, seine Begriffe dem Text [*von dem es kein Außen gibt*] einer mehr oder weniger kohärenten oder zerfallenen Überlieferung entlehnen zu müssen, dann muß man zugeben, daß jeder Diskurs Bastelei [*und jede Bastelei Diskurs*] ist.« (Derrida 1976, S. 431) Und deshalb kommt in Levi-Strauss' Begriff der Bricolage auch der experimentelle Umgang mit Technik mit dem Experimentellen auf der Ebene der Theorie zusammen, denn die Leistung Levi-Strauss', von der Derrida schreibt, dass sie seine bemerkenswerteste sei (ebd., S. 432), besteht darin, auf methodischer Ebene nachzuvollziehen, worüber er mit dem Begriff der Bricolage spricht – denn Levi-Strauss spricht über Sprache, wenn er über den Bastler spricht: Diese »bemerkenswerteste« Leistung Levi-Strauss' – auf methodischer Ebene nachzuvollziehen, worüber mit dem Begriff der Bricolage gesprochen wird – bedeutet in Bezug auf den mythologischen Diskurs, um den es Levi-Strauss geht, im Diskurs über die Mythen selbst »mythomorph« zu werden. »Der Diskurs über diese azentrische Struktur, als die der Mythos zu verstehen ist, kann selbst kein Subjekt oder absolutes Zentrum haben. Will er die Form und die Bewegung des Mythos nicht verfehlen, muß er die Gewaltsamkeit vermeiden, die darin bestünde, eine Sprache zu zentrieren, die eine a-zentrische Struktur beschreibt« (ebd., S. 433). Jede Verfehlung kann damit auf eine Verankerung, »auf ein Zentrum, ein Subjekt, eine privilegierte Referenz, auf einen Ursprung oder auf eine absolute Arche« (ebd., S. 432) zurückgeführt werden. Zunächst stellt Derrida diesen mythomorphen Diskurs gegen den der Wissenschaft: »Man muß hier also auf den wissenschaftlichen oder philosophischen Diskurs, auf die episteme, verzichten, die die absolute Forderung stellt, zur Quelle, zum Zentrum, zum Grund, zum Prinzip usf. zurückzugehen« (ebd., S. 433), nur um unmittelbar danach zu zeigen, dass die implizite Sprachkritik Levi-Strauss' noch den Begriff der *episteme* selbst kassiert: Dort, wo »die ethnographische Bastelei entschlossen ihre mythopoetische Funktion« übernimmt, »läßt sie den philosophischen oder epistemologischen Anspruch auf ein Zentrum als mythologisch, das heißt als eine historische Illusion erscheinen« (ebd., S. 434). Das, so zeigt Derrida, entgeht Levi-Strauss freilich selbst, hält er doch an der Unterscheidung von Bricoleur und Ingenieur als fundierender fest und dehnt daher die gewonnene Einsicht nicht entschieden genug auf das gesamte Feld der *episteme* aus. In die formtheoretische Unterscheidung von Experiment und Exploration übersetzt hieße das, dass man auch die Unterscheidung von Bricoleur und Ingenieur als eine quasitranszendentale verstehen muss, die nur in Form ihres eigenen Re-Entrys getroffen werden kann – eine Notwendigkeit, wenn man weiterhin empirisch zwischen dem ingenieurhaften Umgang mit Technik im explorativen Denksystem und dem bricoleurhaften Umgang mit Technik im experimentellen Denksystem unterscheiden will, ohne diese wiederum fundamental zu verankern. So wie man ein exploratives Vorgehen von einem experimentellen unterscheiden kann, kann man den Bastler und den Ingenieur als zwei verschiedene legitime Typen des Umgangs mit Technik bei der Erfindung von Technik unterscheiden. Denn genauso wie niemand eine Technik entwickeln kann, ohne immer schon auf Technik zurückzugreifen, die ihm zur Hand ist, kann umgekehrt auch niemand einfach nur basteln, ohne immer auch gleichzeitig wie ein Ingenieur Technik als Werkzeug zu benutzen. Es versteht sich von selbst, dass man in Bezug auf die Bastelei »von der Vorstellung eines Zentrums, eines Subjekts oder einer privilegierten Referenz des Sprachsystems Abstand nehmen« muss (Quadflieg 2007, S. 267). Die Verfehlungen des wissenschaftstheoretischen Diskurses über das Experimentelle sind dabei darauf zurückzuführen, dass es nicht gelungen ist, in Analogie zu Levi-Strauss' Leistung das Experimentelle experimentell zu erforschen. Anders gesagt: Das Experimentelle kann in einer explorativen Begrifflichkeit weder erschlossen noch beschrieben werden, es kann nur im experimentellen Denksystem selbst gedacht werden.

19. SAMMELN UND VERSAMMELN

Am Begriff des Bricoleurs wird erkennbar, inwiefern Explorationen Experimente vorbereitet haben und in ihrer zunehmenden Erschließung der Welt ihre eigenen Möglichkeiten erschöpften. Nicht nur, weil sie die Welt erschlossen und zunehmend geschlossen haben, sondern auch weil der Experimentator gar nicht anders kann, als mit den Dingen zu hantieren, die um ihn herum versammelt sind, wenn er sie miteinander in erkenntnisträchtige Beziehungen setzen will. Dem Versammeln geht aber das Sammeln und damit das Explorieren voraus. In der populären Darstellung der Forschungsreisen wird der Aspekt des Sammelns (also der des Nach-Hause-Bringens) oft gegenüber dem des Entdeckens (also dem In-die-Fremde-Strebens) vernachlässigt, mehr noch: er wird häufig als Schrulligkeit belächelt.[128] Doch ist es dieses Sammeln und Versammeln, das Nebeneinanderlegen und Vergleichen, das überhaupt erst die Differenzen erkennbar werden lässt, die den Anstoß zu grundlegenden Veränderungen gebräuchlicher Ordnungsschemata geben und es dem Bricoleur erlauben, das zu nehmen, was ihm zur Hand ist (vgl. historisch dazu Drouin 1994). Wenn alles von der Wahl eines Systems abhängt, wie Rheinberger schreibt, dann hängt auch alles von der Sammlung und Versammlung dessen ab, mit dem der Experimentator als Bastler dann bastelt.

20. ISOLATION UND VERBUNDSSTRUKTUR

Wenn im Experiment durch die Schließung eines Raumes in der Welt die Erschlossenheit der Welt bis an die Grenze der Vollständigkeit gesteigert wird, um durch die strategische Ausnutzung der Iterabilität ihrer materiell-semiotischen Verfasstheit dem fehlenden Fremden Möglichkeiten zur Mitteilung aufzuschließen, so dass man die Technik als ein ebenso unhintergehbares Medium der Erkenntnis ansehen muss wie die Sprache und die Distanznahme zu einem Objekt der Erkenntnis als retrospektive Fiktion erkennbar wird, dann lässt sich kein Objekt als Gegenstand einer Beobachtung isolieren – vielmehr sind es die Relatio-

128 So z.B. in der Darstellung Alexander von Humboldts in dem Film »Die Besteigung des Chimborazo« von Rainer Simon, DDR 1989.

nen sämtlicher ins iterative Geschehen involvierten Elemente, die in ihrer Verbundsstruktur die potentielle Quelle unvorhergesehener Ereignisse bilden. Natürlich kann kein Experimentalsystem selbst wie eine »intelligente Maschine« neues Wissen generieren. Aber das Denken kann ebensowenig auf das Experimentalsystem verzichten, wenn es doch gerade darum geht, in einem solchen zu denken. Das Denken in einem Experimentalsystem verweist auf den Praxischarakter dieses Denkens und damit auf das »stumme« Wissen erworbener Intuition. Rheinberger unterscheidet zwei »komplementäre Modi der Extimität«:[129]

> »Beide sind materieller Natur und aufeinander bezogen. Danach hat das stumme Wissen des Subjekts seine äußere Form und seinen Ort in der technischen Apparatur des Experimentalsystems, während die subsidiäre Aufmerksamkeit umgekehrt diese Apparatur mit ihren Werkzeugen auf der Seite des Subjekts verkörpert. Diese duale Struktur reziproken Ein- und Ausgreifens will ich das Augenmerk nennen.« (Rheinberger 2005, S. 64)

Dieses Augenmerk mit seiner »subsidiären Aufmerksamkeit« ist etwas entschieden anderes als das fokussierte Beobachten eines Gegenstandes durch einen Explorator. Es zeichnet sich durch seine unspezifische Ausrichtung aus, während die Qualität der Beobachtung des Explorators an seiner Präzision gemessen werden kann. Rheinberger greift zu der Metapher des Spinnennetzes, um die Form zu beschreiben, in der all das stumme Wissen mit seinen mehr oder weniger explizierbaren epistemischen Regeln, das oben intuitiv genannt wurde, beim Umgang mit der Experimentalanordnung eingesetzt wird; ein Spinnennetz, in dem sich unvorhergesehene Ereignisse gewissermaßen dezentral bemerkbar machen können, weshalb auch der »Augenwinkel [...] der Ort des Augenmerks« sei (ebd., S. 67). Damit sind gleichzeitig die Grenzen eines Experimentalsystems angegeben: Sie werden genauso durch die Technik und ihre Fähigkeit bestimmt, heterogene Elemente in einem iterationsfähigen Zusammenhang zu versammeln als auch durch die Grenzen der »subsidiären Aufmerksamkeit« des Experimentators. Dass die Grenzen des Denkens in dieser Weise durch Technik bestimmt werden, bedeutet nicht unbedingt, dass damit bestimmte Untersuchungsbereiche gewissermaßen ontologisch festgelegt würden, vielmehr muss das zu Denkende durch entsprechenden rigorose Übersetzungen den jeweiligen Möglichkeiten des Denkens und der Aufmerksamkeit angepasst werden.[130] So verfügt der Geisteswissenschaftler, der sich nur auf Konzentrations- und Memotechniken verlässt,

129 Siehe oben im Zusammenhang mit dem »stummen Wissen« (Polanyi) den Begriff der Extimität auf S. 221f.

130 Siehe dazu auch oben Abschnitt III/7.

über ein grobmaschigeres »Netz« als derjenige, der über exteriorisierte Aufschreibe- und Ordnungssysteme verfügt, die ihn auch Dinge mitdenken lassen, die er längst vergessen hatte. Während es im Experiment also darum geht, das Augenmerk möglichst in die Breite gehen zu lassen, indem heterogene Elemente, deren Mitteilungen potentiell unerwartet sein können, in einen gemeinsamen iterativen Zusammenhang versammelt werden, steht bei der Exploration die Fokussierung auf ein gegebenes Ziel, einen Forschungsgegenstand im Zentrum des Geschehens. Auch in den Geisteswissenschaften lassen sich solche Arbeiten, bei denen ein vorgegebener Gegenstand mit Hilfe eines theoretischen oder methodischen Instrumentariums in den Fokus gerückt und untersucht wird, von solchen unterscheiden, in denen den Relationen der involvierten Elemente selbst das Augenmerk zukommt. Die Entwicklung jeder *komplexen* Theorie zeichnet sich damit durch ihre Verbundsstruktur aus, bei der weniger die Herkunft ihrer Begriffe und ihre Präzision, mit der sie etwas und nicht etwas anderes bezeichnen, entscheidend sind, als vielmehr ihr relationaler Zusammenhang zueinander, ein Zusammenhang der durch die Einbindung neuer Elemente und das Auftreten unvorhergesehener Ereignisse nicht unverändert bleiben kann (und schon deshalb einer gewissen Beweglichkeit bedarf). Die Güte einer solchen Theorie besteht entsprechend in ihrer Fähigkeit, ihre Verbundstruktur im Zuge der Einbindung neuer Elemente neu ausrichten zu können, während sich die Güte eines explorativ eingesetzten theoretischen Instrumentariums eher danach bemisst, ob es den zu beobachtenden Gegenstand präzise zu erfassen vermag. Anders gesagt: In der Exploration dreht sich alles um den Forschungsgegenstand, während das Experiment von der Unruhe seiner auf Dauer gestellten Neuerfindung lebt.

21. Transzendenz und Immanenz

Wer in einem offenen Raum auf Entdeckerfahrt geht, braucht die Welt nicht erst zu teilen, denn das, worauf er seine Forschungsbemühungen richtet, ist ein Bereich der Welt, der bereits als unerschlossen erschlossen vorliegt; dem Explorator ist die Unterscheidung vom Erschlossenem und Unerschlossenem also selbst kein Problem, insofern er sich auf eine bereits vorliegende bezieht. Wer die Vergangenheit nur als gegenwärtige betrachtet und den Ursprung der Unterscheidung von Welt und Nicht-Welt außerhalb der Welt verortet, kann sich selbst, anderen und Gott seine Entdeckungen als Erschließung eines innerweltlichen Unerschlossenen präsentieren (vgl. Luhmann 1990, S. 58ff und Berr 1994). In dieser Perspektive vervollständigt der Explorator bloß das Bild einer vorab gegebenen Welt, in der ihre Teilung rein additiv, also als Aufteilung verstanden werden kann. Das explorative Denken bricht nicht gleich zusammen, wenn die Exploration sich nicht im Erschließen des vorab als unerschlossen Erschlossenen oder, in hermeneutischen Worten, im Er-füllen eines vorab entworfenen Erwartungshorizontes (Buck 1981, S. 50) erschöpfen kann, weil sich Erschlossenes als unerschlossen oder Unerschlossenes als erschlossenen erwiesen hat.

Dass sich die Unterscheidung von erschlossen und unerschlossen in der Bewegung der Erschließung *selbst* verändert und nicht nur Elemente mengenlehrenmäßig von einer Seite auf die andere transportiert werden, kann der Explorator solange ignorieren, als »bloß philosophisches« Problem abqualifizieren oder in die ebenso positive wie metaphysische Geschichte des wissenschaftlichen Fortschritts wegordnen, wie es ihm gelingt, Sicherheit im Vertrauen auf eine diesem Prozess entzogene Instanz zu finden, die seinen Bemühungen Halt verleihen. In rekursiver Identifikation mit der gegenwärtigen Vergangenheit wird es dem Explorator nie um die Erschließung vergangenen Unerschlossenen gegangen sein, sondern immer nur um die Erschließung gegenwärtig unerschlossen Gewesenen. Mag sich auch als nicht-existent herausgestellt haben, was er als unerschlossen zu erschließen versuchte und das als existent, von dem er nicht einmal mehr wusste, dass es für ihn unerschlossen war, mag sich auch ehemaliges Wissen als Irrtum herausgestellt haben und selbst gegenwärtiges als potentiell revisionsfähig erkennbar werden – solange sein Bezugspunkt eine Welt ist, die seinem Verständnis von ihr als unabhängiges Korrektiv gegenübersteht, legitimiert sich die Exploration aus sich selbst heraus, ihre Legitimation als Erschließung eines Unerschlossenen ständig und mit der Welt erneuernd. Die Unterscheidung von Welt und dem Bild von ihr fungiert als transzendentaler Anker, der als der *différance* entzogen imaginiert wird. Gott und Natur sind die populärsten transzendentalen Figuren, die diese Verankerung eines Erkennens der Welt sichern; eines Erkennens, das tatsächlich aber nur auf Sinnhaftes, auf die Welt und damit auf die Immanenz gerichtet sein kann, was mit sich bringt, dass die Welt beim Explorieren selbst mit auf dem Spiel steht (nichts anderes bedeutet es, dass die Unterscheidung sich selbst verändert). Gott ist traditionell der Name für den Ursprung der Welt jenseits der Welt (der Ursprung der Differenz von Immanenz und Transzendenz im Transzendenten). Der Explorator erforscht eine Welt, deren Ursprung, verstanden als das Getroffen-worden-Sein der Unterscheidung von Immanenz und Transzendenz, nicht in der Welt selbst (in der Immanenz, die Transzendenz mitevozierend), sondern jenseits von ihr (in der Transzendenz, die Immanenz konstituierend) verortet wird.[131] Als Kolumbus zu

131 Gott kann man so mit Luhmann im Sinne einer Kontingenzformel verstehen, wobei Gott »die Vollmerkmale der Transzendenz realisiert, insbesondere das Merkmal der

seinen Reisen aufbrach, versicherte er sich persönlich beim Papst, in Gottes Diensten unterwegs zu sein. Wohin er dann auch fuhr und was er dann auch tat, mit dieser Versicherung[132] wußte er sich immer innerhalb von Gottes Welt und unter seinen Augen.[133] Kolumbus mag ein außergewöhnliches Beispiel sein, insofern er die bereits für seine Zeit nicht ganz zeitgemäße Vorstellung hegte, auf seiner Reise in den Westen einen Kreuzzug zu unternehmen. Wie Todorov zeigt, bot Kolumbus dem Papst keinen Anlass zum Zweifel, dass seine Reise »dem Ruhm der Heiligen Dreifaltigkeit und dem der heiligen christlichen Religion« (Kolumbus zit. nach Todorov 1985, S. 18) diene (und die Suche nach dem Gold der Vorbereitung einer endgültigen Eroberung Jerusalems). Dass sich das Vertrauen der Exploratoren später zunehmend von Gott auf die Natur mit ihren unveränderlichen Gesetzen als transzendentale Instanz verlagerte, ändert strukturell nichts an dieser metaphysischen Ordnung; und wie viele Zwischenstufen (z.B. Gott als Schöpfer der Naturgesetze etc.) zeigen, steht das Vertrauen auf Gott und das Vertrauen auf die Natur nicht unbedingt in Konflikt miteinander. Dazu ist bereits viel geschrieben worden und muss hier nicht weiter ausgeführt werden. Interessant ist an dieser Stelle hingegen der Unterschied zwischen dieser explorativen Ordnung von Immanenz und Transzendenz und der experimentellen Ordnung von Immanenz und Transzendenz – ein Unterschied, der aufgrund der Persistenz des explorativen Denksystems in der Regel nicht beachtet wird, tatsächlich aber nicht weniger fundamental ist als der Unterschied zwischen Beobachtung und Bearbeitung und den anderen oben aufgeführten Unterscheidungen. Anders als bei der Betrachtung der oben dargestellten Unterschiede soll es aber nun nicht um das gehen, was das experimentelle Vorgehen vom explorativen tatsächlich und unabhängig von den Vorstellungen der Exploratoren und Experimentatoren unterscheidet, sondern darum, was den Unterschied ausmacht zwischen einem Explorator, der die immanente Struktur des Explorierens verkennt und einem Experimentator, der die immanente Struktur des Experimentie-

---

Grenzenlosigkeit, des Überallseins, also der Allgegenwärtigkeit auch im Bereich der Immanenz, also der Einheit der Differenz von Transzendenz und Immanenz.« (Luhmann 2002b, S. 151) Vgl. auch Luhmanns Lesart von Nikolaus von Kues in Luhmann 1992b, S. 529, Anm. 96. In einer weniger christlichen Diktion könnte man auch von der Welt als Kosmos sprechen und von dem Rest, von dem man nicht sprechen kann als Chaos.

132 Die Versicherungsvertreter mit Spezialisierung auf höhere Gewalt wurden später dann von den Rückversicherern ausgesandt. Zur Metaphysik der Rückversicherung vgl. Schneider 2005.

133 »Gott«, so Luhmann, »wird als Person definiert, weil ihn das als *Beobachter* etabliert.« (Luhmann 2002b, S. 157)

rens verkennt; nicht weil die Vorstellungen der Exploratoren und Experimentatoren selbst interessant wären, sondern weil sie als Teil der Welt realitätswirksam, d.h. Welt mitkonstituierend sind. In die hier gewählten Terminologie übersetzt heißt das: Wie unterscheiden sich Experimentator und Explorator in ihrem Vergessen des Re-Entrys und der Verdrängung der Unmöglichkeit der Bearbeitung der quasitranszendentalen Unterscheidung von erschlossen und unerschlossen selbst? In beiden Fällen handelt es sich um eine *Verwerfung* der Teilung der Welt, insofern eine ungeteilte, im Transzendentalen angesiedelte »Welt« zum Gegenstand der Bemühungen wird. So richten sich die Bemühungen auf eine quasitranszendentale Unterscheidung, während gleichzeitig an einer immanenten gearbeitet wird – damit wird die geteilte Welt in ihrer Teilung gleichzeitig verfehlt und geformt. In beiden Fällen wird damit auf die geteilte Welt als ungeteilte Bezug genommen und damit das politische und ethische Moment jeder Welterschließungsbemühung verworfen, das in dem »Mit« der Mitteilung bestünde, das Gegenstand des Anspruchs eines Fremden ist. Wenn die Teilung der Welt im Zuge ihrer Erschließung verworfen wird, heißt das nicht, dass sie verschwindet oder dass das Bild von der Welt fehlerhaft zu werden droht, sondern dass es zu Verwerfungen an den Teilungen der Welt selbst kommt. Aus bildungstheoretischer Sicht wird diese Betrachtung später vor allem für die Frage nach dem Verhältnis von Wissenschaft und Bildung und für die Frage nach den Bildungsprozessen von Wissenschaftlern selbst bedeutsam sein.

Während die explorativen Wissenschaften also eine der Immanenz entzogene Instanz wie die Gottes oder der Natur brauchen, um ihre ungeteilte Souveränität in der Welt zu wahren, stellt sich die Situation in den experimentellen Wissenschaften grundsätzlich anders dar. Man erkennt das am besten an der verschwindend geringen Bedeutung der Wissenschaftstheorie und -kritik für die Wissenschaften selbst. Die sich an der Exploration abarbeitende Wissenschaftskritik wird nicht müde, darauf hinzuweisen, dass auch die Wissenschaft, so wissenschaftlich sie sich auch geben mag, keinen exklusiven Zugang zur Welt hat, wie sie wirklich ist; kaum ein Text über die Wissenschaft, in dem nicht auch auf den »Konstruktionscharakter« der wissenschaftlichen »Modelle« von der Welt hingewiesen wird. Diese Form der Wissenschaftskritik hat den Hobbes'schen Anspruch auf das Besserwissen nie aufgegeben, sondern lediglich das Vorzeichen verändert. In dieser Form wird »Welt« als etwas Unerschließbares angesehen und ihre Erschließung als Problem entfernt, anstatt Welt als notwendig quasitranszendentalen Effekt von Welterschließungsbemühungen zu verstehen (s.u.). Für die Experimentatoren ist diese Kritik mit den mit ihr verbundenen explorativen Grenzfragen, wie die nach der Möglichkeit eines Zuganges zur Natur, wie sie ist, nach der Möglichkeit, die Gesetze Gottes bzw. der Natur schauen zu können (»die Krise der Repräsentation«, das Problem der Nicht-Neutralität eines Beobachters, das Problem der Objektivität, ...), nicht nur irrelevant, sondern geradezu unverständlich. Denn während die Exploratoren unter Gottes Augen sein Werk erschließen, bzw. sich die Naturgesetze (im Vertrauen auf ihre unveränderliche Wirksamkeit) durch Erforschung ihres Wirkens zu erschließen versuchen, interessiert sich der Experimentator überhaupt nicht mehr für irgendeine Korrespondenz der eigenen Modelle mit einem Transzendentalen. Ihnen geht es weder darum, Gottes Plan einzusehen, noch darum, die Gesetze der Natur einzusehen. Sie schauen nicht nach oben, in den »gestirnten Himmel«, sondern nach unten, auf die Welt in ihrer ganzen Profanität. Für einen einigermaßen reflektierten Experimentatoren gibt es gar keinen Zweifel, dass Theorien und formelhafte Naturgesetze menschlicher, symbolischer Natur sind, Modelle Modelle und Konstruktionen Konstruktionen. Genauso wenig wie Boyle damals Hobbes' Einwand interessiert hat, dass er ja gar nicht die wirkliche Wahrheit erkenne, interessiert die Experimentatoren von heute der Einwand, dass sie ja gar nicht die wirkliche Wahrheit erkennen. Diese abgeklärt wirkende Haltung lässt den Eindruck entstehen, dass die experimentellen Wissenschaften gewissermaßen vollständig säkularisiert seien und sich durch einen entschiedenen Bruch mit vormodernen Wissenschaften auszeichnen würden. Die Arbeit im Labor, bei der es auf das Funktionieren und nicht auf Korrespondenz ankommt, lässt den Eindruck konsequentester Immanenzbezogenheit entstehen. Zugespitzt formuliert: Alleine die Tatsache, dass manche Experimentatoren nicht auf Bachelard hören und weiter am Feierabend Philosophie betreiben, dass es Wissenschaftler wie Steven Weinberg gibt, die nicht aufhören, die Entdeckung einer universal gültigen Weltformel in Aussicht zu stellen, gibt der klassischen Wissenschaftskritik noch genügend Material, um sich selbst von der eigenen Legitimität zu überzeugen. Doch der Eindruck der Aufgeklärtheit täuscht. Denn die Teilung der Welt wird auch von experimenteller Seite aus verworfen, nur nimmt sie hier eine andere Form an als in der Exploration. Diese Verkennung steht, wie auch alle anderen Charakteristika des Experimentellen in einem nicht-beliebigen Zusammenhang, in einem Verbund mit allen anderen Charakteristika ihres Denksystems und unterscheidet sich notwendig und grundlegend in jedem einzelnen Aspekt vom Explorativen: Wie der Erschlossenheit im Experiment mit der Schließung begegnet wird, die Schließung die Zeit gegenüber dem Raum zur primären Quelle des Neuen erhebt, die Iteration den nicht-technischen Umgang mit der Technik erfordert, das Fehlen des Fremden jede Repräsentation unmöglich macht und den Experimentator zum Übersetzen und damit zur Intimität mit den Dingen zwingt, die Intimität den Experimentator in der Zeit und mit jeder Iteration mit der Komplexität des Experimentalsystems vertrauter werden lässt, so dass dieser in der Praxis eine intuitive Fähigkeit erwirbt, Abweichungen auf die Spur zu kommen, einen Spürsinn erwirbt und eine Fähigkeit, einen Raum des Vagen aufrechtzuerhalten, der das iterative Geschehen weder in die bloße Wiederholung des Maschinenhaften noch in das bloße Chaos des offenen Weltgeschehens kippen lässt, so ist es dem Experimentator umgekehrt unmöglich, seine Souveränität wie ein Explorator dadurch zu sichern, dass er sich im Zentrum einer gegebenen Welt verortet, im Zentrum eines Feldes der Bestimmtheit, das er im Zuge seiner Forschungsbewegungen immer weiter Richtung Horizont auszuweiten vermag.

Um eine Vorstellung von der Position des Experimentators in dem Immanenz-Transzendenz-Gefüge eines Experiments zu bekommen, kann man einmal mehr auf die »Urszene« des wissenschaftlichen Experiments, auf das Luftpumpenexperiment Boyles zurückkommen. Eine sehr plastische Darstellung dieses Gefüges findet sich in dem Bild *An Experiment on a Bird in the Air Pump* von Joseph Wright of Derby von 1768,[134] denn hier wird die Position des Experimentators in der Immanenz-Transzendenz-Ordnung des Experiments aus der Sicht eines die Teilung der Welt verwerfenden Wissenschaftlers selbst zum Thema. Wright – und das macht die Attraktivität dieses Bildes aus – braucht zur Darstellung des Verhältnisses von Transzendenz und Immanenz im Experiment keine ganz neue Ikonographie zu erfinden, ganz genau so wie auch Boyle selbst keine ganz neue Epistemologie erfinden musste, um seinen Ergebnissen Geltung zu verschaffen. So wie Boyle auf bestehende Techniken, die ihm zur Hand waren, zurückgegriffen hat, indem er die Technik der Zeugenbefragung aus der Rechtsprechung in die Wissenschaft übersetzt hat, hat auch Wright auf bestehende Techniken der Darstellung des Transzendentalen zurückgegriffen und die Ikonographie der sakralen Malerei in den Kontext der experimentellen Wissenschaften übersetzt. Damit bleibt die Kontinuität zur religiösen Immanenz-Transzendenz-Ordnung erkennbar, während gleichzeitig – weil es sich um eine Übersetzung handelt – der Bruch mit ihr deutlich wird. Wright, ein Mitglied der bedeutenden wissenschaftlichen Vereinigung *Lunar Society*, malte das Bild sowohl als Künstler als auch als Naturwissenschafter (vgl. Krifka 1994, S. 18ff). Es handelt sich insofern nicht einfach nur um eine Illustration eines wissenschaftlichen Selbstverständnisses, sondern ebenso auch um ein Dokument.

134 Eine frei zugängliche und hochauflösende Version findet sich auf der Seite der Londoner National Gallery unter http://www.nationalgallery.org.uk (Stand 10.08.10).

Joseph Wright: An Experiment on a Bird in the Air Pump. 1768, Öl auf Leinwand, 183 × 244 cm. London, The National Gallery.

Die im explorativen Denksystem verbleibende Kritik am Experiment hört nicht auf zu betonen, dass auch die Naturwissenschaften »bloß« Modelle von der Welt hätten und ihre Theorien in ihrer offensichtlichen Sozialität und Sprachlichkeit nicht mit den Bauplänen der Schöpfung identisch sein könnten. Damit stoßen sie die über den Wechsel von Theorien Kontinuität ermöglichende Technik aber nur einmal mehr ins Vergessen und bleiben damit vollständig von der Inszenierung des Experimentellen gebannt, die ja gerade auf das Vergessenkönnen der Technik und der Übersetzungsarbeit abzielt. Während im Prozess der Erkenntnisgewinnung die Technik entschieden als unhintergehbares Medium mobilisiert werden muss, muss sie *ex post* von jeder epistemologischen Mitwirkung befreit werden, um sie als *bloßes* Medium, als ein bloßes Mittel zum Zweck verstehen und damit zu einem Werkzeug degradieren zu können. Wright stellt in diesem Sinne nicht den Prozess, sondern die Präsentation des Ergebnisses dar, obwohl er die Technik, die Luftpumpe in das Zentrum des Geschehens stellt. In der Art und Weise, wie Wright in seinem Bild die Luftpumpe inszeniert, wirkt sie dann auch weniger wie ein technisch konstruiertes Medium inmitten der übersetzenden Basteleien eines Bricoleurs als vielmehr wie ein entrücktes Medium im Sinne einer Séance. Die Luftpumpe hat hier ihren profanen Charakter verloren und wird von Wright mit Insignien des Sakralen umgeben. Sie wird als ein Medium in der Hand des Experimentators dargestellt, der mit ihrer Hilfe mit dem Transzendentalen vermittelt.

Das Auffälligste an Wrights Bild ist das Licht: Er inszeniert das Licht mit einer entscheidenden Verschiebung gegenüber der Tradition sakraler Malerei – hier ist es die Apparatur, die die Anwesenden beleuchtet, wie sonst nur das Jesuskind im Zentrum einer Gruppe (vgl. dazu ausführlich Schöne 1954). Die Bildinterpretatoren Thomas Fink und Phillip Weiss verweisen auf die Verwandtschaft dieses Lichts mit den *candle lights* der Utrechter Caravaggisten, insofern als auch hier das Licht mit seinen starken Akzentuierungen eine Dramaturgie schafft, die den Höhepunkt einer besonderen Szene markiert. Die durch das Licht geschaffene Konzentration auf einen klar abgegrenzten Raum, in dem verschiedene Dynamiken gebündelt und gesteigert werden, schafft eine Spannung ohne Ableitung nach außen. Die Blicke und Gesten, einschließlich des Blickes des Betrachters, der vom Experimentator, offenbar Boyle selbst, miteinbezogen wird, verweisen aufeinander ohne zu einem bildimmanenten Ausgangs- oder Endpunkt zu finden. Das Zentrum hält die Spannung ohne sie zu entladen und auch der Mond im Fenster als zweite Lichtquelle fungiert eher als Echo dieser Szene, als dass ihm eine spannungsentladende Funktion zukäme.[135] Die Quelle des Lichts selbst bleibt unsichtbar, wie auch das göttliche Licht selbst, das die Dinge erscheinen lässt, sie erleuchtet, ohne anwesend zu sein. Das entspräche ganz, so Werner Busch, der bildhaften Umsetzung der Bibelpassage, in der davon die Rede ist, dass Jesus das Licht der Welt sei. Nur dass es hier einmal mehr das Licht der Erkenntnis sei, das sich an die Stelle des Jesuskindes gesetzt habe (Busch 1986, S. 33ff).

Was von Wright hier als das Leuchten der Erkenntnis dargestellt wird, ist in den Augen eines Hobbes wohl eher der schwache Schein trügerischer Schattenspiele. Es gibt keine, auch keine ikonographische Brücke zwischen den Wahrheitsansprüchen der Experimentatoren und denen, die an dem explorativen Wahrheitsprivileg der Philosophie eines Hobbes festhalten. Denn ebenso sehr wie Wright den transzendentalen Bezug zur Wahrheit durch die Experimentatoren inszeniert, scheint Wright gleichzeitig auch alle Vorurteile Hobbes' über die Arbeit der Experimentatoren zu illustrieren. Hobbes schreibt, diese »Fellows of Gresham« seien doch bloß »ausgesuchte Mitglieder zweifelhafter Privatzirkel, die unter der Leitung irgendeiner Autorität zusammenkommen; auch hört man

135 Ein Prinzip, das sich auf fast allen Bildern Wrights, die späten Landschaftsbilder ausgenommen, wiederfindet und gleichzeitig wohl auch als Symbol der Lunar Society dient (vgl. Fink/Weiss 2001, S. 4).

seit kurzem von einem ›Invisible College‹ das sich in London treffen soll« (zitiert nach Fink/Weiss 2001, S. 1). Privat wirkt die Veranstaltung in Wrights Darstellung allerdings;[136] unterstrichen wird der esoterische Charakter dieser Veranstaltung in dem Gemälde Wrights zusätzlich noch durch die Dunkelheit, die die Abgeschlossenheit des Teilnehmerkreises unterstreicht. Gegen das suspekte Dunkel der öffentlich nicht sichtbaren Wissenschaftskreise, die in Räumen mit Zugangsbeschränkungen stattfinden statt öffentlich auf der Agora, setzt Hobbes – natürlich – das Licht der Philosophie. Ein von ihm selbst geschriebener Dialog mit Boyle (wohlgemerkt: sowohl seine als auch Boyles Rolle wurden von ihm geschrieben) im *Physical Dialogue* beginnt mit einer klaren Rollenverteilung, wenig subtil aufs Höhlengleichnis Platons anspielend: Er skizziert eine Szene, bei der er selbst im gleißenden Licht der Sonne steht und den geblendeten Boyle empfängt, »als sei dieser gerade aus seiner dunklen Experimentierhöhle ins Tageslicht getreten« (Fink/Weiss 2001, S. 2) und lässt diesen dann auch gleich sagen: »Ich bin froh, dass Sie mich zum Kommen aufforderten; aber ich kann wahrhaftig nichts sehen, da mich die Helligkeit des so klaren Tages blendet.« (Zit. nach ebd.)

Wright unternimmt keinen Versuch, den Geltungsanspruch des Experimentators auf transzendentale Wahrheiten in seiner Darstellung abzuschwächen; im Gegenteil: Was die ikonographischen Anleihen an die sakrale Malerei angeht, schöpft er aus dem Vollen. So kann Busch in seiner Interpretation des Gemäldes noch weiter gehen: Der Experimentator würde von Wright – gemäß christlicher Ikonographie – in deutlicher Anlehnung an Darstellungen des Schöpfergottes selbst dargestellt: Die frontale Darstellung, das Herausragen aus der Menge wie in dem Bild *Das jüngste Gericht* Michelangelo Buonarrotis an der Decke der Sixtinischen Kapelle und eine in die Senkrechte verschobene Geste der Beseelung wie in dem Bild *Die Erschaffung Adams* sieht Busch als mögliche Vorlagen Wrights an (Busch 1986, S. 46). Und schließlich wird die Gottesähnlichkeit noch durch das dargestellte Ereignis selbst unterstrichen: Die Hand des Experimentators markiert die Grenze zwischen Leben und Tod des vom Ersticken bedrohten Vogels, sie ruht auf dem Öffnungsventil der Apparatur. Er kann dem Vogel das Leben geben, indem er das Ventil öffnet und ihm Luft zufügt oder den Tod, in-

136 Es ist allerdings – auch wenn es so aussieht – kein Morgenmantel, den der Experimentator auf diesem Bild trägt, sondern wahrscheinlich eher der Mantel eines Philosophen oder Gelehrten. Das ist es auch, was Hobbes so empört, wenn er sich – damit keineswegs nur metaphorisch – darüber beklagt, dass sich diese Experimentalisten ungefragt den Mantel der Philosophen überzögen.

dem er ihm die Luft entzieht.[137] Busch verweist in seiner Analyse des Bildes aber noch auf etwas anderes, damit Verbundenes: Bereits dadurch, dass der Experimentator ein Vakuum schafft, verhält er sich gottähnlich – er schafft und verfügt über einen Zustand vor der Schöpfung, einen Zustand vor der Welt, als Gott mit sich selbst alleine war; und aus diesem Zustand heraus kann der Experimentator dem Vogel Leben einhauchen.[138] Das komme, so schließt auch Hartmut Böhme aus seiner Auseinandersetzung mit der Darstellung des Vakuums in diesem Bild, einer »Okkupation der metaphysischen Position Gottes gleich« (Böhme 2003, S. 16; vgl. auch Busch S. 43). Der Vogel würde auf dem Altar der Aufklärung geopfert. Was aber auch geopfert werden müsse, so ergänzt Böhme, sei die Haltung der Demut zum Göttlichen. Die »tradierten Gefühle von Angst und Schrecken, Mitleiden und Sorge, die der Religion zugearbeitet haben«, würden nun zu »Zeichen der Unreife, die besonders dem weiblichen Publikum zugeschrieben wird« (ebd.). Ganz in diesem Sinne bedichtet Erasmus Darwin, genau wie Wright Mitglied der Lunar Society, die Luftpumpe als überweltlich machtvolles Instrument – empfangen aus der Hand der Sylphen, fähig, eine urzeitliche Leere zu erzeugen:

You charm'd, indulgent SYLPHS! their learned toil,
And crown'd with fame your TORRICELL, and BOYLE;
Taught with sweet smiles, responsive to their prayer,
The spring and pressure of the viewless air.
--How up exhausted tubes bright currents flow
Of liquid silver from the lake below,
Weigh the long column of the incumbent skies,
And with the changeful moment fall and rise.

137 Die Unentschiedenheit des Ausgangs wird noch unterstrichen von einigen anderen Details, auf die Benedict Nicolson hinweist: »That uncertainty is expressed in the amiguous role of the boy by the window who holds the cords of the birdcage: is he to let it down to receive the revived bird, or sling it higher because the bird will have died? The reactions of the audience vary greatly, from the youngest child's first acquaintance with the possibility of death to the old man's evident reminder of its inevitability. The man who comforts the small girls may be reassuring them that all will be well, or expounding the inevitable laws of nature. A detached observer on the left of the table has taken out his watch to time the progress of the experiment. A boy stares upwards, fascinated. A young couple on the left clearly have their own more agreeable preoccupations. The reactions of all these people have been (and no doubt will continue to be) variously interpreted.« (Nicolson 1968, S. 60)

138 Vgl. dazu auch Genz 1994, Kap. 2.

--How, as in brazen pumps the pistons move,
The membrane-valve sustains the weight above;
Stroke follows stroke, the gelid vapour falls,
And misty dew-drops dim the crystal walls;
Rare and more rare expands the fluid thin,
And Silence dwells with Vacancy within.--
So in the mighty Void with grim delight
Primeval Silence reign'd with ancient Night.[139]

The mighty Void – mächtige Leere, urzeitliche Stille: »Bei der Schöpfung hat Gott der Welt Pneuma eingehaucht, mittels des göttlichen Hauchs die tote Materie verlebendigt, nun kann der Mensch diese Funktion übernehmen« (Busch 1986, S. 43).[140] Vor dem Hintergrund des Skandals, den die technische Erschaffung eines Vakuums ausgelöst hat, ist auch die weitere Interpretation Buschs nicht abwegig. Er sieht in dem weißen Vogel – wahrscheinlich ist es ein Kakadu – einen Hinweis auf die Taube im Christentum, das Symbol des Heiligen Geistes: »Womit hier, es fällt fast schwer, es auszusprechen, der Heilige Geist ausgepumpt würde« (ebd., S. 46). Der Junge am Fenster, der einzige, der neben dem Experimentator den Betrachter anblickt, komplettiere die Dreifaltigkeit von Vater, Sohn und Heiligem Geist (ebd., S. 47). Wright, als Mitglied der Lunar Society und damit Teil der frühen naturwissenschaftlich-experimentellen Bewegung,[141] liefert keine künstlerische Interpretation von außen[142] oder gar eine von

139 Erasmus Darwin (1788 [2006]): The Botanic Garden. A Poem in Two Parts. Part 1: The Economy of Vegetation. Project Gutenberg, EText-Nr.: #9612. Busch, der auf dieses Gedicht hinweist, übersetzt die letzten beiden Zeilen folgendermaßen: »So regiert in der nächtlichen Leere mit grimmiger Freude / Uranfängliches Schweigen mit uralter Nacht« (Busch 1986, S. 66).

140 Busch verfolgt diesen Aspekt weiter anhand der Ikonographie des Nichts.

141 Die Lunar Society war alles andere als ein esoterischer Privatclub, ihre Mitglieder standen im Zentrum der gesellschaftlichen Entwicklung und verfügten über Mittel und Möglichkeiten, ihre wissenschaftlichen Entdeckungen im Sozialen zu verankern: Mitglieder waren z.B. Matthew Boulton und James Watt, die mit der Dampfmaschine Wissenschaft und Industrie eng verschweißten, der Politiker und Ingenieur Richard Lovell Edgeworth, der die Ideen seines Freundes Rousseau unter englischen Industriellen und Pädagogen verbreitete, der Theologe Joseph Priestley, der u.a. den Sauerstoff entdeckte, James Keir, der als Chemiker die Glasherstellung revolutionierte und als Seifenfabrikant die britischen Hygieneverhältnisse; selbst Benjamin Franklin gehörte zu den regelmäßigen Gästen. Zur Geschichte der Lunar Society vgl. Schoefield 1963.

außen kommende Kritik an der Hybris der Wissenschaften. Er stellt vollkommen korrekt das Prinzip des Experiments in einer als ungeteilt vorgestellten Welt dar: Das Re-Entry der Unterscheidung von Transzendenz und Immanenz auf der Seite des Immanenten nach dem Vergessen des Re-Entrys selbst. Busch vermutet daher zu Recht, dass es sich hier nicht um eine »echte Experimentalszene« handelt, sondern um die Darstellung einer der »lectures on Pneumaticks«, die »reisende, naturwissenschaftlich ausgerüstete Scholaren« auf »Touren durch die Provinzstädte« für das neue, naturwissenschaftlich interessierte Bürgertum unternahmen (ebd., S. 26). Nichts Neues also, bloß eine Tour. Es ist aber nicht nur wahrscheinlich, dass es sich hier nicht um eine echte Experimentalszene handelt, wie Busch vermutet, es kann sich gar nicht um eine echte Experimentalszene handeln. Denn nur deshalb, weil es sich nicht mehr um ein Experiment, sondern nur um eine Experimentierdemonstration handelt, um eine Aufführung, bei der der Experimentator den Ablauf und das Ergebnis in seiner Hand hat, weil es sich also um die Anwendung einer Vogeltötungsmaschine und einer Maschine der sozialen Distinktion handelt, konnte der Experimentator hier als Vater mit seinem Sohn und dem halbausgepumpten heiligen Geist erscheinen.[143]

Die experimentellen Wissenschaften übernehmen insofern tatsächlich die Position der Religion, als sie selbst anfangen, die Unterscheidung von Transzendenz und Immanenz zu betreuen. Sie versuchen dabei allerdings nicht, Gott zu beobachten, sondern sein Werk nachzuvollziehen; sie schauen gewissermaßen nicht zu ihm nach oben, sondern setzt sich auf seinen Schoß und schauen nach unten. Der Weg zu Gott führt nun nicht mehr über das Erkennen seines Werkes, sondern über dessen Nachvollzug. Wer über die Luft und ihren Druck Bescheid weiß, kann sie nehmen und wieder geben, ganz wie Gott es bei der Schöpfung getan hat, als er den Wesen das Leben einhauchte. Je mehr man darüber weiß, wie die Welt *funktioniert*, desto weniger braucht es einer Figur wie Gott; es braucht nicht einmal mehr einer Figur wie die der Natur im Sinne eines Explanans; ob Gott (bzw. die Natur) berücksichtigt wird oder nicht, gleicht dann zunehmend der Entscheidung, ob man in einer Multiplikation den Faktor Eins mi-

142 Tatsächlich war er naturwissenschaftlichen Kreisen fast näher als denen der Kunst, seit sich die Royal Academy stärker an den zentraleuropäischen Entwicklungen orientierte und für Wrights gegenständliche Historienmalerei immer weniger übrig hatte und ihm die Vollmitgliedschaft verweigerte (vgl. Krifka1994, S. 6ff).

143 Gewöhnlich behält man nach der Fixierung der Fakten freilich nicht die gleiche Apparatur bei, »[l]angfristig wird ein degeneriertes Forschungssystem [...] in der Regel vollständig ersetzt durch technologische Systeme, die das aktuelle, stabilisierte Wissen in einer effizienten Form verkörpern« (Rheinberger 1992, S. 28).

tauffführt oder nicht, und man kann Julien Offray de La Mettrie als die historische Figur verstehen, die das Herausstreichen dieser Eins symbolisch mit großer Geste vollzogen hat – mit einem Bild der Welt nach dem Vorbild eines zur Experimentierdemonstration verkommenen Experimentalsystems, das nur noch technisch ist (vgl. La Mettrie 1988 [1748]).

Michel Serres hat am Beispiel des Paris um 1800 gezeigt, wie erst langsam und dann innerhalb recht kurzer Zeit – eben um 1800 – die Wissenschaftsgemeinschaft im Sozialen die Plätze des Klerus einnahm. Nachdem sich eine Wissenschaftsgemeinschaft konstituiert hat, die sich organisatorisch zu den vereinzelten Wissenschaftsgesellschaften zu Boyles Zeit (wie der Royal Society, deren Mitglied er war oder der Lunar Society, deren Mitglied Wright war) so verhält wie eine Staatsreligion zu vereinzelten Sekten, hat sich die Wissenschaft der Religion auch organisatorisch so anverwandelt, dass sie traditionelle Aufgaben der Religion und vor allem ihre institutionalisierten Macht- und Einflusspositionen einfach übernehmen konnte. Bei diesen Macht- und Einflusspositionen handelte es sich überwiegend um solche, die jenseits der diskontinuierlichen Politik angesiedelt waren: die von Beratern, Lehrern, Institutsdirektoren, Sekretären, Verwaltungsbeamten etc. Und alle diese Positionen mussten nicht neu erfunden werden, sondern brauchten nur neu eingebunden zu werden, teilweise einschließlich der sie besetzenden Personen selbst. Möglich wurde dieses eben gerade dadurch, dass das Verbindene des Klerus wie das Verbindene der Wissenschaftler der Immanenz des Politischen entzogen und über den Bezug auf eine transzendentale Instanz vermittelt wurde. So wie sich der Klerus über den Bezug auf Gott konstituierte, konstituierte sich auch die Wissenschaftsgemeinschaft über den Bezug auf eine transzendentale Instanz – die Natur, bzw. die Fakten: »Keine funktionale oder strukturelle Differenz trennt also den Glauben an einen transzendentalen Gott von dem Glauben, es existiere ein wissenschaftliches Objekt unabhängig von uns [...]. Die Transzendenz bleibt in beiden Fällen die gleiche. Und die soziale Konsequenz bleibt unverändert.« (Serres 2002, S. 643) In diesem Sinne beschreibt Serres den Wechsel in den Positionen auch nicht einfach als Bruch oder gar als Konflikt zweier Mächte, sondern vor allem als eine das *Ancien régime* überdauernde strukturelle Kontinuität. Damit vollzieht sich auf größerer gesellschaftlicher Ebene, was Wright hier noch als überschaubare Veranstaltung im Privaten dargestellt hat: die Übernahme einer transzendental legitimierten Position, die die Teilung der Welt imaginär überwindet.

Die Vorstellung eines sich immer weiter verschiebenden Horizonts infolge einer Bewegung in den offenen Raum eines als unerschlossen erschlossenen Raumes in der Welt, bei der der auf Erkenntnis zielende Beobachter immer im Zentrum des Geschehens steht und so seine eigene Perspektivität vergessen kann, ist als Metapher für das Experiment unbrauchbar und für den Experimentator selbst keine mögliche handlungsleitende Vorstellung. Denn die Tatsache, dass der Experimentator die Erschlossenheit zum Ausgangspunkt seiner Forschung macht und damit die Welt nicht mehr als offenen Raum, sondern als geschlossenen und damit ihn selbst beinhaltenden in den Blick nehmen muss, lässt jede mögliche Perspektive *im* Raum als bereits verortet erkennbar werden und führt damit zu eine Situierung des Blickes (vgl. Haraway 1988). Doch genauso wie der Explorator durch einen transzendentalen Bezug in der Lage war seine Souveränität zu retten, vermag auch der Experimentator seine Souveränität dadurch zu retten, dass er seinen Bezug zur Welt transzendental vermittelt. Doch weil er die Unterscheidung von erschlossen und unerschlossen von der anderen Seite her kreuzt, muss seine Strategie auch eine andere sein. Während der Explorator seine Souveränität dadurch rettet, dass er die Fremdheit des Fremden zu einer einfachen Fremdheit degradiert – indem er das Fremde auf der Seite der Unerschlossenheit einer vorab geteilten Welt verortet und nicht als das Mitteilende selbst erkennt, rettet der Experimentator seine Souveränität dadurch, dass er sich selbst aus der gesamten Szenerie entfernt, seine eigene Situiertheit zum Verschwinden bringt und damit das Mit aus seiner eigenen Mit-Teilung streicht. In beiden Fällen wird die Teilung der Welt zu einer Teilung in der Welt. Wenn der sich verschiebende Horizont nicht mehr die Zentralperspektive zu garantieren vermag (vgl. Giesecke 1998), weil der Experimentator in einem geschlossenen Raum arbeitet, der die Welt darstellt, dann bleibt ihm zur Rettung seiner Souveränität nichts anderes übrig, als eine perspektivische Position *jenseits* dieses Raumes einzunehmen und diesen Raum *insgesamt* in den Blick zu nehmen. Die Unterscheidung von erschlossen und unerschlossen fällt so mit den Grenzen des Experimentalsystems, das die Welt darstellt, zusammen, so dass die Szene, die Wright darstellt, tatsächlich von einem Experimentator beherrscht wird, der den *gesamten und ungeteilten* Raum der Immanenz in der Hand hat. Der Experimentator, der im Labor an der Unterscheidung von erschlossen und unerschlossen *in der Welt* arbeitet, während er sie in das Labor hinein*kopiert* zu haben glaubt – der die Welt also nicht nur betrachtet und beschreibt, *sondern begreift*, mit ihr hantiert, sie in der Hand hat, braucht keine Missionare und keine Priester mehr im Gefolge, die mit Gott vermitteln und muss sich auch nicht mehr beim Papst versichern, auf dem rechten Weg zu sein, denn von dem Platz aus, den er eingenommen hat, kann er die Welt aus der Perspektive Gottes selbst sehen.[144] Das ist das freischwebende Auge mit seinem Blick aus dem Nirgendwo, von

144 Natürlich nur jeweils teilweise, aber immer als *summarischer* Teil eines auf Einheit zielenden Wissenschaftsprojekts.

dem Haraway sagte, dass es die Welt *erkenne* (»this eye *fucks* the world to make techno-monsters«: Haraway 1988, Herv. SöA; vgl. auch Haraway 1998). Die Exploratoren mögen sich Gott in vielerlei Hinsicht anverwandelt haben, vor allem was ihre Grausamkeit angeht, aber sie haben niemals geglaubt, dass die Summe ihrer Erkenntnisse sie in seine Position brächte, sie sahen sich immer auf Erden und Gott im Himmel. Aber die Experimentatoren, die alles auf den Kopf gestellt haben, was die Exploration auszeichnete und dennoch eines beibehalten haben, nämlich das »Vergessen des Re-Entry«, glauben, dass sich die Summe ihrer Beobachtungen zu einem Bild der Welt zusammensetzt, dass mit einer für vernünftige Menschen hinreichenden Wahrscheinlichkeit[145] Gottes Schöpfung entspricht. Das ist nicht der Kampf der aufgeklärten Wissenschaft gegen den Aberglauben der Religion, wie es die heroische Wissenschaftsgeschichte erzählt und was der Physiker Steven Weinberg meint, wenn er auf die Frage ob die Weltformel (an deren Möglichkeit er durchaus glaubt) Gott ersetzen würde, selbstverständlich mit einem unmissverständlichen »Nein« antwortet: »Nein. Wir ersetzen Gott nicht. Wir sparen ihn nur aus. Die Weltformel wäre der letzte Schritt auf einem Weg, den Newton und Kopernikus als erste beschritten haben: ein Bild der Welt zu entwickeln, das ohne Gott auskommt.« (Der Spiegel 30/1999, S. 191)[146] Treffender lässt sich die Kontinuität im Selbstverständnis der experimentellen Wissenschaft von Boyle bis heute kaum illustrieren. Denn im Streit mit Hobbes und in Auseinandersetzung mit dessen philosophischen Anspruch, zwischen gesicherter Wahrheit und bloßer Meinung unterscheiden zu können, kontert Boyle mit seinem listigen Manöver, eine Art der Wahrheit zu erfinden, die diesen Wahrheitsanspruch gar nicht mehr nötig hat; ein Manöver, das strukturell dem Weinbergs gleicht, der im Streit mit den modernen Verteidigern der Religion und den Kritikern, die der Wissenschaft die Hybris vorwerfen, »Gott spielen zu wollen«, die mit einem Gott aufwarten, der einzig und allein die Welt, wie sie ist, zu erkennen fähig ist, schulterzuckend antwortet, dass er Gott

145 Vgl. dazu Abschnitt II/5.

146 »Eine Ausklammerung religiöser Vorstellungen aus dem physikalischen Denken würde aber nur dann eine Gottesleugnung bedeuten, wenn behauptet würde, daß die physikalisch erklärte Welt die Totalität der Schöpfung darstellt. Dieser Meinung ist heute etwa der dialektische Materialismus, doch sieht die Mehrheit der heutigen Naturwissenschaftler in der Ausklammerung religiöser Vorstellungen aus dem Weltbild der Physik nichts anderes als eine saubere Grenzziehung zwischen physikalischer Erkenntnis und Glaubenswahrheit. Erst diese Grenzziehung gibt dem Wesen der Physik die innere Geschlossenheit und damit den Charakter eines wissenschaftlichen Systems.« (Schrey 2000, S. 1625)

ja gar nicht ersetzen will, sondern es ihm bloß um ein Bild der Welt geht, »das ohne Gott auskommt«.

Im explorativen Verständnis des Verhältnisses von Religion und Wissenschaft *geht die Wissenschaft immer weiter,* mengenlehremäßig Aberglaube in Wissen umwandelnd, und *verdrängt* dabei den Anspruch der Religion, Aussagen über die Welt zu treffen auf den bloßen Moment der Schöpfung als Ursprung der Unterscheidung von Immanenz und Transzendenz. Jede positive Erkenntnis wird so als Teilsieg der Fakten gegen die Phantasiegebilde des Glaubens verstanden. In komplementärer Variation dieser Vorstellung wird dann an konkreten Fällen diskutiert, ob die Wissenschaft bei der Ermöglichung von Eingriffen in die Welt hier oder dort nicht *zu weit gegangen* sei. Auch die Erörterung, auf welche Bereiche des Lebens sich der Geltungsanspruch beziehen solle und auf welche nicht – einer Frage, der sich im Bereich der Erziehungswissenschaften beispielsweise Litt ausführlich gewidmet hat (vgl. insb. Litt 1959, erster Abschnitt) – kann als eine explorative verstanden werden. Man kann mit Bestimmtheit sagen, dass von dieser Form, Wissenschaft zu diskutieren – ob sie zu weit gegangen ist, ob sie sich göttliche Macht anmaße –, für das Verständnis der Herausforderungen des Experimentellen nichts zu erwarten ist. Nicht deshalb, weil es im Einzelnen nicht um wichtige Probleme geht, sondern deshalb, weil hier eine explorative Vorstellung auf ein experimentelles Vorgehen angewandt und damit verfehlt wird. Der Glaube, man könne Geltungsbereiche innerhalb der Welt abstecken, teilt die Welt nicht nur auf hochproblematische Weise in Bereiche auf, in denen die »modernen Wissenschaften« zu schweigen hätten und jene, in denen alle anderen nichts zu sagen hätten, sie reduziert selbst die ganze Frage nach der Wissenschaft auf eine des Geltungsanspruches – anstatt sie als eine Frage nach der Form der geteilten Welt zu verstehen. Fast zwangsläufig erscheinen solche Thematisierungsformen von Wissenschaft – denn irrational erscheinen und gegen Fakten, die von vernünftigen Menschen bezeugt wurden, will sich ja niemand stellen – in der Gestalt von Rückzugsgefechten, an deren Ende das Transzendentale selbst, gewissermaßen als letztes Refugium, als Ort herhalten muss, der vom Geltungsanspruch der »modernen Wissenschaften« verschont bleiben müsse.[147] Im explorativen Denksystem verharrend versucht die Wissenschaftskritik immer aufs Neue gegen diese transzendentalen Anmaßungen anzugehen, indem sie versucht, den Konstruktionscharakter des Wissens zu demonstrieren – als würde das bei halbwegs reflektierten Experimentatoren, die ohnehin davon ausgehen, niemals etwas anderes getan zu haben als zu konstruieren, je-

147 Diese Zuspitzung aufs Theologische findet sich z.B. bei Litt (1957) oder bei Peukert (1976).

mals etwas anderes provozieren als Schulterzucken und Weitermachen. »Halbwegs reflektiert« zu sein meint nicht: das Experiment experimentell zu verstehen, sondern: zu wissen, dass man konstruiert, aber zu glauben, dass es darauf nicht ankommt. Zu wissen, dass die Kritik an den eigenen Geltungsansprüchen unberechtigt ist und *gleichzeitig* zu experimentieren, als würde man explorieren, das ist ein Problem – denn wer die geteilte Welt verändert, während er sie bloß zu beobachten glaubt, produziert Verwerfungen an den Stellen, an denen er ihre Teilung verwirft.

Die frühe Wissenschaftsforschung hat die transzendentalen Geltungsansprüche der Wissenschaften bloßgelegt und dabei die Position des Ironikers eingenommen (Stengers 1997, S. 89ff). Dabei kann der Wissenschaftskritiker aber nicht darauf verzichten, sich selbst im Transzendentalen zu versichern: »Er weiß, daß er stets auf den gleichen Unterschied zwischen sich und den Wissenschaftlern treffen wird, den Standpunkt nämlich, der garantiert, daß er ein für allemal die Mittel erworben hat, die anderen zu verstehen, ohne sich beeindrucken zu lassen.« (Ebd., S. 104) Es gibt Ironiker, die wissen das und versuchen es mitzudenken, ohne sich selbst allerdings aus diesem Dilemma befreien zu können:

»Einige Autoren mögen eine ›ironische‹ Lektüre ihrer eigenen Texte empfehlen, da diese ebenfalls wissenschaftlich sind (dynamische Ironie). Deshalb erfordert die Position vom Autor prinzipiell eine (stabile oder dynamische) Bezugnahme auf eine Transzendenz, ein schärferes, universelleres Urteilsvermögen, das die Differenz zwischen ihm selbst und jenen gewährleistet, die er untersucht« (ebd.).

Die Aufgabe nun besteht darin, die Verantwortung, die mit dem Anspruch des fehlenden Fremden auf Mitteilung einer geteilten Welt schon immer da war, nicht abzuweisen, sondern ihm als Teil der geteilten Welt zu begegnen und experimentell an ihrer Teilung teilzuhaben, was nichts anderes heißt, als diesen Anspruch als Bildungsherausforderung anzunehmen. Das geht nicht ironisch, sondern nur mit der ganzen Ernsthaftigkeit einer Haltung, die der Humor mit sich bringt, verstanden als »Kunst der Immanenz« (ebd.). Ohne die Bereitschaft und Fähigkeit zum Lachen lässt sich keine Aufgabe angehen, die nur aufgrund ihrer Unmöglichkeit möglich ist und die man nur bearbeiten kann, wenn man mittendrin anfängt, mit den notwendig unzureichenden Möglichkeiten, die man hat und bei der es darum geht, sich so eng wie möglich mit einem Teil der Welt zu verbinden, um in ihr angemessen übersetzen und damit teilen zu können. In Bezug auf die Wissenschaften selbst, an deren Anfang die Ab-Teilung einer Welt der Wissenschaften von der Welt stand und in der dieses Experiment hier (das Experiment, dem Begriff des Experiments bildungstheoretisch anschlussfähige Konstanz zu verleihen) verortet werden muss, heißt das:

»Wir können die Differenz zwischen Wissenschaft und Nicht-Wissenschaft nicht im Namen einer Transzendenz beurteilen, die uns selbst in Bezug auf sie als frei bezeichnen würde. Frei davon sind einzig die, welche dieser Transzendenz gleichgültig bleiben. Doch reduziert diese Abhängigkeit, in der wir uns in Bezug auf sie befinden, in keiner Weise unsere Freiheitsgrade, unsere Wahl der Art und Weise, in der wir den von der Konstruktion dieser Differenz geschaffenen Probleme nachgehen. Die Situation ist die gleiche wie die des Politologen, der weiß, daß sein Problem überhaupt keinen Sinn hätte, wenn die Griechen keine ›Kunst der Politik‹ erfunden hätten. Er selbst ist Produkt dieser Erfindung, die er folglich nicht zunichte machen kann. Doch steht es ihm frei, diese Erfindung in Geschichte zu setzen.« (Ebd., S. 104)

22. DAS EXPERIMENT AUS EXPLORATIVER SICHT

In den Augen eines Explorators stellt sich das experimentelle Arbeiten als eine einzige wissenschaftliche Katastrophe dar: Statt bescheiden mit dem Wissen um das eigene Unwissen zu beginnen, setzt der Experimentator alles mögliche als gewusstes Wissen voraus und mobilisiert selbst das, was er nicht versteht. Statt bei dem zu beginnen, was ihm unbekannt ist, schließt er alles aus, von dem er sich nicht sicher ist, dass es ihm zugänglich ist. Statt in die Welt hinauszugehen, die er doch zu erforschen vorgibt, schließt er sich ein und andere aus. Statt seinen Blick zu weiten, beschränkt er ihn. Anstatt wenigstens zu versuchen, die Welt so zu beobachten, wie sie ist, modifiziert er sie schon, bevor er auch nur mit seinem Experiment angefangen hat. Statt die Zahl der Vermittlungsschritte zu reduzieren, um seinem Untersuchungsgegenstand näher zu kommen, vervielfältigt er sie. Gleichzeitig gibt er jede Distanz auf und involviert sich ins Geschehen. Der Umgang mit Begriffen im Prozess des Experimentierens ist vage, ja sogar schlampig – wenngleich auch von einer Art gemäßigter Schlampigkeit, die Max Delbrück als Notwendigkeit für jeden experimentellen Erkenntnisprozess beschrieben hat.[148] Unperfekt muss auch der Einsatz und der Umgang mit der Technik sein, damit der materiell-semiotische Raum des Experimentalsystems in seiner produktiven Vagheit zwischen Chaos und bloßer Wiederholung aufrechterhalten werden kann. Einen Explorator, der sein Ziel nie aus den Augen

148 Diese Wendung findet sich in einem Brief von Delbrück an einen Freund (aus: Rheinberger 2001, S. 258; 20)

lässt, muss die Opportunität, mit der ein Experimentator seine Aufmerksamkeit mal hierhin und mal dorthin richtet, in höchstem Maße irritieren, vor allem wenn der einzige Grund für seine Richtungswechsel das bloße Gefühl ist, dass hier oder dort irgendetwas zu fehlen scheint. Dass der Experimentator nie die Welt an sich im Labor hat, sieht selbst der Laie und jeder, der genauer hinschaute, würde erkennen, dass kein einziger der vielen Übersetzungsschritte logisch abgeleitet, aufgrund einer Regel begründet werden könnte; kein Begriff, kein Objekt, bei dem sich nicht nachweisen ließe, dass es im Ursprungskontext eine andere Bedeutung hatte als in dem, in den es hineinübersetzt wurde. Statt irgendetwas präzise richtig zu machen, wird hier alles so behandelt, als sei es wahrscheinlich oder hinreichend zutreffend. Wo man auch hinschaut: Artifizialitäten, Sprünge, Wahrscheinlichkeiten, Listen und Basteleien. Deshalb erscheint jede experimentelle Arbeit, die mit einem am explorativen Denken geschulten Blick genauer betrachtet wird, unweigerlich als unbescheiden und ungenau: Anstatt sich einer Sache richtig zu widmen, werden alle möglichen heterogenen Elemente in einem Verbund versammelt.

Das Experiment ist seit der ersten Erzeugung eines Vakuums für das klassische, nach klaren Unterscheidungen drängende Wissenschaftsverständnis eine einzige Quelle des Horrors. Es hat im wahrsten Sinne des Wortes Bestien erzeugt, Nachkommen logischer Paradoxien wie fluoreszierende Mäuse, deren einzig natürliche Umgebung die Artifizialität des Labors ist. Doch wenn sich Räume schon von alleine schließen, wenn es kaum noch weißen Flecken zum Ausfüllen gibt, Theorien, Techniken und epistemische Dinge weltweit werden, dann stößt der Explorator überall auf sich selbst und seine eigenen Ergebnisse. Das lässt einem nur drei Möglichkeiten: Erstens die Flucht ins Imaginäre, bei der man sich wie die Wirtschaftswissenschaft der letzten dreißig Jahre seinen zu explorierenden Gegenstand selbst erfindet oder was einem als Tourist manchmal gelingt, wenn man außerhalb der Saison unterwegs ist. Oder zweitens das Betreiben von Wissenschaft wie ein Notar, indem man ungeachtet jedes Erkenntniswertes zitierfähige Texte produziert. Die dritte Möglichkeit besteht darin, dass man sich dieser Tatsache und den sich daraus ergebenen Paradoxien stellt. Das Experiment *ist* die technisch-soziale Lösung für den paradoxen Versuch eine erschlossene Welt zu erschließen. Und obwohl die Paradoxie nichts ist, was in Wirklichkeit existiert, kann auf sie beim Denken der Welterschließung nicht verzichtet werden, denn nur über den Umweg über diese quasitranszendentale Instanz kann das Denken der Welterschließung über das Explorative hinausweisen. Niemand kann sich etwas erschließen, ohne gleichzeitig zwischen Erschlossenem und Unerschlossenem zu unterscheiden, ansonsten gäbe es keine Möglichkeit an etwas anzuschließen. Dieses »etwas« ist die Welt – und damit etwas, das notwendig über sich selbst hinausweist.

23. DAS EXPLORATIVE UND DAS EXPERIMENTELLE DENKSYSTEM

Wenn man Listen von Eigenschaften erstellt und mit ihnen so lange herumbastelt, bis sie sich soweit stabilisiert haben, dass man sie insgesamt als Einheit fixieren kann, dann ist der darauf *folgende* Akt des Benennens kein Akt der Beschreibung eines vorab unbeschriebenen Gegenstandes mehr. Aber bereits die Tatsache, dass man nach der »richtigen Bezeichnung« sucht, verweist darauf, dass diese Benennung auch kein neutraler Akt ist, sondern eine weitere Form der Übersetzung – ein Versuch, in den wissenschaftlichen Diskurs etwas einzuschreiben, was in diesem nicht vorgesehen ist. Wenn man auf diese Weise vom Versammeln, Basteln und Übersetzen aus denkt, anstatt von einer bestimmten Theorie ausgehend einen als unbestimmt bestimmten Gegenstand zu untersuchen, dann fehlen einem mit den Kriterien der jeweiligen Theorie, die einen Gegenstand als Gegenstand überhaupt erst bestimmen, auch die entsprechenden identifizierenden Begriffe; das zwingt zur Erfindung von Begriffen, um den stabilisierten Listen von Eigenschaften den Namen einer jeweils eigenen Entität zu geben, damit sie als »Black Box« weiter zirkulieren können. Hier, in diesem Experiment, sind es »Experiment« und »Exploration«, bzw. »Bildung« und »Lernen«, die sich als Namen für die sich stabilisierenden Listen von Eigenschaften als zwei komplementäre Formen der Welterschließung aufgedrängt haben. Dabei hat sich gezeigt, dass es sich bei Experiment und Exploration nicht einfach um beobachtbare Wesensmäßigkeiten handelt, aber auch nicht bloß um theoretische Konstrukte. Handelte es sich um explorativ aufgefundene Entdeckungen, wäre es naheliegend gewesen, diese neu entdeckten Entitäten zu *taufen.* Bei einer experimentell gewonnenen Unterscheidung zweier Welterschließungsformen, die ihren Erkenntniswert nur in Differenz zu bestehenden Verständnisformen von Welterschließung gewinnt, ist es naheliegender, bestehende Begriffe zu nehmen, um so die Kontinuität zur Tradition und den Bruch mit ihr deutlich zu machen. Spätestens an dieser Stelle, wo die Selbstbezüglichkeit dieser experimentell gewonnenen Unterscheidung überdeutlich wird, drängt sich die Frage nach dem Ort auf, von dem aus die Unterscheidung von Experiment und Exploration getroffen wird.

Experiment und Exploration sind Welterschließungsformen, deren Charakter entscheidend davon abhängt, von welchen Vorstellungen sie begleitet werden;

das ist etwas, was nicht nur ihre Reflexion betrifft, sondern auch die Strategien in ihrem Vollzug – denn sie sind als Strategien keine Mittel oder Methoden in der Hand eines intentional handelnden Subjekts, sondern Formen des Denkens selbst. Wenn Experimentatoren in dem Glauben experimentieren, sie würden explorieren, dann ist das nicht bloß ein Problem der Reflexion auf das Experiment, sondern ein Problem des Denkens selbst und damit für alles, was im Zuge dieses Prozesses »erkannt« wird und für alle, die mit den Folgen und den damit verbundenen Verwerfungen leben müssen. Wenn der Bezug auf eine transzendentale Instanz zur Legitimation herangezogen wird, Welterschließungsprozesse in einer Form stattfinden zu lassen, als wäre die Welt ungeteilt, dann hat das reale Auswirkungen und führt zu Verwerfungen an den Teilungen der Welt. Wenn schließlich die Unterscheidung von Exploration und Experiment selbst nur als Ergebnis eines experimentellen (und nicht explorativen) Prozesses verstanden werden kann, dann handelt es sich bei Experiment und Exploration um zwei Formen der Welterschließung, die selbst wiederum nicht von einem unabhängigen dritten Standpunkt aus beobachtet oder begriffen werden können, bzw. nur von einem Standpunkt aus, von dem aus die Unterscheidung selbst als Irrtum oder Fehler, nicht aber als etwas von unabhängiger Seite existent Bezeugtes erscheinen kann. Dass ein solcher Standpunkt fehlt, wurde bereits an der Form der Auseinandersetzung zwischen Hobbes und Boyle deutlich. Schematisch wiederholt: Anstatt Hobbes gemäß den Regeln der vorherrschenden Rationalität (nämlich der Hobbes'schen) davon zu überzeugen, dass mit dem Experiment Wahres gezeigt werden kann (es wäre nicht möglich gewesen) und anstatt Hobbes gemäß den Regeln einer neutralen Rationalität zu überzeugen (eine solche neutrale oder übergreifende Rationalität fehlt), muss Boyle eine List anwenden, die Hobbes zwar auch nicht überzeugt, Boyle aber ein anderes Ziel erreichen lässt, mit dem er nicht weniger zufrieden sein kann: Er bringt alle anderen dazu, sich an den experimentellen Wahrheitsäquivalenten zu orientieren und Hobbes' Einwände nach und nach als »bloß philosophische« zu ignorieren. In dieser, auf den unüberbrückbaren Bruch gerichteten Hinsicht gleicht der Übergang vom Explorativen zum Experimentellen[149] einem Paradigmenwechsel im Sinne Kuhns oder einem Denkstilwechsel im Sinne Flecks – allerdings nur in begrenzter Weise. Was es unmöglich macht, das Experimentelle und das Explorative als Paradigmen oder Denkstile zu verstehen, ist die Tatsache, dass das eine das andere nicht

149 Als Übergang ist der historische Bedeutungswechsel in der Wissenschaft gemeint. Fasst man Experiment und Exploration abstrakt als allgemeine Strategien der Welterschließung (was hier immer mitgemeint ist und im Folgenden expliziert wird), sind Experiment und Exploration strenggenommen natürlich gleichursprünglich.

abgelöst hat, sondern der Auftritt des Experimentellen in der Geschichte der Rationalität (was nicht gleichbedeutend ist mit dem Ursprung des Experimentellen selbst) »lediglich« mit der universalen Vorherrschaft des Explorativen in der Wissenschaft gebrochen hat. Nur in Betrachtung eines so sehr in sich geschlossenen Gebietes wie der Physik war es Kuhn möglich, Paradigmenwechsel als vollständige Übergänge zwischen zwei sich ausschließenden Paradigmen zu verstehen. Zwar ist auch das, wie man heute weiß, nicht korrekt gewesen – schließlich operiert die Physik auch nach Einstein noch mit Newtonscher Physik (man könnte sagen, dass sie für unterschiedliche Energieniveaus unterschiedliche Paradigmen bereithält) –, es kann aber ganz bestimmt nicht zutreffen, wenn es um das Verständnis technisch vermittelter Erkenntnisprozesse insgesamt geht. Gegen den Begriff des Paradigmas spricht auch Kuhns Konzentration auf theoretische Wandlungen und seine Vernachlässigung technischer Kontinuitäten, während gegen Flecks flexibleren Begriff des Denkstils,[150] den man alternativ anführen könnte,[151] die Systematizität und die Verbundstruktur spricht, in der hier die Charakteristika der jeweiligen Welterschließungsstrategien aufeinander verweisen. Der Vorschlag, der nicht mehr ist als eine begriffliche Verlegenheitslösung, lautet, das Explorative und das Experimentelle als zwei komplementäre Denksysteme zu verstehen. Damit soll zum Einen die Systematizität betont werden, in der ihre Charakteristika in einem Verbund aufeinander verweisen und zum Anderen darauf verwiesen werden, dass keine Form der Welterschließung ohne Denken auskommt – und dieses Denken, anstatt als freischwebend vorgestellt zu werden, den limitierenden Bedingungen des jeweiligen Denksystems unterworfen ist – denn das welterschließende Denken kann die Grenze zwischen erschlossen und unerschlossen nur in der Welt (also über ein Re-Entry) und nur in jeweils eine Richtung kreuzen (und nicht etwa beide Seiten gleichzeitig in den Blick nehmen) – was auch für das Denken gilt, das um die Erschließung der Welterschließungsstrategien bemüht ist. Mit den Paradigmen Kuhns und den Denkstilen Flecks ist den Denksystemen das Fehlen einer übergeordneten Regel gemein, einer übergeordneten Rationalität, in der der Übergang von einem zum anderen selbst wiederum aufgehoben wäre. Das Fehlen eines solchen gemeinsamen Fundaments wird vor allem in Bezug auf das Denken der Welterschließung selbst deutlich – hier gibt es eindeutig keinen bruchlosen Übergang vom univer-

150 Flexibel ist dieser insofern, als Denkstile bei Fleck, der sich u.a. an der Gestaltpsychologie orientiert, in Grenzen als erweiterbar, veränderlich und formbar vorgestellt werden. Vgl. zu den theoretischen Bezügen Flecks Schäfer/Schnelle 1980.

151 Kuhn hat bei seinem Begriff des Paradigmas deutliche Anleihen bei Fleck genommen (vgl. Schäfer/ Schnelle 1980).

salen *explorativen* Verständnis der Welterschließung zum *experimentell* gewonnenen Verständnis von Welterschließung als *entweder* explorativ *oder* experimentell. An die Paradigmen Kuhns erinnert auch das Krisenhafte am Ende der Universalität des explorativen Denksystems, das immer dann zum Vorschein kommt, wenn die Grundlagen der Rationalität selbst auf dem Spiel stehen. Kuhn spricht von der Häufung vieler kleiner Krisen, dem Auftritt diverser Ad-hoc-Theorien, der Ausblendung von Tatsachen oder sogar der Akzeptanz eklatanter Widersprüche, die solche Wechsel ankündigen. Und mit Fleck kann man hier die »Beharrungstendenz der Meinungssysteme«[152] (Fleck 1980, S. 40) am Werk sehen, die dazu führt, dass selbst dann an einer Form des Denkens festgehalten wird, wenn diese offensichtlich an ihr Ende gelangt ist, was sich in einer zunehmenden Kompliziertheit und der Häufung von Ausnahmen zeigt. Für die These, dass es sich beim Explorativen um ein Denksystem handelt, dass in seiner Universalität schon länger in der Krise steht, ließen sich verschiedene Indizien versammeln. So könnte man die »Krise der Repräsentation« als Teil der Krise des Explorativen reinterpretieren. Oder die erstaunliche Beachtung, die die Schwierigkeiten auf sich zogen, jede Form des Erkenntnisgewinns als »Beobachtung« zu fassen:[153] Dass ein nur selten verstandenes Forschungsproblem wie das Beobachtungsdilemma in der Quantenphysik eine so breite Aufmerksamkeit auf sich zog, kann in dieser Hinsicht als Symptom für die Krise des Primats der Beobachtung verstanden werden. Bemerkenswert ist diese Aufmerksamkeit nicht nur deshalb, weil die Bedeutung des Beobachterdilemmas in der Quantenphysik von kaum jemanden verstanden wurde, bzw. fast durchgehend falsch verstanden wurde,[154] sondern auch, weil das Problem der Einflussnahme auf das Beobachte-

---

152 Fleck – ganz der Experimentator – ist nicht besonders konsistent in seiner Begrifflichkeit. Die Begriffe Denkkollektiv, Denkstil und Meinungssystem sind nicht trennscharf voneinander zu unterscheiden: vgl. auch Schäfer/Schnelle 1980.

153 Ein Ausweg besteht freilich darin, Beobachtung so abstrakt zu fassen, dass sie von dem Auge und dem Blick abstrahiert werden kann, wie es bei Luhmann der Fall ist, der Beobachtung als das Treffen einer Unterscheidung fasst. Inwiefern sich nicht aber auch bei Luhmann noch Reste des Primats des Blicks finden lassen, müsste man anhand der Frage prüfen, ob in der Systemtheorie Beobachtung auch als Bearbeitung gefasst werden kann (ich vermute: nein).

154 Das Beobachterdilemma in der Quantenphysik wird zumeist als forschungspraktisches Problem missverstanden, als Problem des Physikers, seine Objekte nicht beobachten zu können, ohne auf sie »Einfluss« zu nehmen. In dieser Fehlinterpretation bleibt die Möglichkeit einer unabhängig existierenden und nach klassischen Gesetzen der Physik (wie dem der Kausalität) funktionierenden Realität unangetastet. Tatsächlich ist das alles viel schlimmer und nicht nur unverständlich, weil es kompli-

te durch den Beobachter in Bereichen wie der Ethnographie schon lange vorher als Problem diskutiert wurde. Aber offenbar brauchte es erst einer Krise in der »Universalsprache der Wissenschaft« (Carnap 1931), der Physik, um es als grundlegendes, die wissenschaftliche Rationalität selbst betreffendes Problem ernst zu nehmen (freilich über den Umweg eines entschiedenen Missverstehens). Solange es nur die Ethnographie oder die Sozialwissenschaften betraf, konnte man dieses noch als Beweis ihrer unzureichenden Wissenschaftlichkeit abtun (was einer Art Ad-hoc-Theorie zur Aufrechterhaltung der Universalität des Explorativen entspräche). Angesichts der engen Verknüpfung von Objektivität und unverortetem Blick (vgl. Daston 1999) im explorativen Paradigma, können solche Phänomene nun als Symptome eines in seiner Universalität bedrohten Denksystems verstanden werden. Die mit der Unterscheidung von Exploration und Experiment eröffnete Möglichkeit, jede Form der Welterschließung als innerweltliche Arbeit an den Grenzen der Welt in der Form des Re-Entrys zu denken, erlaubt es hingegen, weiterhin sinnvoll zwischen solchen Beobachtungen zu unterscheiden, die ihren Gegenstand unverändert lassen (wie die Beobachtung des Mondes mit dem Fernrohr) und solchen, die ihren Gegenstand notwendig beeinflussen (wie die teilnehmende Beobachtung einer sozialen Gruppe), ohne im ersten Fall zu behaupten, die Dinge so zu sehen, wie sie »an sich« sind, bzw. im zweiten Fall die Idee nahezulegen, man müsse nur den Einfluss möglichst gering halten und dann würden sich die Dinge schon so zeigen, wie sie »an sich« sind. Der Versuch mancher Konstruktivisten, aus dem Beobachtungsdilemma der Quantenphysik die absurde Behauptung abzuleiten, dass jede Beobachtung seinen Gegenstand beeinflusse, kann man nun als geradezu verzweifelten Versuch verstehen, wenn schon nicht die Universalität des explorativen Denksystems, so doch zumindest seine Universalität zu retten. Man könnte weitere Krisensymptome aufzählen: Die »Entdeckung« des Konstruktionscharakters der Wissenschaft, ihrer unhintergehbaren Geschichtlichkeit, ihrer Tendenz zur sozialen Schließung, der Bedeutung von Alltagsheuristiken, des formenden Charakters der Medien, der Tendenz zur Virtualisierung etc. Aber das alles führte zunächst nur zu einer Kritik der Exploration, die selbst mit universalen Ansprüchen und in explorativer Form daher kam und zu Recht als Angriff auf den Geltungsanspruch der Wissenschaften verstanden wurde. Die Wissenschaftsreflexion entwickelte sich so zu einer Art Produktionsstätte für Krisentheorien. Aus dem Bann dieser Krisen führt keine Dialektik, wie sie Rorty für die Philosophie vorschlägt, wenn er in Anlehnung an Kuhn zwischen einer »Systematischen Philosophie« im Sin-

ziert ist, sondern weil tatsächlich nicht zu begreifen ist, was da passiert. Eine verständliche Darstellung dieses Unverständlichen findet sich z.B. bei Lindley 2008.

ne einer Normalwissenschaft, die weiter so zu arbeiten habe, als hätte es diese Krisen nie gegeben und einer »Bildenden Philosophie« unterscheidet, die gegen die Abschließungstendenzen dieser Systematischen Philosophie, ihrer Tendenz »zum Technisch-Werden« eine Art Dauerkritik stellen müsse (vgl. Rorty 1981). Aus dem Bann dieser Krisenfixierung hilft nur eine Hinwendung zum Experimentellen, die das Explorative weder zu ersetzen noch zu destruieren trachtet. Das ist es, was man von der »experimentellen Wissenschaft« lernen kann: Ihr gelang es, die Grenzprobleme der Exploration systematisch in einen Vorteil umzukehren. Man versuchte nicht mehr nach absoluter Wahrheit zu streben, sondern begnügte sich mit dem jeweils Überzeugendsten; statt weiter nach weißen Flecken zu suchen, konzentrierte man sich darauf, das Bekannte von innen auszuhöhlen; statt immer noch weiter zu reisen, begann man an Ort und Stelle zu bleiben und statt dessen die Zeit strategisch zu nutzen; statt sich weiter einzureden, die Forschung beginne erst, wenn Medien so transparent geworden seien, dass man ihren Einfluss vergessen könne, fing man an, das Gebastel an den Medien in den Mittelpunkt des Forschungsprozesses zu stellen und die Art der Darstellung des Dargestellten nicht mehr an ihrer Korrespondenz mit dem Gegenstand, sondern an der Anschlussfähigkeit zu messen; man machte die Historizität der Wissenschaft zu ihrer eigenen Bedingung, die Erfindungen zum Motor des Erkenntnisfortschritts, reservierte intentional anstrebbare Ziele für Forschungsanträge und verließ sich ansonsten auf die Intuition, auf das Gefühl, dass man etwas auf der Spur ist. Dass die Ränder der experimentellen Wissenschaft von Bildungsherausforderungen gesäumt sind, liegt daran, dass die Wissenschaft sich in der Ab-Teilung von der Welt als Wissenschaft immer wieder neu konstituieren muss. Wer oder was (sich) hier mitteilen darf, ist eine Frage, die die Wissenschaften übersteigt – es sind die Ahnungen derer, die Ahnung haben, die mit dieser Bildungsherausforderung konfrontiert sind. Und Ahnung in Bezug auf das, worum es in den Mitteilungen der Wissenschaft geht, haben natürlich nicht nur Wissenschaftler, denn es geht ja nicht um eine eigene wissenschaftliche Welt – jede Form des Experimentieren setzt eine Abschließung eines in seiner Erschlossenheit gesteigerten Raumes von der Welt voraus, der die Welt darstellt. Das ist der notwendige Akt der Teilung, der jeder experimentellen Bemühung vorausgehen muss, um einem fehlenden Fremden Möglichkeiten zur Mit-Teilung aufzuschließen und seinem Anspruch auf Mitteilung gerecht werden zu können. Die Teilung, der Ausschluss, die Verfehlung der Welt und das Nicht-Perfekte der Übersetzungen sind damit die Bedingungen der Möglichkeit, den Folgen von Teilungen, Ausschlüssen, Verfehlungen und dem Nicht-Perfekten experimentell begegnen zu können. Man bleibt Krisentheoretiker der explorativen Erkenntnis, wenn man sich im explorativen Denksystem verbleibend seinem Scheitern widmet (wenn man immer aufs Neue zeigt, dass Wissen unabschließbar ist, dass Medien nicht neutral sind, dass das Fremde nicht im Eigenen aufgeht, dass es keinen Zugang zur Welt an sich gibt, dass die Repräsentation in der Krise ist, dass das intentionale Subjekt am Ende ist etc.).[155]

Das Denken in einem der beiden Denksysteme ist ein Denken im Verbund, d.h. dass kein Charakteristikum einfach ausgetauscht werden kann und jedes Charakteristikum innerhalb des jeweiligen Denksystems auf alle anderen Charakteristika verweist und erst in diesem differenziellen Verweisungsgefüge seine Bedeutung erhält. So kann man, um nur einige der möglichen Querverweise anzuführen, die Intuition nicht mit der Souveränität eines Subjekts zusammendenken und an den Platz der Intention versetzen (sonst erhält man Ratgeberliteratur), man kann Iteration nicht räumlich denken, man kann nicht von Konstruktionen sprechen und an der Repräsentation festhalten (sonst erhält man triviale Konstruktivismen mit Hang zum Solipsismus), man kann nicht erschlossene Räume explorieren (sonst wird man zum Touristen), man kann mit dem Auge nicht basteln und mit der Hand nicht schauen, man kann nicht von der Iterabilität eines Experimentalsystems sprechen ohne gleichzeitig seine Historizität anzuerkennen; man kann nicht die Historizität anerkennen ohne gleichzeitig anzuerkennen, dass sich im Körper des Experimentators Erfahrungen sedimentieren. Man kann auch nicht die Historizität der Kultur, der Wissenschaftskulturen anerkennen ohne gleichzeitig die Historizität der Natur anzuerkennen (ansonsten bricht alles zusammen: eine als konstant gedachte Natur ist eine transzendentale Natur), man kann auch nicht übersetzen, ohne seine Distanz zu verlieren, genauso wie man nicht der Verantwortung für Entscheidungen entgehen kann, wenn man übersetzt. Diese gegenseitigen Verweisungen der Elemente aufeinander, ihre Verbindung im Verbund eines Denksystems, gibt der Unterscheidung von Exploration und Experiment ihre fixierte Form. So fixiert kann man sie sogar in eine Tabelle übersetzen.[156] Bei einem so großen Übersetzungsschritt geht zwar fast alles verloren und werden die Zusammenhänge verzerrt, aber als Überblick kann sie dennoch dienen und ist insofern hilfreich, als hier auch die erwähnten Aspekte auf-

155 Dass ist es, was Rabinow Rorty vorwirft: Dieser sei auch nicht besser als die analytischen Philosophen, die die Philosophie in eine technische Disziplin verwandelt hätten, wenn er selbst nichts anderes mehr tue, als immer wieder nach dem gleichen Schema aufs Neue das Ende der Philosophie zu verkünden (Rabinow 2004, 119).

156 Angelehnt ist diese Gegenüberstellung an eine Tabelle aus dem Cyborg-Manifest von Donna Haraway (1991), in der sie zwei Arten von Begriffen gegenüberstellt: Solche, die an die Vorstellung natürlicher Objekte gebunden sind und solche, die diese Vorstellung unterlaufen.

genommen worden sind, denen kein eigener Abschnitt gewidmet wurde und die daher auch nicht in dem Inhaltsverzeichnis erscheinen.[157] Im oberen Teil der Tabelle auf der nächsten Seite wird die linke Seite dem Explorativen und die rechte Seite dem Experimentellen zugeordnet. Im unteren Teil wird die linke Seite dem explorativen Verständnis des Experiments und die rechte Seite dem experimentellen Verständnis des Experiments zugeordnet.

157 Als Übersetzung und aufgrund der in ihr deutlich erkennbaren Verkürzungen kann sie aber auch im Sinne Serres' der Belustigung dienen (Serres 1992, S. 7, siehe auch oben S. 171).

Exploration	Experiment
Unerschlossen	Erschlossen
Erweiterung	Beschränkung
Offen	Geschlossen
Raum	Zeit
Unbegrenzte Möglichkeiten	Begrenzte Unmöglichkeiten
Wiederholbarkeit	Iterabilität
Das als fremd erkannte Fremde	Das fehlende Fremde
Auge	Hand
Transparent	Opak
Beobachtung	Bearbeitung
Forschungsgegenstände	Epistemische Dinge
Kopieren	Modifizieren
Natur	Artifizialität
Repräsentation	Übersetzung
Distanz	Nähe
Intention	Intuition
Entdeckung	Erfindung
Voraussetzungsarm	Voraussetzungsvoll
Zwischenglieder	Mittler
Werkzeuge	Technik mit *techné*
Ingenieure	Bricoleure
Sammeln	Versammeln
Isolation	Verbund
Alexander von Humboldt	Wilhelm von Humboldt
Transzendente Immanenz	Immanente Transzendenz
Ahistorisch	Historisch
Lernen	Bildung
Wissenschaftstheorie	Wissenschaftsforschung
Wien	Lwów
Primat der Theorie	Primat der Praxis
Simulation	Virtualität
Ironie	Humor
Gesinnungsethik	Verantwortungsethik
Genies	Virtuosen
Verkündung	Mit-Teilung
Anwesende Abwesenheit	Situiertheit
Entkörperung	Verkörperung

Teil IV: Die Subversion der Bildung

»You don't have to be a scientist to
do experiments on your own heart«
– JEFFREY LEWIS

Am Anfang dieser Arbeit stand eine Bestimmung von Bildung als grundlegender Transformation von Figuren des Welt- und Selbstverhältnisses infolge einer Erfahrung des Scheiterns. Ausgehend von der Vermutung, dass es kein Zufall ist, dass zumeist von Technik geschwiegen wird, wenn von Bildung – und zwar auch in dieser Form – die Rede ist, wurde am Beispiel der experimentellen Wissenschaften eine empirisch gut zugängliche Form der Welterschließung untersucht, bei der Technik eine so offensichtliche Rolle spielt, dass der Versuch von ihr zu Schweigen zu einer ebenso offensichtlichen Verfehlung des empirisch nachvollziehbaren Charakters des Experiments führen müsste. Dabei konnte auf vorliegende Untersuchungen Bezug genommen werden. So musste nur noch zusammengetragen, versammelt und in einen ebenso paradoxie- wie iterationsfähigen Theoriezusammenhang übersetzt werden, was als gewußtes Wissen bereits vorlag und als relevant für die Frage nach dem Fehlen der Technik in der Bildungstheorie vermutet wurde. Im Zuge des Herumgebastels mit den versammelten Ergebnissen der neueren Wissenschafts- und Technikforschung trat die Frage nach der Technik und ihrem Verhältnis zur Bildung zunehmend in den Hintergrund und wurde von der sich nach und nach verdichtenden Vermutung abgelöst, dass es nicht um das Fehlen der Technik selbst geht und damit auch nicht darum, sich an sie zu erinnern, sondern dass die Möglichkeit der Beantwortung der Frage nach der Technik von etwas ganz anderem abhängt, etwas, das sich schließlich – *ex post* – als das Fehlen einer trennscharfen Unterscheidung zweier komplementärer Formen der Welterschließung erwiesen hat. Statt nun also eine Antwort auf die Frage zu liefern, welche Rolle Technik in Prozessen der Transformation von Figuren des Welt- und Selbstverhältnisses spielt, liefert diese Auseinandersetzung die Antwort auf zwei Fragen, die vor diesem Experiment gar nicht gestellt wurden. Das ist zum Einen die Frage nach der Unterscheidung von Lernen und Bildung – eine Frage, die bereits als beantwortet galt. Und zum Anderen ist das die Frage nach der Angemessenenheit einer Bestimmung von Bildung als »grundlegender Transformation von Figuren des Welt- und Selbstverhältnisses infolge einer Erfahrung des Scheiterns bestehender Figuren des Welt- und Selbstverhältnisses«. In dieser Form schien die Frage nicht sinnvoll bearbeitbar zu sein, denn ohne expliziten Bezug auf eine der vorliegenden theoretischen Ausarbeitungen schien diese allgemein gehaltende Fassung des Bildungsbegriffes einerseits viel zu offen und zu unbestimmt, andererseits als viel zu beschränkt – es geht schließlich um kaum mehr als nur eine, wenn auch zentrale Wendung – um als lohnender Forschungsgegenstand erkennbar zu werden. Eher hätte es nahegelegen, danach zu fragen, wie und mit welcher Theorie solche Transformationen denn genauer gefasst und beschrieben werden könnten.

1. BILDUNG UND LERNEN

Wenn man Exploration und Experiment in der oben hergeleiteten Weise als zwei komplementäre Formen der Welterschließung begreift, besteht strukturell kein Unterschied zwischen arbeitsteilig organisierten Formen der Welterschließung und individuell zugewandten Formen der Welterschließung. In beiden Fällen handelt es sich um eine Arbeit an der Unterscheidung von erschlossen und unerschlossen und in beiden Fällen geht es um die Erschließung einer geteilten Welt. Das muss auch so sein – andernfalls müsste man entweder der Wissenschaft oder den Individuen die Fähigkeit zur Welterschließung absprechen oder behaupten, die »Welt der Wissenschaft« hätte nichts mit der »Welt eines Individuums« zu tun. Die »Welt der Wissenschaft« wird durch die Gesamtheit des wissenschaftlich als erschlossen und des wissenschaftlich als unerschlossen geltenden Bereiches der Welt bestimmt, die »Welt eines Individuums« wird durch die Gesamtheit dessen bestimmt, was ihm als erschlossen und als unerschlossen vorliegt. Die Anführungszeichen verweisen bereits darauf, dass es sich dabei nicht um einen solipsistischen Begriff von Welt handelt, sondern um einen paradoxen (es gibt unendlich viele Welten – doch nie mehr als eine), der es ermöglicht, ihre Teilung und Unzugänglichkeit gleichzeitig zu denken – und so die Welterschließungsprozesse dort – und *ausschließlich* dort – zu verorten, wo sie auch stattfinden: nämlich in der Welt. Dass jede Art der Welterschließung auf eine geteilte Welt gerichtet ist, ergibt sich schon aus der Form der Welterschließung selbst: In jedem Moment der Welterschließung muss die Teilung der Welt in einen erschlossenen und einen unerschlossenen Bereich aktualisiert werden, denn nur auf eine der beiden Seiten kann sich diese Bemühung richten und nur im Treffen dieser Unterscheidung tritt auch ein Motiv zur Welterschließung auf (nur weil einem nicht alles erschlossen ist, gibt es die Motivation, sich etwas zu erschließen und nur weil man ahnt, dass die Welt in ihrer Erschlossenheit nicht so ist, wie sie sich einem darstellt, gibt es die Motivation, diesem nachzugehen). Dass die Welt darüber hinaus auch noch mit anderen geteilt wird, ist ebenfalls damit notwendig verbunden – denn sonst gäbe es nichts Fremdes in der Welt, womit es auch kein »Mit« in der Mitteilung, kein Motiv zur Welterschließung, mithin keine Welterschließung und schließlich nicht einmal eine Welt gäbe. Die Unumgänglichkeit, dass es sich in jedem Fall um die Erschließung einer *geteilten* Welt handelt, bringt es mit sich, dass es keinen privilegierten Zugang zu ihr geben kann, der noch den Teilungen vorausginge oder sie umgreifen könnte. Nur deshalb bedurfte es auch einer List, um die Ergebnisse der experimentellen Wissenschaften mit der Verbindlichkeit auszustatten, die sie nach und nach gewonnen haben und die es der Wissenschaft erlaubte, selbst das Unverstandene und bloß Wahrscheinliche produktiv in ein arbeitsteilig organisiertes und generationenübergreifendes Welterschließungsprojekt wiedereinzuführen. Dass den Individuen die Ergebnisse der Wissenschaft selbst nicht unmittelbar in der Form der Welterschlossenheit zur Verfügung stehen und auch nur ein verschwindend geringer Teil als etwas in seiner Unerschlossenheit Erschlossenes, versteht sich von selbst. Und es wird auch nur teilweise durch das Zur-Verfügung-Stehen von solchen Techniken kompensiert, in denen wissenschaftliches Wissen auf eine Weise exteriorisiert ist, dass es nicht nachvollzogen zu werden braucht, um mobilisiert werden zu können. Durch die Konstitution der Wissenschaft ist auch nicht ein für alle Mal ein Bereich der Wissenschaft gegenüber der Nicht-Wissenschaft abgesteckt, so dass gewissermaßen eine Welt für die Erschließungsbemühungen der Wissenschaft reserviert wäre und eine für die Individuen, der sie sich dann erschließend widmen dürften. Im Gegenteil: Diese Unterscheidung wird selbst im ereignishaften Prozess der wissenschaftlichen Welterschließung, der sich auf der Grenze von Wissenschaft und Nicht-Wissenschaft ereignet, immer wieder erneuert. Damit unterliegt er einer unablässigen Drift und öffnet sich immer wieder aufs Neue gegenüber dem Nicht-Wissenschaftlichen. Wenn es auch soviele Ausprägungen der Welterschließung gibt, wie es Welten gibt, so gibt es doch nicht unzählig viele Formen, sondern nur zwei. Denn wenn jede Form der Welterschließung immer nur entweder auf die eine oder die andere Seite ihrer Unterscheidung gerichtet sein kann und dieses die Konsequenzen hat, die oben beschrieben worden sind, dann gibt es nicht nur keinen strukturellen Unterschied zwischen wissenschaftlichen und individuell zugewandten Formen der Welterschließung, dann *kann* es auch gar keinen geben. Das gilt für die Exploration, die auf unerschlossene Bereiche gerichtet ist genauso wie für das Experiment: Wo immer sich Räume schließen, indem ein Bereich gesteigerter Erschlossenheit in der Welt von der Welt abgeteilt wird und ein Iterationszusammenhang eine eigene, von der Welt unterscheidbare Geschichte in Körper schreibt, wo sich verschiebende Grenzen Wesensbestimmungen unterlaufen, Technik ihren technischen Charakter verliert und zum Mittler wird, wo Medien opak werden, die Intention ihre Beherrschung verliert und eine in der Geschichte dieses Iterationszusammenhanges erworbene Intuition die Regie übernimmt, die einen Prozess, bei dem das Ziel fehlt, zielgerichtet zwischen Chaos und Automatismus hindurchzusteuern und dabei eine Vagheit aufrechterhalten vermag, die zu unvorhersehbaren Ereignissen offen genug ist, um einem fehlenden Fremden Mitteilungsmöglichkeiten zu verschaffen und sei es nur in der Art, dass dem Fehlen ein Platz eingeräumt wird, kurzum: überall wo sich Experimentalsysteme konstituieren – und seien sie noch so rudimentär und flüchtig – wird auch experimentiert.

Die individuell zugewandte Form der explorativen Welterschließung soll in Hinblick auf die Tradition als Lernen bezeichnet werden. Wie auch die wissenschaftliche Exploration setzt das Lernen an einer vorliegenden Unterscheidung von Erschlossenem und Unerschlossenem an. Obwohl auch das Lernen als eine paradoxe Veranstaltung betrachtet werden muss, und nur auf der Grenze vom Erschlossenen und Unerschlossenen stattfinden kann (und nicht etwa jenseits dessen, was einem sinnhaft zugänglich ist; so dass man nur rückblickend feststellen kann, was man vorher nicht gewusst hat), ist das Lernen aufgrund seiner alltäglichen Vertrautheit einfach nachzuvollziehen: Man weiß, was man nicht weiß (oder bekommt das gesagt) und dann lernt man das – so erschließt man sich eine Welt. Dabei fällt gar nicht mehr auf, dass dieses bereits eine geschickte Form der Paradoxiebewältigung ist, bei der man sich statt auf das zu Lernende, von dem man ja nichts weiß, statt dessen auf die Bezeichung des zu Lernenden bezieht, die man gar nicht mehr lernen muss, weil man die ja schon kennt (»morgen lernen wir Analysis«).[1] Formtheoretisch ausgedrückt: Die Bearbeitung der Unterscheidung von erschlossen und unerschlossen richtet sich beim Lernen auf die Seite des Unerschlossenen. Jede individuell zugewandte Form der Welterschließung jedoch, bei der die Unterscheidung von erschlossen und uner-

1 Dass es sich beim Lernen ebenfalls um eine paradoxe Veranstaltung handelt und auch die Orientierung an einer vorliegenden Unterscheidung den Bruch zwischen dem Alten und dem Neuen nicht zu kitten oder zu überbrücken vermag, hat auch sein Gutes: Nur so wird es z.B. verständlich, warum Kinder, wie Marja van den Heuvel-Panhuizen am Beispiel schlechten Mathematikunterrichts gezeigt hat, auch dann das richtige lernen können, wenn es ihnen falsch beigebracht wird. (Van den Heuvel-Panhuizen 2003)

schlossen selbst zum Problem geworden ist, wo man nicht weiß, was es ist, das man lernen müsste, um dem auf die Spur zu kommen, das einem das Gefühl vermittelt, dass die Welt nicht so ist, wie sie sich einem darstellt, muss nicht nur an dem ansetzten, was bereits bekannt ist, sondern sich auch auf dieses richten. Formtheoretisch ausgedrückt: Die Bearbeitung der Unterscheidung von erschlossen und unerschlossen richtet sich auf die Seite des Erschlossenen. In Anlehnung an die Tradition und um den Bruch mit ihr deutlich zu machen, kann man die experimentelle Form der Welterschließung in ihrer individuell zugewandten Seite Bildung nennen. Genau wie in der Wissenschaft erfordern diese beiden komplementären Formen in ihrer individuell zugewandten Weise unterschiedliche Strategien und müssen auch jeweils unterschiedlich gedacht werden. Konsequent gedacht gilt dies dann auch für jede Form der wissenschaftlichen Erschließung von Lern- und Bildungsprozessen.

Durch diese Aufteilung der Begriffe Lernen und Bildung auf jeweils eine Seite der Unterscheidung vom explorativen und experimentellen Denksystem wird nicht mehr der Begriff des Lernens gegenüber dem der Bildung degradiert, sondern, im Gegenteil, zum Komplementärbegriff aufgewertet. Während in der Formulierung von Bildung als grundlegender Transformation von Figuren des Welt- und Selbstverhältnisses nur dem Begriff der Bildung nennenswertes Transformationspotential zugesprochen wird, während der Begriff des Lernens die Form der Welterschließung bezeichnet, bei der die »grundlegenden Figuren des Welt- und Selbstverhältnisses« unangetastet blieben, wird hier hervorgehoben, dass keine Form der Welterschließung von einer Transformation losgelöst gedacht werden kann. Denn mit jeder Arbeit an der Unterscheidung von Erschlossenem und Unerschlossenem wird die Unterscheidung selbst verändert (es sei denn, es wird imaginär über den Umweg einer rekursiven Identifikation mit dem am Ende vorliegenden Ausgangspunkt eine Konstanz konstruiert). Zwar wird auch hier Lernen als der Prozess gefasst, der an einer *vorliegenden* Unterscheidung von erschlossen und unerschlossen *ansetzt*, aber er wird ebenfalls iterativ verstanden und von der Vorstellung einer bloßen Wiederholung bereits Gewußtem, an das sich ebenso statisch wie nahtlos etwas anfügen ließe, unterschieden. Das radikal Neue ist nichts, was ausschließlich in Bildungsprozessen eine Rolle spielt. Von Lernen soll entsprechend nur dann die Rede sein, wenn man nachher etwas weiß, was man vorher nicht wusste (wozu natürlich auch gehören kann, nachher zu wissen, das man etwas vorher wusste – wenn man *das* vorher nicht wusste). Dass man *vorher* das zu Lernende bereits als zu Lernendes identifizieren und es entsprechend bezeichnen konnte (»morgen fangen wir mit Analysis an«), macht diese Arbeit an der Unterscheidung von erschlossen und unerschlossen noch nicht zu einem mengenlehrenmäßigen Nullsummenspiel, bei dem ein Element von der einen auf die andere Seite wandert – es liegt bloß nahe, sich das so vorzustellen. Gleichzeitig wird Bildung als ein Prozess gefasst, der seine Bedingung im Lernen findet, so wie auch die wissenschaftliche Exploration das wissenschaftliche Experiment vorbereitet (ohne Sammlung keine Versammlung). Bildung kann sinnvoller Weise überhaupt erst dort beginnen, wo sich die Möglichkeiten des Lernens erschöpft haben oder die Ahnung Form gewinnt, dass das Lernen gemäß einer vorliegenden Unterscheidung von Erschlossenem und Unerschlossenem von der Spur dessen wegführt, um dessen Mitteilung es gehen müsste. Das kann schon aufgrund der Geteiltheit der Welt natürlich nicht heißen, alles über die Welt zu wissen; aber Bildung ist nur vorstellbar vor dem Hintergrund einer bis an ihre Grenzen gesteigerten Erschlossenheit eines abgeteilten Teils der Welt als Welt in der Welt (eines Teils also, der nicht einfach ein Ausschnitt der Welt ist, sondern immer eine Steigerung eines über ihn hinausweisenden Teils der Welt). Da es darum geht, die denkbaren Möglichkeiten um einer ungedachten Möglichkeit willen an ihre Grenze zu bringen, lässt sich auch die Möglichkeit des Misslingens von Bildung nicht ausschließen, nicht einmal entschärfen. Darauf verweist auch Wimmer, wenn er über die herausfordernde Erfahrung einer Paradoxie schreibt:

> »Die Erfahrung der Ausweglosigkeit, des Paradoxen oder der Aporie ist die Erfahrung der Grenze der gegebenen Möglichkeiten und des bestehenden Selbst- und Weltverständnisses. Diese Grenze markiert nicht die Linie zwischen dem Reich des Möglichen und Machbaren auf der einen und dem Reich des Unmöglichen und Utopischen auf der anderen Seite, sondern sie spaltet das Mögliche selbst und von Anfang an. So kann es nicht darum gehen, sie hinter sich zu lassen, sie zu überwinden, aber auch nicht, sich mit den gegebenen Möglichkeiten zu bescheiden« (Wimmer 2006, S. 365).

Das ist die konstitutive Bedeutung der Erfahrung des Paradoxalen für die Bildung. Und diese Erfahrung wird durch das Lernen vorbereitet.[2] Eine Hierarchie zwischen Lernen und Bildung, bzw. zwischen Exploration und Experiment einführen zu wollen, das eine gegen das andere auszuspielen, davon zu sprechen,

2 So wie auch die Erfahrung der Unmöglichkeit, das Experiment innerhalb der »Grenze der gegebenen Möglichkeiten« des explorativen Denksystems zu verstehen, dadurch vorbereitet wurde, dass man immer mehr über die Praxis des Experimentierens gelernt hat. Besonders gut nachvollziehbar und anschaulich hat Steinle (2000) gezeigt, wie Vielfältig die Möglichkeiten experimenteller Erfahrung sind – und wie unzureichend damit das gegenwärtig immer noch vorherrschende Verständnis des Experiments ist.

dass der eine ja bloß lerne, während der andere sich bilde, scheint vor diesem Hintergrund nicht nur nicht sinnvoll, sondern geradezu abwegig. Vielleicht lässt sich so die Würde des Lernens wiederentdecken, anstatt das Lernen als etwas gegenüber der Bildung Minderwertigem so gering zu schätzen, wie es heute der Fall zu sein scheint, wo kaum noch etwas übrig zu sein schein, das nicht mit dem Anspruch auf »Bildung« daherkommt.

In der so häufig anzutreffenden gedanklichen Trennung des Erlernens von festen Fakten und dem spielerischen »Experimentieren« als einer Tätigkeit, die sich von diesen Fakten unabhängig zeigt (vgl. aktuell z.B. Marotzki/Jörissen 2009) wird hingegen wesensmäßig getrennt, was strukturell zusammen gehört: Nämlich das Erlernen als gesichert angesehener Fakten, um die Öffnung auf ein unvorhergesehenes Ereignis in einem Bildungsprozess vorzubereiten. Dabei müssen diese Fakten keineswegs unbedingt wissenschaftlich sein, sie müssen nicht einmal als Fakten bewusst sein, es kommt bloß darauf an, dass sie als gegeben *vorausgesetzt* und mobilisiert werden können. Anders gesagt: Wer versuchen würde zu experimentieren *ohne eine Ahnung zu haben*,[3] kann höchstens das zustande bringen, was gemeinhin und fälschlicher Weise als »experimentell« angesehen wird: Ungerichtetes Herumprobieren, dessen absehbare Ergebnislosigkeit aus Höflichkeit höchstens noch zum »kreativen« Akt hochstilisiert werden kann. Einen bis an die Grenzen der Erschlossenheit geschlossenen Raum vermag entsprechend auch nur derjenige zu konstruieren, der so viel gelernt hat, dass er heterogene Elemente in einer nicht zufälligen Weise auswählen und zu versammeln vermag, so dass er sie (ohne dass der Erfolg garantiert werden könnte) in einen iterativen Zusammenhang (einen Verbund) übersetzen kann, und zwar ohne dass sich dieser gleich wieder auflöst oder bloß noch maschinenförmig wiederholen lässt. Das erfordert Kenntnis und Vertrautheit im Umgang bis zur Virtuosität. Wer sich also in einem Teil der Welt nicht auskennt, tut gut daran, sich diesen erst einmal explorativ zu erschließen, statt gleich mit ihm herumexperimentieren zu wollen, bzw. erst einmal zu lernen, was es zu lernen gibt, anstatt gleich gebildet zu tun. Was auf den ersten Blick wie ein konservatives Argument anmutet, ist auf den zweiten Blick keines – es kann nicht zur Legitimation herangezogen werden, um Neues abzuweisen. Weil Bildungsprozesse gerade nicht an vorliegenden Unterscheidungen von Erschlossen und Unerschlossen ansetzen, sondern jenseits von ihr eine Teilung in die Welt einführen, um im Folgenden einen Teil der Welt in seiner Erschlossenheit zu steigern, wo

3 Im doppelten Sinne des Wortes: Denn wie oben (in Abschnitt III/13) gezeigt wurde, kann derjenige, der keine Ahnung hat auch keine Ahnung haben; Intuition muss erworben werden.

es gemäß der vorliegenden Unterscheidung – also derjenigen, die sich wahrscheinlich auch für Außenstehende als vorliegende darstellt – gar nichts zu erschließen gibt, scheinen sich Experimentatoren und Bildende zwangsläufig und geradezu gezielt ignorant gegenüber dem zu verhalten, was es gemäß der vorliegenden Unterscheidung noch zu lernen gäbe, bevor man sich zu Mitteilungen qualifiziert. Einfach gesagt: Dass die Skepsis gegenüber Neuerungen so häufig von den Kommentaren Außenstehender begleitet wird, die Erneuerer seien anmaßend, weil sie sich ja gar nicht richtig in dem entsprechenden Gebiet auskennen, liegt einfach daran, dass die Kritiker und die Erneuerer sich auf jeweils andere »Gebiete« beziehen. Am Anfang und während eines Experimentier- oder Bildungsprozesses waren sie dementsprechend auch nicht in der Lage, ihre gezielte Ignoranz gegenüber dem, was es nach Ansicht anderer noch zu lernen gäbe, zu rechtfertigen. Denn geleitet von nichts anderem als der vagen Ahnung, dass einem das nicht auf die Spur dessen bringt, von dem man *nicht sagen kann*, was es ist, bleiben sie sprachlos – bis zu dem Punkt, an dem sie die Mitteilungen dessen, um das es die ganze Zeit gegangen ist, vernehmen und mitteilen können. Gelingt die List, die alte weltkonstituierende Teilung der Welt durch eine neue zu ersetzen, in der dieses Etwas Möglichkeiten zur Mitteilung hat, finden sich diese Kritiker wie Hobbes in einer Welt wieder, in der es auf ihre Unterscheidung zwischen dem Erschlossenen und dem Unerschlossen plötzlich nicht mehr ankommt. Für Stengers ist das der Moment der »Erfindung des Vermögens, den Dingen das Vermögen zu verleihen, dem Experimentator das Vermögen zu verleihen, in ihrem Namen zu sprechen« (Stengers 1997, S. 135, siehe auch oben S. 73).

Dass es am Ende überrschend wirkt, dass sich die Unterscheidung von Bildung und Lernen fast bruchlos zu der Unterscheidung von Experiment und Exloration fügen lässt, eine Unterscheidung, die aus zunächst wenig naheliegenden Arbeiten wie der Geschichte der Proteinsynthese im Reagenzglas extrahiert wurde, ist auf den zweiten Blick weniger überraschend. Denn die Lektüre der Studien der neueren Wissenschafts- und Technikforschung war nie »offen« und frei von Vorannahmen, sondern durchgehend bildungstheoretisch motiviert und der Blick entsprechend präformiert. Als stummes Wissen konnte so im Prozess der Auswahl des zu Versammelnden und des Tunings wirken, was nicht vollständig expliziert werden kann. Dass das Experimentelle überhaupt als Strategie erkennbar werden konnte, einem fehlenden Fremden Möglichkeiten zur Mitteilung zu verschaffen, ist beispielsweise nur vor dem Hintergrund von Kollers Vorschlag nachzuvollziehen, Bildung mit Lyotard »als Prozesse zu verstehen, in denen neue Sätze, Satzfamilien und Diskursarten hervorgebracht werden, die den Widerstreit offenhalten, indem sie einem bislang unartikulierbaren ›Etwas‹ zum

Ausdruck verhelfen.« (Koller 1999, S. 150). Wie auch die gegenständliche Technik ist gerade das Vorausgesetzte das, was wirkt, ohne dabei nach Explikation zu drängen.

Wenn Bildung auf eine solche Weise gegen Lernen abgegrenzt wird, dass Bildung als das beschrieben wird, was zu einer grundlegenden Transformation von Figuren des Welt- und Selbstverhältnisses führe, während diese Figuren beim Lernen unangetastet blieben, dann wird auf theoretischer Ebene wiederholt, was auf praktischer Ebene wirkt: Die Fiktion einer Konstanz. Stellt man Lernen und Bildung auf diese Weise gegeneinander, geht nicht nur die Paradoxie jedes Lernprozesses unter, sondern auch die eines Bildungsprozesses; insofern nämlich bereits auf theoretischer Ebene als zeitlich entfaltet vorgestellt wird, was nur *ex post* als Nacheinander erscheinen kann: Die »Transformation« nach dem »Scheitern«. Paradoxe Fassungen von Problemen, darauf wurde bereits in Abschnitt II/8 hingewiesen, sind analytisch deshalb besonders fruchtbar, weil mit ihrer Hilfe ein Problem, das es in Wirklichkeit gar nicht gibt, unter Abstraktion von Zeit als Paradoxie formuliert werden kann. Ohne die Präzision einer paradoxen Fassung eines Problems, das in Form des Re-Entrys praktisch bearbeitet werden muss, besteht die Gefahr, auf theoretischer Ebene festzulegen, was in seiner Unvorwegnehmbarkeit gerade das Ereignishafte einer praktischen Lösung ausmacht.

Wenn Paradoxien theoretisch nicht klar benannt werden, heißt das nicht, dass sie verschwinden. Sie bleiben zumeist gut erkennbar, müssen dann allerdings theoretisch entschärft oder invisibilisiert werden. Das gilt auch für den »transformatorischen Bildungsbegriff«. Bei Peukert wird dieses z.B. dann deutlich, wenn er von den bildungsinduzierenden Erfahrungen spricht,

> »die, wenn wir sie *wirklich* zulassen, unsere bisherigen Weisen des Umgangs mit Wirklichkeit und unser Selbstverständnis sprengen, die unsere Verarbeitungskapazitäten überschreiten. Wollen wir solche Erfahrungen *wirklich* aufnehmen, so verlangt dies eine Transformation der grundlegenden Strukturen unseres Verhaltens und unseres Selbstverhältnisses.« (Peukert 2003, S. 10, Herv. SöA)

Zwar bleibt in dieser Formulierung die allen Bildungsprozessen zugrundeliegende Paradoxie noch deutlich erkennbar – dass nämlich jedem Bildungsprozess sein eigener Anfang vorausläuft, bzw. in Peukerts Begrifflichkeit: dass das Ergebnis eines Bildungsprozesses, die erfahrungsermöglichende Transformation, seine eigene Bedingung, nämlich die der transformationsinduzierenden Erfahrung, darstellt. Allerdings wird die praktische (und theoriepraktische) Herausforderung in dieser Formulierung umgehend durch das zweifache »*wirklich*«

verworfen. Dabei vermag die Ungewissheit darüber, was »wirklich« *wirklich* bedeuten soll, nicht die Einschränkungen zu kompensieren, die mit dieser der Praxis vorgreifenden Form der Paradoxiebearbeitung auf theoretischer Ebene bereits erfolgt sind. Indem Peukert die Erfahrung eines Scheiterns davon abhängig macht, dass man sie »wirklich« zulässt, beschränkt er die Reichweite des Bildungsbegriffs auf Erfahrungen, die bereits prinzipiell zugänglich sind. Er schließt damit alles das als Bildungsproblem aus, was erfahrbar zu machen überhaupt erst das Ziel eines experimentellen Prozesses wäre – was hier also genau dem Bereich entspricht, für den der Begriff Bildung reserviert wurde. Gleichzeitig verortet er die Bedingung dafür, ob Erfahrungen gemacht werden oder nicht gemacht werden, im Subjekt, das diese zulässt oder nicht zulässt. Damit erlangt das Problem nicht nur eine moralische Färbung, sondern es gerät auch das aus dem Blick, was zu verändern der Anspruch des Fremden wäre, dessen Fehlen hier unbemerkt zu bleiben droht, nämlich die materiell-semiotische Verfasstheit einer geteilten Welt, die die Bedingungen der Möglichkeit seiner Mitteilung darstellt. In strukturell vergleichbarer Weise wie hier Peukert die Paradoxie der Bildung abwehrt, wehrt auch Schäfer in dem in Abschnitt III/3 angeführten Zitat zum Fremden die Paradoxie der Bildung ab:

> »Es ist trotz aller Bemühungen nicht möglich, das Eigene, die eigenen Ordnungsmuster, die noch über die Einordnung von etwas als fremd verfügen, *vollständig* aufzugeben; und es ist ebenso unmöglich, das Fremde *vollständig* in der kategorialen Aneignung aufgehen zu lassen.« (Schäfer 2009, S. 188, Herv. SöA)

Was bei Peukert das Wort »wirklich« ist, ist bei Schäfer das Wort »vollständig«: So unscheinbar die Worte auch sind – sie sind es, auf denen hier die ganze Aufgabe der Paradoxieabwehr lastet und die vor einem entschieden temporalisierten Verständnis von Bildung stehen. So bleibt auch hier der Blick auf den Mitteilenden selbst gerichtet, obwohl es darum ginge, die Form der geteilten Welt, als primäres Problem der Bildung und als Bedingung der Möglichkeit von Mitteilungen, in den Blick zu nehmen. Wenn Lernen zur Bildung so ins Verhältnis gesetzt wird, dass Bildung sich gegenüber dem Lernen durch sein transformatorisches Potential auszeichnet, wird nicht nur dem Lernen eine unangemessene Konstanz unterstellt, sondern auch der Bildung eine Art des Bruches zuschrieben, der in dieser theoretisch verzerrten Gegenüberstellung und in einer empirisch kaum präzisierbaren Weise als »grundlegend« beschrieben werden muss. So wird es fast nicht mehr denkbar, dass ein Bildungsprozess auch unspektakulär beginnen kann, ganz ohne den Knall einer Selbstverständnissprengung und ohne die überwältigende Erfahrung einer Wirklichkeitsverarbeitungskapazitätsüberschreitung und mit nichts anderem als nur der fast nicht vernehmbaren und ebenso diffusen wie vagen Ahnung, dass »hier etwas nicht stimmt«. Da zwei Individuen niemals ganz die selben Erfahrungen machen können und sich die Welt selbst dort, wo sie sich dem einen in ihrer »alltäglichen, ungebrochenen Form darstellt«, sich für einen anderen noch lange nicht so darstellen muss, produziert die Welt in ihrer Geteiltheit selbst ständig Ungleichgewichte, die sich zu Bildungsanlässen auswachsen können (oder aber – und das ist jetzt entscheidend – auch nicht).

Ohne den Bezug auf ein Problem, das es in seiner Paradoxalität in »Wirklichkeit« gar nicht gibt, haben die existierenden Lösungen keine Chance in ihrer Komplementarität oder, genereller: in ihrer funktionalen Äquivalenz hervorzutreten. Wenn alle Erfahrungen als prinzipiell zugänglich vorgestellt werden, kollabiert die Unterscheidung von Exploration und Experiment und damit auch die von Lernen und Bildung. Liegt auf den ersten Blick auch die Vermutung nahe, dass der Unterschied zwischen Lernen und Bildung in dieser Komplementarität auf theoretischer Ebene unangemessen zugespitzt würde, zeigt sich auf den zweiten Blick, dass diese Komplementarität *als empirische* gerade die Bedingung dafür darstellt, die Verschränkungen von Lernen und Bildung denken zu können.

2. DAS SCHEITERN DES SCHEITERNS

> »Es gibt Experimente, die mit uns geschehen, bevor wir selber Experimente anstellen.«
> – BERNHARD WALDENFELS 1998, S. 241

Alleine vermag die Welt niemals Bildungsprozesse zu erzwingen, nicht einmal zu initiieren. Das schließt nicht aus, dass am Anfang eines Bildungsprozesses Erfahrungen stehen, die sich als ein Scheitern darstellen, als Erfahrungen, die sich in einer Art darstellen, als würden sie »unsere bisherigen Weisen des Umgangs mit Wirklichkeit und unser Selbstverständnis sprengen, […] unsere Verarbeitungskapazitäten überschreiten«. Doch auch diese kräftigen Metaphern vermögen nicht über das Paradox hinauszuweisen, dass das Ergebnis eines Bildungsprozesses, die erfahrungsermöglichende Transformation, seine eigene Bedingung, nämlich die der transformationsinduzierenden Erfahrung, darstellt – denn natürlich sind auch gesprengte Umgangsweisen mit der Wirklichkeit nicht in der Lage Unerfahrbares erfahrbar zu machen und auch überschrittene Verarbeitungskapazitäten können nicht verarbeiten was sie überschritten hat. Der zeitlich (und räumlich) entfaltete Prozess der Bildung kann nicht hintergangen und auch nicht auf die Momente des Scheiterns und der Transformation reduziert werden: ohne sich denkend auf die Spur eines fehlenden Fremden begeben zu haben und damit in einen Prozess eingetreten zu sein, den man selbst weder in der Hand hat, noch dem man passiv unterworfen ist, ist an eine »Transformation« der geteilten Mitteilungsbedingungen nicht zu denken.

Am Anfang stand also eine Bestimmung von bildungsträchtigen Situationen als solche, in denen man mit Hilfe ehemals bewährter Figuren von Welt- und Selbstverhältnissen nicht weiter kommt, sondern scheitert. Doch bereits das Scheitern ist, wie am Anfang gezeigt wurde, nicht voraussetzungslos, sondern muss in eine Bestimmung von Bildung als eines Prozesses miteinbezogen werden, dessen Anfang sich selbst vorausläuft. Die Welt als geteilte ist ein »Raum«, der zum Scheitern immer viel zu offen ist. In ihrer Sinnhaftigkeit zeichnet sie sich durch ein nicht-einholbares Überangebot an Möglichkeiten aus, weshalb dem Scheitern immer schon ein Ausschluss an Optionen vorausgehen muss. Plastisch formuliert: Die Zumutungen der Welt kommen immer auch mit der Möglichkeit einher, sich mit ihnen zu arrangieren. Den Möglichkeiten, sich mit der Art, wie sich die Welt darstellt, zu arrangieren, sind buchstäblich keine Grenzen gesetzt, selbst wenn die Unfähigkeit, etwas Mitteilungsmöglichkeiten zu verschaffen, sich als unerträglich darstellt (und sei es das Gefühl der Unerträglichkeit selbst, das mitzuteilen unmöglich erscheint). Das wird spätestens dann deutlich, wenn man mitbedenkt, dass man dem Anspruch auf Mitteilung immer auch dadurch ausweichen kann, dass man das Mitteilende verschwinden lässt, sei es in der Verwerfung der Imagination, sei es in der Form seiner Vernichtung: Spätestens wenn die Vernichtung als Möglichkeit nicht ausgeschlossen werden kann,[4] mangelt es tatsächlich *grundlegend* am Mangel, womit das Scheitern ebenso grundsätzlich nichts ist, auf das man sich verlassen könnte.[5]

---

4 Selbst der Suizid, der irrtümlicher Weise als ein Scheitern an der Welt angesehen wird, ist tatsächlich die nie auszuschließende Möglichkeit, mit der jedes Scheitern zum Scheitern gebracht werden kann – als eine sich immer darbietende Option der Selbstvernichtung: In der Perspektive einer formtheoretisch gefassten Bildungstheorie ist der Suizid das endgültige Arrangement mit einer Welt, in der keine Möglichkeit zur Mit-Teilung mehr gesehen wird und in Folge dessen der Versuch aufgegeben wird, ihr als einer gerecht zu werden, an der man selbst teilhat. Das ist gewissermaßen die existentielle Bedeutung des Hinweises, dass jedem Bildungsprozess sein eigener Anfang vorausläuft.

5 Vgl. ebenso grundlegend dazu auch Waldenfels, der den Ausgangspunkt technischer Erfindungen in Situationen verortet, die zwar nötigend sind, dennoch aber als irreduzibel offen gedacht werden müssen: »Die Menschwerdung beginnt in einer Situati-

3. DIE TECHNISCHEN RANDBEDINGUNGEN

»Der Logos der Phänomene ist niemals frei von einer gleichzeitigen Techne der Phänomene«
– BERNHARD WALDENFELS 2004, S. 120

Roswitha Lehmann-Rommel unterscheidet in ihrem Aufsatz zum experimentellen Denken bei Kant und Dewey (siehe oben S. 58) noch kategorial zwischen einem »technische[n] Verständnis experimentellen Denkens« (Lehmann-Rommel 2008, S. 122) und einem nicht-technischen Verständnis experimentellen Denkens, wobei letzteres sich für sie als »eine epistemologische Alternative zum Repräsentationsverständnis von Wahrheit darstellt, nach welchem Wissen verstanden wird als korrekte Repräsentation einer unabhängigen Realität (adequatio rei et intellectus)« (ebd.). »Alles Experimentieren ist technisch verfasst«, heißt es hingegen unmißverständlich bei Rheinberger (2001, S. 153) und in der Tat ist das Experimentelle, so wie es hier u.a. in Bezug auf Rheinberger gefasst wurde, nicht unabhängig von Technik denkbar. Da Technik in dieser Betrachtung des Experimentellen aber nichts ist, was wesensmäßig und als unabhängig von dem Prozess selbst bestimmt werden kann, kommt man auch mit herkömmlichen Bestimmungen oder Klassifikationen von Technik nicht weit (Technik muss innerhalb des experimentellen Denksystems anders gedacht werden als im explorativen). Eindeutig festhalten lässt sich jedoch, dass ein »technisches Verständnis experimentellen Denkens«, so wie es von Lehmann-Rommel gegen ein nicht-technisches Verständnis gestellt wird, das als »epistemologische Alternative zum Repräsentationsverständnis von Wahrheit« fungieren könne, nichts anderes sein kann als ein Mißverständnis. Denn »technisch«, im Sinne eines maschinenhaften Aufbaus, kann eine Experimentalapparatur nur sein, wenn sie sich schon nicht mehr zum Experimentieren eignet. Umgekehrt kann aber auch der Versuch, ohne Hilfe von Technik experimentieren zu wollen, als etwas angesehen werden, das von vornherein zum Scheitern verurteilt ist – denn irgendwie

on, die uns Erfindungen abnötigt, manche von ihnen nahelegt, aber keine erzwingt. Selbst Hunger und Tod, in denen das Möglichkeitsfeld zusammenschmilzt, lassen verschiedene Antworten zu. Die Technik hat hier ebenfalls ihren Ursprungsort. Eine differenzierte Sichtweise auf Technik und Erfindung, die diesen kontingenten Ursprung im Auge behält, entwickelt aus sich heraus Widerstandskräfte gegen einen Technizismus, der ebenso wie sein antitechnizistischer Widersacher an einer einseitigen und verengten Form von Technik Maß nimmt und dieses Maß umsetzt.« (Waldenfels 2004, S. 185) muss ein Iterationszusammenhang heterogener und vorausgesetzter Elemente aufrechterhalten werden. Fragt man innerhalb des experimentellen Denksystems nach der Technik, kann man auf die Frage, was Technik *ist*, also keine sinnvolle Antwort erwarten. Man kommt der Technik im Experiment aber auf die Spur, wenn man nach ihrer Funktion fragt.

Die Funktion der Technik ergibt sich aus der Notwendigkeit, ein Experimentalsystem konstituieren zu müssen, in dem heterogene Elemente in einem Iterationszusammenhang eine Geschichte ausbilden können – und das ist bereits etwas, das die Leistungen des auf Ereignissen basierenden Bewußtseins oder der Kommunikation übersteigt. Ohne die Hilfe von etwas, das die heterogenen Elemente über die Zeit beieinander hält und während dessen alles andere ausschließt, wäre ein Experimentalsystem, *in* dem man denken könnte, nicht denkbar.

Experimentalsysteme können höchst flüchtig sein und ihre Technik kann höchst untechnisch anmuten. So lässt sich selbst das Nachdenken, das bereits den Bruch mit der Linearität der Zeit im Wort trägt, nur innerhalb des experimentellen Denksystems denken, denn das Nachdenken ist die einfachste und selbstverständlichste (und daher selten bedachte) Form des Experimentierens (vorausgesetzt natürlich, es geht bei dem Nachdenken um den Versuch, den Mitteilungen eines fehlenden Fremden auf die Spur zu kommen, also um eine Welterschließungsbemühung; das ist z.B. schon dann der Fall, wenn man nach einem Streit darüber nachdenkt, was man falsch gemacht hat). Dörpinghaus scheint das Nachdenken sogar als die einzige dem Individuum zur Verfügung stehende Welterschließungsform im Sinn zu haben, wenn er schreibt, dass Bildung überhaupt nur vor dem Hintergrund eines Gestaltungsraumes in der Zeit denkbar sei, eines Gestaltungsraumes, der sich in Form einer Reaktion eröffnet, »einer Nach-Denklichkeit, die etwas öffnet und offen hält, was ohne sie abgeschlossen wäre, und die eine selbstverständliche Ordnung durchdringt« (Dörpinghaus 2005, S. 566). Wenn man *etwas* gedanklich nachgeht, von dem man nicht weiß, was es ist, von dem man aber intuitiv ahnt, dass es nicht Nichts ist und wenn man versucht, diesem gedanklich auf die Spur zu kommen, indem man eine bestimmte Situation, ein bestimmtes Problem oder genereller den Zusammenhang, in dem einem dieses Gefühl beschlichen hat, *nochmal und nochmal* bedenkt, dann lässt es sich nicht vermeiden, auf Techniken der Beschränkung zurückzugreifen. Diese sind dabei nicht selbst Gegenstand des Denkens, sondern halten in irgendeiner exteriorisierten Form das zu Bedenkende zusammen und schirmen es gegen alle anderen möglichen Gedanken ab; sie bilden also als *Form* die Randbedingung des Denkens. So wendet man, *ohne darüber nachzudenken*, Konzentrationstechniken an, die es einem ermöglichen, »bei der Sache zu bleiben«, *was nichts anderes heißt* als die Mehrzahl der denkbaren Gedanken, den Überschuss gedanklicher Optionen, auszuschließen; denkt man z.B. über den Zusammenhang von Strahlungsbelastung und Leukämie nach (um das Beispiel auf S. 229 wiederaufzunehmen), schließt man jede Menge möglicher Gedanken aus, z.B. den Gedanken an die Möglichkeit, dass Geigerzähler vielleicht gar keine Strahlung messen, während die Tatsache, dass sie das tun, als elementarer Teil der Form einer technischen Randbedingung den Raum der denkbaren Möglichkeiten des Zusammenhangs von Strahlungsbelastung und Leukämie begrenzt. Damit – obwohl ungedacht – ist die Form dieser Elemente, die die Randbedingung bildet, unverzichtbar, ganz genau so, wie ein großes Maß an Wissen in einem naturwissenschaftlichen Labor als gewusstes Wissen vorausgesetzt werden muss, um an der Unterscheidung von erschlossen und unerschlossen überhaupt arbeiten zu können. Die Technik ist nichts, was mit diesem Wissen etwas macht, sondern lediglich die *Form*, in der Elemente in einen mehr oder weniger fixierten Zusammenhang übersetzt werden, der als technische Randbedingung das Experimentalsystem konstituiert. Sobald man Zweifel an der Existenz von Geigerzählern oder ihrer Fähigkeit, Strahlung zu messen, hegen wollte, muss man dieses Element aus dieser Form herauslösen und zum epistemischen Ding machen. Im Nachdenken muss fast alles als undenkbar ausgeschlossen werden, damit man sich *gleichzeitig* auf das Wesentliche konzentrieren kann. Es versteht sich fast von selbst, dass der Vorgang, den man zu beschreiben versucht, wenn man davon spricht, »sich auf das Wesentliche zu konzentrieren«, »einen Gedanken festzuhalten«, »bei der Sache zu bleiben«, »nur einen Gedanken zur Zeit zu denken« oder »bei einem Gedanken zu verweilen«, aufgrund der Ereignishaftigkeit des Bewußtseins nicht im wörtlichen Sinne als ein »Verweilen« o.ä. verstanden werden kann. Gedanken, das hat Luhmann sehr deutlich gemacht, sind als Elemente des Bewußtseins höchst instabile Zustände, die schon wieder vorbei sind, wenn sie angefangen haben (Luhmann 1995). Die Ereignishaftigkeit eines Gedankens verhindert es im wörtlichen Sinne, bei einem Gedanken zu verweilen, womit das Nachdenken nichts anderes als ein iterativer Vorgang sein kann und die Metaphern des »Verweilens« etc. nichts anderes sind als Verweise auf die erfolgreiche, virtuose Beherrschung von Techniken der Konzentration. Sie verweisen auf die Notwendigkeit der Abschließung eines Iterationsraumes gegenüber dem Chaos der Welt, dem Überangebot an allen möglichen anderen Gedanken und Ablenkungen; eine Abgrenzung, die selbst wiederum nicht gleichzeitig mit dem Denken Gegenstand des Denkens sein kann und deshalb in irgendeiner technisch-exteriorisierten und intuitiv mobilisierbaren Form gesichert werden muss. Im einfachsten Fall ist es der Körper selbst, der in diesem Sinne als technisches Medium dient und in dem sich gleichzeitig die Erfahrenheit, die erworbene Intuition in der virtuosen Beherrschung dieser Techniken sedimentiert hat. Jedes

Nachdenken weist damit notwendig über sich selbst hinaus. Bei jedem Nachdenken mobilisiert man Techniken der Aufmerksamkeitssteuerung, um Irritationen aus der Umwelt auszuschließen: Man wendet seinen Blick von aufmerksamkeitsheischenden Dingen ab oder auf irritationsarme Dinge wie der Decke des Zimmers zu,[6] man verfällt in intuitiv bewältigbare Routinen wie dem Im-Zimmer-auf-und-Ab-Gehen, man vergräbt seinen Kopf in den Händen, um die Sinneseindrücke zu reduzieren etc. Niemals kann man den Körper beim Denken außen vor lassen, weder im Umgang mit »körperfremden« noch beim Umgang mit »körpereigenen« Techniken. Und weil er selbst Quelle von Ablenkungen ist, muss man ihn in jedem Fall in eine Form des inneren Ausschlusses zu sich selbst bringen. Und auch das geht nur über die exteriorisierenden Möglichkeiten der Technik: Man muss auf Techniken der Körperbeherrschung zurückgreifen können, um all die Irritationen, die über die Sinne auf einen einfließen oder vom Körper selbst ausgehen und ständig den Iterationsraum des Nachdenkens zum Einsturz zu bringen drohen, bewältigen zu können. Dass diese kaum noch als Techniken erkennbar sind, dass es für Außenstehende so aussieht, als würden sich besonders konzentrationsfähige Menschen gegenüber der Welt einfach abschotten können, liegt natürlich nicht daran, dass jemand seine Sinne an- und abschalten kann, sondern nur an der besonders virtuosen Beherrschung von Konzentrationstechniken. Virtuos muss der Umgang mit diesen Techniken sein, damit sie intuitiv bewältigt werden können ohne selbst in den Fokus der Aufmerksamkeit zu geraten – so wie man beim Autofahren auch nicht weit käme, würde einem das Schalten nicht in Fleisch und Blut übergegangen sein.[7] Das beschreibt auch Waldenfels, wenn er über die Aufmerksamkeit schreibt: »Da Aufmerksamkeit, einschließlich der Aufmerksamkeitsstörungen, nur auf dem Hintergrund von Aufmerksamkeitseinstellungen zu denken ist, realisiert sie sich in historisch und kulturell wechselnden *Aufmerksamkeitstechniken* und *Aufmerksamkeitspraktiken*. Blick- und Hörschulungen bedeuten stets auch Einübungen der Aufmerksamkeit.« (Waldenfels 2006, S. 107) Den Zusammenhang verschiedener Technikformen beschreibt er an einer anderen Stelle:

---

6 »Das *Ökonomische* spielt eine elementare und unvermeidliche Rolle. Die Selektion, die aller Aufmerksamkeit innewohnt, dieses Zugleich von Zu- und Abwendung, macht aus der Aufmerksamkeit ein knappes Gut« (Waldenfels 2006, S. 107). Vgl. dazu hier auch S. 38f.

7 Man müsste das oben dargestellte Verhältnis von Auge und Hand im naturwissenschaftlichen Experiment entsprechend für das »Gedankenexperiment« modifizieren und verallgemeinern: als Denken, bei dem man den Körper vergessen kann und als Denken, bei dem man mit dem Körper umgehen muss.

»Die Zwischeninstanzen, die dem, was uns auffällt, uns unserem eigenen Aufmerken Halt und Gestalt verleihen, gehen zurück auf Erfindungen, die sich weder auf bloße Funde noch auf ein bloßes Spiel der Einbildungskraft beschränken. Dies gilt auch für die Erfindungen der Technik, die nicht nur in der Materialität der Dinge, nicht nur in Rechenformeln und formalen Modellen, sondern auch in den Techniken des Körpers ihren Rückhalt finden.« (Waldenfels 2004, S. 162)

Solange die virtuose Beherrschung solcher Aufmerksamkeitstechniken so selbstverständlich war, dass sie als Techniken vorausgesetzt und vergessen werden konnten, waren sie kein Thema – nicht einmal mehr in der Pädagogik. Wenn sie doch zum Thema wurden, dann als Problem: die Einübung, die Schulung solcher Techniken, zu denen natürlich auch das »Stillsitzen« gehört, konnte ohne Rücksicht auf die Folgen diffamiert werden, weil die Funktion dieser Techniken, solange sie funktionierten, genauso aus dem Blick verschwand wie auch die aller anderen Techniken, die problemlos funktionieren. Als Bedingung der Möglichkeit des Nachdenkens müsste der Beherrschung dieser Techniken die Sorge des Pädagogen gelten.[8] Dass das, was heute leicht Aufmerksamkeit erlangt, wozu auch das gehört, was gezielt darauf hin entwickelt worden ist, Aufmerksamkeit zu erlangen, etwas ist, was damit notwendig in einem Konflikt zum Nachdenken steht, darauf verweist Stiegler, wenn er als Technikphilosoph die besondere Bedeutung der Pädagogik bei der Einübung von Techniken der Aufmerksamkeit vom Denken und von der Technik beschreibt und sie als etwas versteht, das in direkter Konkurrenz zu anderen »Technologien der Aufmerksamkeitssteuerung« (Stiegler 2008) steht; in seinen Augen geht es dementsprechend auch nicht um ein Mehr oder Weniger an Technik, sondern um einen Kampf, bei dem es darauf ankommt, ob sich die Psychotechnologien der Dummheit (wie z.B. die der Werbung) oder die Psychotechnologien der Intelligenz (wie z.B. pädagogisch vermittelte Konzentrationstechniken) durchsetzen (vgl. Stiegler 2009b).

Bereits in seiner flüchtigsten und alltäglichsten Form (die sich allerdings ebenfalls durch einen Bruch mit dem Alltag auszeichnet) lässt sich das Experimentieren also nur denken, wenn verschiedene Charakteristika des Experimentellen *im Verbund* zusammen kommen: Das Abteilen und Schließen eines Raumes von der Welt; die Steigerung der Erschlossenheit, bzw. die Reduktion des

8 Das, was Kant als selbstverständliche Aufgabe einer auf Mündigkeit abzielenden Pädagogik galt, ist nun etwas, an das zu erinnern ausrechnet diejenigen sich berufen fühlen, die Disziplin mit Gehorsam zu verbinden versuchen und damit gegen die Mündigkeit ausspielen – und aufgrund des medienkonformen Provokationsschemas, das kein Nachdenken erfordert auch noch Aufmerksamkeit erlangen.

Rauschens der Welt bis zu dem Punkt, an dem etwas in seinem Fehlen Konturen gewinnen kann; die Verlagerung von einer Bewegung im Raum, wo man von einem zum anderen geht und immer mehr berücksichtigt zu einer Bewegung in der Zeit, in der man sich beschränkt und diese Auswahl, diese Versammlung nochmal und nochmal gedanklich durchspielt, geleitet von der Ahnung, dass da etwas fehlt; das Herumgebastel mit den Elementen im Verbund, anstatt zu versuchen, einzelne von ihnen isoliert so genau zu beobachten, dass man entdeckt, was man bislang übersehen hatte; die Notwendigkeit Techniken zu mobilisieren – bereits so wird deutlich, dass es sich dabei um eine Aufgabe handelt, die auf empirische Untersuchungen verweist.

Und wie bei jeder experimentellen Form des Welterschließens hängt auch beim Nachdenken der Erfolg ganz und gar an der Güte der Übersetzungen, mit denen herumgebastelt wird; denn wer über die Welt nachdenkt, hat sie schließlich nicht im Kopf, sondern Gedanken, die auch nicht die Welt spiegeln oder repräsentieren, wie man im Zusammenhang des explorativen Denksystems sagen könnte, sondern selbst eine ganz andere Form haben als das, an dessen Stelle sie getreten sind, als das, was in sie übertragen und durch sie ersetzt worden ist. Wer sich anhand einer schlechten Übersetzung eines Textes alleine durch Nachdenken einen Reim auf ihn zu machen oder gar herauszufinden versucht, was in ihm unberücksichtigt bleibt, wird unabhängig von der Intensität seines Nachdenkens scheitern müssen. Dabei spielt es keine Rolle, ob die Fehler bei der Übertragung radioaktiver Spuren von einem Teilchendetektor in eine Tabelle oder von einer Sprache in eine andere durch einen anderen oder erst beim verfehlenden Lesen, der Übersetzung des Geschriebenen in Gedanken durch einen selbst erfolgte. In allen Fällen denkt der Nachdenkende in einem schlecht virtualisierten Raum – mit einer Übersetzung, die nicht die Kraft und die Fähigkeit besitzt, so an die Stelle des Übersetzten zu treten, dass sich in ihr etwas mitzuteilen vermag, das vorher im Rauschen der Welt unterging. Die Gewöhnung an die explorative Unterscheidung von (repräsentierender) Sprache und (repräsentierter) Welt und mit ihr die Gewöhnung an einen rein linguistisch gefassten Übersetzungsbegriff lässt diese Erweiterung des Übersetzungsbegriffes seltsam artifiziell erscheinen. Ohne seine Erweiterung müsste man allerdings von einer ungeteilten und homogenen Welt ausgehen, die als solche vorliegt, an deren Teilung man nicht beteiligt ist und die einem selbst so gegenüber steht, dass man tatsächlich auf die Idee kommen könnte, sie beobachten zu können und dass man glaubt, statt in ihr jenseits von ihr über sie nachdenken zu können. Vergegenwärtigt man sich hingegen die Vielzahl an Übersetzungsleistungen, die es erst ermöglichen, heterogene Elemente zusammen in einen Iterationszusammenhang zu überführen, einen Iterationszusammenhang, der nur mit Hilfe von Techniken aufrecht erhalten werden kann, dann wird schon beim ersten Nachdenken übers Nachdenken deutlich, wie massiv reduzierend die Übersetzungen sein müssen, um die Möglichkeiten der Konzentrationstechniken nicht zu überfordern, einen rein gedanklichen Iterationszusammenhang aufrecht zu erhalten. Ebenso wird deutlich, wie geradezu grotesk beschränkt die Möglichkeiten des Bewusstseins sind, einem fehlenden Fremden auf die Spur zu kommen und wie groß dagegen die Wahrscheinlichkeit ist, dass seine Spur irgendwo im Zuge dieser multiplen Übersetzungen verloren gegangen sein könnte. Ohne die Erfindung leistungsfähigerer Techniken ist daran wenig zu ändern (nämlich nur das, was durch das Training an den vorhandenen Techniken aus diesen noch herauszuholen ist). Entscheidend können die Möglichkeiten also nur durch die Erfindung leistungsfähigerer Techniken erweitert und das heißt durch weitere Exteriorisierungsstrategien gesteigert werden. Wenn man vom rudimentären Experimentalsystem des Nachdenkens einen Schritt weiter gehen und mehr Komplexität ins Spiel bringen will, muss man zu Kulturtechniken wie dem Aufschreiben greifen, muss man das Aufschreiben durch Aufschreibesysteme leistungsfähiger gestalten, muss man das Geschriebene mit Hilfe von Ordnungstechniken versammeln und in der Lage sein, in diesem durch diese Ordnungstechniken von der Welt abgeteilten Experimentalraum denken lernen, statt sich auf die Reichweite der gewohnten Konzentrationstechniken zu beschränken. Das ist nicht ohne Folgen für das, was Denken sclbst heißt. Und man kann auch diese Erkenntnis aus Rheinbergers Betrachtungen der Biologie in diesen allgemeineren Zusammenhang übersetzen:

»Wenn alles von der Wahl des ›Systems‹ abhängt, der Handlungsspielraum des Experimentators, die Spannweite der Fragen, die er stellen kann, und die Art der Antworten, die er bekommen kann, dann dürfte der Ausdruck ›experimentelles Denken‹ selbst noch irreführend sein. Seine grammatische Struktur setzt ›Denken‹ als das *genus proximum* voraus, dessen spezifische Differenz darin besteht, durch das Experiment geleitet zu werden. Was aber zur Debatte steht, ist genau das Gegenteil: eine durch instrumentelle Randbedingungen ausgerichtete Bewegung, *in* der das Räsonnieren gewissermaßen ins Spiel der materiellen Entitäten gerissen wird.« (Rheinberger 1992, S. 22)

4. DIE DEUTUNGEN DER WELT JENSEITS DER WELT

Genau wie sich in der Wissenschaftstheorie die Einsicht durchgesetzt und zunehmend radikalisiert hat, dass es jenseits der medial vermittelten »Bilder« und »Deutungen« keinen unvermittelten Zugang zur Welt gibt, hat sie sich auch in der Bildungstheorie durchgesetzt, in der es nicht weniger um das Verhältnis zur

Welt geht: In beiden Fällen gilt diese Einsicht als so selbstverständlich, dass sie kaum noch als Einsicht kommuniziert werden muss. Doch mit dieser Einsicht ist solange nichts gewonnen, wie man glaubt, dass es sich bei dieser Einsicht um eine *Entdeckung* handelt. Doch um eine Entdeckung, um etwas, das man gefunden hat, handelt es sich nicht und es handelt sich auch nicht um ein Spezialproblem für Erkenntnistheoretiker. Es handelt sich überhaupt nicht um ein Problem, das theroretisch gelöst werden könnte.[9] Als ein sich permanent erneuerndes und praktisches Problem für jede Form der Welterschließung kann es auf theoretischer Ebene nur als Problem aufrechterhalten oder invisibilisiert werden. Diese Einsicht auf theoretischer Ebene als Paradoxie zu formulieren, heißt, das Problem als Herausforderung für die Praxis in der Theorie zu bewahren, als eine Herausforderung, die auf ein unvorhernehmbares Ereignis zielt und in der Praxis der Bildung als Unmöglichkeit erfahren wird – also auf das, worauf Wimmer verweist, wenn er schreibt, dass die »Erfahrung der Ausweglosigkeit, des Paradoxen oder der Aporie [...] die Erfahrung der Grenze der gegebenen Möglichkeiten und des bestehenden Selbst- und Weltverhältnisses« ist, die »das Mögliche selbst und von Anfang an [spaltet]« (Wimmer 2006, S. 365).[10]

In jeder Fassung von Bildung, die nicht so paradox gefasst ist, dass ihr Gegenstand – die Welt – gleichzeitig als ihr Ziel und ihr Ausgangspunkt fungiert, muss das Problem, dass das Neue nicht das Alte sein kann, bereits auf theoretischer Ebene entfaltet oder zum Verschwinden gebracht worden sein. Die klassi-

9 Zu denen, die das glauben, gehören die »Konstruktivisten« und die »Realisten«, deren Streit eine Zeitlang so große Aufmerksamkeit auf sich gezogen hat: Vgl. dazu Hacking 1998.

10 Wimmer stellt dabei die Dekonstruktion *in gewisser Weise* gegen wissenschaftliche Theoriebildung und das Denken gegen Theorie und Wissenschaft: »Dekonstruktion nimmt im Unterschied zu wissenschaftlichen Theorien ein anderes Verhältnis zur Praxis ein, in dem die Theorie oder das Wissen nicht die Aufgabe haben, ihr Gelingen sicher zu stellen, sondern das Ereignis zu ermöglichen. Derrida spricht daher auch nicht von Theorie oder Wissenschaft, sondern vom Denken.« (Wimmer 2006, S. 371) Der Unterschied zwischen Wimmers Auseinandersetzung mit der Bedeutung von Paradoxien im Verhältnis von Theorie und Praxis, Dekonstruktion und Wissenschaft und der hier verfolgten Argumentation ist gering: Versteht man Theorien als präskriptiv und Wissenschaft als auf einen in sich geschlossenen Theoriezusammenhang gerichtet, ist er sogar äußerst gering. Der Unterschied besteht eher in einer Verschiebung: In dem Versuch, die Praxis der Wissenschaft selbst als dekonstruktiv zu verstehen und die Aufgabe der Theorie darin zu bestimmen, anstatt der Praxis ihre Lösungen vorzuschreiben, dem Denken (als eines, das immer praktisch ist) seine ungelösten Probleme präsent zu halten.

sche Auflösung dieser Paradoxie auf theoretischer Ebene besteht darin, die Welt als etwas dem »Bildungssubjekt« Äußeres und Unveränderliches zu behandeln und dieser ein »Bild« oder »Deutungen« von ihr entgegenzustellen, die anders als die Welt im Zuge von Bildungsprozessen als veränderlich, ja sogar »grundlegend transformierbar« angesehen werden. Der Einsicht, dass auch das Selbst sich selbst nicht durchsichtig ist, findet in der Wendung von Bildung als Transformation von Welt- *und* Selbstverhältnissen ihren (bereits recht paradox anmutenden) Ausdruck. Gelingt es jedoch nicht, die Welt konsequent paradox zu fassen, werden notwendiger Weise die Deutungen der Welt und des Selbst der Welt und dem Selbst so gegenübergestellt, als wären sie nicht genauso Teil der Welt wie »Welt« und »Selbst« selbst; die Einsicht, dass es keinen Zugang zur »Welt an sich« gibt und die Erfahrungsmöglichkeiten begrenzt sind und es gerade diese Begrenzung ist, um deren Verwindung es in einem Bildungsprozess gehen müsste, wird so unter der Hand gleich wieder kassiert: Die Transformationen beziehen sich auf die Deutungen und die Welt wird immer schon so gewesen sein, wie sie sich in der transformierten Deutung darstellt (will man nicht in das Lager der trivialen Konstruktivisten wechseln und die Teilung der Welt opfern, indem man die Paradoxie auf die Seite der bloßen Deutungen jenseits jeder Welt auflöst). Das entspricht strukturell genau dem Verhältnis von Theorie und Empirie wie es sich in der Wissenschaftstheorie bis zum Falsifikationismus in der Tradition des Wiener Kreises entwickelt hat: Positive Bezugnahmen auf die Welt werden als unmöglich erkannt, die Erfahrung des Scheiterns muss aus Gründen der Paradoxievermeidung hingegen als voraussetzungslos gedacht werden und dient damit als grenzenloses Fundament des Denkens jeder Form der Welterschließung. Die Paradoxie in den Mittelpunkt des Denkens zu stellen, heißt nicht, jede Differenz, wie die zwischen der Welt und ihren Deutungen, zu verschmelzen: Selbstverständlich ist eine Deutung etwas anderes als das Gedeutete, wie ja auch eine Übersetzung nicht dasselbe ist wie das Übersetzte und ein Theorie nicht dasselbe ist wie das Theoretisierte und ein Signifikant nicht dasselbe ist wie das Signifikat.[11] Doch diese Unterscheidungen sind nicht dem Prozesss der Welterschließung vorgängig und es steht damit auch keine Deutung der Welt außerhalb der Welt, wie sich auch keine Deutung in sich selbst transformiert und sich dann an einer jenseits von ihr liegenden Welt prüft. Es ist nie weniger als die Welt selbst, die in einem Bildungsprozess auf dem Spiel steht. Natürlich steht nicht alles, was passiert, unter dem Fokus der Welterschließung: In der Welt wird auch gespielt, gehandelt und geliebt – Bildung und Lernen sind Begriffe, die sich nur auf

11 Vgl. zur Notwendigkeit dieser Unterscheidungen als Bedingung der Möglichkeit der Übersetzung Derrida 1986, S. 57.

die sehr spezifischen Operationen der Welterschließung beziehen und auf alles andere nicht. Wenn es allerdings um Welterschließung geht, dann steht auch die Welt auf dem Spiel und nicht nur ihre Deutungen. Darunter ist der Bildungsbegriff – und übrigens auch der Lernbegriff – nicht zu haben. Wem das etwas abgehoben erscheint, muss sich die Frage gefallen lassen, was für ein Fundament oder besser: *wessen* Fundament es denn sein soll, auf dem man sich so bodenständig geben kann, dass man noch bei einem Welterschließungsprozess die Welt und die Unterscheidung zwischen ihr und ihren Deutungen konstant zu halten vermag.

Dass auch die Deutungen von der Welt noch zur Welt gehören und es in einem Bildungsprozess um nichts weniger als um die Art und Weise geht, wie eine Welt in Hinblick auf ihre Mitteilungsmöglichkeiten geteilt wird, ist durchaus als empirische Aussage zu verstehen und kann in seiner einfachsten und alltäglichsten Form als Leiden an den Weltdeutungen der Anderen und an jenen Weltdeutungen erfahren werden, die man selbst über die »Welt« und »sich selbst« anstellt – auch sie geben der Welt die Form, in der sie dann gemeinsam geteilt werden und in der man miteinander zusammen leben muss. Die Form der Welt, verstanden als Unterscheidung von Erschlossenem und Unerschlossenem bildet nicht nur den Ausgangspunkt jedes weiteren Welterschließungsprozesses, sondern bestimmt auch, wessen Mitteilungen vernommen werden und wessen nicht. Dass dieses in Bezug auf die offensichtlich weitreichende Wirkungen zeitigenden Wissenschaften sehr viel einsichtiger ist als in Bezug auf Individuen, entspringt keinem strukturellen Unterschied – weder die Wissenschaft kann so wissenschaftlich noch ein Individuum kann so gebildet sein, dass eine transzendentale Perspektive auf die geteilte Welt möglich würde, in der ihre Teilung aufgehoben würde; sowohl Wissenschaft als auch ein sich Bildender kann die Welt nur erschließen, indem sie geteilt wird. Und jedes Individuum zeitigt dabei genauso reale Wirkungen wie die Wissenschaft, wenn auch von unterschiedlicher Reichweite. Wer aber eine Art des Bezugs zu seinen eigenen »Welt- und Selbstverhältnissen« hat als wären diese bloß[12] Deutungen von der Welt – hat ein sehr spezifisches Verhältnis zur Welt und zu sich selbst, nämlich eines, das über einen imaginären Selbstentzug von den Zumutungen der Geteiltheit der Welt entlastet – und damit auch von der Verantwortung für die Teilung der Welt zu entlasten *scheint*.

Versteht man Wissenschaft nur als eine Produktionsstätte für wechselnde Deutungen der Welt und nicht als eine der Welt formgebende Instanz und Bil-

12 Man kann es drehen und wenden wie man will, man kann es verschweigen oder programmatisch das Gegenteil behaupten: das »bloß« hat hier seinen strukturellen Ort.

dung nur als einen Transformationsprozess von Deutungen über die Welt und nicht als eine der Welt formgebende Instanz, dann ist es kaum möglich, die Welt als etwas zu denken, das tatsächlich im starken Sinne geteilt ist – als etwas, bei dem es auf die Mitteilungen vieler ankommt. Die Welt eines Individuums ist genauso wenig allein das Ergebnis individueller Welterschließungsprozesse wie auch die Welt der Wissenschaft nicht allein das Ergebnis einer wissenschaftsspezifischen »Logik der Forschung« ist. Natürlich ist die Wissenschaft nicht das Produkt individueller Leistungen wie auch umgekehrt kein Individuum in der »Welt der Wissenschaften« lebt; dass aber ihre Ränder von Bildungsherausforderungen gesäumt sind (siehe oben S. 168) und dass die Ergebnisse der Wissenschaft in ihren vielfältigen Formen und in offensichtlich zunehmenden Maße als Elemente der technischen Randbedingungen individueller Welterschließungsprozesse fungieren, bringt Bildung und Wissenschaft so eng zusammen wie es in der Form der Teilung überhaupt nur möglich ist.

5. DIE PERSISTENZ DES EXPLORATIVEN

Das Experiment wurde als eine Erfindung beschrieben, die eine Reaktion auf die zunehmende Erschlossenheit der Welt darstellt, also als eine Reaktion auf eine Krise, in die sich die Exploration aufgrund ihres Erfolges selbst gebracht hat. Mit dem Verschwinden der weißen Flecken auf den Globen und der klassischen Exploration in Form der Reise verschwindet aber nicht jede Form von Exploration. Und zwar nicht nur, weil die Welt als geteilte nicht vollständig erschlossen werden kann, sondern auch deshalb, weil Experimente der Exploration in Form von Technik neue Räume und Möglichkeiten eröffnen. Aber die Technik eröffnet der Exploration nicht nur neue Möglichkeiten, sie stellt auch selbst ein explorierbares Feld dar – und das ist ein Problem, weil sie damit das Scheitern des Explorativen immer wieder aufs Neue zum Scheitern bringt. Niemals sind alle Möglichkeiten bestehender Techniken erkundet – man weiß ja nicht einmal, was so alles mit den Geräten möglich ist, die man sich letztes Jahr gegenseitig zu Weihnachten geschenkt hat: Was es nicht alles gibt und was man damit nicht alles machen kann. Ein Umgang mit Technik, der sich darauf konzentriert, ihre Möglichkeiten zu erforschen ist explorativ – auch wenn es sich um ein spielerisches Herumprobieren handelt, das gemeinhin als »experimentell« bezeichnet wird.

Das ist der Doppelcharakter der Technik in diesem Zusammenhang: Einerseits sind es die Entwicklungen der Technik, die das Explorative gleich einem Katalysator ans Ende ihrer universalen Geltungsmöglichkeiten gebracht haben und den Experimenten ihre medialen Möglichkeiten zur Verfügung stellen. Andererseits schafft die Technik immer neue Möglichkeiten zur Exploration, sei es in sich selbst, sei es vermittelnd. Auf diese Weise erneuert sich die Welt in explorierbarer Form – auf dem jeweiligen Stand der Technik. Die Gefahr besteht dabei nicht darin, dass die Welt »hinter« immer mehr Technik verschwindet, wie es in der Perspektive derer erscheint, die von einer zunehmenden »Technisierung« der Welt ausgehen. Die Gefahr besteht vielmehr darin, dass so auch das Scheitern des explorativen Denkens zum Scheitern gebracht wird. Mit neuen Explorationsmöglichkeiten wird entsprechend die Notwendigkeit unterminiert, dem explorativen Verständnis von Welterschließung ein experimentelles Verständnis zur Seite zu stellen. So führt zwar die Schließung des Raumes im Experiment zu einer Situierung des Experimentators und zu einem Bruch mit dem Primat des Blicks, zwingt diesen aber nicht dazu, seine Tätigkeit auch so zu verstehen. Wenn sich nämlich z.B. gleichzeitig die Möglichkeiten, etwas zu visualisieren, ins scheinbar Unendliche vervielfältigen, dann kann die Eingebundenheit des Experimentators ins Geschehen imaginär aufgehoben werden. Die Vielfalt an optionalen Betrachtungsweisen kann dann mit Ungebundenheit und der Möglichkeit verwechselt werden, im Prinzip jede Perspektive einnehmen zu können.[13] So wird die Position des Experimentators imaginär transzendentalfähig (siehe Abschnitt III/21) und auch die Teilung der Welt (die selbst situiert) imaginär aufgehoben.

6. EXPLORATOREN UND EXPERIMENTATOREN

Wenn Experimentatoren zu explorieren glauben – wenn sie beim Bearbeiten zu beobachten glauben und beim Übersetzen glauben zu beschreiben, wenn sie sich bei der Arbeit in der Geschlossenheit vorstellen, sich im offenen Raum zu befinden und ihre Intuition für ihre Intention halten oder gar für ihre Vernunft, wenn sie die Technik, mit der sie umgehen, ansehen, als wäre sie bloß ein Werkzeug,

13 Genaugenommen handelt es sich um ein doppeltes Bedingungsverhältnis von Technik und Blick: Immer neue Blicktechniken ermöglichen immer neue Perspektiven und erzeugen damit den Eindruck der Ungebundenheit. Dieser Eindruck der Ungebundenheit kann aber nur entstehen, weil der Blick bereits entsprechend technisiert worden ist – er ist so sehr an die Zentralperpektive – eine Darstellungstechnik, eine Erfindung der Renaissance – gewöhnt, dass er ihre Technizität vergessen kann. Vgl. dazu Giesecke 1998 und Krämer 1998, sowie zur entsprechenden Codierung des Raumes Panofsky 1927.

wenn sie ihre Beschränkungen als Erweiterungen missverstehen, wenn sie ihrer Intimität mit den Dingen nicht gewahr werden, weil sie an ihre eigene Distanzierungsinszenierung glauben etc. –, verändern sie die Welt,[14] ohne sich dafür in der Verantwortung zu sehen.[15] Der kaum abwehrbare Impuls, diesen Anspruch an Verantwortung für vernachlässigbar oder sogar mit der Wahrheit im Konflikt stehend zu sehen, ist bezeichnend: Er ist ein weiteres Beispiel für die Persistenz des explorativen Denkens, die Alternative zur bloßen Beobachtung »wie die Welt an sich ist« nur in der Leugnung der Tatsachen oder ihrer Erfindung erkennen zu können. Genauer gefasst: Die Verantwortung in Bezug auf die Wissenschaft liegt nicht »im Wissenschaftler« und auch nicht »in der Wissenschaft«, sondern an den Rändern der Wissenschaft und beruht darauf, dass sie an der Teilung der Welt entscheidend teil hat – das meint, dass die Ränder der Wissenschaft von Bildungsherausforderungen gesäumt sind. Die mit jeder Wissenschaft einhergehenden und über jede Wissenschaft hinausweisenden Teilungen zu leugnen, heißt die Welt als erkennbare zu behandeln. Das ist auch Thema Latours, wenn er von der »unkontrollierte[n] Ausbreitung der Hybriden« spricht und argumentiert, dass der Glaube, die Wissenschaft entdecke nur Fakten, zu einer fortgesetzten Verantwortungslosigkeit geführt habe,[16] der mit einer Neufassung des Verhältnisses von Wissenschaft und Politik begegnet werden müsse (vgl. Latour 2001). Dass, anders gesagt, die erkannte Welt Ungeheuer gebiert, hat Haraway besonders prägnant ausgedrückt und mit dem Primat des Auges in Verbindung gebracht:

»Das Auge hat zur Bezeichnung einer perversen Fähigkeit gedient, [...] nämlich die im Interesse ungehinderter Machtausübung stehende Distanzierung des Wissenssubjekts von

14 Haraway spricht deshalb von Erkenntnis auch als »materialized refiguration« (Haraway1995b, S. 139).

15 Dass auch Naturwissenschaftler *in* der Verantwortung stehen, heißt nicht, dass sie *für* die Ergebnisse ihrer Forschung Verantwortung übernehmen könnten. Als Wissenschaftler denkt man sich die Ergebnisse seiner Forschung ja schließlich nicht aus.

16 Vgl. z.B. Latour 1998, S. 7-21. Dass Latour zwischen der Feststellung, dass wir die ganze Zeit über nichts anderes als diese Hybriden reden, uns täglich mit ihnen auseinandersetzen, und der Behauptung changiert, dass wir aufgrund der Trennung zwischen Fakt und Fabriziert diese gar nicht denken könnten, liegt auch daran, dass er anstelle einer Differenzierung zwischen Exploration und Experiment das experimentelle Denken rekursiv in die Vergangenheit hinein zu universalisieren versucht: seine These, dass wir nie modern gewesen seien, könnte man genau so verstehen – als Behauptung, dass das Vokabular der Exploration nicht angemessen ist und nie angemessen war.

allem und jedem. In den multinationalen, postmodernen Kulturen haben Visualisierungsinstrumente diese Bedeutungen der Entkörperung noch verschlimmert. Die Visualisierungstechnologien haben keine offensichtliche Grenze. [...] In diesem technologischen Fest wird Vision unkontrollierte Gefräßigkeit. Jegliche Perspektive weicht unendlich beweglicher Vision, die den göttlichen Trick, alles von nirgendwo aus sehen zu können, nicht länger nur mythisch erscheinen läßt, sondern den Mythos zur alltäglichen Praxis gemacht hat. *And like the god trick, this eye fucks the world to make techno-monsters.*« (Haraway 1995, S. 80; der kursive Teil stammt aus dem Original von 1988, S. 581)[17]

Dass es nach wie vor üblich ist, jede Form der Wissenschaft, selbst noch die experimentelle für eine explorative zu halten, formt auch die Art, wie Ergebnisse wissenschaftlicher Arbeit Teil »individueller Welten« werden. Und diese allgemeine Persistenz des Explorativen kann auch entsprechend strategisch genutzt werden. Dieses von einer ungebrochenen Universalität des Explorativen geprägte Verständnis von Wissenschaft wird offensichtlich in Formulierungen wie: »Die Wissenschaft hat festgestellt, dass ...« oder »X hat Y entdeckt«. Denn während Mitteilungen mitgeteilt werden müssen, kann das Erkannte verkündet werden. Wenn es um die Frage geht, wie ein bildendes Verhältnis zur Wissenschaft aussehen könnte, dann müsste die Antwort mit dieser Unterscheidung von Mitteilung und Verkündung beginnen. Ein Beispiel zu Illustration: Vielleicht aufgrund seiner Doppelrolle von Unternehmer und Wissenschaftler besitzt der Genomforscher Craig Venter ein besonderes Gespür für das explorativ geprägte Bild der Wissenschaft, bzw. des Bildes des Wissenenschaftlers als Explorator in der Öffentlichkeit. Venter, der sich selbst als denjenigen beschreibt, der »der Welt das Buch der Menschheit enthüll[t]« hat (Venter 2009, S. 469), stattet sich rhetorisch und ikonographisch mit einer Vielzahl von Merkmalen des Explorators aus. Diese unterstreichen den Eindruck, das menschliche Genom sei etwas Entdeckbares und er selbst dessen Entdecker. In dieser Form werden alle Fragen, die die Form dieser Forschung und die Fragen der Mitteilung betreffen, aus der

17 Zum Auge als »Hüter und Quelle der Wahrheit« in der Pädagogik und zu seinem Zusammenhang mit der Figur des Eroberers vgl. Wimmer 1988, S. 257f. Auf den Zusammenhang von Blick und Erkenntnismodus geht Wimmer am Beispiel der Pietisten ein: »Der Blick muß sich entsubjektivieren und entkörperlichen, wenn er die Wahrheit der Kinder entziffern und die Natürlichkeit von ihrer Perversion trennen will. Die Beobachtung vollzieht sich ohne Eingriff, distanziert, stumm, ohne Geste, für sie ist nichts verborgen. Der reine Blick hat das Privileg, das Unsichtbare aufzunehmen, da er mit der ganzen Logik ausgestattet ist, die das Sichtbare innerhalb einer gegebenen begrifflichen Konfiguration verteilt. Der beobachtende Blick verhilft nicht dazu zu erkennen, sondern nur wiederzuerkennen« (ebd.).

Geschichte der Forschung selbst entfernt. Fragen wie: Wer nimmt an dieser Forschung teil und wer wird ausgeschlossen? Wie wird der privatwirtschaftliche Teil der Forschung vom öffentlich-universitären abgegrenzt? Wer finanziert was und wer kann auf welche Weise dann davon profitieren? Wie werden Eigentumsverhältnisse rechtlich organisiert, wie wird mit Bedenken umgegangen? Und schließlich: Wo und auf welche Weise wird der Frage nachgegangen, wessen Mitteilungen überhaupt berücksichtigt werden, wessen Ahnungen nachgegangen wird und wessen nicht? Alle diese Fragen gewinnen in der explorativ erzählten Geschichte eine ganz spezifische Form: Als epistemisch nachgeordnete Fragen werden sie zu Hindernissen auf dem Weg der Entdeckung. Und in gewisser Weise und in einer bestimmten, von der alltäglichen Laborarbeit abstrahierenden Perspektive ist das in diesem konkreten Fall sogar ein korrektes Bild, denn es ist die experimentelle Arbeit im Vorwege (vor der Gründung des Human Genome Projects), die mit dem Genom einen Raum der Unerschlossenheit erschlossen und damit der Exploration eröffnet hat (dazu gehört die Geschichte der Proteinsynthese im Reagenzglas). Und diese Exploration eines bereits als unerschlossen erschlossen vorliegenden Raumes ist es nun, die von Venter mit großer Geste vollzogen wurde. Er kämpft wie Kolumbus gegen Widrigkeiten wie den Kleingeist seiner Mitmenschen. Er hält trotz aller Widerstände am einmal festgesetzten Ziel der »Entschlüsselung des menschlichen Genoms« fest, wehrt die »politischen Angriffe« seiner »Gegner« ab, erobert nebenbei den Neuen Markt, entdeckt schließlich das Buch des Lebens und enthüllt es der Menschheit. So grob dieses skizziert ist, so nachvollziehbar ist es doch, dass hier eine explorative Selbstdarstellung auf eine entsprechende Erwartungshaltung trifft. Die Illustrationen zu dieser Skizze der Exploration liefern die Massenmedien: Man findet diverse Artikel über Venter mit einem schräg von unten aufgenommenen Bild von ihm illustriert, auf dem er, den entschlossenen Blick auf ein fernes Ziel gerichtet, seine Segelyacht über das Meer steuert. Deutlicher lässt sich die ikonographische Kontinuität zur klassischen Exploration kaum darstellen (vgl. z.B. die FAZ vom 12.9.09, das TIME-Magazine vom 29.4.07 und Nature vom 18.10.07, Nr. 449, S. 785-786). »Nachdem er in seinem eigenen Unternehmen nicht mehr gern gesehen wurde, begann er das Meer zu erforschen. Er segelte um die halbe Welt und machte Jagd auf die Gene der im Meer lebenden Mikroorganismen«, schreibt die Stuttgarter Zeitung vom 24.1.08. Das Beispiel wäre nicht weiter bedeutsam, ginge es nur um eine mehr oder weniger adäquate Darstellung der Wissenschaft. Aber mit der Unfähigkeit, Welterschließung anders als explorativ zu verstehen, geht auch die Unfähigkeit einher, ein bildendes Verhältnis zu ihr einzunehmen – in Bezug auf den Wissenenschaftler, insofern er rekursiv die Welt als Ergebnis der wissenschaftlichen Arbeit mit ihrer Ausgangssituation identifiziert (was Voraussetzung dafür ist, sich als Entdecker stilisieren zu können) und damit noch die notwendig die Wissenschaft überschreitende Entscheidung darüber, wessen Mitteilungen berücksichtigt werden und wessen nicht (die der Mitteilung vorausgehende Teilung) rekursiv und im Lichte des Ergebnisses als eine nur die Wissenenschaft betreffende versteht. Und in Bezug auf alle anderen sofern sie das ebenfalls tun und so jede Frage danach, wessen Mitteilungen in einem Prozess berücksichtigt werden und welche nicht, als etwas abweisen, was sie nichts anginge. In dieser Form wird die Teilung der Welt als Voraussetzung für jede Form experimenteller Wissenschaft im Namen der Wissenschaftlichkeit auf beiden Seiten der Unterscheidung von Wissenschaft und Nicht-Wissenschaft imaginär aufgehoben. Und diese Komplizenschaft in imaginärer Verantwortungsentlastung selbst wird über das Bild des Experimentators als Explorator zusammengehalten.

Um diese kursorischen Anmerkungen zusammenzufassen: Es geht bei der Frage nach dem Verhältnis von Bildung und Wissenschaft nicht darum, eine kritische Distanz zum Geltungsanspruch der Wissenschaften zu gewinnen, sondern um die Fähigkeit, dem Anspruch der Wissenschaft auf Mitteilung gerecht zu werden. Das heißt nicht einfach, zu hören, was sie zu sagen hat, sondern zu begreifen, was durch sie in welcher Form geteilt wird und wer oder was durch sie mitzuteilen und nicht mitzuteilen in die Lage versetzt wird. Das ist kein Prozess, der nur einmal mit Boyle stattgefunden hat, sondern einer, der immer wieder aufs Neue stattfindet und jedes Mal mit der Versammlung heterogener Elemente beginnt: mit der Versammlung solcher Elemente, die sprechen können und solcher, die nicht sprechen können, aber dennoch etwas mitzuteilen haben.

7. Die Hinwendung zur Sprache als Abwendung

> »Language matters. Discourse matters. Culture matters. There is an important sense in which the only thing that does not seem to matter anymore is matter«
> – KAREN BARAD 2003, 187

Eine entscheidende Leistung Rheinbergers besteht darin, Derrida in seinem erweiterten Schriftbegriff konsequent ernst zu nehmen und die Dekonstruktion mit einer »harten Wissenschaft« so in Beziehung zu setzen, dass das experimentelle Geschehen im naturwissenschaftlichen Labor als das erkennbar wird, was es in seiner strategischen und kühnen Art ist: nämlich selbst eine Form der Dekonstruktion. In früheren Auseinandersetzungen mit den Naturwissenschaften hatte man sich aus geisteswissenschaftlicher Perspektive häufig auf den Versuch beschränkt, die Geltungsansprüche der Naturwissenschaften zu dekonstruieren. Statt sich zu fragen, was man von ihnen lernen könnte, hatte man sich darauf verlegt, sie zu belehren. Indem Rheinberger am Beispiel der Geschichte der Proteinsynthese einen experimentellen Prozess detailliert und unter konsequenter Einbeziehung der Materialität der Dinge und der technischen Apparaturen nachgezeichnet hat, ließen sich an diesem theoretisch aufbereiteten Beispiel Charakteristika experimenteller Welterschließungsprozesse studieren, während gleichzeitig ein dauerhafter Zwang aufrechterhalten wurde, die Dinge und die Technik nicht außen vor zu lassen.

Das Experiment ist so als Verbund von Lösungsstrategien solcher Probleme erkennbar geworden, die in rekonstruierter Form paradox gefasst werden mussten. In dieser paradoxen Fassung erst wurden Probleme vergleichbar, deren Lösungsstrategien sonst nicht als vergleichbar oder sogar als strukturell übereinstimmend hätten erkannt werden können. So wurde die Arbeit der Naturwissenschaften als eine Arbeit an den Grenzen einer geteilten Welt verstehbar und so wurde es auch möglich, die Frage nach der Bildung in Bezug auf dieselbe geteilte Welt zu beziehen und nicht auf die andere Hälfte einer vorab nach Geltungsbereichen aufgeteilten. Problematisch an gegenwärtigen, Technik nicht ernsthaft mitberücksichtigenden Fassungen des Bildungsbegriffs ist damit nicht etwa ihre konsequente Berücksichtigung der unhintergehbaren semiotischen Verfasstheit der Welt im Zuge des »linguistic turns«, sondern die Inkonsequenz, mit der der Einsicht Rechnung getragen wurde, dass es ein »Text-Äußeres« nicht gibt (Derrida 1983, S. 274). Ich habe an früherer Stelle zu zeigen versucht, dass man in der Wissenschaftstheorie und -forschung zwei grundlegend verschiedene Weisen der »Hinwendung zur Sprache« unterscheiden kann: zum Einen die wissenschaftstheoretische in der Tradition des Wiener Kreises, die von der Abgrenzung gegen den Positivismus geprägt ist, hier als Krisentheorie des Explorativen rekonstruiert wurde und für die stellvertretend der Name Popper angeführt werden kann, und zum Anderen die mit Fleck ansetzende »Lwów'sche Tradition«, die von vornherein das Experiment als Erkenntnis generierendes Zentrum der Forschung ins Zentrum der Aufmerksamkeit gestellt hat. Als experimentell arbeitender Thyphusspezialist musste Fleck dieses nicht erst entdecken – seine Leistung bestand darin, nicht nur biologische Erkenntnisse aus der experimentellen Praxis gewonnen zu haben, sondern auch solche der Wissenschaftsforschung (anstatt tagsüber Biologie zu betreiben und am Feierabend zur Wissenschaftstheorie überzuwechseln). An das andere Ende dieser »Lwów'schen Tradition« wurde hier Rheinberger gestellt. Am Beispiel von Peukert und Euler, die sich beide explizit auf die Wissenschaftstheorie in der Tradition des Wiener Kreises beziehen, hatte ich zu zeigen versucht, dass Bildung solange nicht »im konkreten Bezug zum Gegenstandsbereich von Naturwissenschaft und zu gegenständlicher Technik gedacht werden« kann (Ahrens 2005, S. 102), wie »Bildung in dem Sinne als innovatorisches Sprachgeschehen gefasst wird, wie in der Wissenschaftstheorie der ›Wiener Tradition‹ sprachliche Innovationen als materiellen Innovationen vorausgehend beschrieben werden« (ebd.). Mit Hilfe der Unterscheidung von Exploration und Experiment ließ sich dieses, wie im Rahmen dieser Arbeit dargestellt, präzisieren und verallgemeinern. Nun geht es nämlich nicht mehr nur um die Frage, wie man den »Gegenstandsbereich von Naturwissenschaft« und die »gegenständliche Technik« in das Denken der Bildung miteinbezieht, sondern um das Denken der Bildung selbst. Damit beschränkt sich die Kritik an der Hinwendung zur Sprache, die gleichzeitig eine Abwendung darstellt, auch nicht mehr auf die Texte solcher Autoren wie Euler oder Peukert, die sich explizit bemühen, Naturwissenschaft und Technik wieder ins Denken der Bildung miteinzubeziehen, sondern auch auf solche Texte der Bildungstheorie, in denen von Naturwissenschaft und Technik gar nicht die Rede ist. Das macht das Problematische und gleichzeitig schwer Nachweisbare an der Kritik dieser Art der Zuwendung zur Sprache aus, die gleichzeitig eine Abwendung darstellt. Denn das, worum es geht, wird nicht etwa falsch dargestellt, sondern fehlt. Dass etwas fehlt, lässt sich aber erahnen, z.B. dann, wenn man sich darüber wundert, dass noch immer C.P. Snows These von 1964 über die »Two Cultures« plausibel erscheint, oder darüber, dass so wenig von Technik die Rede ist, wo sie doch so offensichtlich bedeutend für das »Welt- und Selbstverhältnis« eines jeden ist.

Was der Wissenschaftstheorie die »Krise der Repräsentation« ist, ist der Bildungstheorie in gewisser Weise die »Krise des transzendentalen Subjekts«. In beiden Fällen ist die Hinwendung zur Sprache durch eine Abwendung motiviert: primär gegen den Positivismus auf der einen Seite und primär gegen die Vorstellung eines transzendental gedachten Subjekts in der Mitte des welterschließenden Geschehens auf der anderen Seite. Beide Formen dieser Zuwendung zur Sprache stellen vor dem Hintergrund der hier gewählten Unterscheidung von Exploration und Experiment zwei unterschiedliche Versuche dar, sich vom Explorativen zu lösen, ohne sich von ihm – mangels Denksystemalternative – tatsächlich trennen zu können. Wenn Bildung nichts anderes ist als die experimentelle Form der Welterschließung in ihrer individuell zugewandten Form, dann ist sie es selbst, die sich dem Denken des Explorativen entzieht – und zwar auch dann, wenn dieses Denken sich dem abarbeitet, was an dem Explorativen problematisch und unplausibel geworden ist. So bleibt die Hinwendung zur

Sprache noch in der Abwendung von der Repräsentation an die Vorstellung einer ihr entgegengestellten Welt gebunden. Man betonte in Abgrenzung zum Positivismus bzw. in Abgrenzung zu transzendentalen Subjektvorstellungen, dass man jenseits der Sprache nicht denken kann, musste in Ermangelung einer paradoxen Fassung von Welt, die die Gegenüberstellung zweier Denksysteme ermöglicht, Sprache aber weiterhin als etwas der Welt Gegenübergestelltes und damit zwangsläufig verkürzt, oft im engeren, linguistischen Sinne, denken. In einem Diskurs, in dem der Vollzug des »linguistic turns« die erfolgreiche Abwendung von überkommenen Denkvorstellungen darstellte, lief zudem jeder Gefahr, sich der Rückständigkeit verdächtig zu machen, der umgekehrt eine linguistische Beschränkung vermutete. Karen Barad beispielsweise provoziert geradezu zwangsläufig entsprechende Reaktionen, wenn sie schreibt:

»Language had been granted too much power. The linguistic turn, the semiotic turn, the interpretative turn, the cultural turn: it seems that at every turn lately every ›thing‹ – even materiality – is turned into a matter of language or some other form of cultural representation.« (Barad 2003, 187)

In der abwendenden Hinwendung kann man sich zu der Seite der Kritik hin immunisieren, indem man auf die »Weite« des eigenen Sprachbegriffs verweist, der immer mitmeint, was als ausgeschlossen kritisiert wird. Und man kann sich gleichzeitig zu der anderen Seite hin pragmatisch zeigen, indem man die Grenze seines Sprachbegriffs genau so weit bestimmt, wie es die eigenen methodischen und theoretischen Möglichkeiten gerade zulassen. So wie man sich in der Wissenschaftstheorie des Positivismus verdächtig macht, wenn man diese Form des »linguistic turns« für eine unangemessene Engführung hält, läuft man auch im Diskurs der Bildungstheorie Gefahr, sich des Versuchs der Wiedereinsetzung des transzendentalen Subjekts verdächtig zu machen, wenn man diese Hinwendung zur Sprache für eine problematische Verkürzung hält. Vor dem Hintergrund der Unterscheidung von Experiment und Exploration, der damit korrespondierenden Unterscheidung von Bildung und Lernen und mit Hilfe eines paradox gefassten Begriffes der Welt als geteilter lässt sich dieser Verdacht jedoch als unbegründet ausräumen.

Wenn Lüders den aktuellen Stand der Bildungstheorie korrekt beschreibt – und davon gehe ich aus –, ist dieser von dem »linguitic turn« in genau der Form geprägt, bei der die Hinwendung durch eine Abwendung motiviert ist:

»Eine weitere Tendenz aktueller bildungstheoretischer Konzeptionen des Subjekts ergibt sich aus dem sogenannten linguistic turn der Kultur- und Sozialwissenschaften. Das

Schlagwort der ›Wendung auf die Sprachwissenschaft‹ meint die verstärkte ›Reflexion auf die semiotische Vermittlung aller Erkenntnis und schließlich aller Bewußtseinsleistungen‹« (Lüders 2007, S. 34; das Zitat stammt von Peukert 1998, S. 23).

Lüders führt im Folgenden weiter aus, inwiefern es sich bei dieser Zuwendung zur Sprache auch um die Abwendung von einem metaphysischen Subjektbegriff handelt:

»Bezogen auf die Möglichkeit von Erkenntnis bedeutet dies, dass nicht mehr das Bewusstsein eines individuellen Subjekts ihr Ausgangspunkt ist, ›sondern vielmehr die Sprache bzw. jene sprachlichen Prozeduren, kraft derer sich das Welt- und Selbstverhältnis von Subjekten allererst konstituiert‹. Kritisiert wird damit ein Subjektbegriff, der sich auf die Vorgängigkeit und Innerlichkeit von Subjekten bezieht: Nicht mehr das cogito ist zentraler Ausgangspunkt eines Bewusstseins, das sich außerhalb von Sprache formiert und durch sprachliche Akte nur (nachträglich) repräsentiert wird. Vielmehr sind die Subjekte Effekte solch sprachlicher Prozeduren, insofern diese alle Denk- und Artikulationsmöglichkeiten überhaupt erst hervorbringen. Jede Selbstverortung des Subjekts ist demzufolge grundsätzlich sprachlich bzw. semiotisch.« (Lüders 2007, S. 34; das Zitat stammt von Koller 2004, S. 190)

Dass es sich hierbei um eine Engführung des Sprachbegriffs handelt, signaliert bereits das »bzw.« in der Wendung »sprachlich *bzw.* semiotisch«. Deutlicher wird das Signal dadurch, dass sich für Lüders in dieser Hinwendung die »in der Pädagogik seit Mitte der 1980er Jahre zu beobachtende Ästhetikorientierung« (Ehrenspeck 2001, S. 148, zitiert nach Lüders 2007, S. 35) erklärt: »Denn wo finden sich eher Prozesse der (semiotischen) Neuerfindung bzw. des Vordenkens als in Literatur, bildender und darstellender Kunst oder Musik?« (ebd.). Nimmt man von der anthropozentrischen Engführung des Begriffs der Sprache auf solche Mitteilungen Abstand, deren Erforschung in das Gebiet der »Sprachwissenschaft« fallen, lässt sich die Frage, wo sich *eher* Prozesse der (semiotischen) Neuerfindung bzw. des Vordenkens als in Literatur, bildender und darstellender Kunst oder Musik finden lassen, zwar auch nicht direkt beantworten. Man kann aber sagen, wo sich *ebenfalls* Prozesse der (materiell-semiotischen) Neuerfindung finden lassen: In den Laboratorien der Biologen und Chemiker, in den Cafés, wo Programmierer Weblogsoftware schreiben, im Umgang eines Handwerkers mit seinem Material, der Architektin beim Modellbau, des Züchters im Umgang mit seinen Hunden, der Ärztin in der Auseinandersetzung mit der Leber ihres Patienten und im Umgang des Geisteswissenschaftlers mit seinem Zettelkasten. Tatsächlich findet keine dieser Tätigkeiten jenseits eines sinnhaften, semiotisch verfassten Bedeutungsgefüges statt. Wer würde das heute noch behaupteten wollen? Und sicherlich finden in der Praxis dieser Tätigkeiten auch Prozesse innovativer Neuerfindungen statt. Man muss aber auch davon ausgehen, dass diese nicht *erst* sprachlich-theoretisch in Literatur, bildender oder darstellender Kunst, in Musik oder reiner Theorie *vorgedacht* und *dann* materiell-praktisch umgesetzt werden. Lüders schreibt noch einmal »bzw.« (»Denn wo finden sich eher Prozesse der (semiotischen) Neuerfindung *bzw.* des Vordenkens als in Literatur, bildender und darstellender Kunst oder Musik?«) und stellt damit die »Prozesse der (semiotischen) Neuerfindung« auf eine Ebene mit den »Prozesse[n] des Vordenkens«. Das ist strukturell dieselbe Form der Vor- und Nachgeordnetheit, die Popper mit seiner Idee des Vorrangs des Theoretikers gegenüber dem Experimentator vertreten hat. Mit dieser Nachgeordnetheit geht aber auch die Nachgeordnetheit der Technik einher, die damit aus dem Blick gerät, und mit ihr die bildungstheoretisch entscheidende Tatsache, dass sie wie die Sprache die Grenzen unseres Denkens und damit unserer Welt bestimmt.[18] Wenn hier, einen Vorschlag von Haraway aufnehmend, von der materiell-semiotischen Verfasstheit der Welt gesprochen wird, dann deshalb, um die notwendige Verbindung von Materialität und Zeichen in der Sinnproduktion in Abgrenzung zu einem zu eng gefassten Begriff des Semiotischen zu betonen. In die hier gewählte Begrifflichkeit übersetzt heißt das: Es geht darum, auch die Mitteilungen derer zu berücksichtigen, die nicht unsere Sprache sprechen. Dass kein Zeichen Bedeutungseffekte zeitigen kann, läge es nicht in irgendeiner materiellen Form vor, ist genauso wenig eine neue theoretische Erkenntnis wie die Einsicht, dass nichts, was uns in dieser Welt begegnet, vor jeder Bedeutung und jeden Sinns ist und dass damit jede Form von Erkenntnis semiotisch verfasst ist. Auch in dieser Hinsicht steht die Wendung von der »materiell-semiotischen« Verfasstheit lediglich im Dienste einer abgrenzenden Betonung. Erkenntniswert hat der Zusammengehörigkeit anzeigende Bindestrich zwischen materiell und semiotisch also lediglich vor dem Hintergrund einer Hinwendung zur Sprache, bei der die menschliche Sprache sowohl als unhintergehbar, gleichzeitig aber der Welt gegenüber gestellt verstanden wird, und in der die Mitteilungen nicht-menschlicher Wesen

18 Vgl. auch Kollers Begründung dafür, warum er Poppers Konzept der Falsifikation für die bildungstheoretische Frage nach der Entstehung des Neuen für wenig erhellend hält: »Denn Poppers Falsifikationismus liefert ja *nichts anderes* als eine wissenschaftstheoretische Formulierung dessen, was [...] als Anlass für Bildungsprozesse beschrieben worden war: das Scheitern eines bisher gültigen oder ›bewährten‹ Welt- und Selbstverständnisses bei der Konfrontation mit neuen Erfahrungen bzw. Problemen.« (Koller 2007, S. 53f., Herv. SöA)

(Latour) genauso zu kurz kommen wie die Rolle der Technik zu kurz kommt, wenn sie als etwas der Sprache nachgeordnetes vorgestellt wird. Wenn man aber die Technik nicht als ebenso unhintergehbaren Teil eines Bildungsprozesses denkt, verliert man auch die Praxis des Umgangs mit ihr aus den Augen und damit die Geschichte, die diese Praxis in die Körper schreibt. In einer Welt, die man mit allen möglichen Dingen und nicht-menschlichen Wesen teilt, ist das aber entscheidend, denn es geht auch bei Bildung um die Form dieser geteilten Welt. Eingebettet in einen harmonisch dazu passenden geisteswissenschaftlichen Zusammenhang gemäß der »Zwei Kulturen« C.P. Snows muss dieses in bildungstheoretischen Zusammenhängen nicht zwangsläufig auffallen. Auch deshalb ging es hier um die Naturwissenschaften: in der Hoffnung, dass sie sich in der Weise als archimedischen Punkt für die Bildungstheorie erweisen würden, wie sie sich für Latour als der archimedische Punkt erwiesen haben, an dem es möglich wurde, die Soziologie aus ihrer Technikvergessenheit herauszuhebeln.

Lüders Darstellung des gegenwärtigen Stands der Bildungstheorie ist hier deshalb hilfreich, weil sie in der klaren und systematischen Weise, in der sie die »Dimensionen« des Bildungsbegriffs rekonstruiert und darstellt, sichtbar werden lässt, was ansonsten nur selten Kontur gewinnt. In der Regel geht das Fehlen der Technik einfach nur unter – in den Sätzen, die über Bildung geschrieben worden sind und in denen von Technik geschwiegen wurde. Nur manchmal, wenn die »Welt der Naturwissenschaften« oder die Technik als Thema ins Spiel kommen, verdichtet sich die Ahnung, dass nach wie vor etwas fehlt. So verhärtet sich jetzt, am Ende dieser Arbeit, der am Anfang geäußerte Verdacht, dass es kein Zufall ist, wenn Dörpinghaus zur Illustration des Bildungsprozesses eines Physikers ausgerechnet das Beispiel Heisenbergs heranzieht, dem sein Rigorosumsprüfer Wilhelm Wien nicht nur »bodenlose Ignoranz« der Experimentalphysik bescheinigte, sondern der auch noch ernsthaft behauptet hat, dass der »Ausgangspunkt der Entwicklung seiner Theorien« auf die Lektüre von Platons Timaios zurückzuführen sei. Oder wenn er bei der Suche nach bildungsträchtigen »Verzögerungsanlässen« mit dem Lesen und Schreiben, dem Betrachten von Kunst, dem Debattieren und dem darstellenden Spiel zwar einmal das klassische Kulturprogramm durchgeht, aber gleichzeitig von der profanen Technik, *um die es ihm vorher die ganze Zeit ging*, plötzlich schweigt. Vielleicht kann man das als Zwischenergebnis festhalten: Wenn es um das Ziel geht, Bildung mit Naturwissenschaften zusammenzudenken, ist die Bildungstheorie erst dann auf dem richtigen Weg, wenn es ihr gelingt, über Physik zu sprechen, ohne statt dessen über einen Dialog Platons zu sprechen. Und wenn es um das Ziel geht, Bildung mit Technik zusammenzudenken, dann ist sie erst dann auf dem richtigen Weg, wenn es ihr gelingt, über Technik zu sprechen, ohne statt dessen über Literatur, Malerei und Musik zu sprechen.

Der Einsicht in die notwendig semiotische Verfasstheit der Welt sollte mit der Bestimmung von Welt als Einheit der Unterscheidung von Erschlossenem und Unerschlossenem Rechnung getragen werden. Der Einsicht, dass diese Welt nicht die Welt an sich ist, sollte mit ihrer paradoxen Bestimmung und der Notwendigkeit des Re-Entry Rechnung getragen werden. Der Einsicht, dass sich die Welt aus unterschiedlichen Perspektiven unterschiedlich darstellt, obwohl es sich immer um unterschiedliche Perspektiven von nur einer Welt handelt, sollte mit der Bestimmung der Welt als geteilter Rechnung getragen werden. Ziel war es aber auch, sich gegen das anthropozentrische Primat der menschlichen Sprache gegenüber allen anderen Mitteilungsformen abzugrenzen. Darin drückt sich erstens die Einsicht aus, dass wir nicht alleine auf der Welt sind, sondern sie mit Anderen und teilweise *ganz* Anderem teilen. Und zweitens drückt sich darin die Einsicht aus, dass diese Tatsache etwas ist, was uns selbst dann nicht egal sein kann, wenn wir uns für den Rest der Welt nicht interessieren. Denn wer sich wie wem mitteilen kann, hängt immer auch und vielleicht sogar immer stärker von Bedingungen ab, die ganz entschieden von Technik und von naturwissenschaftlichen Entwicklungen geprägt sind.[19]

8. DIE EMPIRIE EINER EXPERIMENTELLEN BILDUNGSTHEORIE

Bildung, das lässt sich nun *feststellen*, ist nicht bloß »ein theoretisches Konstrukt, das keine dinghafte Entsprechung in der empirischen Realität besitzt und mithin nur indirekt, auf dem Wege interpretativer Deutung empirischer Sachverhalte erschlossen werden kann« – »wie immer man den Begriff auch definieren mag« (Koller 1999, S. 161). Als individuell zugewandte Form der experimentellen Welterschließung besitzt Bildung in der Tat keine »dinghafte Entsprechung in der empirischen Realität«, ebenso wie auch sonst nichts, was innerhalb eines experimentellen Denksystems gedacht wird, sinnvoll auf seine dinghafte Entsprechung in der empirischen Realität befragt werden kann. Das heißt aber nicht,

19 Aus diesem Grund sind Latours Bemühungen um eine neue Soziologie (vgl. insb. Latour 2005) so bedeutend: ihm geht es um die Notwendigkeit, den Naturwissenschaften einen systematischen Platz im politischen Diskurs zu sichern – nicht darum, ihren Geltungsanspruch anzugreifen, und auch nicht darum, sich über angebliche *kulturelle* Differenzen hinweg zu verständigen.

dass es sich bloß um ein theoretisches Konstrukt handelt – im Gegenteil: Bildung wird hier der gesamte empirische Gehalt zugesprochen, der einem *factum* innerhalb des experimentellen Denksystems zugesprochen werden kann – nicht weniger als dem Phlogiston vor Lavoisier und nicht weniger als der Oxidation nach Lavoisier, aber mehr als dem Phlogiston nach Lavoisier und mehr als einer Bildung, die als transformatorisches Sprachgeschehen infolge des Scheiterns von Figuren des Welt- und Selbstverhältnisses verstanden wird.[20] Beschränkt man die Aufgabe der Theorie also nicht explorativ auf die Beschreibung empirisch nachvollziehbarer Sachverhalte, dann lässt sich vor diesem Hintergrund auch das Verhältnis von Bildungstheorie zur Bildungspraxis und das Verhältnis der Bildungstheorie zur Empirie anders fassen: Die Theorie der Bildung kann die Praxis der Bildung nicht einholen. Was sie aber im Gegensatz zur Praxis kann, ist die Probleme wiederzufinden, für die die Praxis immer schon eine Lösung gefunden hat. Und nur so, über den Umweg über die Theorie, werden vorhandene Lösungen in ihrer Kontingenz überhaupt erst erkennbar und damit mit anderen möglichen Lösungen vergleichbar. So ist auch die Theorie der Bildung nur vor dem Hintergrund eines Bruchs mit der gefugten Zeit »der Begebenheiten und Handlungsketten« (Vogl 2007, S. 48) möglich und damit gewissermaßen das Steckenpferd professioneller Zauderer. Die Offenheit des so skizzierten Bildungsbegriffes wird nicht dadurch angestrebt, dass versucht wird, noch das unvorwegnehmbare Neue, das Bildung auszeichnet, in eine »unbestimmt« gehaltene Bestimmung von Bildung zu integrieren, sondern dadurch, dass Bildung paradox bestimmt wird. Dadurch bleibt Bildung zur Seite ihrer praktischen Realisierung, zum Ereignis hin offen (gewissermaßen maximal unbestimmt), während auf theoretischer Ebene die Kontingenz *dieser* paradoxen Fassung hervorgehoben (gewissermaßen maximal bestimmt) wird. Dass Bildung als paradoxe Arbeit an der Unterscheidung von erschlossen und unerschlossen in ihrer individuell zugewandten Form auf der Seite der Erschlossenheit bestimmt wird, ist eine Ent-

20 Es bringt – wie nun vielleicht deutlich wird – auch theoriepraktische Vorteile mit sich, wenn man das Verhältnis von Theorie und Praxis in Abhängigkeit vom jeweiligen Denksystem denkt und z.B. nicht vom Repräsentationsproblem aus. Anders gesagt: Das Verhältnis von Theorie und Praxis ist nicht ein abgeleitetes Problem des Repräsentationsproblems – vielmehr hängen beide Probleme im Verbund und in der Komplementarität der beiden Denksysteme zusammen (oder, wenn man so will, im Zusammenhang mit ihrer »Inkommensurabilität«); Michael Lynch hat damit recht, wenn er mit Blick auf die Aufmerksamkeit, die dem Problem der Repräsentation zukommt, schreibt: »Representation is overrated« (1994, insb. S. 148) – denn auch das Repräsentationsproblem ist keines, das als solches und unabhängig vom Verbund eines der beiden Denksysteme angegangen werden kann.

scheidung. Diese Entscheidung sollte aber durch die Gegenüberstellung der verschiedenen Charakteristika – gewissermaßen *bottom up* statt *top down* – plausibilisiert und über ihren Nutzen für Anschlussarbeiten legitimiert werden. Die Legitimation muss also rückwirkend aus der Zukunft erfolgen, sie kann nicht präventiv durch Bezug auf die Vergangenheit mitgeliefert werden. Diese und die damit verbundenen begrifflichen Entscheidungen wurden auch rhetorisch durch Pointierung und Kontrastierung hervorgehoben und sollten dadurch als Entscheidungen transparent gehalten werden. Man kann dieses Vorgehen essayistisch nennen, wenn man das Essay, wie Max Bense es vorschlägt, als experimentelle Form des Schreibens versteht (Bense 1969) und »experimentell« im hier dargestellten Sinne. Denn versteht man Bildung so als experimentelle Form der Welterschließung, dann bleibt einem gar nichts anderes übrig, als auch bei der Erschließung von Bildungsprozessen experimentell vorzugehen.

LITERATUR

Adorno, Theodor W. (1951): Minima Moralia. Reflexionen aus dem beschädigten Leben. In: ders.: Gesammelte Schriften, Band 4, Frankfurt/M.: Suhrkamp.

Adorno, Theodor W. (1972): Theorie der Halbbildung. In: ders.: Gesammelte Schriften, Band 8, Frankfurt/M.: Suhrkamp, S. 93-121.

Adorno, Theodor W. (1973): Die Transzendenz des Dinglichen und Noematischen in Husserls Phänomenologie. In: ders.: Gesammelte Schriften, Band 1, Frankfurt/M.: Suhrkamp.

Ahrens, Sönke (2005): Bildung, Naturwissenschaft und Technik. Zur bildungstheoretischen Bedeutung der neueren Wissenschafts- und Technikforschung, Münster: Waxmann.

Ahrens, Sönke (2006): Die paradoxale Grundstruktur des Sadomasochismus. In: Zeitschrift für Sexualforschung, Jg. 19, Heft 4, S. 279-308.

Ahrens, Sönke (2009): Technik als Erkenntnismedium. In: Wimmer, M./Reichenbach, R./Pongratz, L. (Hg.): Medien, Technik und Bildung, Paderborn: Schöningh, S. 33-48.

Allison, Scott T./Messick, David M. (1988): The feature-positive effect, attitude strength, and degree of perceived consensus. In: Personality and Social Psychology Bulletin 14, S. 231-241.

Anders, Günther (1965): Die Antiquiertheit des Menschen. Band 1: Über die Seele im Zeitalter der zweiten industriellen Revolution, München: Beck.

Anders, Günther (1980): Die Antiquiertheit des Menschen. Band 2: Über die Zerstörung des Lebens im Zeitalter der dritten industriellen Revolution, München: Beck.

Andersson, Gunnar (1988): Kritik und Wissenschaftsgeschichte: Kuhns, Lakatos' und Feyerabends Kritik des kritischen Rationalismus, Tübingen: Mohr.

Arquilla, John/Ronfeldt, David (2001): Networks and Netwars: The Future of Terror, Crime and Militancy, Santa Monica: Rand.

Bachelard, Gaston (1978): Die Bildung des wissenschaftlichen Geistes. Beitrag zu einer Psychoanalyse der objektiven Erkenntnis, Frankfurt/M.: Suhrkamp.

Bachelard, Gaston (1980 [1940]): Die Philosophie des Nein. Versuch einer Philosophie des neuen wissenschaftlichen Geistes, mit einem Essay von Joachim Kopper und einer Einleitung von Gerhard Schmidt, Frankfurt/M.: Suhrkamp.

Baecker, Dirk (1997): Durch diesen schönen Fehler mit sich selbst bekannt gemacht: Das Experiment Organisation. In: Nassehi, A./Hijikata, T. (Hg.): Riskante Strategien, Opladen: Westdeutscher Verl., S. 249-271.

Baecker, Dirk (2007): Trauen Sie sich nie so ganz über den Weg! Rezension zu: Bruno Latour: Eine neue Soziologie für eine neue Gesellschaft. In: FAZ vom 17.12.2007.

Barad, Karen (2003): Posthumanist Performativity: Toward an Understanding of How Matter Comes to Matter. In: Signs. Journal of Women in Culture and Society 28, Band 3, S. 801-831.

Bausinger, Hermann (1981): Technik im Alltag. Etappen der Aneignung. In: Zeitschrift für Volkskunde, Jg.77, S. 227-242.

Beckett, Samuel (1996 [1983]): Nohow On: Company, Ill Seen Ill Said, Worstward Ho, herausgegeben von S.E. Gontarski, New York: Grove Press.

Bellah, Robert N./Madsen, Richard/Sullivan, William M./Swidler, Ann/Tipton, Steven M. (1985): Habits of the Heart: Individualism and Commitment in American Life, Berkeley: University of California Press.

Benjamin, Walter (1991): Die Aufgabe des Übersetzers. In: ders.: Gesammelte Schriften, Vol. IV-1, Frankfurt a.M.: Suhrkamp, S. 9-21.

Benner, Dietrich (gemeinsam mit Helmut Peukert) (1995): Moralische Erziehung. In ders.: Pädagogik als Wissenschaft, Handlungstheorie und Reformpraxis, Weinheim/München: Juventa, S. 264-321.

Berg, Eberhard/Fuchs, Martin (1993) (Hg.): Kultur, soziale Praxis, Text: die Krise der ethnographischen Repräsentation, Frankfurt/M.: Suhrkamp.

Berg, Gunhild (2008): *Dispositif* of Experiment. The History of a Concept negotiated and standardized in the 18th and 19th century. Vortragsmanuskript. http://www.zfl.gwz-berlin.de/fileadmin/bilder/Projekte/slsa/Concepts_Berg.pdf

Berg, Gunhild (2009): Zur Konjunktur des Begriffs »Experiment« in den Natur-, Sozial- und Geisteswissenschaften. In: Michael Eggers, Matthias Rothe (Hg.): Wissenschaftsgeschichte des 17. und 18. Jahrhunderts als Begriffsgeschichte. Bielefeld: transcript, S. 51-82 .

Berger, Peter L. (1999): Sehnsucht nach Sinn. Glauben in einer Zeit der Leichtgläubigkeit, Frankfurt/M.: Campus.

Berr, Marie-Anne (1994): Die Kadenzen der Schöpfung: Gott – Mensch – Maschine. In: Kamper, D./Wulf, Chr. (Hg.): Anthropologie nach dem Tode des Menschen, Frankfurt/M.: Suhrkamp, S. 203-215.

Bertram, Jutta (1995): »Arm, aber glücklich...« Wahrnehmungsmuster im Ferntourismus und ihr Beitrag zum (Miß)Verstehen der Fremde(n). Münster/Hamburg: LIT.

Bense, Max (1969): Über den Essay und seine Prosa. In: Rohner, L. (Hg.): Deutsche Essays. Prosa aus zwei Jahrhunderten, 6 Bände, München: dtv, S. 23-37.

Bhabha, Homi K./Rutherford, Jonathon (1990): The Third Space. Interview. In: Rutherford, Jonathon (Hg.): Identity. Community, Culture, Difference, London: Lawrence&Wishart, S. 207-221.

Biagioli, Mario (1999) (Hg.): The Science-Studies-Reader, New York: Routledge.

Bilstein, Johannes (2001): Vom nützlichen Wissen der schönen Künste. In: Liebau, E. (Hg.): Die Bildung des Subjekts.: Beiträge zur Pädagogik der Teilhabe, Weinheim und München: Juventa, S. 269-290.

Blaise, Clark (2000): Time lord: Sir Sandford Fleming and the creation of standard time, London: Pantheon.

Bloor, David (1999): Anti-Latour. In: Studies in History and Philosophy of Science 30, Heft 1, S. 81-112.

Böhme, Hartmut (2000): Kulturgeschichte der Technik. In: ders./Matussek, P./Müller, L. (Hg.): Orientierung Kulturwissenschaft. Hamburg: Rowohlt, S. 164-178.

Böhme, Hartmut (2003): Das Volle und das Leere. Zur Geschichte des Vakuums. In: Kunst- und Ausstellungshalle der Bundesrepublik (Hg.): Luft, Köln, S. 42-67.

Böhme, Hartmut (2006): Fetischismus und Kultur. Eine andere Theorie der Moderne, Reinbek bei Hamburg: Rowohlt.

Bohrer, Karl Heinz (2007): Was heißt unabhängig denken? Ein freier Geist muß nicht immer subversiv sein. In: Merkur. Deutsche Zeitschrift für europäisches Denken 699, Jg. 61, S. 563-574.

Boorstin, Daniel J. (1983): The Discoverers: A History of Man's Search to Know His World and Himself, London: Dent.

Bourdieu, Pierre (1987): Sozialer Sinn. Kritik der theoretischen Vernunft, Frankfurt/M.: Suhrkamp.

Bourdieu, Pierre (1988): Homo Academicus, Frankfurt/M.: Suhrkamp.

Bourdieu, Pierre (1997): Der Tote packt den Lebenden. In: Steinrücke, M. (Hg.): Der Tote packt den Lebenden: Schriften zu Politik und Kultur, Hamburg: VSA-Verlag, S. 18-58.

Bourdieu, Pierre (2002): Ein soziologischer Selbstversuch, Frankfurt/M.: Suhrkamp.

Bown, Stephen R. (2004): The Age of Scurvy. How a Surgeon, a Mariner, and a Gentleman Solved the Greatest Medical Mystery of the Age of Sail, New York: Summersdale.

Brecht, Bertolt (1976 [1932]): Radiotheorie 1927-1932. In: ders. Gesammelte Werke, Band 18, Frankfurt/M.: Suhrkamp, S. 117-134.

Brincken, Anna-Dorothee von den (1992): Fines Terrae. Die Enden der Erde und der vierte Kontinent auf mittelalterlichen Weltkarten, MGH-Schriften 36, Hannover.

Buck, Günther (1981): Hermeneutik und Bildung. Elemente einer verstehenden Bildungslehre, München: Wilhelm Fink.

Busch, Werner (1986): Joseph Wright of Derby: Das Experiment mit der Luftpumpe. Eine Heilige Allianz zwischen Wissenschaft und Religion, Frankfurt/M.: Fischer.

Butler, Judith (1997): Körper von Gewicht, Frankfurt/M.: Suhrkamp.

Callon, Michel (1980): Struggles and Negotiations to Define What is Problematic and What is Not: The Socio-Logic of Translation. In: Knorr, K.D./Krohn, R./Whitley, R.D. (Hg.): The Social Process of Scientific Investigation. Sociology of the Sciences, Band 4, Dordrecht/Boston: Reidel, S. 197-219.

Callon, Michel (1986): The Sociology of an Actor-Network: The Case of the Electric Vehicle. In: ders./Law, J./Rip, A. (Hg.): Mapping the Dynamics of Science and Technology: Sociology of Science in the Real World, Basingstoke: Macmillan Press, S. 19-34.

Callon, Michel (1999) [1986]: Some Elements of a Sociology of Translation. Domestication of the Scallops an the Fishermen of St. Brieuc Bay. In: Biagioli, M. (Hg.): The Science Studies Reader, New York: Routledge, S. 67-83.

Callon, Michel (2006): Die Soziologie eines Akteur-Netzwerkes: Der Fall des Elektrofahrzeugs. In: Belliger, A./Krieger, D. J. (Hg.): ANThology. Ein einführendes Handbuch zur Akteur-Netzwerk-Theorie, Bielefeld: transcript, S. 175-194.

Callon, Michel/Laotur, Bruno (1981): Unscrewing the Big Leviathan: How actors macro-structure reality and how sociologists help them to do so. In: Knorr-Cetina, K./Cicourel, A.V.: Advances in social theory and methodology. Toward an integration of micro- and macro-sociologies, London: Routledge, S. 277-304.

Carnap, Rudolf (1931): Die physikalische Sprache als Universalsprache der Wissenschaft. In: ders./Reichenbach, H. (Hg.): Erkenntnis, Bd. 2, zugl. Annalen der Philosophie Bd. X, Leipzig: Felix Meiner, S. 423-465.

Carpenter, Kenneth J. (1986): The History of Scurvy and Vitamin C, Cambridge: University Press.

Castoriadis, Cornelius (1981): Durchs Labyrinth. Seele, Vernunft, Gesellschaft, Frankfurt/M.: Suhrkamp.

Cioffi, Delia/Garner, Randy (1998): The Effect of Response Options on Decisions and Subsequent Behavior: Sometimes Inaction is Better. In: Personality and Social Psychology Bulletin 24, S. 463-472.

Clam, Jean (2004). Kontingenz, Paradox, Nur-Vollzug. Grundprobleme einer Theorie der Gesellschaft, Konstanz: UVK.

College of Defense Management: Effective Decision Making, Secunderabad: India, keine Jahresangabe.

Collins, Harry M./Pinch, Trevor J. (1982): Frames of Meaning. The Social Construction of Extraordinary Science, London: Routledge.

Conant, James Bryant (1948): Robert Boyle's Experiments in Pneumatics. In: Bryant Conant, J. (Hg.): Harvard Case Histories in Experimental Science, Cambridge Mass.: Harvard University Press, Band 1, S. 1-65.

Creveld, Martin van (1981): Kampfkraft. Militärische Organisation und Leistung der deutschen und amerikanischen Armee 1939-1945, München: Ares.

Creveld, Martin van (2009): Gesichter des Krieges: Der Wandel bewaffneter Konflikte von 1900 bis heute, Berlin: Siedler.

Csordas, Thomas J. (1996) (Hg.): Embodiment and experience: the existential ground of culture and self. Cambridge Studies in Medical Anthropology, Cambridge: University Press.

Darwin, Erasmus (1788 [2006]): The Botanic Garden. A Poem in Two Parts. Part 1: The Economy of Vegetation. Project Gutenberg, EText-No.: #9612.

Daston, Lorraine (1999 [1992]): Objectivity and the Escape from Perspective. In: Biagioli, M. (Hg.): The Science-Studies-Reader, New York: Routledge, S. 110-123.

Daston, Lorraine (2007): The History of Emergences. In: Isis 98, S. 801-808.

Daston, Lorraine/Gallison, Peter (2007): Objektivität, Frankfurt/M.: Suhrkamp.

Deleuze, Gilles/Guattari, Félix (1992): Tausend Plateaus. Kapitalismus und Schizophrenie, Band 2, Berlin: Merve.

Delisle, Jean/Woodsworth, Judith (1995): Translators through history, Amsterdam: Benjamins.

Derrida, Jacques (1976): Die Struktur, das Zeichen und das Spiel im Diskurs der Wissenschaften vom Menschen. In: ders.: Die Schrift und die Differenz, Frankfurt/M.: Suhrkamp, S. 422-442.

Derrida, Jacques (1979): Die Stimme und das Phänomen, Frankfurt/M.: Suhrkamp.

Derrida, Jacques (1983) [1967]: Grammatologie, Frankfurt/M.: Suhrkamp.

Derrida, Jacques (1986): Semiologie und Grammatologie. In: ders.: Positionen. Gespräche mit Henri Ronse, Julia Kristeva, Jean-Louis Houdebine, Guy Scarpeta, Graz/Wien: Böhlau, S. 52-82.

Derrida, Jacques (1997): Babylonische Türme. Wege, Umwege, Abwege. In: Hirsch, A. (Hg.): Übersetzung und Dekonstruktion, Frankfurt/M.: Suhrkamp, S. 119-165.

Derrida, Jacques (1999a) [1972]: Die différance. In: ders.: Randgänge der Philosophie, Wien: Passagen, S. 31-56.

Derrida, Jacques (1999b) [1972]: Signatur, Ereignis, Kontext. In: ders.: Randgänge der Philosophie, Wien: Passagen, S. 325-351.

Derrida, Jacques (2001): Limitied Inc., Wien: Passagen.

Derrida, Jacques (2003a): Die Einsprachigkeit des Anderen, München: Wilhelm Fink.

Derrida, Jacques (2003b): Eine gewisse Unmögliche Möglichkeit, vom Ereignis zu sprechen, Berlin: Merve

Derrida, Jacques/Roudinesco, Elisabeth (2006): Woraus wird Morgen gemacht sein? Ein Dialog, Stuttgart: Klett-Cotta.

Derrida, Jacques/Stiegler, Bernhard (2006): Echographien, Wien: Passagen.

Descartes, René (1953): Oevres et lettres, Paris: Gallimard.

Dörpinghaus, Andreas (2003): Zu einer Didaktik der Verzögerung. In: Aktuelles und Querliegendes zur Didaktik und Curriculumentwicklung. Festschrift für Werner Habel, Bielefeld: Janus-Presse, S. 24-33.

Dörpinghaus, Andreas (2005): Bildung als Verzögerung. Über Zeitstrukturen von Bildungs- und Professionalisierungsprozessen. In: Pädagogische Rundschau 59, Heft 5, S. 563-574.

Dörpinghaus, Andreas (2007): Bildungszeiten. Über Bildungs- und Zeitpraktiken in der Wissensgesellschaft. In: Müller, H.-R./Stravoravdis, W. (Hg.): Bildung im Horizont der Wissensgesellschaft, Wiesbaden: VS, S. 35-47.

Drouin, Jean-Marc (1994): Von Linné zu Darwin: Die Forschungsreisen der Naturhistoriker. In: Serres, M. (Hg.): Elemente einer Geschichte der Wissenschaften, Frankfurt/M., S. 569-595.

Dunker, Nina/Lars Scheffel (2007): Dem Nichts auf der Spur. Experimente zum Vakuum als Einstieg in die Arbeit mit naturwissenschaftlichen Fachbegriffen. In: Lernchancen 59, Heft 12, S. 10-20.

Ehrenspeck, Yvonne (2001): Allgemeine Pädagogik zwischen Wissenschaftsforschung und Disziplinpolitik. In: Keiner, E./Pollak, G. (Hg.): Erziehungswissenschaft: Wissenschaftstheorie und Wissenschaftspolitik, Beiträge zu Theorie und Geschichte der Erziehungswissenschaft, Band 24, S. 171-186.

Ehrenspeck, Yvonne/Rustemeyer, Dirk (1996): Bestimmt unbestimmt, in Combe, A./Helsper, W. (Hg.): Pädagogische Professionalität. Untersuchungen zum Typus pädagogischen Handelns, Frankfurt/M.: Suhrkamp, S. 368-390.

Enzensberger, Hans Magnus (2002): Die Elixiere der Wissenschaft. Seitenblicke in Poesie und Prosa, Frankfurt/M.: Suhrkamp.

Enzensberger (2009): Fortuna und Kalkül Zwei mathematische Belustigungen, Frankfurt/M.: Suhrkamp.

Esposito, Elena (2007): Die Fiktion der unwahrscheinlichen Realität, Frankfurt/M.: Suhrkamp.

Euler, Peter (1999): Technologie und Urteilskraft. Zur Neufassung des Bildungsbegriffs, Weinheim: Deutscher Studien Verlag.

Fabricius-Hansen, Catharine/Østbo, Johannes (2000): Übersetzungstheorie als Wissenschaftsdisziplin – ein kritischer Bericht. In: dies. (Hg.): Übertragung, Annäherung, Angleichung. Sieben Beiträge zu Theorie und Praxis des Übersetzens, Osloer Beiträge zur Germanistik 25, Frankfurt u.a.: Peter Lang, S. 31-40.

Falk, Armin/Heckman, James J. (2009): Lab Experiments Are a Major Source of Knowledge in the Social Sciences. In: Science, Band 326/5952, S. 535-538.

Fauser, Alois (1967): Die Welt in Händen: kurze Kulturgeschichte des Globus, Stuttgart: Fauser.

Feyerabend, Paul (1976): Wider den Methodenzwang. Skizze einer anarchistischen Erkenntnistheorie, Frankfurt/M.: Suhrkamp.

Feyerabend, Paul (1997): Zeitverschwendung, Frankfurt/M.: Suhrkamp.

Fink, Thomas/Weiss, Philipp (2001): Machina Boyleana – Joseph Wright of Derbys »Experiment mit der Luftpumpe« im Lichte des 17. Jahrhunderts. In: Kunsttexte.de, Ausgabe 1.

Fleck, Ludwik (1980) [1933]: Entstehung und Entwicklung einer wissenschaftlichen Tatsache. Einführung in die Lehre vom Denkstil und Denkkollektiv. Mit einer Einleitung herausgegeben von Lothar Schäfer und Thomas Schnelle, Frankfurt/M.: Suhrkamp.

Forster, Georg (2007 [1777]): Reise um die Welt. Illustriert von eigener Hand, Frankfurt/M.: Eichborn.

Foucault, Michel (1974): Die Ordnung der Dinge, Frankfurt/M.: Suhrkamp.

Foucault, Michel (1987): Von der Subversion des Wissens, Frankfurt/M.: Fischer.

Foucault, Michel (1988): Die Geburt der Klinik, Frankfurt/M.: Suhrkamp.

Franck, Georg (1998): Ökonomie der Aufmerksamkeit. Ein Entwurf, München: Hanser.

Franck, Georg (2005): Mentaler Kapitalismus. Eine politische Ökonomie des Geistes, München.

Franklin, James (2001): The Science of Conjecture. Evidence and Probability Before Pascal. Baltimore, S. 373-383.

Freyer, Hans (1960): Über das Dominantwerden technischer Kategorien in der Lebenswelt der industriellen Gesellschaft, Abhandlungen der Geistes- und Sozialwissenschaftlichen Klasse Jahrgang 1960, Nr. 7, Mainz: Verlag der Akademie der Wissenschaften und Literatur.

Friedrichs, Werner (2008): Passagen der Pädagogik. Zur Fassung des pädagogischen Moments im Anschluss an Niklas Luhmann und Gilles Deleuze, Bielefeld: transcript.

Fritzsche, Albrecht (2009): Schatten des Unbestimmten. Der Mensch und die Determination technischer Abläufe, Bielefeld: transcript.

Fromm, Harold (1997): My Science Wars. In: The Hudson Review XLIX, Heft 4, S. 599-609.

Fuchs, Peter (2001). Die Metapher des Systems. Studien zur allgemein leitenden Frage, wie sich der Tänzer vom Tanz unterscheiden lasse, Weilerswist: Velbrück Wissenschaft.

Fuchs, Peter (2003): Der Eigen-Sinn des Bewußtseins. Die Person, die Psyche, die Signatur, Bielefeld: transcript.

Galilei, Galileo (1980 [1610]): Sidereus Nuntius. Nachricht von neuen Sternen, übersetzt und eingeleitet von Hans Blumenberg, Frankfurt/M.: Suhrkamp.

Gamm, Gerhard (1994): Flucht aus der Kategorie. Die Positivierung des Unbestimmten als Ausgang aus der Moderne, Frankfurt/M.: Suhrkamp.

Gamm, Gerhard (2000): Nicht Nichts. Studien zu einer Semantik des Unbestimmten, Frankfurt/M.: Suhrkamp.

Gamm, Gerhard/Hetzel, Andreas (Hg.) (2005): Unbestimmtheitssignaturen der Technik: eine neue Deutung der technisierten Welt, Bielefeld: transcript.

Garber, Daniel/Zabel, Sandy (1979): On the Emergence of Probabiliy. In: Archive for History of Exact Sciences 21, S. 33-53.

Garwood, Christine (2007): Flat Earth: The History of an Infamous Idea, London: Macmillan.

Gasché, Rodolphe (1986): The Tain of the Mirror: Derrida and the Philosophy of Reflection, Cambridge, Mass.: Harvard University Press.

Geier, Manfred (1999): Fake. Leben in künstlichen Welten. Mythos – Literatur – Wissenschaft, Reinbek bei Hamburg: Rowohlt.

Geisenhanslücke, Achim (2009): Dummheit und Witz bei Kant. In: ders./Mein, G. (Hg.): Monströse Ordnungen. Zur Typologie und Ästhetik des Anormalen, Bielefeld: transcript, S. 617-654.

Genz, Henning (1994): Die Entdeckung des Nichts. Leere und Fülle im Universum, Wien: Carl Hanser.

Gettier, Edmund L. (1994): Ist gerechtfertigte, wahre Meinung Wissen? In: Bieri, P. (Hg.): Analytische Philosophie der Erkenntnis, Frankfurt/M.: Athäneum, S. 91-93. Im Original (1963): Is Justified True Belief Knowledge? In: Analysis 23, S. 121-123.

Giddens, Anthony (1976): New Rules of Sociological Method: a Positive Critique of Interpretative Sociologies, New York: Basic Books.

Giesecke, Michael (1998): Der Verlust der zentralen Perspektive und Renaissance der Multimedialität. In: Ginzburg, Carlo (Hg.): Die Venus von Giorgione, Vorträge aus dem Warburg-Haus, Band 2, Berlin: Akademie, S. 85-116.

Gigerenzer, Gerd/Goldstein Daniel G. (1996): Reasoning the Fast and Frugal Way: Models of Bounded Rationality. In: Psychological Review 103, Nr. 4, S. 650-669.

Gladwell, Malcolm (2005): Blink: The Power of Thinking Without Thinking, New York: Little Brown.

Gladwell, Malcolm (2009): Outliers: The Story of Success, London: Penguin.

Glöckner, Andreas (2006): Automatische Prozesse bei Entscheidungen. Das dominierende Prinzip menschlicher Entscheidungen: Intuition, komplex-rationale Analyse oder Reduktion? Hamburg: Dr. Kovač.

Gödel, Kurt (1931): Über formal unentscheidbare Sätze der Principia Mathematica und verwandter Systeme I. In: Monatshefte für Mathematik und Physik, Nr. 31, Akademische Verlagsgesellschaft, Leipzig, S. 173-198.

Goethe, Johann Wolfgang (1948 [1774]): Clavigo. In: Goethes Werke. Hamburger Ausgabe in 14 Bänden. Textkritisch durchgesehen und mit Anmerkungen versehen von Erich Trunz, Hamburg: Christian Wegener, S. 260-306.

Goethe, Tina (2002): Das Erlebnis der Grenze. Über die Verwandschaft von Rassismus und Tourismus. In: Backes, M./Goethe, T./Günther, S./Magg, R. (Hg.): Im Handgepäck Rassismus. Beiträge zu Tourismus und Kultur, Freiburg, S. 13-28.

Goldberg, Lewis (1968): Simple Models or Simple Processes? Some Research on Clinical Judgements. In: American Psychologist 23, S. 338-349.

Goldstein, Daniel/Gigerenzer, Gerd (2002): Models of ecological rationality: The recognition heuristic. In: Psychological Review 109, S. 75-90.

Görnitz, Thomas (2010): Menschenbilder und Konzepte des Lehrens. In: Kokemohr, R./Schmidt, T./Wulftange, G. (Hg.): Lehren bildet. Das Rätsel unserer Lehr-Anstalten, im Erscheinen.

Griffin, Dale/Tversky, Amos (1992): The Weighing of Evidence an the Determinants of Confidence. In: Cognitive Psychology 24, S. 411-435.

Gross, Peter (1994): Die Multioptionsgesellschaft, Frankfurt/M.: Suhrkamp.

Haase, Frank (2007): Homers Medien: Téchne und Poíesis in der Odyssee, München: kopaed.

Habermas, Jürgen (1969): Technik und Wissenschaft als »Ideologie«, Frankfurt/M.: Suhrkamp, S. 48-103.

Hacking, Ian (1975): The Emergence of Probability: a Philosophical Study of Early Ideas about Probability, Induction and Statistical Inference, London/New York: Cambridge University Press.

Hacking, Ian (1999): Was heißt ›soziale Konstruktion‹? Zur Konjunktur einer Kampfvokabel in den Wissenschaften. Frankfurt/M.: FischerTB.

Hacking, Ian (2001): An Introduction to Probability and Inductive Logic, Cambridge: University Press.

Hagner, Michael (2005): Geniale Gehirne. Zur Geschichte der Elitegehirnforschung, Göttingen: dtv.

Haraway, Donna J. (1988): Situated Knowledge: The Science Question in Feminism as a Site of Discourse on the Privilege of Partial Perspective. In: Feminist Studies 24, Heft 3, S. 575-599.

Haraway, Donna J. (1991): A Cyborg Manifesto: Science, Technology, and Socialist-Feminism in the Late Twentieth Century. In dies.: Simians, Cyborgs and Women: The Reinvention of Nature, New York: Routledge, S. 149-181.

Haraway, Donna J. (1995a): Die Neuerfindung der Natur: Primaten, Cyborgs und Frauen, Frankfurt/M./New York: Campus.

Haraway, Donna (1995b): Monströse Versprechen: Coyote Geschichten zu Feminismus und Technowissenschaft, Hamburg: Argument.

Haraway, Donna J. (1997): Modest_Witness@Second_Millennium.FemaleMan©_Meets_OncoMouse™, New York: Routledge.

Haraway, Donna J. (1998): Das virtuelle Spekulum in der neuen Weltordnung. In: Nummer – Zeitschrift für theoretisches Fernsehen, Bd.7, Köln: Tropen-Verlag, S. 30-45.

Haraway, Donna J. (2000): How Like a Leaf. An Interview with Thyrza Nichols Goodeve, London: Routledge.

Haraway, Donna J. (2003): The Companion Species Manifesto: Dogs, People, and Significant Otherness, Chicago: University of Chicago Press.

Haraway, Donna J. (2008): When Species Meet, Minneapolis: University of Minnesota Press.

Hald, Anders (1990): A History of Probability and Statistics and their Applications before 1750, New York: Wiley.

Hegarty, Mary (2004): Mechanical Reasoning by Mental Simulation. In: Trends in Cognitive Sciences 8, S. 280-285.

Heidelberger, Michael (1981): Die Rolle der Erfahrung in der Entstehung der Naturwissenschaften, im 16. und 17. Jahrhundert: Experiment und Theorie, in ders./Thiessen, S.: Natur und Erfahrung, Reinbek bei Hamburg: Rowohlt, S. 25-181.

Heisenberg, Werner (1925): Über die quantentheoretische Umdeutung kinematischer und mechanischer Beziehungen. In: Zeitschrift für Physik 33, S. 879-893.

Hennig, Christoph (1999): Reiselust. Touristen, Tourismus und Urlaubskultur, Frankfurt/M.: Suhrkamp.

Hess, Volker (2008): Bericht zur Tagung: »Der Mensch im Experiment, 1850-1980« vom 22.05.2008-24.05.2008 in Berlin.
Link: http://hsozkult.geschichte.hu-berlin.de/tagungsberichte/id=2209.

Hill, Napoleon (1938): Think and Grow Rich, Meriden, Connecticut: The Ralston Society.

Hobbes, Thomas (2009 [1665]): Elementa Philosophiae Sectio Prima de Corpore, Whitefish, Montana: Kessinger.

Hoffmann, Michael (2000): Die Paradoxie des Lernens und ein semiotischer Ansatz zu ihrer Auflösung. Zeitschrift für Semiotik 22, Heft 1, S. 31-50.

Hölscher, Lucian (1999): Die Entdeckung der Zukunft, Frankfurt/M.: Fischer.

Hopf, Caroline (2004): Die experimentelle Pädagogik. Empirische Erziehungswissenschaft in Deutschland am Anfang des 20. Jahrhunderts, Bad Heilbrunn: Klinkhardt.

Horkheimer, Max (1985 [1952]): Begriff der Bildung. In: ders. Gesammelte Schriften, Band 8, Frankfurt/M.: Fischer, S. 409-419.

Hörning, Karl H. (2001): Experten des Alltags. Die Wiederentdeckung des praktischen Wissens, Weilerswist: Velbrück.

Hörning, Karl H./Ahrens, Daniela/Gerhard, Anette (1997): Zeitpraktiken, Frankfurt/M.: Suhrkamp.

Humboldt, Wilhelm von (1969 [1793]): Theorie der Bildung des Menschen. In: Flitner, A./Giel, K. (Hg.): Wilhelm von Humboldt: Werke in fünf Bänden, Band I: Schriften zur Anthropologie und Geschichte, Darmstadt: Wissenschaftliche Buchgesellschaft, S. 234-240.

Husserl, Edmund (1950 [1913]): Gesammelte Werke, Bd. 1: Ideen zu einer reinen Phänomenologie und phänomenologischen Philosophie. Hg. von Karl Schuhmann. Den Haag: Nijhoff.

Husserl, Edmund (1954 [1936]): Gesammelte Werke, Bd. 6: Die Krisis der europäischen Wissenschaften und die transzendentale Phänomenologie, herausgegegeben. von Walter Biemel. Den Haag: Nijhoff.

Irrgang, Bernhard (2002): Technisierung des Alltags und Globalisierung. In: ders.: Technische Praxis: Gestaltungsperspektiven technischer Entwicklung (Philosophie der Technik Band 2), Paderborn, S. 136-171.

Jarvis, Jeff (2009): What would Google do? New York: Harper Business.

Jenkins, H. M./Sainsbury, Robert S. (1969): The Development of Stimulus Control Through Differential Reinforcement. In: Mackintosh, N. J./Honig, W. K. (Hg.): Fundamental Issues in Associative Learning. Halifax, NS: Dalhousie University Press.

Jenkins, H. M./Sainsbury, Robert S. (1970): Discrimination Learning with the Distinctive Feature on Positive or Negative Trials. In: Mostofsky, D. (Hg.): Attention: Contemporary Theory and Analysis, New York, S. 239-273.

Joerges, Bernward (1988): Technik im Alltag, Frankfurt/M.: Suhrkamp.

Johansson, Petter/Hall, Lars/Sikström, Sverker/Olsson, Andreas (2005): Failure to Detect Mismatches Between Intention and Outcome in a Simple Decision Task. In: Science 310, S. 116-119.

Joly-Mascheroni, Ramiro M./Senju, Atsushi/Shepherd, Alex J. (2008): Dogs catch human yawns. In: Biology Letters 4, S. 446-448.

Jullien, Francois (1999): Über die Wirksamkeit, Berlin: Merve.

Kahneman, Daniel/Slovic, Paul/Tversky Amos (1982) (Hg.): Judgment Under Uncertainty: Heuristics and Biases, Cambridge: University Press.

Kamper, Dietmar/Wulf, Christoph (1982): Die Wiederkehr des Körpers, Frankfurt/M.: Suhrkamp.

Kant, Immanuel (1998 [1781]): Kritik der reinen Vernunft, Hamburg: Felix Meiner.

Kapp, Ernst (1978 [1877]): Grundlinien einer Philosophie der Technik: Zur Entstehungsgeschichte der Cultur aus neuen Gesichtspunkten, Braunschweig; Nachdruck Düsseldorf: Stern-Verlag Janssen.

Katija, Kakani/Dabiri, John O. (2009): A Viscosity-Enhanced Mechanism for Biogenic Ocean Mixing. In: Nature 460, S. 624-626.

Kaufmann, Jean-Claude (2005): Schmutzige Wäsche. Ein ungewöhnlicher Blick auf gewöhnliche Paarbeziehungen, Konstanz: UVK.

Kittler, Friedrich (1985): Aufschreibesysteme 1800 • 1900, München: Wilhelm Fink.

Kluge, Friedrich (1999): Etymologisches Wörterbuch der deutschen Sprache, 23. erweiterte Auflage, Berlin/New York: de Gruyter.

Knorr-Cetina, Karin (1981): The Manufacture of Knowledge: Essay on the Constructivist and Contextual Nature of Science, Oxford/New York: Pergamon.

Knorr-Cetina, Karin (2002): Wissenskulturen. Ein Vergleich naturwissenschaftlicher Wissensformen, Frankfurt/M.: Suhrkamp.

Kogge, Werner (2001): Das Maß der Technik: Lebenswelt als Kriterium technischer Angemessenheit. In: IWT-Paper 25, Bielefeld.

Köhlmeier, Michael (2009): Sagen des klassischen Altertums, München: Piper.

Kokemohr, Rainer (2007): Bildung als Welt- und Selbstentwurf im Anspruch des Fremden. Eine theoretisch-empirische Annäherung an eine Bildungsprozesstheorie. In: Koller, H.-C./Marotzki, W./Sanders, O. (Hg.): Bildungsprozesse und Fremdheitserfahrung. Beiträge zu einer Theorie transformatorischer Bildungsprozesse, Bielefeld: transcript, S. 13-68.

Koller, Hans-Christoph (1999): Bildung und Widerstreit. Zur Struktur biographischer Bildungsprozesse in der (Post-)Moderne, München: Wilhelm Fink.

Koller, Hans-Christoph (2000): Bildung in der (Post-)Moderne. Bildungstheoretische Überlegungen im Anschluss an Lyotards Philosophie des Widerstreits. In: Pedagogisch Tijdschrift Nr.3/4, S. 293-317.

Koller, Hans-Christoph (2004): Erziehungswissenschaft und Postmoderne. In: Krüger, H.-H./Grunert, C. (Hg.): Wörterbuch Erziehungswissenschaft, Wiesbaden: VS, S. 188-193.

Koller, Hans-Christoph (2007): Bildung als Entstehung neuen Wissens? Zur Genese des Neuen in transformatorischen Bildungsprozessen. In: Müller, H.-R./Stravoravdis, W. (Hg.): Bildung im Horizont der Wissensgesellschaft, Wiesbaden: VS, S. 49-66.

Koller, Hans-Christoph (2009): Der klassische Bildungsbegriff und seine Bedeutung für die Bildungsforschung. In: Wigger, Lothar (Hg.): Wie ist Bildung möglich? Bad Heilbrunn: Klinkhardt, S. 34-51.

Koller, Hans-Christoph/Marotzki, Winfried/Sanders, Olaf (2007): Einleitung zu: dies. (Hg.): Bildungsprozesse und Fremdheitserfahrung. Beiträge zu einer Theorie transformatorischer Bildungsprozesse, Bielefeld, S. 7-11.

Krämer, Sybille (1998): Zentralperspektive, Kalkül, virtuelle Realität. Sieben Thesen über die Weltbildimplikation symbolischer Formen. In: Vattimo, G./Welsch, W. (Hg.): Medien – Welten – Wirklichkeiten, München: Wilhelm Fink, S. 27-37.

Kranzhoff, Jörg Armin (1965): Experiment. Eine historische und vergleichende Wortuntersuchung. Dissertation. Bonn.

Krifka, Sabine (1994): Joseph Wright of Derby: Wissenschaft und Kunst im Licht des vorindustriellen Englands. Dissertation. Aachen.

Kuhn, Thomas S. (1976): Die Struktur wissenschaftlicher Revolutionen. Um das Postscriptum von 1969 ergänzte zweite revidierte Auflage, Frankfurt/M.: Suhrkamp.

Kuhn, Thomas S. (1977): Die Entstehung des Neuen. Studien zur Struktur der Wissenschaftsgeschichte. Hg. von Lorenz Krüger, Frankfurt/M.: Suhrkamp.

Kuhn, Wilfried (1988): Das Wechselspiel von Theorie und Experiment bei der Entdeckung der Wellennatur der Materie. In: Praxis der Naturwissenschaften. Physik 37, Nr. 3, S. 43-44.

Kungfutse (1975): Lun Yu. Gespräche. Düsseldorf/Köln, gemeinfrei unter www.zeno.org

Kutschmann, Werner (1986): Der Naturwissenschaftler und sein Körper: die Rolle der »inneren Natur« in der experimentellen Naturwissenschaft der frühen Neuzeit, Frankfurt/M.: Suhrkamp.

Kutschmann, Werner (1999): Naturwissenschaft und Bildung. Der Streit der »zwei Kulturen«, Stuttgart: Klett-Cotta.

Lacan, Jacques (1991): Das Seminar von Jacques Lacan, Buch XX (1972-1973), Berlin: Quadriga.

Lakatos, Imre (1982): Philosophische Schriften Band 1: Die Methodologie der wissenschaftlichen Forschungsprogramme, Braunschweig: Vieweg.

La Mettrie, Julien Offray de (1988 [1748]): Der Mensch als Maschine, Nürnberg: LSR-Verlag.

Lange, Friedrich Albert (1974 [1866]): Geschichte des Materialismus und Kritik seiner Bedeutung in der Gegenwart, Frankfurt/M.: Adamant.

Latour, Bruno (1987): Science in Action, Cambridge Mass.: Harvard University Press.

Latour, Bruno (1988): The Pasteurization of France, Cambridge Mass.: Harvard University Press.

Latour, Bruno (1996): Der Berliner Schlüssel: Erkundungen eines Liebhabers der Wissenschaften, Berlin: Akademie.

Latour, Bruno (1998): Wir sind nie modern gewesen: Versuch einer symmetrischen Anthropologie, Berlin: Fischer TB.

Latour, Bruno (1999): On Recalling ANT. In: Law, J./Hassard, J. (Hg.): Actor Network Theory and After; The Sociology Review Monograph, Oxford/Malden: Blackwell, S. 15-25.

Latour, Bruno (2000): Die Hoffnung der Pandora. Untersuchungen zur Wirklichkeit der Wissenschaft, Frankfurt/M.: Suhrkamp.

Latour, Bruno (2001): Das Parlament der Dinge. Für eine politische Ökologie, Frankfurt/M.: Suhrkamp.

Latour, Bruno (2002): Iconoclash. Gibt es eine Welt jenseits des Bilderkrieges? Berlin: Merve.

Latour, Bruno (2005): Reassembling the Social. An Introduction to Actor-Network-Theory, Oxford: University Press.

Latour, Bruno (2007): Elend der Kritik. Vom Krieg um Fakten zu Dingen von Belang, Zürich/Berlin: Diaphanes.

Latour, Bruno (2008): Selbstporträt als Philosoph. Rede anläßlich der Entgegennahme des Siegfried Unseld Preises, Frankfurt am Main, 28. September, www.bruno-latour.fr/articles/article/114-UNSELD-PREIS-DE.pdf.

Latour, Bruno/Woolgar, Steve (1986) [1979]): Laboratory Life, Princeton University Press.

Lau, Felix (2005): Die Form der Paradoxie. Eine Einführung in die Mathematik und Philosophie der »Laws of Form« von G. Spencer-Brown, Heidelberg: Carl-Auer.

Lehmann-Rommel (2008): Experimentelle Erfahrung – eine Alternative zum epistemologischen Repräsentationsmodell. Implikationen für erziehungswissenschaftliche Forschung und Bildungstheorie. In: Thompson, Chr./Weiss, G. (Hg.): Bildende Widerstände – widerständige Bildung. Blickwechsel zwischen Pädagogik und Philosophie, Bielefeld: transcript, S. 121-143.

Lenzen, Dieter (1997): Lösen die Begriffe Selbstorganisation, Autopoiesis und Emergenz den Bildungsbegriff ab? Niklas Luhmann zum 70.Geburtstag. In: Zeitschrift für Pädagogik, 43. Jg., Nr.6, S. 949-967.

Leroi-Gourhan (1988): Hand und Wort. Die Evolution von Technik, Sprache und Kunst, Frankfurt/M.: Suhrkamp.

Levine, Robert (1997): Eine Landkarte der Zeit: wie Kulturen mit der Zeit umgehen, München: Piper.

Lichtenstein, Sarah/Fischhoff, Baruch (1977): Do Those Who Know More Also Know More About How Much They Know? The Calibration of Probability Judgements. In: Organizational Behavior and Human Performance 20, S. 159-183.

Liker, Jeffrey (2003): The Toyota Way, New York: McGraw Hill.

Lind, James (1965 [1757]): The Health of Seamen. In: Selections from the Works of Dr. James Lind, Sir Gilbert Blane, and Dr. Thomas Trotter. London: Navy Records Society, Vol. CVII.

Lindley, David (2008): Die Unbestimmbarkeit der Welt. Heisenberg und der Kampf um die Seele der Physik, München: DVA.

Litt, Theodor (1957): Technisches Denken und menschliche Bildung, Heidelberg: Quelle & Meyer.

Litt, Theodor (1959): Naturwissenschaft und Menschenbildung, Heidelberg: Quelle & Meyer.

Lowenstein, Roger (2001): When Genius Failed. The Rise and Fall of Long-Term Capital Management, London: Forth Estate.

Lüders, Jenny (2007): Ambivalente Selbstpraktiken: Eine Foucault'sche Perspektive auf Bildungsprozesse in Weblogs, Bielefeld: transcript.

Luhmann, Niklas (1976): The Future Cannot Begin: Temporal Structures in Modern Society. In: Social Research 43, Heft 1, 130-152.

Luhmann, Niklas (1987): Soziale Systeme. Grundriß einer allgemeinen Theorie, Frankfurt/M.: Suhrkamp.

Luhmann, Niklas (1990): Haltlose Komplexität. In: ders.: Soziologische Aufklärung 5: Konstruktivistische Perspektiven, Opladen: Westdeutscher Verlag, S. 58-74.

Luhmann, Niklas (1992a): Beobachtungen der Moderne, Opladen: Westdeutscher Verlag.

Luhmann, Niklas (1992b): Die Wissenschaft der Gesellschaft, Frankfurt/M.: Suhrkamp.

Luhmann, Niklas (1992c): System und Absicht der Erziehung. In: ders./Schorr, K.-E. (Hg.): Zwischen Absicht und Person. Fragen an die Pädagogik, Frankfurt/M.: Suhrkamp, S. 102-124.

Luhmann, Niklas (1995): Die Autopoiesis des Bewußtseins, in (ders.): Soziologische Aufklärung 6: Die Soziologie und der Mensch, OpladenWestdeutscher Verlag, S. 55-112.

Luhmann, Niklas (1997a): Die Gesellschaft der Gesellschaft, Frankfurt/M.: Suhrkamp.

Luhmann, Niklas (1997b): Die Kunst der Gesellschaft, Frankfurt/M.: Suhrkamp.

Luhmann, Niklas (2002a): Einführung in die Systemtheorie, Heidelberg: Carl Auer.

Luhmann, Niklas (2002b): Die Religion der Gesellschaft, Frankfurt/M.: Suhrkamp.

Luhmann, Niklas/Schorr, Karl Eberhard (1988): Reflexionsprobleme im Erziehungssystem, Frankfurt/M.: Suhrkamp.

Lynch, Michael (1985): Art and Artifact in Laboratory Science a Study of Shop Work and Shop Talk in a Research Laboratory, Irvine: University of California Press.

Lynch, Michael (1994): Representation is Overrated: Some Critical Remarks About the Use of the Concept of Representation in Science Studies. In: Configurations, Heft 2, S. 137-149.

Lyotard, Jean François (1986): Das postmoderne Wissen: Ein Bericht, Graz: Böhlau.

Lyotard, Jean François (1989): Der Widerstreit, 2. korrigierte Auflage, München: Wilhelm Fink

Mankiw, N. Gregory/Romer, David/Weil, David N., (1992): A Contribution to the Empirics of Economic Growth. In: The Quarterly Journal of Economics 107, Heft 2, S. 407-437.

Marotzki, Winfried (1990): Entwurf einer strukturalen Bildungstheorie, Weinheim: Deutscher Studien Verlag.

Marotzki, Winfried (1991): Aspekte einer bildungstheoretisch orientierten Biographieforschung. In: Hoffmann/Heid: Bilanzierungen erziehungswissenschaftlicher Theorieentwicklung, Weinheim: Deutscher Studien Verlag, S. 119-134.

MacKenzie, Donald (1978): Statistical Theory and Social Interest: A Case Study. In: Social Studies of Science 8, S. 35-83.

Maxim, Stephanie (2009): Wissen und Geschlecht. Zur Problematik der Reifizierung der Zweigeschlechtlichkeit in der feministischen Schulkritik, Bielefeld: transcript.

Meinel, Christoph (Hg.) (2000): Instrument – Experiment. Historische Studien, Berlin: GNT.

Marian, David (2009): The Correspondence Theory of Truth. In: The Stanford Encyclopedia of Philosophy, herausgegeben von Edward N. Zalta, Stanford: CSLI.

Merz, Martina (2002): Konrolle – Widerstand – Ermächtigung: Wie Simulationssoftware Physiker konfiguriert. In: Rammert, W./Schulz-Schaeffer, I. (Hg.): Können Maschinen handeln? Soziologische Beiträge zum Verhältnis von Mensch und Technik, Frankfurt/M.: Campus, S. 267-290.

Meyer-Drawe, Käte (1995): Von der Marionette bis zum autopoietischen System. Maschinenbilder in der Pädagogik. In: Vierteljahresschrift für wissenschaftliche Pädagogik 71, Heft 4, 358-373.

Meyer-Drawe, Käte (1996): Menschen im Spiegel ihrer Maschinen, München: Fink.

Michell, Sandra (2008): Komplexitäten. Warum wir erst anfangen, die Welt zu verstehen. Frankfurt/M.: Suhrkamp.

Mönks, Franz J./Lehwald, Gerhard (Hg.) (1991): Neugier, Erkundung und Begabung bei Kleinkindern, München: Reinhardt.

Montaigne, Michel de (1992 [1580]): Schutzschrift für Raimond von Sebonde. In: Michel de Montaigne, Essais, Band 2, Zürich: Moritz.

Moseley, Caroline (1998): Negotiating »science wars«. In: Princeton Weekly Bulletin 87, Nr. 22 vom 30. März 1998.

Mumford, L. (1934). Technics and civilization. New York: Harcourt Brace.

Munger, Charles (1995): The Psychology of Human Misjudgment. Speech at Harvard Law School. Link: http://www.vinvesting.com/docs/munger/human_misjudgement.html.

Munger, Charles (2003): Academic Economics: Strengths and Faults After Considering Interdisciplinary Needs. Herb Kay Undergraduate Lecture University of California, Santa Barbara Economics Department.

Münker, Stephan (1997): Was heißt eigentlich: »Virtuelle Realität«? Ein philosophischer Kommentar zum neuesten Versuch der Verdopplung der Welt. In:

ders./Roesler, A. (Hg.): Mythos Internet, Frankfurt/M.: Suhrkamp, S. 108-130.

Murray, Carol/Marmorek, David (2003): Adaptive Management: A Science-Based Approach to Managing Ecosystems in the Face of Uncertainty, The Fifth International Conference on Science and Management of Protected Areas: Making Ecosystem Based Management Work, Victoria BC, S. 1-10.

Nagel, Thomas (1992): Der Blick von nirgendwo. Frankfurt/M.: Suhrkamp.

Nancy, Jean-Luc (2004): singulär plural sein, Berlin: Diaphanes.

Nancy, Jean-Luc (2007): Die herausgeforderte Gemeinschaft, Berlin: Diaphanes.

Neiman, Susan (2009): Wenn Odysseus ein Held sein soll, dann können wir es auch sein. In: Merkur. Deutsche Zeitschrift für europäisches Denken 724/725, S. 849-859.

Nicolson, Benedict (1968): Joseph Wright of Derby: Painter of Light, Band 1: Text and Catalogue, London: Routledge and Paul.

Niewels-Kersting (2009): Bilder des Lebens. Technische Versöhnung von Geist und Natur? In: Wimmer, M./Reichenbach, R./Pongratz, L. (Hg.): Medien, Technik und Bildung, Paderborn: Schöningh, S. 49-56.

Nisbett, Richard E./Wilson, Timothy DeCamp (1977): Telling more than we can know: Verbal reports on mental processes. In: Psychological Review 84, S. 231-259.

Ortega y Gasset, José (1950): Glanz und Elend der Übersetzung. In: Merkur Jg. 6, Heft 4, S. 601-619.

Ortega y Gasset, José (1978): Betrachtungen über die Technik. In: ders. Gesammelte Werke, Band IV, Stuttgart: Deutsche Verlags-Anstalt, S. 7-96.

Osterhammel, Jürgen (2009): Die Verwandlung der Welt: Eine Geschichte des 19. Jahrhunderts, München: Beck.

Panofsky, Erwin (1927): Die Perspektive als symbolische Form. In: Vorträge der Bibliothek Warburg, 1924/25, Leipzig/Berlin: Akademie.

Peukert, Helmut (1976): Wissenschaftstheorie – Handlungstheorie – Fundamentale Theologie. Analysen zu Ansatz und Status theologischer Theoriebildung, Frankfurt/M.: Suhrkamp.

Peukert, Helmut (1998): Zur Neubestimmung des Bildungsbegriffs. In: Meyer, M./Reinartz, A: (Hg.): Bildungsdidaktik, Opladen: Leske + Budrich, S. 17-29.

Peukert, Helmut (2003): Die Logik transformatorischer Lernprozesse und die Zukunft von Bildung. In: ders./Arens, E./Mittelstraß, J./Ries, M. (Hg.): Geistesgegenwärtig. Zur Zukunft universitärer Bildung, Luzern: Edition Exodus, S. 9-30.

Pias, Claus (2003): Digitale Sekretäre: 1968, 1978, 1998. In: Siegert, B./Vogl, J. (Hg.): Europa. Kultur der Sekretäre, Zürich und Berlin: diaphanes, S. 235-251.

Pickering, Andrew (1995): The Mangle of Practice: Time, Agency and Science, Chicago: University of Chicago Press.

Platon (1957): Sämtliche Werke, Band 2, in der Übersetzung von Friedrich Schleiermacher mit der Stephanus-Nummerierung, Hamburg: Rowohlt.

Pólya, George (1949): Schule des Denkens: Vom Lösen mathematischer Probleme, Bern: Francke.

Popper, Karl R. (1969): Conjectures and Refutations. The Growth of Scientific Knowledge, London: Routledge.

Popper, Karl R. (1971 [1934]): Logik der Forschung, Tübingen: J.C.B. Mohr.

Porombka, Stephan (1999): Translation Automatique. Der Übersetzer als Kombinator des Neuen. In: Eickenrodt, S./Porombka, S./Scharnowski, S. (Hg.): Übersetzen – Übertragen – Überreden. Würzburg: Königshausen & Neumann, S. 51-70.

Prisching, Manfred (2006): Die zweidimensionale Gesellschaft. Ein Essay zur neokonsumistischen Geisteshaltung, Wiesbaden: VS Verlag für Sozialwissenschaften.

Purver, Margery/Bowen, Edmund John (1960). The Beginning of the Royal Society. Oxford: Clarendon Press.

Quadflieg, Dirk (2007): Differenz und Raum. Zwischen Hegel, Wittgenstein und Derrida, Bielefeld: transcript.

Rabinow, Paul (1977): Reflections of Fieldwork in Morocco, Berkeley: University Press.

Rheinberger, Hans-Jörg (1992): Experiment – Differenz – Schrift. Zur Geschichte epistemischer Dinge, Marburg an der Lahn: Basilisken-Presse.

Rheinberger, Hans-Jörg (1999): Strukturen des Experimentierens: Zum Umgang mit dem Nichtwissen. In: Bödeker, H. E./Reill, P. H./Schlumbohm, J. (Hg.): Wissenschaft als kulturelle Praxis 1750-1900, Göttingen: Vandenhoeck & Ruprecht, S. 415-423.

Rheinberger, Hans-Jörg (2000): Dimensionen der Darstellung in der Praxis des wissenschaftlichen Experimentierens. In: Hampe, M./Lotter, M.-S. (Hg.): Die Erfahrungen, die wir machen, sprechen gegen die Erfahrungen, die wir haben: über Formen der Erfahrung in den Wissenschaften, Darmstadt: Wissenschaftliche Buchgesellschaft, S. 235-246.

Rheinberger, Hans-Jörg (2001): Experimentalsysteme und epistemische Dinge. Eine Geschichte der Proteinsynthese im Reagenzglas, Göttingen: Wallstein.

Rheinberger, Hans-Jörg (2005): Iterationen, Berlin: Merve.

Rheinberger, Hans-Jörg (2006a): Derrida übersetzen. In: Hoffmann, Chr./Welsh, C. (Hg.): Umwege des Lesens: aus dem Labor philologischer Neugierde, Berlin, S. 317-323.

Rheinberger, Hans-Jörg (2006b): Epistemologie des Konkreten. Studien zur Geschichte der modernen Biologie, Frankfurt/M.: Suhrkamp.

Rheinberger, Hans-Jörg (2007): Man weiss nicht genau, was man nicht weiss. In: NZZ vom 5. Mai 2007.

Rheinberger, Hans-Jörg/Hagner, Michael (Hg.) (1993): Die Experimentalisierung des Lebens: Experimentalsysteme in den biologischen Wissenschaften 1850/1950, Berlin: Akademie.

Ropohl, Günter (1991): Technologische Aufklärung. Beiträge zur Technikphilosophie, Frankfurt/M.: Suhrkamp.

Rorty, Richard (1981): Der Spiegel der Natur. Eine Kritik der Philosophie, Frankfurt/M.: Suhrkamp.

Rorty, Richard (1995): Is Derrida a »Quasi«-Transcendental Philosopher? Rezension zu: Bennington, Geoffrey: Jacques Derrida. In: Contemporary Literature 26, Heft 1, S. 173-200.

Rosa, Hartmut (2005): Beschleunigung. Die Veränderung der Zeitstrukturen in der Moderne, Frankfurt/M.: Suhrkamp.

Ross, Andrew (1995): Science Backlash on Technoskeptics. ›Culture Wars‹ Spill Over. In: The Nation, Oktober 1995, Nr. 2.

Ross, Andrew (1996) (Hg.): Science Wars, Durham: Duke University Press.

Rötzer, Florian (1997): Virtueller Raum oder Weltraum? Raumutopien des digitalen Zeitalters. In: Münker, S./Roesler, A. (Hg.): Mythos Internet, Frankfurt/M.: Suhrkamp, S. 368-390.

Roy, Claude (1996): Balthus. Leben und Werk, München: Schirmer/Mosel.

Ruff, Thomas (2009): Im Interview mit 3sat-Kulturzeit vom 8.4.2009. Link: www.3sat.de/kulturzeit/specials/132717/index.html.

Russell, Jeffrey Burton (1997): Inventing the Flat Earth: Columbus and Modern Historians, New York: Praeger.

Salart, Daniel/Baas, Augustin/Branciard, Cyril/Gisin, Nicolas/Zbinden, Hugo (2008): Testing the Speed of »Spooky Action at a Distance«. In: Nature 454, S. 861-864 .

Salvadori, Massimo L. (2008): Fortschritt – die Zukunft einer Idee, Berlin: Wagenbach.

Schäfer, Alfred (2006): Sakralisierungsstrategien. Zum moralisierenden Umgang mit der Selbstauslegung im Anderen. In: ders./Wimmer, M. (Hg.): Selbstauslegung im Anderen, Münster: Waxmann, S. 97-114.

Schäfer, Alfred (2009): Bildende Fremdheit. In: Wigger, L. (Hg.): Wie ist Bildung möglich? Bad Heilbrunn: Klinkhard, S. 185-200.

Schäfer, Lothar/Schnelle/Thomas (1980): Ludwik Flecks Begründung der soziologischen Betrachtungsweise in der Wissenschaftstheorie. Einleitung zu: Fleck, L.: Entstehung und Entwicklung einer wissenschaftlichen Tatsache. Einführung in die Lehre vom Denkstil und Denkkollektiv, Frankfurt/M.: Suhrkamp, S. VII-XLIX.

Scheich, Elvira (1996) (Hg.): Vermittelte Weiblichkeit: feministische Wissenschafts- und Gesellschaftstheorie, Hamburg: Hamburger Ed.

Schieberle, Peter (1995): New Developments in Methods for Analysis of Volatile Flavor Compounds and their Precursors. In: Gaonkar A.G. (Hg.): Characterisation of Food: Emerging Methods: Elsevier Science B.B., S. 403-41.

Schiltz, Michael (2003): Form and Medium: A Mathematical Reconstruction. In: Online Magazine of the Visual Narrative, Nr. 6 (Medium Theory).

Schiltz, Michael (2007): Space is the Place: The Laws of Form and Social Systems. Thesis Eleven 88, S. 8-30.

Schöne, Wolfgang (1954): Über das Licht in der Malerei, Berlin: Mann.

Schneider, Manfred (2005): Feste Burg. Risikoreichtum und die Metaphysik des Versicherungswesens. In: Frankfurter Rundschau vom 25.01.2005.

Schneider, Ivo (1988): Die Entwicklung der Wahrscheinlichkeitstheorie von den Anfängen bis 1933. Darmstadt: Wissenschaftliche Buchgesellschaft.

Schoefield, Robert E. (1963): The Lunar Society of Birmingham: a Social History of Provincial Science and Industry in Eighteenth-Century England, Oxford: Clarendon Press.

Schrey (2000): Das Weltbild. In: Die Religion in Geschichte und Gegenwart, Handwörterbuch für Theologie und Religionswissenschaft, Band 6, Berlin.

Schützeichel, Rainer (2003): Sinn als Grundbegriff bei Niklas Luhmann, Frankfurt/M.: Campus.

Serres, Michel (1992): Hermes III: Übersetzung, Berlin: Merve.

Serres, Michel (2002): Vorwort zu ders. (Hg.): Elemente einer Geschichte der Wissenschaften, Frankfurt/M.: Suhrkamp.

Shah, Avni M./Wolford, George (2007): Buying Behavior as a Function of Parametric Variation of Number of Choices. Psychological Science: a Journal of the American Psychological Society, APS, Band 18, Nr.5, S. 369-370.

Shapin, Steven (1979): The Politics of Observation: Cerebral Anatomy and Social Interests in the Edinburgh Phrenology Disputes. In: Wallis, R.G. (Hg.): On the Margins of Science: The Social Construction of Rejected Knowledge (Sociological Review Monograph 27), Keele, S. 139-178.

Shapin, Steven (1996): The Scientific Revolution, Chicago: University Press.

Shapin, Steven/Schaffer, Simon (1985): Leviathan and the Air-Pump: Hobbes, Boyle, and the Experimental Life, Princeton: University Press.

Simon, David (2006): Behind The Wire. Interview. In: Slate Magazine 01. 12. 2006.

Simon, David (2007): Interview mit Nick Hornby. In: Beliver Art Magazine, August 2007.

Simon, Herbert A. (1953): Birth of an Organisation: The Economic Cooperation Administration, Public Administration Review 13, S. 227-236.

Snow, Charles P. (1964): The Two Cultures and a Second Look, an Expanded Version of the Two Cultures and the Scientific Revolution, Cambridge: University Press.

Sokal, Alan (1996): Transgressing the Boundaries. An Afterword. In: Dissent 43, Heft 4, S. 93-99.

Sokal, Alan/Bricmont, Jean (1999): Eleganter Unsinn. Wie die Denker der Postmoderne die Wissenschaften mißbrauchen, München: Beck.

Solow, Robert Merton (1956): A Contribution to the Theory of Economic Growth. In: Quarterly Journal of Economics, Band 70, S. 65-94.

Solow, Robert Merton (1957): Technical Change and the Aggregate Production Function. In: Review of Economics and Statistics, Band 39, S. 312-320.

Sommerfeld-Lethen, Caroline (2008): Kants Theorie der Hochbegabung. In: Thompson, Chr./Weiss, G. (Hg.): Bildende Widerstände – widerständige Bildung. Blickwechsel zwischen Pädagogik und Philosophie, Bielefeld: transcript, S. 187-204.

Spencer-Brown, George (1969): Laws of Form, London: Allen and Unwin.

Spencer-Brown, George (1997): Laws of Form – Gesetze der Form, deutsche Übersetzung, Lübeck: Bohmeier.

Spivak, Gayatri Chakravorty (1990): The Postcolonial Critic. Interviews, Strategies, Dialogues. Hg. v. S. Harasym, New York: Routledge.

Spivak, Gayatri Chakravorty (1993): Outside in the teaching machine, New York: Routledge.

Stäheli, Urs (2000): Sinnzusammenbrüche. Eine dekonstruktive Lektüre von Niklas Luhmanns Systemtheorie. Weilerswist: Velbrück.

Steinle, Friedrich (2000): Die Vielfalt experimenteller Erfahrung: Neue Perspektiven. In: Hampe, M./Lotter, M.-S. (Hg.): Die Erfahrungen, die wir machen, sprechen gegen die Erfahrungen, die wir haben: über Formen der Erfahrung in den Wissenschaften, Darmstadt: Wissenschaftliche Buchgesellschaft, S. 213-233.

Stengers, Isabelle (1997): Die Erfindung der modernen Wissenschaften, Frankfurt/M: Campus.

Stengers, Isabelle (2008): Spekulativer Konstruktivismus, Berlin: Merve.

Stichweh, Rudolf (1994): Zur Analyse von Experimentalsystemen. In: Hagner, M./Rheinberger, H.-J./Wahrig-Schmidt, Bettina (Hg.), Objekte, Differenzen, Konjunkturen: Experimentalsysteme im historischen Kontext, Berlin: Akademie Verlag, S. 291-296.

Stiegler, Bernard (1998): Technics and Time. The Fault of Epimetheus, Stanford: Standford University Press.

Stiegler, Berard (2008): Die Logik der Sorge. Verlust der Aufklärung durch Technik und Medien, (Die Logik der Sorge I.1.), Frankfurt/M.: Suhrkamp.

Stiegler, Bernard (2009a): Denken bis an die Grenzen der Maschine, Zürich/Berlin: Diaphanes.

Stiegler, Bernard (2009b): Von der Biopolitik zur Psychomacht. (Die Logik der Sorge I.2), Frankfurt/M.: Suhrkamp.

Sun Bin (2003): The Art of Warfare, übersetzt und mit einer Einführung versehen von D.C. Lau und Roger T. Ames, New York.

Sun Tzu (2005): The Art of War, London: Penguin.

Suskind, Ron (2004): Faith, Certainty and the Presidency of George W. Bush. In: New York Times Magazin vom 17. 10. 2004.

Taleb, Nassim Nicholas (2007): The Black Swan. The Impact of the Highly Improbable, New York: Random House.

Tange, Kenzo/Kawazoe, Noboru (1959): Ise: Prototype of Japanese Architecture, Cambridge Mass.: M.I.T.-Press.

Tenorth, Heinz-Elmar (1997): »Bildung« – Thematisierungsformen und Bedeutung in der Erziehungswissenschaft. In: Zeitschrift für Pädagogik 43. Jg., Nr. 6, S. 969-984.

Tiqqun (2007): Kybernetik und Revolte, Zürich-Berlin: Diaphanes.

Todorov, Tzvetan (1985): Die Eroberung Amerikas. Das Problem des Anderen, Frankfurt/M.: Suhrkamp.

Turing, Alan M. (1967): Können Maschinen denken? In: Kursbuch 8, S. 106-138.

Tversky, A./Kahneman, D. (1973): Availability: A Heuristic for Judgement Frequency and Probability. In: Cognitive Psychology 5, S. 207-232.

Urban, Michael (2009): Form, System und Psyche. Zur Funktion von psychischem System und struktureller Kopplung in der Systemtheorie, Wiesbaden: VS-Verlag.

Vaihinger, Dirk (1999): Zur Zerstreuung nach Babel: Das Phantasma der vollständigen Übersetzung. In: Sabine Eickenrodt, Stephan Porombka, Susanne Scharnowski (Hg.): Übersetzen – Übertragen – Überreden. Würzburg 1999, S. 41-51.

Van den Heuvel-Panhuizen, Marja (2003): The Learning Paradox and the Learning Miracle: Thoughts on Primary School Mathematics Education. Journal für Mathematik-Didaktik 24, Heft 3, S. 96-12.

Varga von Kibéd, Matthias/Matzka, Rudolf (1993): Motive und Grundgedanken der »Gesetze der Form«. In: Baecker, D. (Hg.): Kalkül der Form, Frankfurt/M.: Suhrkamp, S. 58-85.

Venter, J. Craig (2009): Entschlüsselt. Mein Genom, mein Leben, Frankfurt/M.: Fischer.

Vogl, Joseph (2007): Über das Zaudern, Zürich/Berlin: Diaphanes.

Waldenfels, Bernhard (1997): Topographie des Fremden. Studien zur Phänomenologie des Fremden 1, Frankfurt/M.: Suhrkamp.

Waldenfels, Bernhard (1998): Experimente mit der Wirklichkeit. In: Krämer, Sybille (Hg.): Medien – Computer – Realität. Wirklichkeitsvorstellungen und Neue Medien, Frankfurt/M.: Suhrkamp, S. 213-241.

Waldenfels, Bernhard (2004): Phänomenologie der Aufmerksamkeit, Frankfurt/M.: Suhrkamp.

Waldenfels, Bernhard (2006): Grundmotive einer Phänomenologie des Fremden, Frankfurt/M.: Suhrkamp.

Weber, Max (1985 [1922]): Gesammelte Aufsätze zur Wissenschaftslehre. Hg. Von Johannes Winckelmann. 6. Auflage, Tübingen J. C. B. Mohr (Paul Siebeck).

Weber, Max (1988 [1921]): Gesammelte politische Schriften. Hg. von Johannes Winckelmann. 5. Auflage, Tübingen: J. C. B. Mohr (Paul Siebeck).

Weber, Samuel (2006): Gelegenheitsziele. Zur Militarisierung des Denkens, Zürich/Berlin: Diaphanes.

Weiss, Gabriele (2008): Ermöglichende und verhindernde Ausdrucksformen von ästhetischen, sprachlichen und wissenschaftlichen Artikulationen. In: dies./Thompson, Chr. (Hg.): Bildende Widerstände – widerständige Bildung. Blickwechsel zwischen Pädagogik und Philosophie, Bielefeld: transcript, S. 145-164

Wellmer, Albrecht (1967): Methodologie als Erkenntnistheorie. Zur Wissenschaftslehre Karl R. Poppers, Frankfurt/M.: Suhrkamp.

Wieland, Christoph Martin (1825): Sämmtliche Werke. Ein und dreißigster Band, Philosophische und Kulturhistorische Werke II, Leipzig: Georg Joachim Göschen.

Wilson, Timothy D./Schooler, Jonathan W. (1991): Thinking Too Much: Introspection Can Reduce the Qquality of Preferences and Decisions. In: Journal of Personality and Social Psychology 60, S. 181-192.

Wilson, Timothy D./Lisle, Douglas J./Schooler, Jonathan W./Hodges, Sara D./Klaaren, Kristen J./LaFleur, Suzanne J. (1993): Introspecting About Reasons Can Reduce Post-Choice Satisfaction. In: Personality and Social Psychology Bulletin 19, S. 331-339.

Wimmer, Michael (1988): Der Andere und die Sprache. Vernunftkritik und Verantwortung, Berlin: Dietrich Reimer.

Wimmer, Michael (1996a): Die Gabe der Bildung. Überlegungen zum Verhältnis von Singularität und Gerechtigkeit im Bildungsgedanken. In: ders./ Masschelein, J.: Alterität, Pluralität, Gerechtigkeit. Randgänge der Pädagogik. Sankt Augustin: Academia, S. 127-162.

Wimmer, Michael (1996b): Zerfall des Allgemeinen – Wiederkehr des Singulären. Pädagogische Professionalität und der Wert des Wissens. In: Combe, A./Helsper, W. (Hg.): Pädagogische Professionalität. Untersuchungen zum Typus pädagogischen Handelns, Frankfurt/M.: Suhrkamp, S. 422-447.

Wimmer, Michael (1999): »Spiegel ohne Stanniol« – Zum Status der Repräsentation in der wissenschaftstheoretischen Grundlagendiskussion. In: ders./ Schäfer, A. (Hg.): Identifikation und Repräsentation. Grenzüberschreitungen Bd. 2, Opladen: Leske + Budrich, S. 39-67.

Wimmer, Michael (2006): Dekonstruktion und Erziehung. Studien zum Paradoxieproblem in der Pädagogik, Bielefeld: transcript.

Wimmer, Michael (2009): Vom individuellen Allgemeinen zur mediatisierten Singularität. Sprache als Bildungsmedium bei Humboldt und Derrida. In: ders./Reichenbach, R./Pongratz, L. (Hg.): Medien, Technik und Bildung, Paderborn: Schöningh, S. 57-84.

Wundt, Wilhelm (1950 [1912]): Einführung in die Psychologie, Bonn.

Zittel, Claus (2002): Konstruktionsprobleme des Sozialkonstruktivismus. In: UNSPECIFIED Berlin: Akademie-Verlag, S. 87-108.

Zögner, Lothar (1989): Die Welt in Händen: Globus und Karte als Modell von Erde und Raum; Katalog zur Ausstellung in Berlin, Staatsbibliothek Preussischer Kulturbesitz vom 11. November 1989 bis 13. Januar 1990, Berlin: Kiepert.

Zybatow, Lew N. (2004): Was sagt die Wissenschaft zur Wissenschaft zur Translationswissenschaft? In: Albrecht, J./Gerzymisch-Arbogast, H./Rothfuß-Bastian, D. (Hg.): Übersetzung – Translation – Traduction. Festschrift für Werner Koller, Tübingen: Gunter Narr.

Theorie Bilden

JÜRGEN BUDDE
Männlichkeit und gymnasialer Alltag
Doing Gender
im heutigen Bildungssystem
2005, 268 Seiten, kart., 25,80 €,
ISBN 978-3-89942-324-2

FRANK ELSTER
Der Arbeitskraftunternehmer und seine Bildung
Zur (berufs-)pädagogischen Sicht
auf die Paradoxien
subjektivierter Arbeit
2007, 362 Seiten, kart., 31,80 €,
ISBN 978-3-89942-791-2

PETER FAULSTICH (HG.)
Öffentliche Wissenschaft
Neue Perspektiven der Vermittlung
in der wissenschaftlichen
Weiterbildung
2006, 196 Seiten, kart., 19,80 €,
ISBN 978-3-89942-455-3

WERNER FRIEDRICHS
Passagen der Pädagogik
Zur Fassung
des pädagogischen Moments
im Anschluss an Niklas Luhmann
und Gilles Deleuze
2008, 306 Seiten, kart., 32,80 €,
ISBN 978-3-89942-846-9

HANS-CHRISTOPH KOLLER,
MARKUS RIEGER-LADICH (HG.)
Grenzgänge
Pädagogische Lektüren
zeitgenössischer Romane
2005, 178 Seiten, kart., 20,80 €,
ISBN 978-3-89942-286-3

ANDREA LIESNER,
OLAF SANDERS (HG.)
Bildung der Universität
Beiträge zum Reformdiskurs
2005, 164 Seiten, kart., 18,80 €,
ISBN 978-3-89942-316-7

STEPHANIE MAXIM
Wissen und Geschlecht
Zur Problematik der Reifizierung
der Zweigeschlechtlichkeit
in der feministischen Schulkritik
2009, 306 Seiten, kart., 29,80 €,
ISBN 978-3-8376-1030-7

TORSTEN MEYER,
ANDREA SABISCH (HG.)
Kunst Pädagogik Forschung
Aktuelle Zugänge und Perspektiven
2009, 276 Seiten, kart., zahlr. Abb., 28,80 €,
ISBN 978-3-8376-1058-1

KARL-JOSEF PAZZINI,
MARIANNE SCHULLER,
MICHAEL WIMMER (HG.)
Lehren bildet?
Vom Rätsel unserer Lehranstalten
August 2010, 338 Seiten, kart., 29,80 €,
ISBN 978-3-8376-1176-2

BETTINA SUTHUES
Umstrittene Zugehörigkeiten
Positionierungen von Mädchen
in einem Jugendverband
2006, 296 Seiten, kart., 27,80 €,
ISBN 978-3-89942-489-8

SIMONE TOSANA
Bildungsgang, Habitus und Feld
Eine Untersuchung zu den
Statuspassagen Erwachsener
mit Hauptschulabschluss
am Abendgymnasium
2008, 276 Seiten, kart., 27,80 €,
ISBN 978-3-89942-798-1

MICHAEL WIMMER
Dekonstruktion und Erziehung
Studien zum Paradoxieproblem
in der Pädagogik
2006, 420 Seiten, kart., 33,80 €,
ISBN 978-3-89942-469-0